QINGDAO THINK TANK REPORT 2018

青岛智库报告 2018

青岛市社会科学界联合会　编

中国海洋大学出版社
·青岛·

图书在版编目(CIP)数据

青岛智库报告. 2018 / 青岛市社会科学界联合会编
. —青岛:中国海洋大学出版社,2018. 4
ISBN 978-7-5670-1763-4

Ⅰ. ①青… Ⅱ. ①青… Ⅲ. ①区域经济发展—研究报告—青岛—2018②社会发展—研究报告—青岛—2018
Ⅳ. ①F127. 523

中国版本图书馆 CIP 数据核字(2018)第 080551 号

出版发行	中国海洋大学出版社		
社　　址	青岛市香港东路 23 号	**邮政编码**	266071
出 版 人	杨立敏		
网　　址	http://www.ouc-press.com		
电子信箱	coupljz@126.com		
订购电话	0532—82032573(传真)		
责任编辑	于德荣	**电　　话**	0532—85902505
印　　制	蓬莱利华印刷有限公司		
版　　次	2018 年 6 月第 1 版		
印　　次	2018 年 6 月第 1 次印刷		
成品尺寸	170 mm×240 mm		
印　　张	23		
字　　数	364 千		
印　　数	1～1300		
定　　价	58.00 元		

发现印装质量问题,请致电 0535—5651533,由印刷厂负责调换。

前 言

2017年,中国共产党第十九次全国代表大会胜利召开,开启了全面建设社会主义现代化国家新征程。全国各族人民紧密团结在以习近平同志为核心的党中央周围,高举中国特色社会主义伟大旗帜,决胜全面建成小康社会,夺取新时代中国特色社会主义伟大胜利,为实现中华民族伟大复兴的中国梦不懈奋斗。2017年,青岛市坚持以习近平新时代中国特色社会主义思想为指导,深入学习贯彻党的十八大、十八届历次全会和十九大精神,坚持稳中求进工作总基调,以推进供给侧结构性改革为主线,以建设国家东部沿海重要的创新中心、国家重要的区域性服务中心、国际先进的海洋发展中心和具有国际竞争的先进制造业基地为主攻方向,不断提高发展质量和效益,提升城市品质和能级,增强集聚效应和辐射能力,争取进入国家中心城市行列,加快建设宜居幸福创新型国际城市,开启了建设更高水平更高质量小康社会的新篇章。

全面建成小康社会的决胜阶段,破解改革发展稳定难题和应对全球性问题的复杂性、艰巨性,迫切需要健全中国特色决策支撑体系,大力加强智库建设,以科学咨询支撑科学决策,以科学决策引领科学发展。2017年,青岛市委宣传部和青岛市社科联按照中央《关于加强中国特色新型智库建设的意见》要求和习近平同志在哲学社会科学工作座谈会上的讲话精神,坚持把中央战略部署与青岛发展战略、城市定位、人民群众需求相结合,围绕市委、市政府的重大战略和全局性重点工作,围绕关系民生、市民热议的实践问题,发挥组织协调、管理服务、桥梁纽带等职能,在机制、平台、方式、项目等方面进行创新探索,广泛发动社科工作者开展政策研究,积极建言献策,全市新型智库建设初步形成新格局。

青岛市委宣传部和青岛市社科联联合组织实施的“双百调研工程”，自2002年实施以来，有效整合和利用全市社会科学研究资源，引导广大社会科学工作者和政府部门工作者积极运用社会科学理论，研究解决改革和发展过程中的实际问题，向市委、市政府及有关部门提出有参考价值的研究报告和可操作性的对策建议，是发挥好智库作用的课题研究工作平台。自2004年起，我们每年出版一本《青岛市经济社会发展研究报告》刊载年度研究成果，旨在客观全面地反映和分析本年度青岛市经济社会的运行情况，搭建起社会科学工作者与市委、市政府沟通的桥梁和平台。为落实好习近平总书记提出的“我们进行治国理政，必须善于集中各方面智慧、凝聚最广泛力量”的要求，加快建设具有青岛特色的副省级城市一流智库，2017年起《青岛市经济社会发展研究报告》更名为《青岛智库报告》。

《青岛智库报告2018》保持了应用对策研究的主要特色，收录了2017年度青岛市“双百调研工程”的25项重要研究成果，其中：《青岛发展动能转换与接续问题研究》《推进青岛供给侧结构性改革研究》《“十三五”青岛市社会科学普及规划研究》《青岛市历史文化遗产保护利用研究》4篇研究报告是市委、市政府主要领导圈定的重点招标课题的研究成果；21篇年度调研成果，是面向全市各区（市）和市直部门征集改革发展中迫切需要研究解决的选题基础上，根据课题研究的重要性、必要性、应用价值与实践意义评审立项而来。部分成果得到了市委、市政府领导的肯定性批示。经领导批示，智库成果转化为决策推动力，发挥了社会效益，对青岛市深化改革、加快建设幸福宜居的现代化国际城市提供了智力支持。

本书在结构上保持了“经济篇”和“社会篇”。“经济篇”主要围绕深入推进供给侧结构性改革、积极落实区域发展战略、深化重点领域改革等进行了深入研讨。“社会篇”主要围绕坚持协调发展，着力形成平衡发展结构；加强政府自身建设，不断加强和创新社会治理；全面提升城市文化品质等进行了深入研讨。

《青岛智库报告2018》的编写是在青岛市委、市政府领导的直接关怀和指导下完成的。青岛市委常委、宣传部部长孙立杰同志对本书的编写作了重要指示；市委宣传部常务副部长王为达同志对本书的编写提出了许多有价值的意见；本书在编写过程中，还得到了青岛市各级党委和政府、有关部门和社会各界人士的大力支持。在此，我们谨表示衷心的感谢。我们将倍加珍惜这种关切和鞭策，尽心竭力地使《青岛智库报告》更加详尽、充实和完善，为坚持创新引领，把青岛建设得更加富有活力、更加时尚美丽、更加独具魅力发挥理论支撑作用。

本书的编辑、校对工作由李厚恩、姚新平完成；由市社科联副主席郭芳审稿、统稿，市社科联副主席（主持工作）宋立清最后定稿。

本书编写时间紧，错误和疏漏之处在所难免，恳请广大读者批评指正。

编　者

二〇一八年五月

目　次

经济篇

社会篇

CONTENTS

Economic Part

Social Part

2018

经济篇

青岛发展动能转换与接续问题研究

青岛市城市经济学会课题组

李克强总理在2016年政府工作报告中指出，经济发展必然会有新旧动能迭代更替的过程，当传统动能由强变弱时，需要新动能异军突起和传统动能转型，形成新的"双引擎"，才能推动经济持续增长、跃上新台阶。我国发展正处于关键时期，必须培育壮大新动能，加快发展新经济。总体来看，供给与需求构成了经济发展动能的两个基本层面。我国正在推进的供给侧结构性改革，其核心任务就是从供需两个层面重塑经济发展的动能，是我国在经历了改革开放30多年实践基础上，应对经济发展新常态，从经济发展理念到经济发展理论再到经济发展实践的一次辩证思考与系统创新，是统筹供给侧与需求侧，统筹短期与长期，统筹国内与国外，统筹保增长与调结构、转方式的全新尝试和系统重构。

青岛经济总量在"十二五"期间连续跨越了四个台阶，直逼1万亿元大关，但经济增速却有所减缓，推动新旧动能转换与接续的紧迫性凸显。青岛发展动能的转换与接续问题与我国总体情况相对照，既有共性，也有受自身资源禀赋、发展路径等影响所形成的个性。在发展动能重塑的过程中，需牢牢把握供给侧结构性改革这根主线，大胆创新、扎实推进。要对动能转换与接续的长期性有清醒的认识，不能有"毕其功于一役"的急迫心理，应以"功成不必在我"的精神常抓不懈，抓住我国新一轮改革开放的战略机遇，真正实现发展动能的转换与接续，再造青岛发展新优势，提升城市核心竞争力。

一、青岛经济发展动能转换总体情况分析

(一)改革开放以来青岛经济增长动力分析

经过改革开放30多年的建设与发展，青岛经济实力显著增强，全

市生产总值从 1978 年的 38.43 亿元增长到 2015 年的 9300 亿元，年均增长达到 12%，其中，“十五”“十一五”和“十二五”期间的年均增速分别达到 15.6%、13.8%和 9.7%。

1. 从需求侧看支撑青岛经济增长动力

(1)投资是经济增长的主引擎。青岛固定资产投资由 1978 年的 2.97 亿元增加到 2015 年的 6555.7 亿元，年均增长 23.1%。投资增长与经济增长具有显著正相关性，投资增长率的变动先于生产总值增长率的变动，二者的变化趋势和波动周期基本相同。“十五”“十一五”的 10 年间，青岛生产总值保持两位数的快速增长，主要得益于投资的拉动。2001～2010 年，青岛投资年均增速 29.2%，同期生产总值年均增速 14.7%。

(2)消费是经济增长的稳定器。青岛最终消费由 1978 年的 17.5 亿元增加到 2014 年的 3009.94 亿元，消费需求显著扩大。消费市场稳中趋旺，社会消费品零售总额由 1985 年的 30.7 亿元增加到 2015 年的 3713.7 亿元，年均增长 17.3%。消费需求的波动小于投资需求，且滞后于投资需求波动，所以消费需求的相对稳定是经济周期性波动的重要制约因素。在投资需求迅速上升时，由于消费需求上升相对缓慢，限制投资需求增长的空间，减缓投资需求的增长速度；而在投资需求迅速下降时，由于消费需求下降缓慢，在投资需求下降初期消费需求下降很少甚至维持不变，具有一种自发地对经济衰退的遏制作用。

(3)外需对经济增长贡献下降。改革开放以来，进出口贸易显著增长，对经济发展起到了推动作用。从外贸出口净额来看，其对生产总值的贡献从 1978 年的几乎空白到 1988 年对外贸易自主权限下放后的起步直至 2007 年的 21.9%。随着金融危机的蔓延，曾经是助推经济增长重要动力之一的进出口贸易受到较大影响，外需在三大需求中占比逐年下降。但外贸结构继续改善，质量也进一步提高。2015 年，青岛重点商品出口中，高新技术产品和机电产品出口额分别为 271.89 亿元、1195.9 亿元，同比分别增长 16.3%和 8.6%，合计拉动全市出口增长 4.7 个百分点。

2. 从供给侧看支撑青岛经济增长动力

从供给侧来看，青岛经济增长的动力主要来自劳动、资本等生产要素的投入和技术进步、体制创新等带来的生产效率提高。

(1)资金投入力度较大。一是金融支持作用明显。金融机构人民币贷款余额由1978年末的29.7亿元增加到2015年末的10771.9亿元。上市公司从无到有，截至2015年末上市公司达41家，其中，境内25家，境外16家，累计直接融资总额达617.5亿元。二是财力提供重要支撑。2015年，青岛市财政总收入实现2713.7亿元，是1978年的57倍，其中一般公共预算收入1006.3亿元。地方财政一般预算支出达到1222.9亿元，是1978年的630.4倍。三是招商引资注入活力。青岛紧紧抓住国际资本和产业转移机遇，充分发挥地缘人缘优势，大力引进和利用外资。2001年以后，利用规模急剧扩大。截至2015年末累计有126家世界500强企业在青岛投资248个项目，青岛实际到账外商直接投资由2000年的28.43亿美元扩大到2015年的66.9亿美元，占全省总量的41%。

(2)人力资源贡献提高。一是劳动力资源充足。第六次人口普查(2010年)显示，青岛常住人口中，劳动适龄人口664.95万人，比第五次人口普查增加114.39万人；劳动适龄人口占全市总人口比重从1990年的71.61%提高到2010年的76.3%。二是就业增加较多。2014年，青岛社会从业人员588.97万人，比1978年增加332.27万人。从业人员占全部人口的比重由1978年的43.9%上升到61.8%。2015年，青岛新增城乡就业41.4万人，城镇登记失业率3%，就业形势保持稳定。三是受教育水平提高。2015年末，全市共有各类大专院校(含民办高校)23所，其中普通高校20所，在校学生32.2万人，每万人口中拥有高等教育学生数为354人。改革开放以来，青岛高校已累计为社会各行各业输送各类高级专门人才95.5万人，多层次满足了社会需要。

(3)科技创新后劲增强。一是科技投入明显增加。2015年，青岛研发经费投入244.3亿元，居全省首位，比2004年增加197.8亿元；研发投入强度为2.81%，比2004年提高0.66个百分点。二是科技人才规模扩大。截至2015年底，青岛共有两院院士27人，外聘院士35人，国家“千人计划”133名，国家特殊支撑人才计划(万人计划)12名，国家杰出青年科学基金获得者42人，教育部“长江学者”奖励计划21人，中科院“百人计划”59人，入选国家各部委创新型团队42个。三是高新技术产业快速发展。2015年，全市高新技术产业产值7113.4亿元，占规模以上工业总产值的41%。高新技术产业增加值占生产总值的比重为16.3%，比1999年提高12.9个百分点，成为经济增长的新亮点。

(4)体制改革创造活力。1984 年,青岛被确定为国家首批沿海开放城市之一,在扩大地方权限和给予外商投资者优惠方面,获得一系列特殊政策和措施:放宽利用外资建设项目的审批权限;积极支持利用外资、引进先进技术改造老企业;对中外合资、合作经营及外商独资企业,给予优惠待遇;兴办经济技术开发区;增加外汇使用额度和外汇贷款等。1986 年 10 月,国务院正式批准青岛在国家计划中实行单列,并确定在青岛进行经济体制综合改革试点。国家级经济技术开发区、高新技术产业区以及保税区、加工区等海关特殊监管区逐一设立,产生良好的政策叠加效应。东部开发、城市西进等战略的实施拓展了城市发展空间,塑造了新的城市增长极,激发了城市的发展活力。

(二)青岛发展动能转换与接续的基本特征

1. 经济发展旧动能态势分析

(1)传统产业发展势头有所放缓。2009 年,青岛成为全国第九个规模以上工业总产值过 1 万亿元的城市,但钢铁、水泥、平板玻璃、船舶等部分行业存在产能与需求矛盾现象。从制造业看,2015 年十条千亿元级产业链中只有船舶海工(17.7%)、轨道交通(16.4%)、机械装备(13.6%)和电子信息(13%)产业产值保持了较快增长,食品、橡胶、服装、家电等传统优势产业增长缓慢,石化产业出现了负增长。从服务业来看,以批发和零售业、交通运输仓储和邮政业、住宿和餐饮业为代表的传统服务业增加值增速下降,2015 年三个行业增加值增速分别降至 8.0%、6.7%、1.8%,占全市生产总值的比重降至 21.7%。

(2)传统投资领域增长潜力放缓。制造业投资尤其是传统制造业投资增速放缓。青岛制造业投资增速从 2013 年的 38.2%放缓到 2015 年的15.8%,制造业固定资产投资占全部项目投资的比重由 2013 年的49.1%下降到 2015 年的 46.7%。房地产投资明显回落:2010 年,全市房地产开发完成投资 602.4 亿元,增长 31.1%;2011 年为 29.9%;2012 年迅速滑落至 18.8%;2014 年降为个位数,增长 6.6%;2015 年仅增长 0.4%。

(3)传统消费热点增势趋缓。2010 年,全市限额以上法人企业汽车类、石油及制品类、粮油食品饮料烟酒类、日用品类、化妆品类社会消费品零售总额分别同比增长 35.2%、53.7%、27%、28%、37.1%,

2011～2014 年增速有不同程度放缓，2015 年进一步降至 6.9%、－10.9%、17.7%、0.1%和 5.4%，传统消费热点增速逐年下降。

(4)外部需求呈现常态性萎缩。2008 年国际金融危机以来，世界经济呈现“总量需求增长缓慢、经济结构深度调整”的特征，使得青岛的外部需求出现常态性萎缩，支撑经济高速增长的外需环境不复存在。从青岛口岸对外贸易进出口总额增速看，2010 年高达 31.6%，2011 年增长 26.7%，2012 年下降 1.3%，2013～2014 年保持个位数增长，2015 年同比下降 11.1%。出口额增速最高的 2010 年达到 27.5%，最低的 2012 年下降 2.4%，2015 年仅增长 1.6%。进口额增速 2012 年出现 0.4%的下降，2015 年下降至 26.3%，幅度进一步扩大。

(5)低成本无限劳动力供给局面打破。经济发展条件与快速增长时期迥然不同，尤其是人口、劳动力市场出现新变化和新特点，如人口老龄化持续加速、劳动力从无限供给转为相对有限剩余、普通劳动力工资快速上涨、劳动力市场矛盾多发等问题。“十二五”期间，青岛市老年人口进入快速增长期，年均增速达到 4.7%，每年净增 6.6 万人。截至 2015 年底，60 岁及以上老年人 158 万人，占户籍总人口的 20.69%，高于全国 4.69 个百分点，高于全省 1.46 个百分点。据青岛市老龄委预测，2020 年青岛市 60 岁及以上老年人占比将达到23.2%。全市在岗职工年平均工资由 2003 年的 12597 元增长为 2015 年的 53715 元，名义增长 4.2 倍，实际增长约 3.4 倍。

2.经济发展新动能态势分析

(1)高新技术持续涌现为经济发展提供新动能。引进大院大所。“十一五”以来，青岛引进院所和科研机构、科技园区达到 35 家，涉及生物化工、北斗导航、新材料制造、船舶配套、海工装备、智能制造等多个高端科研领域，中科院系列院所接踵落地，“985 高校”纷纷进驻开办研究院，央企相继在青岛开设研发机构，一批国际化科研平台也把青岛作为“窗口”，从研发、孵化到产业化，构建起创新驱动的全新发展链条。这些集聚的科研院所正在成为推动青岛发展的强大引擎。

加强平台建设。青岛拥有国家实验室 1 家，国家重点实验室 8 家，部级重点实验室 48 家，省级重点实验室 43 家，市级重点实验室 66 家；拥有国际级技术转移机构 14 家，居副省级城市第五；拥有国家级国际合作基地 18 家，居副省级城市第一；推进首批 3 家产业技术研究院基础上，新启动青岛橡胶产业技术研究院、青岛智能产业技术研究院和青岛光电产业技术研究院试点。

构建创新体系。青岛拥有国家工程技术研究中心 10 家，居全国计划单列市首位；拥有省级工程技术研究中心 52 家；拥有各级企业重点实验室 26 家，其中，国家级企业重点实验室 7 家，数量居副省级城市、计划单列市首位，省部级企业重点实验室 5 家，市级企业重点实验室 16 家；拥有 18 家国家级、48 家省级和 230 家市级创新型企业；认定市级产业技术创新战略联盟总数达到 82 家。

完善支撑服务。青岛形成创业孵化体系，孵化机构超过 100 家，26 家众创空间被纳入国家级孵化器管理服务体系；启动建设 13 个公共研发平台。

2015 年，青岛市规模以上工业高新技术产业完成产值 7113.4 亿元，占全市规模以上工业产值比重为 41.0%，发展龙头地位突显。

(2)海洋经济优势有望成为经济发展新动能。海洋经济保持强劲发展势头。围绕建设蓝色经济领军城市目标，青岛深入实施蓝色经济区发展规划，推进重点区域发展，“一谷两区”呈现新态势。2015 年，青岛市完成海洋生产总值 2093.4 亿元，同比增长 15.1%，增速较上年同期提高 2 个百分点，高于全市生产总值增速 7 个百分点左右，海洋生产总值占全市生产总值比重达到 22.5%，海洋生产总值与“十一五”相比实现翻番。

产业层级不断提升。2015 年，青岛市海洋第一产业实现增加值 96.7 亿元，同比增长 2.8%；海洋第二产业实现增加值 1031.7 亿元，同比增长 19.2%；海洋第三产业实现增加值 965 亿元，同比增长 12.3%，三次产业比例为 4.6∶49.3∶46.1。滨海旅游业、海洋交通运输业、海洋设备制造业和涉海产品及材料制造业四个主导产业增加值总量达到 1305 亿元，占海洋经济比重达到 62.3%，拉动海洋经济增长 7.6 个百分点。新兴海洋产业发展迅速，以海洋生物医药、海洋新材料、海水利用、海洋科研教育和海洋金融服务业等为主的新兴海洋产业增加值达到 256.8 亿元，同比增长 15.5%。

(3)新兴产业加快发展有望成为经济发展新动能。战略性新兴产业蓬勃发展。2015 年，全市战略性新兴产业完成产值 3490.2 亿元，占全市规模以上工业总产值比重达到 20.1%，同比增长 15.2%，高于规模以上工业产值增速 7.4 个百分点，其中：高端装备制造业完成产值 1407.6 亿元，占规模以上工业战略性新兴产业总产值比重 40.3%；新一代信息技术产业完成产值968.7亿元，占比27.8%，规模以上企业家均产值9.9亿元，位居七大产业之首；新材料产业完成产值641.2亿元，占比18.4%，高端装备制造、新一代信息技术、新材料三大优势产业主体地位日益稳固；生物产业充满潜力，基本建立了以海洋创新药物、海洋生物医用材料、海洋生物农用制品为主的产业体系，2015年实现产值225.0亿元，增长6.4%；新能源产业完成产值104.1亿元，增长27.3%；节能环保产业完成产值120.1亿元，增长21.5%；新能源汽车产业处于起步阶段，作为全国首批新能源汽车推广应用示范城市，青岛新能源汽车未来发展空间巨大。

现代服务业异军突起。2015年，青岛市现代服务业占服务业比重达到52%左右，比"十一五"末提高4.3个百分点。文化创意、金融、中介服务和旅游业大步跨越，年均增长16%以上，占比分别提高3个、2.7个、1.4个和0.7个百分点。科技服务、电子商务和服务贸易主要指标增速均超过30%。全市税收过1亿元楼宇51座，各类总部机构345家。金融机构总数达到221家，法人金融机构22家，外资金融机构34家，分别是"十一五"末的1.5倍、2.2倍和2倍。金融业实现增加值588.28亿元，占生产总值比重达到6.32%，实现税收49.1亿元。

(4)新业态孕育成长有望成为经济发展新动能。互联网经济加快发展。2015年，青岛电子商务交易额破6000亿元，跨境电商试点风生水起，互联网助推智慧农业、金融、文化、旅游等特色产业加快升级，崂山国家电子商务示范园区等互联网经济载体产业集聚效应逐渐显现。

"互联网+"成为消费新模式。全市从事电子商务企业超过1.2万家，年网上零售额突破300亿元。2015年末，青岛市开展网络零售业务的限额以上法人企业达到109家，通过互联网实现零售额同比增长近60%，"网售"已成为企业自身成长壮大的主要力量。

"海洋+"引领蓝色经济领军城市建设。通过产业融合、创新发展、集聚发展、开放合作四大发展目标和"海洋+"新模式、新业态、新产业、新技术、新空间、新载体六大重点任务，培育转型升级新动能。

部分享受型消费逐步成为消费热点。随着全市城乡居民收入的稳定增长和消费观念的不断转变，居民消费由温饱型向享受型转变。2015年，全市城镇居民平均每百户家庭拥有家用汽车、移动电话分别为50辆、215部，比2010年分别增加29.7辆、7.5部；城镇居民居住、医疗保健、交通通信、教育文化娱乐人均消费支出分别是2010年的3.4

倍、1.3倍、1.5和1.3倍;农村居民居住、医疗保健、交通通信、教育文化娱乐人均消费支出分别为2010年的2.2倍、1.9倍、2.0倍和1.2倍。

二、青岛发展动能转换的模型预测与分析

未来5～10年,是青岛转型发展的关键时期,综合当前所处的国内外宏观环境、城市自身发展的阶段,未来青岛经济运行动力将较以往发生较大变化。在此宏观背景下,基于凯恩斯国民收入决定理论建立青岛市年度宏观经济模型,利用模型合理测算主要经济指标增长情况,并据此分析青岛经济新旧动能变化趋势,对科学把握青岛未来发展方向及提出应对措施具有重要意义。

(一)经济预测模型构建

青岛市年度宏观经济模型主要基于凯恩斯国民收入决定理论和有效需求管理思想建立,兼顾转轨经济的现实国情及青岛地方经济特点。模型从研究国民收入入手,遵循收入决定需求、需求决定生产、生产对收入具有决定作用的基本建模框架。其他重要经济变量参与经济循环,变量间的联动形成国民经济各部分相互作用、相互影响的循环联系(图1),如价格由成本推动和需求拉动决定,财政收入由生产、收入和税率决定,货币需求由总需求和利率决定等。

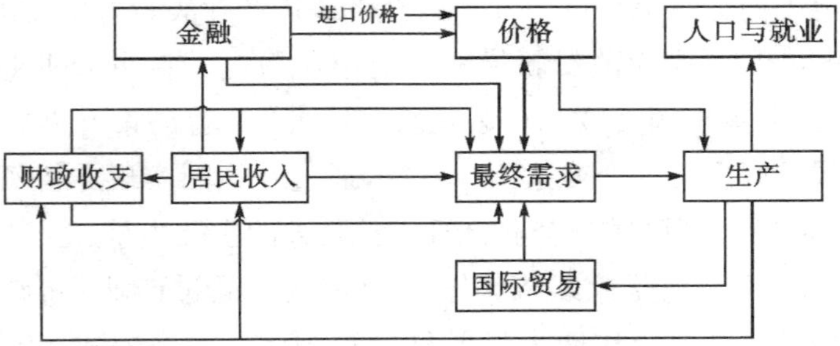

图1 青岛市年度宏观经济模型联动机制示意图

(二)主要经济指标预测

青岛市年度宏观经济模型使用的样本数据大部分从1990年开始,包含生产、需求、居民收支、财政金融、人口与就业、价格6个模块,共96个方程、141个变量,充分反映新常态下青岛经济运行的趋势。

在宏观经济环境和调控政策总体稳定的情况下，模型可对未来经济发展作出较为准确的趋势判断，实现对主要经济指标的预测(图 2)。

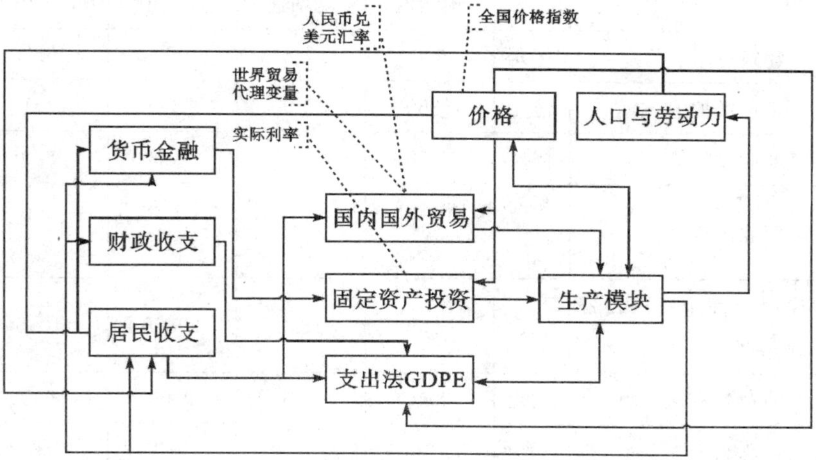

图 2　青岛年度宏观经济模型基本逻辑结构

设想 2016～2025 年的宏观环境为：国内货币政策由略宽松到相对稳定，实施积极的财政政策，物价总体呈温和上涨，汇率由贬至略回升并保持稳定；国际经济仍处于变革之中，外部需求受综合因素影响走弱。基于以上情景确定全国居民消费价格指数、全国出口商品价格指数、全国固定资产投资价格指数、全国进口商品价格指数、全国商品零售价格指数、美元加权平均汇率、一年期人民币贷款基准利率——实际利率、世界贸易代理变量等外生变量值，利用青岛市年度宏观经济模型进行外推预测，未来 10 年内青岛市生产总值将在“十二五”末基础上实现翻番。至 2020 年青岛市生产总值将超过 15000 亿元，“十三五”年均增速达 7.7%；2025 年青岛市生产总值将超过 23000 亿元，“十四五”年均增速达 7.4%(表 1)。

表 1　2020 年、2025 年青岛市主要经济指标预测值

	单位	2020 年预测值	“十三五”年均增速%	2025 年预测值	“十四五”年均增速%
生产总值	亿元	15300	7.7	23700	7.4
第一产业增加值	亿元	540	1.7	640	1.2
第二产业增加值	亿元	6160	6.7	9060	7.0

（续表）

	单位	2020 年预测值	“十三五”年均增速%	2025 年预测值	“十四五”年均增速%
建筑业增加值	亿元	680	7.8	970	6.2
工业增加值	亿元	5360	6.9	7800	7.1
第三产业增加值	亿元	8600	8.7	14000	8.0
三次产业比重	—	3.5∶40.3∶56.2	—	2.7∶38.2∶59.1	—
规模以上固定资产投资总额	亿元	12450	13.2	20800	10.5
社会消费品零售总额	亿元	6040	9.8	9800	9.5
进出口总额	亿美元	705	5.0	670	−1.0
居民消费价格指数	—	102.8	2.8	102.5	2.5
港口吞吐量	亿吨	6.0	3.9	6.5	1.5
地方财政收入	亿元	1600	10.1	2510	9.4
地税税收收入	亿元	1135	9.8	1760	9.2
地方财政支出	亿元	1890	10.2	2980	9.5
从业人数	万人	656	2.0	716	1.7

（三）从“三驾马车”看旧动能的变化

凯恩斯收入决定理论认为宏观经济均衡状态下，总供给＝总需求，或总产出＝总收入＝总支出，此时有恒等式 $Y=C+I+G+NX$，其中 Y 为总产出、总收入、总支出，C 为私人消费，I 为企业投资，G 为政府支出，NX 为净出口。若将 G 进一步分为政府消费和政府投资，并分别与 C、I 合并，则恒等式简化为 Y＝消费＋投资＋净出口，短期内消费、投资、出口等需求会发生波动，总需求会偏离总供给，宏观经济政策可以通过刺激需求使实际经济增长恢复到正常的轨道上，由此消费、投资、净出口成为政策研究制定者口中拉动经济的“三驾马车”。利用模型预测数据，对“十一五”以来“三驾马车”的发展情况进行对比分析，可以明显地发现青岛经济增长旧动能弱化，以及未来经济发展动能不足的问题。

1. 外需动能已趋弱化

按照支出法测算，青岛市净出口贡献率由“十一五”的年均16.4%，下降到“十二五”的－9%。从过去10年的发展情况看，拉动经济“三驾马车”中的外需动能已经弱化，未来“十三五”“十四五”期间净出口贡献率预计分别为－7.2%、－6.4%左右，表现为负面拉动。进一步分析净出口对生产总值边际贡献情况，采用下面公式估算：净出口对生产总值边际贡献＝净出口增加额（支出法）/（出口－进口）增加额，从历史及未来预测数据看，除2008年波动异常外，净出口对生产总值边际贡献总体也有走弱的迹象（图3）。若剔除2008年数据，净出口对生产总值边际贡献由“十一五”的年均0.4，提高到“十二五”的年均0.7，未来“十三五”“十四五”预计分别为－0.1和0.2左右，即净出口的增加或减少对生产总值边际贡献趋弱。

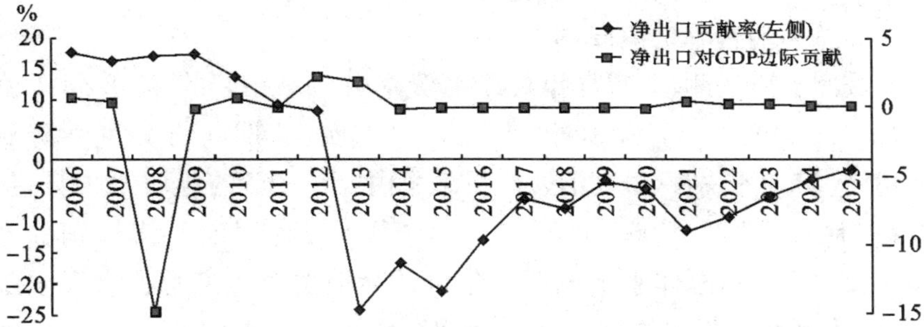

图3 青岛净出口贡献率及其边际贡献

2. 投资贡献高位回落

按照支出法测算，青岛市资本形成率由“十一五”的年均46.4%，上升到“十二五”的57.6%，预计“十三五”“十四五”期间将分别上升至71.6%、86.7%左右；资本形成总额对经济增长的贡献率由“十一五”的年均51.6%，上升到“十二五”的73.4%，预计“十三五”“十四五”期间将分别上升至88.7%、79.4%左右，呈现高位回落趋势。分析固定资产投资对生产总值边际贡献情况，采用下面公式估算：固定资产投资对生产总值边际贡献＝资本形成增加额（支出法）/固定资产投资增加额，从历史及未来预测数据看，固定资产投资对生产总值边际贡献总体也是回落的（图4）。

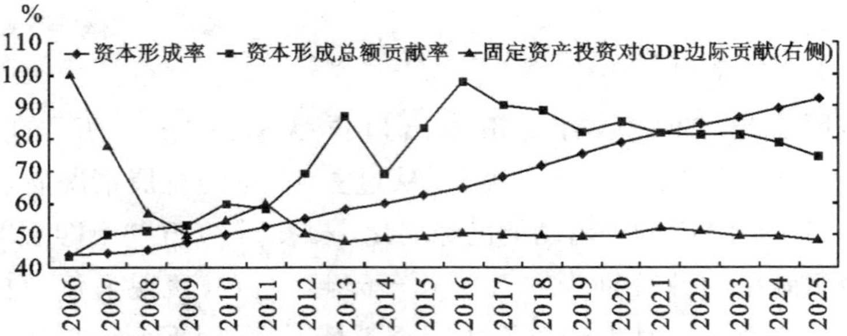

图 4 青岛资本形成率、资本形成总额贡献率及固定资产投资边际贡献

固定资产投资对生产总值边际贡献由“十一五”的年均 2.8，降至“十二五”的年均 1.1，未来 10 年预计为 1.0 左右，即固定资产投资对生产总值边际贡献将降至历史低位。总体看，青岛市资本形成率的不断提高，使得资本形成总额对经济的贡献率保持在很高的水平上，但固定资产投资对生产总值边际贡献降至低位的状况持续，将导致资本形成总额对经济的贡献率出现高位回落。

3. 总体消费率仍偏低

按照支出法测算，青岛市最终消费率由“十一五”的 35.2%，下降到“十二五”的 33.5%，预计“十三五”“十四五”期间将分别下降到 29.8%、28.4%左右；最终消费的贡献率由“十一五”的年均 32.1%，提高到“十二五”的 35.6%，预计“十三五”“十四五”期间将分别降至 20%、27%左右，总体水平偏低。分析社会消费对生产总值边际贡献情况，采用下面公式估算：社会消费对生产总值边际贡献＝最终消费增加额（支出法）/社会消费增加额，从历史及未来预测数据看，社会消费对生产总值边际贡献虽有回落，但总体相对比较平稳（图 5）。

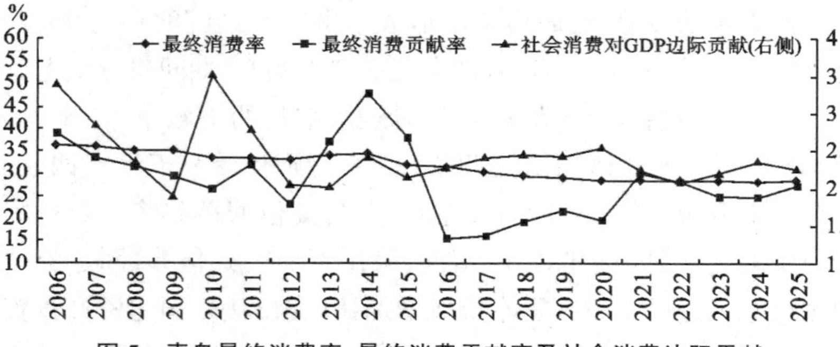

图 5 青岛最终消费率、最终消费贡献率及社会消费边际贡献

社会消费对生产总值边际贡献由“十一五”的年均 2.8，降至“十二五”的年均 2.3，未来 10 年预计为 2.3 左右，即社会消费对生产总值边际贡献稳定性较高，符合一般认识。总体看，青岛市经济仍然偏生产重投资，最终消费率持续走低和贡献率偏低的状况，是消费端被挤压的具体体现，反映出青岛依靠内需发展模式的一大困境。

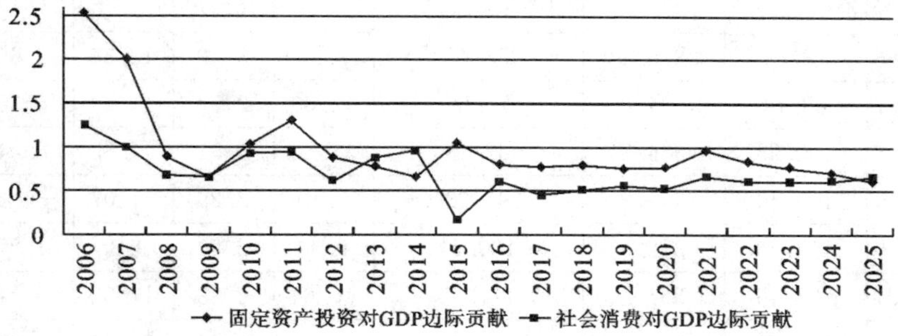

图6　青岛固定资产投资与社会消费对 GDP 边际贡献对比

(四)从全要素生产率看新动能的培育

全要素生产率是指教育、创新、规模收益、科技进步等所带来的产出增长率。从本质上说，衡量的是技术进步、规模效益、组织效率、管理水平、劳动力素质等因素对产出的作用，反映的是投入要素的综合利用效率，代表的是内涵式的增长方式。

1. 经济增长的动能变化

(1)全要素生产率估算。采用传统的最常见的索罗剩余值法对青岛全要素生产率进行估算，计算得到历年全要素生产率增长率(表2)。

表2　1981～2015 年青岛市全要素生产率增长率

年份	GDP（1980 年价格，亿元）	社会从业人数(万人)	资本存量（1980 年价格，折旧率 10%，亿元）	GDP 增长率（%）	L 增长率（%）	K 增长率（%）	TFP 增长率（%）
1980	48.65	270.1	53.92	10.40			
1981	47.68	278.9	52.35	−2.00	3.26	−2.92	−3.14
1982	49.63	282.7	52.14	4.10	1.36	−0.39	3.34
1983	58.02	289.6	51.55	16.90	2.44	−1.13	15.68
1984	65.56	304.2	52.33	13.00	5.04	1.50	9.17
1985	72.05	315.3	56.50	9.90	3.65	7.98	4.77

（续表）

年份	GDP（1980年价格，亿元）	社会从业人数（万人）	资本存量（1980年价格，折旧率10%，亿元）	GDP增长率（%）	L增长率（%）	K增长率（%）	TFP增长率（%）
1986	78.68	326.4	63.47	9.20	3.52	12.34	2.66
1987	88.12	334.8	70.89	12.00	2.57	11.69	6.30
1988	100.28	336.5	82.13	13.80	0.51	15.85	8.04
1989	105.40	344.2	91.22	5.10	2.29	11.07	−0.20
1990	115.20	352.8	100.24	9.30	2.50	9.88	4.27
1991	127.46	361.2	111.85	10.64	2.38	11.58	5.11
1992	150.59	370.3	134.26	18.15	2.52	20.04	9.63
1993	184.30	365.7	168.07	22.38	−1.24	25.19	14.57
1994	210.80	367.6	206.14	14.38	0.52	22.65	6.28
1995	236.11	374.2	247.16	12.01	1.80	19.90	4.01
1996	253.16	381.5	279.58	7.22	1.95	13.12	1.45
1997	282.24	388.7	308.30	11.49	1.89	10.27	6.73
1998	318.55	393.1	344.98	12.87	1.13	11.90	8.05
1999	362.71	396.1	389.00	13.86	0.76	12.76	8.99
2000	417.68	397.6	435.19	15.15	0.38	11.87	10.84
2001	475.06	400.5	493.54	13.74	0.73	13.41	8.67
2002	543.88	413.31	570.71	14.49	3.20	15.63	7.03
2003	632.33	438.96	698.84	16.26	6.21	22.45	4.49
2004	737.90	458.81	948.99	16.70	4.52	35.79	1.47
2005	860.10	471.03	1303.20	16.56	2.66	37.33	2.03
2006	991.99	490.1	1635.88	15.33	4.05	25.53	3.93
2007	1145.81	505.8	1971.95	15.51	3.20	20.54	6.37
2008	1296.97	513.8	2369.68	13.19	1.58	20.17	5.25
2009	1455.14	525.71	2869.86	12.20	2.32	21.11	3.44
2010	1643.35	540.34	3459.48	12.93	2.78	20.55	4.07
2011	1834.86	551.18	4084.97	11.65	2.01	18.08	4.14
2012	2030.16	559.88	4831.35	10.64	1.58	18.27	3.35
2013	2233.18	571.47	5750.57	10.00	2.07	19.03	2.12
2014	2411.83	588.97	6775.43	8.00	3.06	17.82	−0.12
2015	2607.19	600.15	7935.71	8.10	1.90	17.12	0.99

（2）经济增长变动分析。以1981～2015年为区间，划分4个阶段进行对比分析。可以看出，青岛经济持续高速增长的主要动力在不同的阶段表现不同，就全部时间段而言，总体上还是来自要素投入的增加。

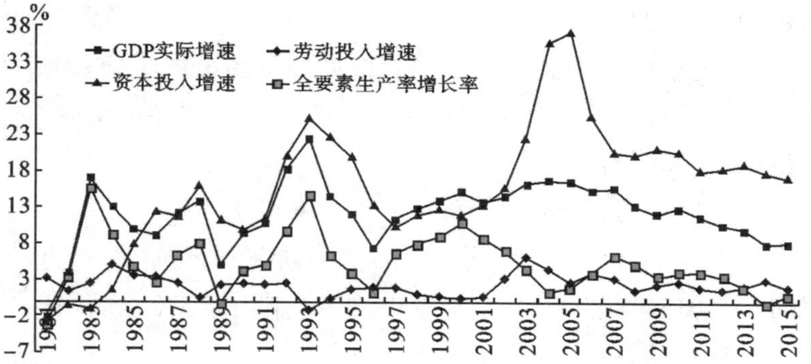

图7　1981～2015年青岛经济增长率、资本、劳动及全要素生产率增长率轨迹

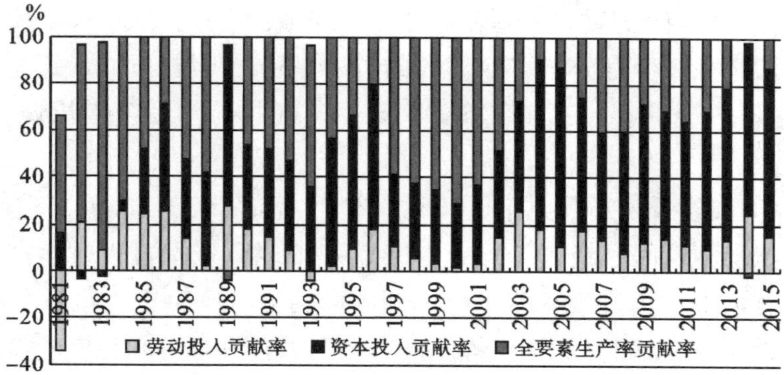

图8　1981～2015年各因素对青岛经济增长的贡献率

表3　1981～2015年不同阶段各要素对青岛经济增长的贡献率

发展阶段	劳动投入贡献率%	资本投入贡献率%	全要素生产率贡献率%	经济增长率%
1981～1990年	6.27	30.53	63.20	9.13
1991～2000年	7.20	40.71	52.09	13.81
2001～2010年	13.70	53.66	32.64	14.69
2011～2015年	15.05	65.14	19.80	9.68
1981～2015年	9.91	44.99	45.10	12.14

1981～2015年，全要素生产率对经济增长的贡献率达45.1%，年均拉动经济增长5.5个百分点，为第一大贡献因素，但4个阶段的贡

献率是逐步下降的，最近一个阶段（2011～2015 年）的贡献率为19.8%，为 4 个阶段中的最低值，年均拉动经济增长 1.9 个百分点，集中体现了结构变动、制度变迁、人力资本效率、技术进步等因素的共同作用。结合以往青岛产业结构变化看，从偏轻工业走向偏重化工，经济中更加注重的是资本密集型的大投资、大项目，推高了资本投入的贡献，在一定程度上抑制了依靠创新推动经济转型的步伐，因此，全要素生产率对经济增长的贡献率在 4 个阶段呈现出明显的下降，内生性的经济增长模式仍待突破。

1981～2015 年，资本对经济增长的贡献率达到 45.0%，年均拉动经济增长 5.5 个百分点；4 个阶段的贡献率是稳步增加的，最近一个阶段（2011～2015 年）的贡献率达到 65.1%，年均拉动经济增长 6.3 个百分点。在变动趋势上，资本投入增速波动较大，但大多年份资本投入增长率都是最高的，说明青岛经济增长资本驱动型特征比较明显。1981～2015 年，劳动投入对经济增长的贡献率只有 9.9%，年均拉动经济增长 1.2 个百分点；4 个阶段的贡献率是稳步增加的，最近一个阶段（2011～2015 年）的贡献率达到 15.1%，年均拉动经济增长1.5个百分点。

（3）要素投入边际贡献。1981～2015 年，资本投入对生产总值边际贡献呈高位回落趋势（图 9）。1981～1990 年，资本投入对生产总值边际贡献平均为 0.38，1991～2000 年降为 0.35，2001～2010 年进一步降为 0.26，2011～2015 年低至 0.14，资本投入对生产总值的拉动作用明显减弱。劳动投入对生产总值边际贡献稳步提高，由 1981～1990 的年均 0.15，提高至 2011～2015 年的 2.37，提升的幅度相当惊人，要素投入对生产总值边际贡献的变化趋势，反映出青岛经济增长动力的缓慢切换，应引起重视。

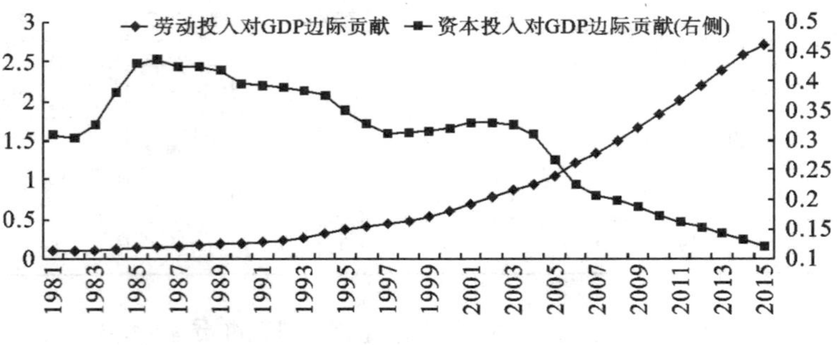

图 9　1981～2015 年劳动与资本投入对 GDP 边际贡献变化对比

2. 经济动能的影响因素

全要素生产率反映经济增长的新动能，对青岛而言，找到影响全要素生产率的主要因素，就可以找到未来新动能培育的着力点。

（1）新动能潜在影响因素分析。由于全要素生产率是包括一切在资本、劳动投入不变的条件下引起产出增加的因素，内涵非常广泛。本文以两要素生产函数为基础，引入结构变量、制度变量、对外开放、人力资本、科技投入水平等要素变量，来分析这些变量对全要素生产率增长率的影响。

（2）新动能培育的着力点。通过计算，2000～2013 年结构变动、制度变迁、对外开放程度是影响青岛全要素生产率的主要因素，其对全要素生产率增长的贡献率分别达到 26.7%、30.1%和 55.2%。

对外开放程度是影响青岛全要素生产率增长率的最主要因素。港口吞吐量/年末就业人数（吨/万人）是一个客观反映青岛对外开放、直接参与世界经济分工与合作的独特指标。通过港口经济，青岛获得了丰富的技术、制度、知识和资源，使经济发展的可能性具备向外拓展的能力。港口贸易带来了国际技术的溢出效应，一定程度上促进了青岛生产效率和技术水平的提高。2000～2013 年，平均拉动经济增长 2.7 个百分点。

制度变迁对经济起到重要促进作用。非国有经济的迅速发展，激发市场活力，促进竞争，有利于建立起产权明晰的有效率的经济体系。非国有经济比重的显著上升，对全要素生产率的提升起到重要作用，2000～2013 年，平均拉动经济增长 1.4 个百分点。

产业结构变动缓慢而积极。青岛第三产业比重保持上升趋势，2011 年首次超过第二产业比重，由 2000 年的 41.6%提升到 2013 年的 50.1%。产业结构的调整引起生产要素从生产率较低的部门向生产率较高的部门流动，要素使用效率得以提高，产生了资源再配置效应，促进了经济增长。2000～2013 年，平均拉动经济增长 1.3 个百分点。

3. 经济动能的发展趋势

利用青岛年度宏观经济模型中对生产总值、投资、社会从业人数等数据的预测，推算未来 10 年青岛要素投入对生产总值边际贡献的情况，以及青岛全要素生产率增长变动趋势，结果表明青岛资本投入对生产总值边际贡献将继续趋弱至年均 0.12，劳动投入对生产总值边际贡献仍有很大的提升空间，预计为年均 3.57，全要素生产率总体呈持续上升态势，其对全市经济的贡献率将摆脱前 10 年下滑的趋势开始逐步提高，预计贡献率为年均 27.7%。

青岛新的发展动能将主要来自创新，体制改革、深化开放和产业升级是影响创新的最大因素，也是推动新旧动能转换与接续的主要力量。从供给侧来看，产业升级需要新产业的壮大、新业态的培育，继续深化改革开放会推动生产要素的优化配置，实现科技创新能力、人力资本质量、金融发展层次、资源利用效率的全面提升，塑造新的发展动能。从需求侧来看，创新消费、投资，开拓外部需求，将有力推动新旧动能的接续，助推青岛发展再次跨入快车道。

三、从供需两侧培育青岛经济发展的新动能

新旧动能转换的关键点和难点是供给体系质量、效益全面提高，在这一过程中要主动培育新动能、发展新经济，加快新产业、新业态的成长步伐，改造提升传统动能，有序化解过剩产能，为促进经济保持中高速增长、迈向中高端水平提供支撑。

（一）新产业供给侧的发展动能

国际金融危机之后，发达国家“再工业化”进程加快，新一轮科技革命和产业变革蓄势待发，发展中国家加快承接产业和资本转移，国际产业竞争格局加速重构，对青岛产业发展形成高端回流和中低端分流的“双向挤压”。我国实施“中国制造 2025”“互联网+”等战略，要求制造业实现由大变强的新跨越，给青岛产业转型升级带来机遇和挑战。

从产业发展的总体趋势来看，不论是传统产业的升级，还是新兴产业的发展都离不开装备、材料和信息技术；新型城镇化带来消费升级，智能家电、个人消费电子、服务机器人以及与人们健康和生活享受相关的生物保健品、医药产品、文化产品等将成为消费热点。结合青岛产业发展基础，未来制造业可选择高端装备制造、新材料、新一代信息技术等产业，服务业可选择文化创意、生命健康等产业作为重点突破领域。

1. 全力突破新兴产业高端

依托“东园西谷北城”、国际石墨烯科技创新园等重大载体，突破

高端、高效、高附加值环节，突破核心技术，超前布局新一代信息技术、新材料等产业，打造支撑产业倍增、促进动能转换、引领未来发展的新兴产业梯队。

(1)新一代信息技术。一是加快建设宽带、融合、安全、泛在的下一代信息网络，创新发展集成电路、新型显示、信息通信设备等关键基础产业，超前布局传感器及物联网、虚拟现实及人工智能、移动智能终端与可穿戴设备等新兴产业。二是提升信息服务水平，突出发展移动互联服务、数据处理和运营、信息技术咨询、数字内容服务、信息安全、VR内容等高端业态，建设国家通信产业园、青岛软件科技城、光谷软件园，推进光网城市和惠普、浪潮等大数据项目建设，打造区域性大数据和云计算、软件研发和交易等服务中心。力争到2020年，全市新一代信息技术产业产值达到2000亿元，信息服务业增加值占生产总值比重达到2%。

(2)新材料。一是立足本地产业基础和资源优势，围绕家电电子、高速列车、船舶海工、航天航空、新能源、绿色建筑等产业发展需求，重点发展金属功能与结构材料、先进高分子材料、高性能纤维材料、新型无机非金属材料等新材料产业。二是加强自主创新能力提升，突破高纯碳化硅、激光晶体、石墨烯、高性能保温密封材料、新能源关键材料、储氢材料等关键技术，加快橡胶新材料、非晶带材、特种玻璃、锂电正负极材料、碳纤维、石墨烯产业化应用。力争到2020年，全市新材料产业产值突破700亿元，打造国内重要的新材料产业基地。

2. 壮大高端装备制造产业

按照高端化、品牌化、规模化和集群化的发展方向，提升轨道交通装备发展水平，加快发展海洋工程装备，做大做强智能制造装备，积极培育航空装备产业，将高端装备制造产业打造成为青岛市具有国际竞争力的支柱产业。

(1)轨道交通装备产业。立足中车四方、庞巴迪等主机企业，重点发展动车和城市轨道交通整车制造、关键核心零部件、通信信号系统、运营监控系统、工程及养护机械等装备系统，加快建设国家高速列车技术创新中心，打造研发、制造、服务一体化的世界动车小镇。力争到2020年，全市轨道交通装备产业产值超过1100亿元。

(2)海洋工程装备。面向海洋油气资源开发需求，依托海洋工程装备骨干企业，重点发展大型海上浮式结构物、海洋钻修井平台、深海资源开发装备、深潜器、水下生产系统、安全防护及监测检测系统等海洋工程装备及配套设备，富余造修船能力转型发展海洋工程装备，提高总承包和专业化分包能力。

(3)智能制造装备。大力发展工业机器人、高档数控机床、增材制造装备等整机产品，加快研制智能控制系统、智能仪器仪表、伺服控制机构等智能测控装置和关键基础零部件，实施重大智能制造示范应用工程，积极发展智能化橡胶机械成套装备、智能化纺织成套装备、智能化成形和加工成套设备等重大智能制造成套装备。力争到 2020 年，智能制造装备产业产值超过 1000 亿元，打造国内重要的智能制造装备产业基地。

(4)航天航空装备。依托航空业总部基地、临空经济示范区和北斗(青岛)导航位置服务数据中心等产业载体，加快引进培育航空装备制造与维修、北斗导航研发及应用产业链，打造国内航空航天装备新兴产业基地和国家北斗应用示范基地。力争到 2020 年，航空航天装备产业实现年产值 150 亿元，打造国内航空航天装备新兴产业基地和国家北斗应用示范基地。

3. 培育新型高端服务业态

顺应和把握消费升级大趋势，扩大有效供给和品质提升，加快文化创新、健康养老等新型服务业态发展，推进国内重要的区域性服务中心建设。

(1)文化创意产业。一是顺应文化产业高速增长和跨界融合新趋势，推动文化创意与科技创新的深度融合，建设文化产权、版权、技术、产品等多层次文化要素市场，培育发展高端影视、创意设计、网络游戏、动漫制作、数字传媒等新业态。二是依托东方影都等龙头项目，鼓励金融资本、社会资本以产业投资基金、众筹、P2P 等多种形式投资文化创意产业，推进电影＋泛娱乐，构筑现代影视产业集群，创建特色文化产业示范区。三是加快发展“文化＋”新型产业，支持制造业、金融业、建筑房地产业、软件业等龙头企业发挥自身优势发展文化创意项目。

(2)生命健康产业。一是建立覆盖全生命周期、内涵丰富、结构合理的健康服务业体系，突出山海及疗养资源优势，重点发展智慧医疗、健康管理、养生保健、疗养康复、健康保险等高端业态。二是推广医养结合特色养老服务，规划建设崂山湾国际生态健康城、灵山湾生态养生城、红岛健康技术研发与制造示范园，引进北京协和、北大医院等国内外知名医疗机构，构建辐射半岛的健康服务综合信息网，打造国际健康养老休闲城市。

（二）新业态供给侧的发展动能

1. 培育新型经济业态

以消费者为中心推动产品经济向服务经济、体验经济升级，依托充分发挥移动互联网、物联网、大数据、云计算等信息技术，加快实施“互联网＋”战略，积极培育分享经济、平台经济、指数经济等新经济发展形态。

（1）分享经济。作为互联网时代的新经济业态，分享经济已上升为国际战略，具有加速资源重配、转化过剩和闲置产能、培育新消费增长点的作用。青岛应抢抓机遇，大力发展分享经济，通过分享、协调、体验、交互等方式，实现创业创新。一是加快建设分享经济平台，推动金融、生活服务、交通出行、生产能力、知识技能和房屋短租等六大领域分享经济发展。二是进一步普及分享经济理念和价值，制定分享经济发展规划和扶持政策，完善分享经济数据统计制度，建立行业准入、交易规则、质量和安全保障、信用评价机制等行业自律监管体系。

（2）平台经济。“十三五”时期，青岛应依托优势产业和总部经济的发展基础和比较优势，做大做强平台经济。一是支持本土实力平台企业跨地区、跨行业、跨所有制整合发展资源，加快培育一批具有行业带动力和国际影响力的龙头型平台企业。支持海尔、青岛港等企业打造物流和交易平台，加快区域性大宗商品交易等功能性平台建设。二是深入实施平台经济提升工程，着力打造滨海旅游网络要素平台、创新创业服务平台、特色文化要素集聚平台、国际时尚消费平台、国际商务平台等重大要素平台。

（3）指数经济。青岛应抢抓机遇，加快特色指数经济发展。一是加快海洋创新指数、航运服务指数、时尚消费指数、文化交易指数和国际贸易指数等权威指数体系建设。二是运用指数体系打造城市高品质综合环境，学习借鉴深圳福田区“1＋4”综合评价指标体系建设经验，构建城市高品质综合环境指标评价体系，全力提升法治、营商、人文和生态环境，打造一流国际化城市。三是加强指数分析和实际应用推广工作，构建特色指数经济产业园，完善指数产品体系，建设指数产品交易平台，优化交易环境，吸引指数提供方和需求方集聚，打造信息高地。

2. 推动商业模式创新

2015年国务院常务会议首次同时提出“众创、众包、众扶、众筹”（简称“四众”），指出要利用“互联网＋”鼓励“四众”发展。新常态下，“四众”能有效拓展创业创新与市场资源、社会需求的对接通道，对实现创新资源优化配置、汇聚大众智慧、构建协同创新格局具有重要作用。

（1）众创。一是发展专业空间众创，充分利用青岛市各类科技园、孵化器、创业基地等加快与互联网融合创新，打造线上线下相结合的创新载体，鼓励创客空间、创业咖啡、创新工场等新型众创空间发展。二是推进网络平台众创，鼓励大企业通过网络平台向创业者提供“供应链＋创投＋市场”的资源支持，鼓励电商平台为小微企业和创业者提供支撑和服务。三是壮大企业内部众创，推广海尔“人人创客”模式，鼓励大中型企业通过内部资源平台鼓励员工开发新产品、拓展新业务，提升企业市场适应能力和创新能力。

（2）众包。一是广泛应用研发创意众包，鼓励企业与研发机构等通过网络平台将部分设计、研发任务分发和交付，推动产品技术的跨学科融合创新。二是实施制造运维众包，支持大中型制造企业通过众包平台聚集跨区域标准化产能，满足大规模标准化订单的制造需求，支持中小制造企业以众包方式构筑服务运维体系。三是发展生活服务众包，推动无车承运物流、快件投递、医疗、教育等生活服务众包，优化传统生活服务行业的组织运营模式。

（3）众扶。一是推动社会公共众扶，加快公共科技资源和信息资源开放共享，提高各类公益事业机构、创新平台和基地的服务能力，推动高校和科研院所向小微企业和创业者开放科研设施，鼓励行业协会、产业联盟等行业组织和第三方服务机构加强对小微企业和创业者的支持。二是倡导企业分享众扶，鼓励大中型企业通过生产协作、开放平台、共享资源、开放标准等方式，带动上下游小微企业和创业者发展。三是支持公共互助众扶，支持开源社区、开发者社群、资源共享平台、创业沙龙等互助平台发展，鼓励企业以天使投资、慈善、指导帮扶等方式支持创业者创业。

（4）众筹。一是推进股权众筹，建设股权众筹平台，增强金融服务小微企业和创业创新者的能力。二是鼓励互联网企业依法合规设立网络借贷平台，为投融资双方供提供借贷信息交互、撮合、资信评估等服务。三是支持消费电子、智能家居等创新产品和艺术、出版、影视等创意项目依法开展实物众筹，发挥实物众筹资金筹集、创意展示、价值发现、市场接受度检验等功能。

（三）生产要素供给侧发展动能

1. 提升科技创新能力

一是推进创新资源集聚，引进建设具备国际先进水平的科研基础设施、知名高校和科研院所，深化与央企、大院大所、重点高校战略合作，构建产业技术创新联盟，支持企业与高校、科研院所共建技术创新中心、重点实验室、工程（技术）研究中心。二是加快创新平台建设，建设海洋科技、高速列车、橡胶材料与装备、智能制造、精准医学、大数据与云计算、科学仪器设备、新能源汽车、石墨烯和虚拟现实等十大科技创新中心。三是实施科技型中小企业培育工程，加快推进“千帆计划”，壮大高新技术企业，引进培育有国际竞争力的创新型领军企业。四是完善促进科技成果产业化的系列政策，建立健全“政府、行业、机构、技术经纪人”四位一体的技术市场服务体系。深入实施知识产权战略行动计划，争取设立知识产权法院。到2020年，研发经费支出占地区生产总值比重达到3.2%，万人有效发明专利拥有量达到20件。

2. 提升人力资本质量

一是加强高端人才引进，启动实施“高端人才倍增计划”，壮大两院院士、博士、创业领军人才和首席技师等高端人才规模。统筹推进崂山、李沧等区院士园发展，加强高层次人才创业中心、留学生创业园、博士创业园等人才平台载体建设，引进科研创新团队和优秀青年人来青创业。落实“红娘”奖励政策，鼓励人才中介和猎头公司发展。二是提升人才培养质量，鼓励高校以科研项目和重大工程为依托，探索科教结合的学术学位硕士培养模式，加快一流学科建设。推进部分普通本科高校向应用技术型高校转型，设立创新创业实训基地，开展现代学徒制试点。三是优化人才发展环境，健全人才合理流动机制，建立企业、高校与科研究机构的社保体系接续制度。推进高层次人才“绿卡服务”，兴建人才公寓，做好人才配偶就业、子女教育等服务。到2020年，全市人才资源总量突破200万人，研发活动人员数量突破7.3万人，创新创业领军人才2000名。

3. 提升金融发展层次

推动金融总部机构和高层次人才集聚，力促风险投资、资本市场融资、金融改革试点、产业基金等重点领域实现突破，实现金融业整体素质、金融服务地方发展能力"两个提升"，打造区域性金融中心。

一是突出蓝色金融特色。研究制定金融支持蓝色经济区建设的意见和配套政策措施。借助国家战略优势，大力发展海洋、涉海、临海金融服务，争取建立金融改革创新综合试验区。围绕主导产业、重点项目，扩大政策性贷款、国际金融组织贷款应用，在筹建大型产业投资基金、股份制银行等方面尽快取得突破。鼓励金融机构以青岛为中心向半岛地区辐射，增强区域金融影响力。努力形成政策领先、要素集聚、辐射面广的蓝色经济金融服务体系。

二是壮大总部金融机构。发挥财政性存款、专项资金引导作用，重点引进大型金融机构在青设立地区和运营总部。加强与非法人金融机构总部沟通，争取其将青岛布点升格为区域总部。支持青岛银行等本地法人金融机构引进战略投资者、上市融资和跨区域发展。鼓励有条件的企业集团发起组建财务公司等非银行金融机构，引导企业产品运营与资本运作融合发展。依托政府投资平台，筹建信托公司、基金管理公司、担保公司等机构，择机组建大型金融控股公司。

三是大力发展开放金融。促进金融中心、航运枢纽联动发展。在加工贸易、港口贸易等领域，积极开发结算类、融资类、避险类等金融工具。发挥前湾保税港区综合优势，拓展港口航运金融，争取设立大宗商品等区域性期货市场，培植金融交易和定价功能。深入推进跨境贸易人民币结算试点工作，打造半岛地区乃至沿黄流域人民币跨境结算中心。争取国家支持，推进离岸金融等重大金融项目改革试点。

四是拓宽产业融资渠道。围绕装备制造、高新技术、现代服务、低碳经济等重点战略产业，在加强信贷支持的同时，扩大直接融资规模，重点在服务业龙头企业上市、发行大型企业债券两个方面取得突破。发挥财政专项引导资金、创投基金两大政府平台作用，聚合放大社会资本，促进重点产业加快发展。针对新兴产业特点，引导金融机构完善信贷评审管理体系，支持开展各类市场化金融创新。

五是打造区域财富管理中心。当前，国内民间游资丰富，国际财富向中国转移趋势明显。青岛市高收入群体相对集中，对私人银行等高端金融服务需求潜力巨大。应加快引进国内外投资银行、私人银行、资产管理等专业理财机构和人才，鼓励本地金融机构发展私人银行业务，在国内率先打造财富管理服务品牌，培育新的金融增长点。

六是扩大创业投资规模。发挥市级创投引导基金作用，做大做强风险投资、私募投资等一批金融机构。支持有条件的区（市）设立创投引导基金，鼓励民间资本、大企业参与设立创投公司，培育各类风险投资服务机构。积极引进有业绩、有品牌的大型创投企业，发挥外来资本的“鲶鱼效应”，激活本地创投市场。

4. 提高资源利用效率

青岛应大力发展循环经济，全面节约和高效利用资源，以有效破解资源、环境和发展面临的难题。一是强化约束性指标管理，实施能源和水资源消耗、建设用地等总量和强度双控行动。实施全民节能行动计划，提高节能、节水、节地、节材标准，开展能效、水效领跑者行动。二是实行最严格的水资源管理制度，加强重点用水单位监管，推广农业节水，工业综合水重复利用率达到88%以上，农田灌溉水有效利用系数达到0.65，适时开展“海绵城市”试点，建设节水型社会。三是坚持最严格的节约用地制度，强化土地用途管制，完善工业用地市场配置制度，提高产业区开发强度，推进城镇低效用地再开发和工矿废弃地复垦，推广“一地多用”和地上地下空间综合利用。

（四）新消费需求侧的发展动能

1. 发展旅游休闲消费

（1）推动滨海旅游高端化。把握大众旅游时代的多样化、多层次消费新需求，构建与国际接轨的旅游服务体系，塑造“红瓦绿树·碧海蓝天——追梦青岛”旅游主题形象，打造国内游客赴韩旅游集散中心和国际化旅游目的地城市。围绕消费升级，依托国际邮轮母港、万达游艇交易中心、银海游艇俱乐部，加快培育邮轮旅游、游艇旅游、房车旅游、通用航空旅游、在线旅游新业态，举办青岛国际邮轮峰会，打造国内游客乘坐邮轮出境游出发地和返程地。大力发展乡村特色游。突出乡村特色，充分发挥农业的多功能性，开发一批形式多样、特色鲜明的乡村旅游产品。

（2）满足旅游个性化需求。丰富老年旅游服务供给，积极开发多层次、多样化的老年人休闲养生度假产品。引导健康的旅游消费方式，积极发展休闲度假旅游、研学旅游、工业旅游，推动体育运动、竞赛表演、健身休闲与旅游活动融合发展。适应房车、自驾车、邮轮、游艇等新兴旅游业态发展需要，合理规划配套设施建设和基地布局。开发线上线下有机结合的旅游服务产品，推动旅游定制服务，满足个性化需求，深化旅游体验。开发特色旅游路线，加强国际市场营销，积极发展入境旅游。加强旅游纪念品在体现民俗、历史、区位等文化内涵方面的创意设计，推动中国旅游商品品牌建设。

2. 大力发展信息消费

（1）促进企业信息消费。加大信息化和工业化融合专项引导资金投入，引导大中型企业实施信息化综合集成创新、产品信息化等方面的重点工程，支持企业在研发设计、生产制造、经营管理、市场营销等核心业务环节信息化应用。借鉴重庆、陕西、湖南等地经验，搭建专业信息化服务平台，整合各类企业管理、客户管理、电子商务、在线培训等标准化应用软件，让资金不充裕的中小企业零投入在线使用，引导中小企业应用信息技术改造和提升运营管理与市场开拓水平。鼓励企业转变信息消费观念，运用信息化服务平台和第三方外包服务，降低信息消费门槛。通过产业集聚区、开发区、行业协会等，鼓励龙头企业通过信息化方式改造提升价值链，带动中小企业信息消费，实现信息互助。

（2）大力发展与信息消费相关产业。鼓励电子商务创新发展，运用信息技术手段改变传统的批发、零售等流通模式，不断衍生新的商业价值。大力推进移动互联网产业，推进网络信息技术与服务模式融合创新，鼓励发展手机导航、手机阅读、网络社交、娱乐应用、手机游戏等。推进软件和服务外包业高端化集约化，提升面向应用的支撑能力。以生产性服务业为重点，加快推进服务业信息化，深化信息技术在服务业各领域应用，积极培育新型服务业态。加大工业化和信息化融合力度，通过信息技术改造提升传统产业的研发设计、生产制造、经营管理以及销售服务等环节，努力激发出新的市场活力。

（3）推动新兴信息消费发展。积极培育信息消费新模式、新业态，提前布局产业新生态，促进信息消费规模扩大。以实施“互联网＋”行动为突破口，推动互联网与制造业、旅游、健康、养老、文化、教育等产业的跨界融合，刺激信息消费，持续带动各领域消费。丰富信息消费内容，发展新型数字文化，大力发展数字出版、互动新媒体、移动多媒体等新兴文化产业，促进动漫游戏、数字音乐、网络艺术品等数字文化内容的消费。推进智慧家庭等新兴信息消费应用推广，研发普及新型家庭信息消费产品，发展数字家电、数字家居、家庭安防等新型产品和服务，推进数字家庭网络、内容、服务与终端协同发展。

3.培育新型消费模式

（1）建设有利于零售业小企业发展的网络平台。鼓励和支持建设若干具有标杆意义的大型网络零售服务平台，探索各类国内和跨境电商形成平台＋生态产业链模式，让小企业直接与消费者对接，鼓励小企业创新，促进个性化消费。简政放权，放宽市场准入制度，为小企业营造宽松的创新环境。

（2）鼓励各种新型商业—消费模式的尝试。政府通过政策创新、市场准入、舆论营造等途径，鼓励大规模个性化定制、众筹消费、生鲜农产品预售（如洗衣、送餐、汽车保养、家政等），利用移动互联网提供商品与服务，并带动消费、营销模式的创新。通过推进互联网与消费性基础设施和消费品融合，进而推进信息化与工业化、城镇化融合，为新产业、新业态、新模式发展创造良好环境，通过大众创新、万众创业带动经济增长。

4.完善消费金融支持

（1）扩大消费金融发展空间。由青岛市金融办、市商务局等部门牵头，认真研判新消费重点领域特点，积极提供发展动态与数据支持，鼓励消费金融公司围绕旅游休闲消费、教育文化消费、智能医疗健康消费、信息和网络消费、农村消费等新兴消费领域，拓展业务内容，针对细分市场提供特色服务。主动搭建平台，推进消费金融公司与大型零售机构（如利群集团）、消费品生产企业（如海信集团）、通信公司（如中国联通）合作，建立信用消费合作平台，有效链接居民个人消费各个环节，吸引更多个人采用贷款模式消费。

（2）支持消费金融公司做大做强。青岛市金融办、银监局、人民银行等部门加强相关政策扶持，研究风险补偿、奖励、贴息等政策，积极支持消费金融公司充分利用物联网、云计算、大数据等技术，提升金融服务和管理水平，对新设消费金融公司给予适当补助；对推动普惠金融，针对小城镇棚户区改造、“城中村”改造等专项的信用贷款，按照一定比例给予贴息补助。在资金获取方面，起步阶段对消费金融公司的专项资金需求，帮助其整合银行等金融资源，在融资渠道和融资成本上提供便利和优惠，在后续发展阶段，积极争取发行金融债券，尝试资产证券化，为其提供相关服务。

(3)争取监管、信用体系建设等有所突破。通过财富管理金融综合改革试验区及消费金融试点城市平台，探索制定消费金融法规细则，就消费信贷的主体、对象、程序、方式等方面作出具体规定，营造公平竞争环境。调整监管思路，树立适应互联网特征的监管理念，实行包容性监管，对创新性强、普惠金融发展好的消费金融机构保持一定的监管容忍度，进行创新支持。探索开展征信体系建设试点工作，赢得在全国城市消费金融发展的领先位置。鼓励更多互联网式民营征信机构参与到征信体系建设中来，成为全国征信体系一部分，实现消费者全面覆盖及政府公共数据和民营市场化数据共享。充分利用互联网大数据，突破传统金融风控模型局限性，创新金融工具，让更多客户群体享有信贷产品和服务。

(五)新投资需求侧的发展动能

1. 加强重点领域投资

(1)交通基础设施。一是融入国家高铁网络，推进青连铁路等建设，接入国家沿海大通道，形成“一横一纵”的陆路综合运输通道，全面融入国家“八纵八横”高铁网络。二是加快新机场综合交通中心建设，建成衔接济青高铁、青连铁路、青荣城际铁路、胶济客专和轨道交通R7、R9、M8号线以及“四横五纵”区域高快速客货网的空陆一体交通体系，实现航空、轨道、高铁等交通方式“零换乘”。

(2)能源基础设施。一是积极发展高效清洁煤电，大幅提高天然气开发和应用，加大风能、太阳能、海洋能、生物质能等清洁能源投资发展力度，构建清洁低碳、安全高效的现代能源体系。二是大力投资开发新能源微电网和分布式储能系统，推进分布式光伏发电在工业、农业、商业等领域的应用和推广，注重能源配售和消费领域智能化创新，加强对节能环保材料的研发应用。

(3)信息基础设施。一是深化与中国移动等电信运营商在“互联网+”领域的战略合作，加快建设新型信息基础设施，推进5G联创中心青岛实验室建设，围绕基础通信能力、物联网、车联网、工业互联网、云端机器人、虚拟和增强现实六大领域，开展业务应用和产品的联合研发与创新。二是支持海尔、海信等本地企业跨行业创新，建设5G发展新生态，打造以智能城管、智能交通、智慧家居、智慧医疗、安防监控、智能公共服务等重点领域为主的“智慧城市”。

2.创新投资发展模式

(1)不断完善PPP模式。一是大力推广政府和社会资本合作,通过采用购买服务、特许经营、股权投资等方式,鼓励引导社会资本投资基础设施、公用事业等领域,建立PPP项目库,聘请专业咨询服务机构参与方案包装、设计和推介。二是完善PPP所需的各项配套措施,建立健全物有所值评价指引、PPP投融资管理法规、PPP项目审批程序、常规性“再谈判”机制等。三是引入第三方监督评估机构,加强信息披露和社会监督,增加PPP项目的透明度。加强PPP项目投融资风险识别和分担,建立政府和社会资本利益共享、风险共担机制。

(2)政府投资引导基金。一是整合财政专项资金,加快财政股权投资改革,推进市创业投资引导基金、股权投资引导基金、工业转型引导基金等母基金发展,围绕蓝色高端新兴与现代服务业、科技、工业和信息产业、商贸业、文化、农业等六大重点领域,加快推进创新创业发展、产业动能转换和工业结构调整。二是依托西海岸国家级新区和红岛高新区,筛选发展前景良好的企业和项目,结合青岛市上市后备企业资源库,加快政府引导基金项目库建设,增强对社会资本的吸引力。三是构建包括社会效益指标、业务指标和财务指标“三位一体”的引导基金绩效考核体系,建立健全基金信息披露制度,在不泄露商业机密的前提下,定期通过报纸、网络等媒体向社会公开引导基金运行各环节的存量及流量信息。

(六)新外部需求侧的发展动能

1.加快推进服务贸易

一是争取国家服务贸易创新发展试点,以服务业为重点进一步放宽外资准入领域,提升运输、旅游、建筑等传统服务贸易,扩大软件和信息技术、工程承包、技术转让、设计咨询、金融保险、教育培训、民族文化等服务贸易出口。二是壮大服务贸易市场主体,加大对服务出口重点领域企业支持力度,鼓励有特色、善创新的中小企业发展,引导其融入全球价值链。探索建立一批项目对接、市场推广、共性技术支撑服务等平台,为行业内企业提供便利化公共服务。三是依托大数据、物联网、移动互联网、云计算等新技术推动服务贸易模式创新,打造服务贸易新型网络平台。推进国家服务外包示范城市建设，加快生物医药、管理咨询、数据服务等外包产业发展。四是建立健全政府、企业、协会协同配合的服务贸易促进服务体系，建立服务贸易重点企业联系制度，推进产业、贸易、投资政策与企业发展的有效衔接和良性互动。探索设立服务贸易创新发展引导基金，拓展融资渠道，积极为“轻资产”企业提供融资便利。

2. 培育壮大跨境电商

2016 年，青岛市获批设立国家跨境电子商务综合试验区，应加快推进跨境电商自由化、便利化、规范化发展，带动产品、技术、服务升级和“全产业链出口”，打造国内重要的区域性电子商务服务中心。一是加快国家跨境电商综合试验区建设，创新发展 B2B、M2B、B2C、M2C 的“四合一”发展模式，推动“互联网＋”战略与产业基础资源、口岸和多式联运综合物流配套政策等优势有机结合，加快跨境电商线上“单一窗口”和线下“产业园区”建设，推动跨境电商外贸创新服务平台、公共海外仓平台等重点项目平台建设。二是按照产业链分布特点培育一批“低成本”“零门槛”的园区型跨境电商孵化示范企业，为小微企业和个人提供相关服务，支持符合条件的跨境电子商务服务企业申报认定高新技术企业，依法享受高新技术企业所得税优惠税率等政策。三是实施农村电商“515＋X”工程，搭建农村电商公共服务体系，探索生鲜农产品网上直销，打造一批农村电商示范镇和示范村。

3. 推动出口转型升级

依靠科技创新提升出口产业竞争力，实现外贸发展由大进大出向优进优出转变。一是培育以技术、标准、品牌、质量、服务为核心的出口竞争新优势，推进轻工、纺织、电子、食品等传统出口产业技术改造和设计创新，壮大轨道交通、汽车、高端装备制造等新的出口主导产业。二是构建以企业为主体、政府为保障、政产学研互动的开放式自主创新体系，扩大自主知识产权、自主品牌、自主营销和高新技术产品出口。推动十大外贸品牌小镇发展，加强国际市场开拓和境外营销、售后服务网络建设，推动更多“青岛制造”的产品走向世界。三是推行多元化市场战略，深化与欧美、日韩等发达国家经贸合作，强化产业内分工，实现差异化竞争。开拓东盟、中东、南美等发展中国家和新兴经济体市场，顺应其城镇化和工业化浪潮，加快钢铁、建材等过剩产能转移，扩大短缺能源、资源和原材料进口。四是推动贸易方式转型，提高加工贸易国内增值率，推动产业链向“微笑曲线”两端转移，重点发展电子信息技术、生物医药、新材料等产业。支持市场采购贸易、综合服务贸易等新型贸易方式发展。

4. 稳步扩大对外投资

作为国家“一带一路”倡议中新亚欧大陆桥经济走廊主要节点和海上合作战略支点城市，加快企业“走出去”步伐，实现由商品输出向资本输出的转型，打造一批“全球企业”，对于青岛市深度参与全球经济合作和竞争，用好国际国内两种资源，提升国际化水平和核心竞争力，建设国际城市具有重要意义。一是加快对“一带一路”沿线国家和地区的投资布局，鼓励企业通过跨国并购、股权置换、证券投资等多种方式“走出去”，在优势产能、基础设施建设、高铁、电力电气工程建设等领域开展国际合作，建设境外加工制造、资源利用、农业产业、商贸物流和技术研发“五大基地”。二是创新多元化投融资方式，支持“走出去”企业与金融机构、中介组织等共同发起设立市民营企业投资公司，打造具有战略平台性质的金融控股集团，助推企业抱团出海。推进设立市境外投资产业基金和“一带一路”建设经贸合作专项基金。创新金融产品，开展“内保外贷”、“外保外贷”、保险融资、跨境双向人民币资金池等业务。三是完善“走出去”服务体系，健全对外投资、工程承包、劳务合作的政策体系，完善政府、银行、保险、企业“四位一体”支撑保障措施。整合相关部门公共服务信息和优惠政策，成立市企业“走出去”公众服务平台，及时发布相关政策、市场、项目和商务信息，在项目核准、口岸通关、外汇管理、融资支持等方面开展“多对一”“一对一”个性化服务。四是加强城市形象宣传和品牌塑造，与“一带一路”沿线国家城市签署地方经济合作伙伴关系备忘录，缔结友好城市或友好合作关系城市。发挥好市民营经济国际合作商会等商会协会作用，密切联系海外华人、华侨和社会团体，为青岛市企业“走出去”营造良好的政务和商务环境。

四、新旧动能转换与接续的保障措施

（一）强化政策制度保障

1. 完善促进人才优先发展政策

在财政投入的力度上大幅提高每年市级财政的用于人才工作的预算，对高层和杰出人才给予住房补贴等特殊优惠与鼓励支持。推动人才管理简政放权，落实企事业单位和社会组织的用人自主权，将社会化职称评定职能下放给具备条件的行业组织，在蓝色硅谷等研发机构、海尔大企业和海信等高新技术企业等开展职称自主评审试点，设立青岛人才创新创业子基金支持人才创新创业等。

2. 完善促进科技创新政策

创新科技管理机制，实施财政科技投入供给侧结构性改革，加大对市场不能有效配置资源的基础研究、公益性研究、重大共性关键技术研究的支持力度。增强科技计划项目承担单位的自主权，科学合理设置项目资助资金比例限额规定；下放财政资金形成的科技成果使用、处置和收益权，探索市属高等学校、科研机构协议确定科技成果交易、作价入股的价格，以及提高将职务发明转让收益奖励科研负责人、骨干技术人员等重要贡献人员和团队的收益比例。设立专项基金鼓励海外高层次人才创新创业团队发起设立专业性、公益性、开放性的新型研发机构。

3. 完善提升产业创新能力政策

探索支持市直国有企业建立研发准备金制度，对国家重点支持的高新技术领域的研发项目，按研发实际投入予以一定比例的事后支持。鼓励高新技术企业给予相关技术人员股权奖励，试行自行制定分期缴税计划，准许国有企业按规定以协议方式转让技术类无形资产。推动转制科研院所、高新技术企业、科技服务型企业实行管理层和核心骨干持股。

4. 强化产业用地和空间保障

加强产业用地统筹管理，创新产业用地使用方式，对“三中心一基地”区域企业实施重大产业项目用地专项保障，优化产业用地地价形成机制，加大创新型产业用房建设和供应力度等。提升园区载体功能，科学编制省级以上经济园区总体规划、控制性详规和产业发展规划，形成规划硬约束机制。在产业、项目、土地等方面加强统筹规划，推动园区功能整合，避免分散引进、重复建设和恶性竞争。

（二）深化体制机制改革

破除一切制约创新发展的思想障碍和制度藩篱，最大限度地释放市场作用和政府作用的叠加集成效应，夯实体制机制创新牵引创新驱动发展战略实施的内生动力。深化行政管理体制改革。制定新一轮功能区、街镇发展管理体制改革政策，进一步整合区域行政资源，改革管理体制，有效简政放权，转变政府职能，大幅精减行政审批事项，对政府投资项目实施“一条龙”审批，对企业投资项目实施“一体化”审核。加强政府投资项目管理体制改革，重点是对项目的事中事后监管，推进政府投资项目决策、审批、监管相分离。加快市场准入和监管体制改革，推进工商注册制度便利化改革，落实“先照后证”，实现企业设立最快办结“四证一章”。增强社会创新能力。提高企业创新活力，促进产学研深度合作。扩大企业创新决策自主权，引导企业自主选择技术路线和要素配置方式，实现产品、技术和管理的创新突破。探索建设开放式创新研发公司，支持科研院所、行业技术研发中心等常态化产学研对接平台和线下促进机制，建设新型市场创新主体。完善科技成果转化和激励机制，健全科技成果孵化转化普惠性政策，完善中小企业创新服务体系，加快技术服务、知识产权服务、第三方检验检测认证等机构建设。

（三）激发市场主体活力

坚持扩大规模与提高质量并重，解决制约市场主体发展的中长期和体制性矛盾，有重点地引导市场主体健康发展。

1. 壮大民营经济和小微企业

借鉴南方先进地区经验，研究出台扶持小微企业发展的意见措施。进一步降低市场准入门槛，扩大私营企业投资领域。实施小企业成长工程，在高新技术、现代服务等领域，培育壮大一批小企业和民营企业。引导小企业与大企业配套协作，在资金、管理、技术等方面开展深入合作。

2. 培育龙头项目和企业

巩固市品牌和大企业优势，促进大企业产业链延伸，增强龙头带动作用。围绕先进制造业、现代服务业和高新技术产业，引进一批产业带动强、本地就业和税收贡献度高的“高、大、新”项目，全面提高项目建设档次、质量和水平。在抓好国外招商的同时，针对内资大项目植根性强、对地方税收贡献大的特点，重视内资引进工作，特别是做好与“长三角”“珠三角”等资金充裕地区的对接，引入外地优势产业和大项目。加强与中央部委、行业协会和大企业的联系沟通,重点引进中央直管、世界500强、国内500强、民营100强企业。

3.鼓励全民创业

进一步完善扶持政策,拓宽融资渠道,鼓励高校毕业生、海外留学归国人员、下岗失业人员、进城务工农民等重点群体自办经济实体,激发创业活力。加强创业孵化平台建设,构建国内一流的创业孵化体系,加强对创业者的培训扶持。重视宣传营造创业氛围,定期对创业成功典型进行表彰奖励。

4.减轻企业负担

开展降本增效专项行动,降低制度性交易成本、人工成本、企业税费负担、社会保险费、企业财务成本、电力价格、物流成本等,提高供给效率。

(四)实施第三方评估

建立政府政策落实和工作效绩第三方评估的长效机制,将政府政策落实和工作绩效评估职能纳入整体改革与发展规划。建立市政府绩效第三方评估工作联席会议,市政府相关部门和有关专家学者及国内外知名投资咨询机构作为成员,在第三方评估中采取机构评估模式、公司评估模式、专家评估模式、公众评估模式等不同模式进行,公开向社会进行招标,选定组织或团队。制订第三方评估方案和建立指标体系,并运用评估成果。

(五)做好风险防控工作

新旧动能转换阶段的结构调整、去产能等将带来偿债压力,债务违约风险上升。有效化解地方政府债务,完善政府性债务管理的制度安排,重点是建立"借、用、还"相统一的债务管理机制,规范政府融资举债行为,对政府债务规模实行限额管理,妥善处理存量债务和在建项目后续融资。

课题组组长

李成刚　青岛市城市经济学会

课题组成员

王　磊　青岛市政府国资委

张炳君　青岛市经济发展研究院
王文峰　青岛市经济发展研究院
孙习武　青岛市经济发展研究院
刘　晨　青岛市经济发展研究院

推进青岛供给侧结构性改革研究

中共青岛市委党校课题组

一、青岛市供给侧结构性改革的背景和基础

青岛市委、市政府围绕推进供给侧结构性改革工作，推出系列政策：市委提出加强供给侧结构性改革，重点要做好“减量、增量、存量、变量、需量”；市“十三五”规划从聚力增强发展新动力的角度，提出加强供给侧结构性改革，优化劳动力、资本、土地、技术、管理等生产要素配置，依靠创新、改革、开放等提升全要素生产率，激发创新创业活力，加快发展动力转换，大力推动新技术、新模式、新业态发展；《关于深入推进供给侧结构性改革的意见》为深入推进供给侧结构性改革，促进经济结构优化和产业转型升级，提高经济发展质量和效益提出了具体对策和推进路径；将建好“三中心一基地”作为青岛供给侧结构性改革的主打战役，“十三五”时期青岛转型发展、超越发展的重要抓手和建设国家沿海重要中心城市的关键支撑。这是基于国际国内形势，贯彻中央和省委决策部署，立足青岛现实的战略选择。

(一)青岛的基础、优势和挑战

1. 基础和主要优势

(1)经济总量不断增加。“十二五”期间，青岛经济保持平稳健康发展，全市地区生产总值接连跨越四个千亿元级台阶，年均增长9.7%，综合竞争力全面提升。2015 年，全市地区生产总值达到 9300.07 亿元，增长 8.1%。

(2)经济结构不断优化。突出服务业引领结构升级的方向，第三产业增加值比重不断提升，2011 年比重超过第二产业，2013 年首次超过 50%，2015 年达到 52.8%。2016 年第一产业增加值 371.01 亿元，

增长 2.9%；第二产业增加值 4160.67 亿元，增长 6.7%；第三产业增加值 5479.61 亿元，增长 9.2%。三次产业增加值比重为 3.7∶41.6∶54.7，全市以服务经济为主的现代产业结构正加快形成。

青岛突出蓝色、高端、新兴产业导向，高端、新兴产业不断发展。海洋产业不断壮大，2016 年前三季度海洋经济增速达到 13.7%，高于全市 GDP 增速 6 个百分点。产业向高端、新兴发展，2015 年高新技术产业产值占工业比重超过 40%，战略性新兴产业产值占比达到 20%。

(3)创新动力不断增强。把创新摆在发展全局的核心位置，努力建设创新之城、创业之都、创客之岛。获批国家创新型试点城市、科技金融结合试点城市、知识产权示范城市和科技服务业区域试点城市。“十二五”期间，全社会研发经费投入占生产总值比重由 2.2%上升到 2.8%；市级以上重点实验室、工程实验室、企业技术中心、工程技术研究中心达到 238 家；2015 年发明专利申请量和授权量分别达到 4.5 万件和 5170 件，分别是 2010 年的 15.8 倍和 6.8 倍。

(4)发展空间和载体不断拓展、打造。深入实施“全域统筹、三城联动、轴带展开、生态间隔、组团发展”的城市空间发展战略，空间布局趋于科学合理，发展方向和功能定位趋于清晰明确，组团式、生态化的海湾型国际大都市建设格局全面展开，胶州湾东岸、西岸、北岸各具特色，成为建设宜居幸福的现代化国际城市的重要空间载体。为抢占蓝色经济制高点，加快建设全国蓝色经济领军城市，构筑起“一带、五区、多支撑点”的蓝色经济总体空间布局，逐步演变成“一谷两区”的发展格局，成为蓝色经济发展的重要载体，正推动全市向更高、更新的蓝色新高地迈进。

(5)国家战略支持优势不断叠加。蓝色经济发展战略中，青岛为山东半岛蓝色经济区的核心和龙头；国家自贸区试点中，明确“七大基地”任务；“一带一路”国家规划中，青岛获得“新欧亚大陆桥经济走廊”主要节点城市和“21 世纪海上丝绸之路”合作支点城市中的“双重”战略地位；青岛胶东临空经济示范区获国家发改委批复。

2. 主要挑战

(1)竞争压力不断增加。新常态下青岛经济面临结构调整和转型升级的任务，要走在前列、率先科学发展，需要在城市和区域竞争中有所突破。2016 年中国社科院《中国城市竞争力报告 No.14》称，2015 年可持续竞争力指数十强城市为香港、上海、北京、深圳、澳门、广州、杭州、苏州、南京和青岛，但青岛在综合经济竞争力排名中未进入十强。在可持续竞争力的六大分项里，知识城市竞争力、和谐城市竞争力、生态城市竞争力、文化城市竞争力、全域城市竞争力、信息城市竞争力排名中，青岛仅分别列第 24、10、39、18、23、13 位。“十三五”时期，青岛经济社会转型升级的压力将不断增大，供给侧结构性改革力度需要加大，供给体系的质量和效率需要提高，对外开放的广度和深度需要进一步拓展。

(2)经济指标趋势放缓。“十二五”期间，受到复杂多变的外部环境影响，青岛大多指标增速呈放缓趋势，地区生产总值年均增长 9.7%，较“十一五”下降 4.1 个百分点。全市经济正逐步由高速增长转向中高速增长:规模以上固定资产投资年均增长 19.4%，下降 3.5 个百分点；社会消费品零售总额年均增长 13.7%，下降 5.4 个百分点；外贸出口额年均增长 7%，下降 9 个百分点；全市公共财政预算收入年均增长 17.3%，下降 3.4 个百分点；全社会从业人数年均增长 2.2%，下降0.6 个百分点；城乡居民收入年均分别增长 10.5%、12.6%，分别下降 3.6、0.1 个百分点；居民消费价格指数年均增长 2.8%，提高 0.2 个百分点。

(3)主要问题还很突出。近些年，青岛经济发展动力消费端偏弱，投资端增长动力不足，外需波动较大，“十二五”期间全市最终消费率较“十一五”期间平均回落约 2.3 个百分点；产业方面传统领域发展放缓，新兴领域总量不足，2015 年全市战略性新兴产业产值仅占规模以上工业总产值的 20%。科技进步对经济增长的贡献和支撑作用不够，仍主要依靠要素投入，“十二五”期间全市全要素生产率的贡献率总体下降，比“十一五”期间平均下降约 13.4 个百分点；节能减排压力巨大，土地和水资源环境约束不断强化；人口老龄化趋势明显，民生改善压力加大，教育、就业、收入、社保、医疗卫生、食品安全、住房、交通等问题需加大解决力度。

(二)青岛的发展阶段和特征

2011 年，青岛以服务经济为主的产业结构初步形成，人均 GDP 超过 1.1 万美元，开始进入工业化后期向后工业化社会演变阶段，经济增长呈现出阶段性特征。

1. 速度变化的新特征

改革开放以来，青岛经济增长总体保持较高的增速。20 世纪 90

年代，青岛经济虽有波动，但主要还是外部性、周期性因素；21 世纪以来，受全球金融危机影响，青岛经济增速趋缓，在国家大规模需求刺激下曾短暂回升，结构性问题凸显出来。从 25 年来的增长轨迹看，近些年经济增速下滑持续时间之久是从未有过的。“十二五”期间由 11.7%降低到 8.1%，五年平均增速降到 9.7%。从近些年的回落趋势看，青岛经济已从持续多年的高增长阶段进入“结构性减速”阶段（图 1）。未来这一趋势还将延续，预计 2016～2020 年增长 7.5%左右。当前青岛经济低位运行，有下滑趋势与外部冲击因素，但根本上与潜在增长率下降有关，以往支撑经济高增长的动力已逐渐弱化。单纯运用需求刺激的措施已无济于事，必须适时从需求管理转向供给侧结构性改革，提高中长期经济增长效率和活力，从要素驱动型增长转向创新驱动的质量效率型增长，强调经济、环境、自然的协调发展，注重经济、社会、政治的同步前进。

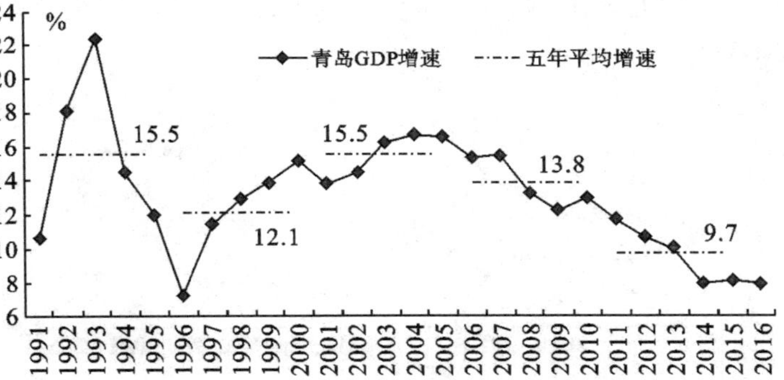

图 1　1990～2016 年青岛经济增长速度轨迹图

2. 结构优化的新特征

在一段较长的时期内青岛经济发展将是第二、三产业特别是先进制造业和现代服务业并驾齐驱、双轮驱动发展，科技进步引领产业升级，高端产业引领发展。

伴随产业结构的变化，供需结构也将出现新的变化。在后工业化时代，需求的重要变化就是从物质需求向非物质需求的转变，商品服务的文化要求与精神要求越来越强。从总需求看，非物质的文化需求与精神需求增长越来越快；从个体需求看，客户尤其终端的消费客户要求企业与商家在出售产品或服务的过程中，能够增加非物质性供给。因此，有竞争力的企业所供给的商品或服务，不仅能满足人们的生理需求，而且能满足人们的心理需求。供给的变化表现在两个方面：一是一般产品或服务的供给要求提高文化附加值、精神附加值，可通过市场竞争推动；二是公共产品或服务的供给要求均等化、多元化，依赖政府思维与职能的转变，不仅可降低民生成本，还可扩大需求，实现需求与供给的良性循环。

3.动力转换的新特征

对“十一五”以来消费、投资、净出口“三驾马车”的变动情况进行对比分析，可发现青岛经济增长旧动能弱化、未来经济发展动能不足的问题。按照支出法测算，2006～2015 年间，青岛市净出口平均贡献率由 16.4%降到－9%，资本形成总额平均贡献率由 51.6%升到 73.4%，最终消费的平均贡献率由 32.1%提高到 35.6%。“三驾马车”中的外需动能已经弱化，内需动能增强。未来 10 年，预计净出口贡献仍表现为负面，资本形成总额的贡献率将出现高位回落，最终消费的贡献率将保持偏低水平，主要是外部需求不强，投资对 GDP 边际贡献降至低位、消费率持续走低所致，青岛依靠内需发展的动力尚存在很大困难。

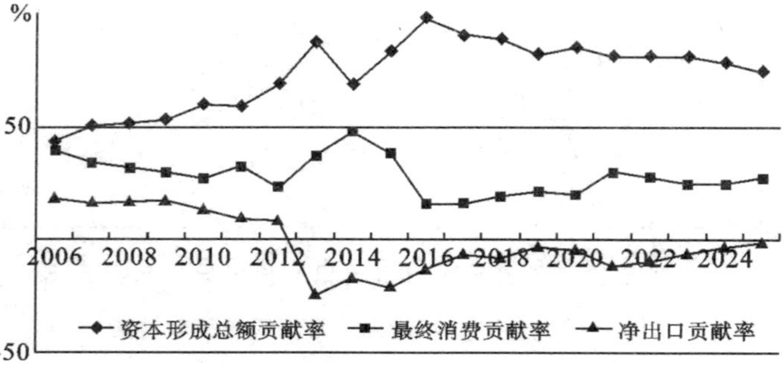

图 2　2006～2024 年青岛资本、最终消费、净出口拉动经济增长轨迹及预测图

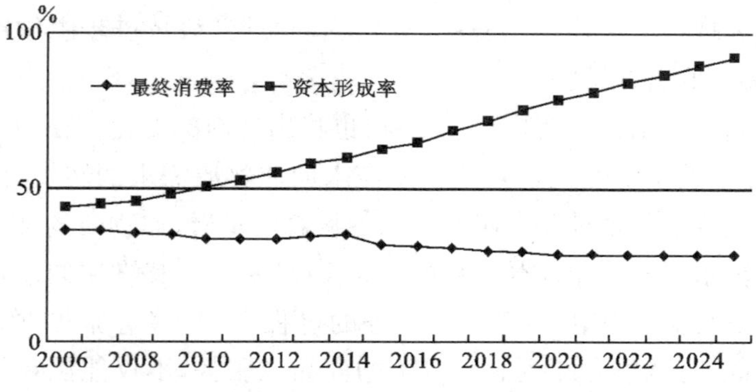

图 3　2006～2024 年青岛最终消费率、资本形成率演变图

4. 空间拓展和功能区优化的新特征

向后工业社会演变、高收入阶段迈进阶段，国际大都市以建新城来替代主城，城市空间结构从单中心向多中心转变。例如，以东京为代表的“CBD＋远郊区集合居住区＋公共大交通”的空间发展模式，以巴黎、伦敦等为代表的“中心城＋新城(或卫星城)”空间发展模式。改革开放以来，青岛的城市空间布局随着时代的变迁和城区的扩展不断调整，从“带状布局”到“品字格局”，再到“拥湾发展”。青岛正继续传承全域统筹发展规划，深化“三带一轴、三湾三城、组团式”的城市空间布局。东岸老城区做优做美，延续青岛百年历史文脉，彰显山海城特色，着力加快城区改造提质和内涵式发展；西岸城区做大做强，着力加快城区扩容，打造海洋经济特色鲜明的新区；北岸城区做高做新，有效整合周边区域，合理确定城区规模、开发强度和开发时序，高水平打造科技型、生态型、人文型新城区，有效疏解老城区发展“瓶颈”。通过东岸、西岸、北岸三大主城区建设，形成功能互补、相互依托、各具特色的都市区。依托“一谷两区”等平台，集聚高端产业、创新资源、环境优势。伴随城市空间的变化，产业布局也表现出两个主要趋势：一是制造业郊区化，二是都市产业在旧工业区的重新繁荣。通过搬迁改造和企业自主选择，青岛产业布局的这种新型特征显著，处于产业链中间环节的大规模生产活动向都市区外围或其他地区转移，公司总部、研发、设计和销售中心留在市中心，逐步形成在近远郊及周边重点建设高新技术产业化基地、现代制造业基地和在中心城区建设现代都市产业基地的新型产业分工格局。

二、青岛市供给侧结构性问题分析

根据供给侧结构性改革“三去一降一补”分析，青岛去产能、去库存、去杠杆矛盾不突出。五大任务中，主要是降成本和补短板问题。以下主要从供给产业及结构、供给主体及结构、供给要素及结构、实体企业成本、政府公共服务及城市功能等方面分析青岛市供给侧存在的突出结构性问题。

(一)供给产业及结构

供给产业及结构主要是三次产业及其结构。青岛市三次产业结构演变符合工业化进程中的一般规律和经济转型期阶段性特征。

1. 产业结构不断优化

(1)第三产业比重持续上升,第一、二产业比重不断下降。“十二五”期间,三次产业年均增幅分别为2.8%、9.7%、10.3%,其中第一产业增长相对缓慢,第三产业发展优势明显,年均增速比第二产业高0.6个百分点。三次产业增长速度不同导致产业结构发生显著变化,2016年全市实现生产总值10011.29亿元,按可比价格计算,增长7.9%。其中,第一产业增加值371.01亿元,增长2.9%;第二产业增加值4160.67亿元,增长6.7%;第三产业增加值5479.61亿元,增长9.2%。第三产业比重达到54.7%。2010年以来,产业结构调整出现了两个关键拐点:一是2011年第三产业占GDP比重首次超过第二产业,高0.2个百分点;二是2013年第三产业占GDP比重首次超过50%,达到50.1%。

(2)第三产业成为拉动经济增长的主动力。“十二五”以来,青岛长期依靠第二产业带动经济增长的局面被打破,第三产业对经济增长的贡献率超过54%,对经济增长的贡献率明显提升,成为拉动经济增长的主动力。2015年青岛三次产业对经济增长的贡献率分别为0.3%、23.7%和76.0%,2016年进一步调整为1%、18.9%和80.1%,第三产业提高4.1个百分点,第二产业回落4.8个百分点,第三产业对经济增长的贡献率明显提高,产业结构进一步优化。

2015年,青岛现代服务业实现增加值2589.85亿元,增长16.1%,现代服务业增加值占服务业增加值比重达到52.8%,比“十二五”初提高4.0个百分点。文化创意、金融、中介服务和旅游业年均增长均为16%以上,产业增加值占服务业比重分别提高3、2.7、1.4和0.7个百分点。科技服务、电子商务和服务贸易主要指标增速均超过30%。全市税收过1亿元楼宇51座,各类总部机构345家。金融机构总数达到221家,法人金融机构22家,外资金融机构34家,分别是“十二五”初的1.5倍、2.2倍和2倍。

2. 产业供给结构矛盾依然突出

第三产业比重仍相对较低,同国内先进城市相比,仍存在较大差距。尽管2016年青岛第三产业占GDP比重提升到54.7%,仍远低于发达国家70%的比重;与“北上广深杭”有很大差距,北京为80.3%、上海为70.5%、广州为68.56%、深圳为60.5%、杭州为61.2%(表1)。

表 1　2016 年青岛与国内先进城市主要经济指标比较

	青岛	杭州	广州	深圳	上海	北京
全市 GDP(亿元)	10011.29	11050.49	19610.94	19492.6	27466.15	24899.3
比上年增长(%)	7.9	9.5	8.2	9.0	6.8	6.7
第三产业产值(亿元)	5479.61	6768.26	13445.26	11785.88	19362.34	19995.3
第三产业增速(%)	9.2	13	11.2	10.4	9.5	7.1
第三产业占比(%)	54.7	61.2	68.56	60.5	70.5	80.3

(二)制造业供给及结构

1.制造业基础雄厚

青岛先后经历了以“轻纺产业”“家电电子”“重化工业”“蓝高新”为主导的四个阶段，有 4818 家规模以上工业企业，有 10 条工业千亿元级产业链(其中家电、服装、食品、石化、机械装备、电子信息 6 条过 1000 亿元，其余四条是汽车、轨道交通装备、橡胶、船舶)，50 个工业集聚区，502 家市级以上企业技术中心，形成了涵盖 37 个工业大类、200 多种主要工业产品的综合性工业产业体系。

(1)制造业总量、规模增长较大。2015 年，青岛规模以上工业企业完成总产值 17349.8 亿元，增长 7.8%；实现增加值 3547.6 亿元，增长 7.5%。从行业看，2015 年，青岛金属制品业增加值增长 12.3%，电气机械和器材制造业增长 8.9%，食品加工业增长 8.3%，铁路、船舶、航空航天和其他运输设备制造业增长 10.6%，通用设备制造业增长 7.6%，专用设备制造业增长 9.3%，橡胶和塑料制品业增长11.0%；六大高耗能行业增加值同比增长 3.7%，其中，非金属矿物制品业增长 8.9%，化学原料和化学制品制造业增长 14.4%，有色金属冶炼和压延加工业增长 9.9%，黑色金属冶炼和压延加工业下降2.3%，电力、热力生产和供应业下降 0.5%，石油加工、炼焦和核燃料加工业下降3.8%。装备制造业增加值增长 8.7%，占规模以上工业增加值的比重为44.2%。

(2)“高端”产业优化调整工业内部结构。“十二五”以来，装备制造业、战略性新兴产业和高技术产业快速发展，成为引领工业增长的新引擎，工业内部结构不断优化。2015 年，青岛装备制造业完成增加值 1636.2 亿元，增长 8.7%，比规模以上工业增速高 1.2 个百分点，占规模以上工业产值比重为 44.2%，比 2010 年提高 10 多个百分点；战略性新兴产业完成增加值 752.3 亿元，增长 15.3%，占全市规模以上工业比重 20.3%；高技术产业完成增加值 299.1 亿元，增长 8.7%，高于规模以上工业 1.2 个百分点。2015 年，青岛实现海洋生产总值 2093.4亿元，增长 15.1%，占 GDP 比重为 22.5%。青岛市新兴产业体系逐步建立，成为拉动全市工业经济稳步增长的主力军。

(3)产业集中度、集聚度持续攀升。2015 年，青岛十条工业千亿元级产业链规模以上工业企业完成产值 13010.5 亿元，同比增长 7.8%，占全市规模以上工业企业总产值的 75%(表 2)。船舶海工、机械装备、电子信息、食品等 5 条产业链实现 10%以上的高速增长；橡胶、服装、家电、汽车等 4 条产业链平稳增长；石化产业链受成品油价格持续下滑及“近限远迁”等因素影响，生产下降。2016 年前三季度，十大工业千亿元级产业规模以上工业企业完成产值 9991 亿元，同比增长 5.4%，占全市规模以上工业企业总产值的 75.9%，高于上年同期 0.9 个百分点。

表 2　2015 年青岛十条千亿元级产业链产值、增速表

产业	产值(亿元)	增速(%)
船舶海工	485.1	17.7
轨道交通装备	703.5	16.39
机械装备	3067.6	13.6
电子信息	588.1	13.0
食品	1919.1	10.0
橡胶	779.9	8.9
服装	1286.6	8.3
家电	1764.1	5.4
汽车	782.0	4.5
石化	1634.5	−6.8

2015 年第一季度，青岛 50 个重点工业产业集聚区完成工业总产值 2203 亿元，工业产业集聚度达到 58.3%。2016 年第一季度，全市工业产业集聚度首次突破 60%。2016 年前三季度，50 个工业集聚区规模以上工业企业达到 2564 家，占全市规模以上工业企业的 53%；完成工业产值 8289 亿元，同比增长 6.6%，高于全市增幅 0.6 个百分点；工业产业集聚度提高到 62.9%，同比提高 4.6 个百分点；实现利润总

额413亿元，增长7.9%，高于全市增幅5.2个百分点。

2.产业层次、产业集中度有待提高

(1)产业层次低，产业水平有待提高。把制造业分为以农产品为主要原料的加工制造业、以矿产品为主要原料的加工制造业和以精深加工为主的制造业等三大类，"十二五"时期青岛市制造业总体向高端(以精深加工为主的制造业)迈进，但速度不快。一是以农产品为原材料的低端加工制造业比重偏高。青岛市出口大量集中这一领域，受到国际市场影响，出现产能过剩问题。青岛市以农产品为主要原料的加工制造业占规模以上工业比重由2010年25.18%上升到2015年25.97%，变化不大，比重偏高。二是以矿产品为原材料的低端加工制造业不多。国家供给过剩即产能过剩主要在这一领域，青岛该领域过剩问题不严重。三是以精深加工为主的加工制造业总体偏低。高技术产业和新兴产业主要集中在此领域，青岛在该领域比重相对不高，新兴产业、高新技术产业发展相对滞后。

全市农副食品加工、纺织服装、石油化工、建材加工等传统产业增加值占工业比重超过50%，传统产业比重偏高。以现代电子信息、生物医药、高端制造、精细化工等为代表的高、精、尖技术产业规模偏小，比重不高。高技术产业增加值占工业的比重不到1/10，战略性新兴产业增加值占工业的比重仅为1/5。在战略性新兴产业中，高端装备制造和新一代信息技术产业两者产值占近七成；新能源汽车、节能环保、新能源和生物四大产业合计占比略过1/10，其中新能源汽车产业不到1%，产业分布明显不均衡。传统产业有待优化升级，新兴产业有待发展壮大，成为全市先导性和支柱性产业仍有一定距离。

(2)产业集中度与先进城市尚有差距。青岛市十大规模以上制造业产值占规模工业总产值的比重由2010年的63.05%，上升到2015年的71.8%，总体呈上升趋势，但与先进城市比仍有不小差距。

深圳制造业高度集中在电子信息产品制造业。2015年，深圳市规模以上工业增加值6785.01亿元，其中，计算机、通信和其他电子设备制造业增加值4214.95亿元，增长10.6%，占规模以上工业增加值比重达到62.1%。重庆制造业高度集中在汽车制造业和电子信息产品制造业，占其规模以上工业比重为41%。2015年，重庆汽车总产值4707.87亿元，占全市比重为22.0%；电子制造业总产值4075.56亿元，占全市比重为19.0%。青岛市电子及通信设备制造业2015年产值仅为1052.82亿元。显然，青岛市产业集中度与先进城市比尚有差距，是制约青岛制造业发展的一个重要因素。

(3)新兴产业发展不足。新兴产业、高端产业和新兴业态发展相对滞后。工业中新兴产业产值比重仅为20%左右。蓝色经济“蓝而不深”依然突出，海洋交通运输、滨海旅游、海洋渔业、水产品加工等传统产业占比达到50%以上，高端海工装备、海洋生物医药等新兴产业规模尚小。新业态、新模式发展不快，全市电子商务、跨境电商尚处于起步阶段，企业数量少、实力弱，没有在全国有影响力的网络平台。2015年，杭州市信息经济增加值达到2313亿元，增长25%，占全市GDP的23%，围绕电子商务、数字产业、云计算与大数据、物联网、互联网金融、智慧物流形成了完整的产业体系，并保持快速增长。

(三)服务业供给结构

1. 服务经济为主导的经济结构正加快形成

(1)第三产业占地区生产总值比重不断提升。2009年，青岛服务业比重首次超过工业，2011年达到47.8%，首次超过第二产业(47.6%)，2013年首次过半，2016年达54.7%，服务经济为主导的经济结构正加快形成。

(2)现代服务业占服务业比重不断提升。“十二五”以来，现代服务业发展加快，占GDP比重不断增大，2013年超过50%，2015年现代服务业增加值2589.8亿元，占服务业比重为52.8%，比2010年提高了6.4个百分点。

(3)内部结构不断优化。金融、租赁和商务服务业、科学研究等现代服务业比重加大，住宿和餐饮、居民服务业、交通运输等行业比重回落。2015年，全市现代服务业完成增加值2589.9亿元，同比增长16.1%，占第三产业比重为52.8%，比2010年高4.0个百分点；其中，金融业增长最快，年均增长16.7%，比服务业高6.3个百分点，占第三产业增加值比重为12.0%，比2010年提高2.7个百分点。传统行业中交通运输业回落最大，2015年占第三产业比重为13.3%，比2010年回落3.0个百分点。

2. 现代服务业发展不足

从服务业看，内部结构虽然发生了较大的变化，但产业层次依然不高，现代服务业发展不足。

(1)传统服务业比重仍然较高。2015年,在服务业中,增加值最大的是批发和零售业,为1167.98亿元,其次是交通运输、仓储和邮政业654.72亿元,再加上传统的住宿和餐饮业94.02亿元,三个行业占服务业的比重达到41.1%,在副省级城市中比重最高,比位居第二的大连高2.7个百分点。

(2)与新型工业化、信息化、城镇化相适应的现代服务业规模较小。2015年,信息传输、软件和信息技术服务业,科学研究和技术服务业,租赁和商务服务业等现代服务业所占比重均为5%左右,合计占整个服务业比重略过10%。

(3)高创收服务业[①]有待进一步提升。2015年,青岛金融、科技服务、信息服务、文化创意、高端商务5个高创收服务业从业人员超过40万人,实现全部税收262亿元,实现增加值1346亿元,分别占全市的15%、19%和21%。但与对标城市深圳差距较大(表3)。

表3　2015年青岛高创收行业与深圳对比表

	青岛	深圳
高创收行业占GDP比重(%)	19	29以上
高创收行业从业人员占全市比重(%)	15	35
软件企业数量(家)	1251	2018
软件业务收入(亿元)	1301	4197
文化创意产业增加值(亿元)	350	1029

(4)现代服务业与区域性服务中心、国家沿海重要中心城市的要求差距较大。从国际上看,纽约、伦敦、东京作为美国、英国、日本的服务性中心城市和国家中心城市,服务业高度发达,服务业比重均超过80%。从国内看,中心城市的服务业总量和比重也高于青岛(52.8%)。2015年青岛服务业总量在15个副省级城市中排第7位,低于广州、深圳、杭州、成都、南京、武汉,远低于北京、上海;服务业比重排第9位,低于广州、西安、深圳、杭州、南京、济南、哈尔滨、厦门,远低于北京、上海(表4)。

---

① 青岛市发改委综合全国及北京、上海、广州、深圳等城市,提出按照在岗职工平均工资水平和行业特点,确定金融业、软件及信息服务业、科技服务业、文化创意产业、商务(中介)服务业五个行业以及总部经济符合高创收行业的发展要求。

表 4　2015 年青岛服务业比重与先进城市对比表

国际城市	服务业比重(%)	国内城市	服务业比重(%)
纽约	80 以上	北京	79.8
伦敦	80 以上	上海	67.8
东京	80 以上	广州	59.9
旧金山	80	深圳	58.8
新加坡	80	杭州	58.2
香港	92.8	南京	57.3
汉堡	70	厦门	55.8
鹿特丹	75	济南	57.2

(四)供给主体及其结构

供给主体主要是企业,包括数量、质量和结构。

1. 国有经济大而不强

以青岛市直国有企业为例(表 5),竞争性领域制造业以传统产业为主,服务业与区域性服务中心要求差距较大,国有经济的先导性、控制力有待强化。

表 5　青岛市直国有企业

基础性、公益性领域	竞争性领域(制造业)	竞争性领域(服务业)	投资平台、公司
1. 青岛港(集团)有限公司 2. 交运集团 3. 青岛市政工程集团有限公司 4. 青岛公交集团有限责任公司 5. 青岛国际机场集团有限公司 6. 青岛水务集团有限公司 7. 青岛地铁集团 8. 青岛能源集团有限公司	1. 海信集团有限公司 2. 青岛钢铁控股集团有限责任公司 3. 青岛啤酒集团有限公司 4. 青岛红星化工有限责任公司 5. 澳柯玛股份有限公司 6. 青岛海湾集团有限公司 7. 青岛双星集团有限责任公司 8. 青岛饮料集团有限公司	1. 青岛银行 2. 青岛旅游集团有限公司	1. 青岛华通国有资本运营(集团)有限责任公司 2. 青岛国信发展(集团)有限责任公司 3. 青岛城市建设投资(集团)有限责任公司 4. 青岛世园(集团)有限公司 5. 青岛西海岸发展(集团)有限公司 6. 青岛国际投资有限公司 7. 青岛城市发展集团有限公司

2. 民营经济的贡献份额有待提升

截至2016年底，青岛民营市场主体达到97.62万家，占全部市场主体的96.97%；民营市场主体注册资本达到15098亿元，同比增长46.56%；全市民营经济实现税收883.82亿元，占全市税收总额的比重为44.2%；全市民营经济新吸纳就业50.2万人，同比增长9.6%，占全市新增城镇就业人口总量的73.9%。和发达国家和先进城市相比，民营经济的贡献份额有待提升。

3. 实体企业面临较多困难

实体企业负债多、赢利能力不高，面临困难仍较多。融资难融资贵问题依然严重，实体经济特别是中小企业获取银行贷款困难，银行办理续贷时间长，抽贷、压贷问题仍较突出，导致实体企业财务成本不断攀升。高端产业和新兴业态发展相对滞后，总体上呈现中低端产品过剩、高端产品供给不足的状况，不少消费品供给规模有余而品质不高，造成市场需求不旺、产品价格低迷。全球贸易陷入低迷，外部需求总体依然偏弱，使得大部分出口企业出口订单大量减少。劳动力相对短缺引发企业对人才的激烈争夺等，也导致企业人力成本扶摇直上。

（五）要素结构及创新能力

经济增长是通过生产要素的组合及其利用来实现的。采用传统的最常用的索罗剩余值法对青岛全要素生产率进行估算，从1981～2015年四个阶段的对比可看出，青岛经济持续高速增长的主要动力在不同阶段的表现不同，总体上还是来自要素投入的增加（表6）。

表6　1981～2015年青岛不同阶段各要素对经济增长的贡献率

发展阶段	劳动投入贡献率%	资本投入贡献率%	全要素生产率贡献率%	经济增长率%
1981～1990年	6.27	30.53	63.20	9.13
1991～2000年	7.20	40.71	52.09	13.81
2001～2010年	13.70	53.66	32.64	14.69
2011～2015年	15.05	65.14	19.80	9.68
1981～2015年	9.91	44.99	45.10	12.14

1. 全要素生产率不断下降

1981～2015 年，全要素生产率对经济增长的贡献率达 45.1%，年均拉动经济增长 5.5 个百分点，为第一大贡献因素。四个阶段的贡献率是逐步下降的，最近一个阶段（2011～2015 年）的贡献率为 19.8%，年均拉动经济增长 1.9 个百分点，集中体现了结构变动、制度变迁、人力资本效率、技术进步等因素的共同作用。结合青岛产业结构变化看，从偏轻工业走向偏重化工，经济中更加注重的是资本密集型的大投资、大项目，推高了资本投入的贡献，也在一定程度上抑制了依靠创新推动经济转型的步伐。内生性的经济增长模式仍待突破。

1981～2015 年，资本对经济增长的贡献率达到 45.0%，年均拉动经济增长 5.5 个百分点；四个阶段的贡献率稳步增加，最近一个阶段（2011～2015 年）的贡献率达到 65.1%，年均拉动经济增长 6.3 个百分点。在变动趋势上，资本投入增速波动较大，但大多年份资本投入增长率都是最高的，说明青岛经济增长资本驱动型特征比较明显。1981～2015 年，劳动投入对经济增长的贡献率只有 9.9%，年均拉动经济增长 1.2 个百分点；四个阶段的贡献率是稳步增加的，最近一个阶段（2011～2015 年）的贡献率达到 15.1%，年均拉动经济增长 1.5 个百分点。

进一步对要素投入对 GDP 边际贡献进行测算后发现，1981～2015 年，资本投入对 GDP 边际贡献呈高位回落趋势。1981～1990 年，资本投入对 GDP 边际贡献平均为 0.38，1991～2000 年降为 0.35，2001～2010 年进一步降为 0.26，2011～2015 年低至 0.14，资本投入对 GDP 的拉动作用已明显减弱。劳动投入对 GDP 边际贡献则稳步提高，由 1981～1990 的年均 0.15，提高至 2011～2015 年的 2.37，提升的幅度较大。要素投入对 GDP 边际贡献的变化趋势，反映出青岛经济增长动力的缓慢切换。利用青岛市年度宏观经济模型对生产总值、投资、社会从业人数等数据的预测，可以推算出未来 10 年青岛要素投入对 GDP 边际贡献的情况，以及青岛全要素生产率增长变动趋势，结果表明青岛资本投入对 GDP 边际贡献将继续趋弱至年均0.12水平，劳动投入对 GDP 边际贡献仍有很大的提升空间，预计达到年均 3.57 水平，全要素生产率总体呈持续上升态势，其对全市经济的贡献率将摆脱之前下滑的趋势开始逐步提高（图 4）。

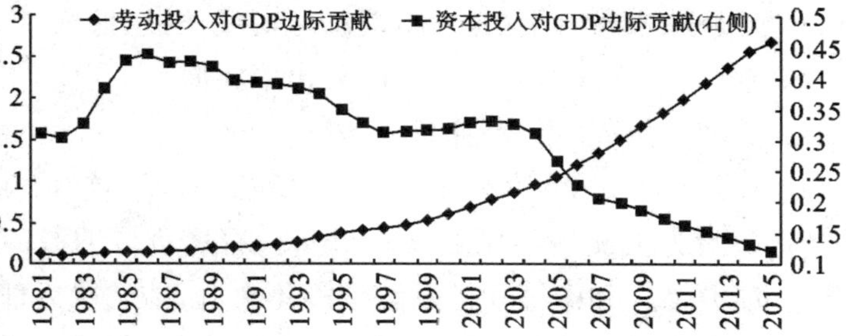

图 4　1981～2015 年青岛劳动、资本对经济增长边际贡献率

2. 创新能力有待加强

青岛部分企业创新能力强，但总体创新能力不足，政策创新保障力度还需提升。相比深圳、上海等先进城市，青岛市在突出政策先行先试、优化创新环境、金融有放有保、人才引流竞合等方面还需提升。与上海相比，在政府、市场、分配、金融等领域创新改革发展方向上力度不够。与深圳相比，在促进企业提升竞争力、人才优先发展、科技创新等方面政策力度还需要提高。中科院发布的 2015 年城市竞争力蓝皮书中，深圳位居中国城市综合经济竞争力和十大创新城市榜首，成为全国单位面积经济产出最高、万元生产总值水耗能耗最低、创新能力最强的城市，青岛综合竞争力排名第 16 位。

(六)政府公共服务与城市功能结构

1. 基础设施供给不足

中心城区存在较多未贯通道路，快速路网增长速度难以满足城市发展要求，地下综合管廊建设管理亟待加强。市区停车场、停车位供给严重不足。

高铁、道路、地铁、轻轨等尽管建设提速，但不能满足需求。交通基础设施方面，青岛市高速公路全国领先，但城市交通堵塞严重，地铁轻轨交通落后，高铁落后，制约了城市发展。随着城市化进程的加快，城市道路交通面临压力越来越大，车辆增多、交通受阻、停车难等问题越来越突出，造成大气污染和噪声污染加重，道路事故频发。高德地图发布 2015 年第三季度中国主要城市交通分析报告，青岛市南区、市北区分列全国最拥堵城区第一、第七位。

青岛市的公交体系建设滞后，公共交通出行方式主要是公交汽车和出租车，速度快、容量大的轨道交通在近几年才开工建设，客运结构比较单一，规模小、数量有限，远远不能满足居民便捷、低成本、优质的公共交通需求，公共交通对居民出行的分担率偏低。

2. 社会事业等发展"短板"补缺任务较重

社会事业发展不足，教育、文化、医疗等教育发展不够均衡。医疗问题是老百姓最为关注的话题之一，看病贵、看病难依旧是不少人面临的问题。能源消耗和污染物排放总量逐年上升，清洁优质能源比重低，汽车尾气、扬尘污染对空气质量影响增大。市区停车场、停车位供给严重不足，基层环卫管理体制不顺。中心城区存在较多未贯通道路，快速路网增长速度难以满足城市发展要求，地下综合管廊建设管理亟待加强。棚户区改造房屋征收存在困难。

三、青岛市供给侧结构性改革的总体思路

（一）对青岛市供给侧结构性改革的认识

面对错综复杂的外部环境，国内经济发展进入"新常态"，青岛经济表现出的很多问题与全国及其他城市都有共同之处，但由于自身发展阶段及产业结构的差异，在综合考虑自身基础及优势的基础上，供给侧结构性改革的重点和方向也应有所不同。一是从面临的紧迫任务看，青岛最紧迫的任务是存量调整和增量带动，即产业升级，增强产业创新能力，培育高端优质供给。青岛市自 2009 年着力实施并进一步提升的"蓝色、高端、新兴"的高端战略，可谓新常态下供给侧结构性改革一种先行实践，为推进供给侧结构性改革提供可借鉴的方向、思路和路径。二是从产业领域看，青岛不仅要加快提升服务经济竞争力，还要加快解决制造业大而不强、创新能力薄弱、质量效益亟待提升的问题，尽快构建以先进制造业为支撑、战略性新兴产业为引领、现代服务业为主导的新型产业体系。三是从现实情况看，在"去降补"五大任务中，青岛产能过剩是局部性的，房地产存在阶段性过剩，金融风险以外部输入为主，最突出的问题是降成本、补短板，减轻企业负担，弥补创新短板，扩大有效供给。

供给侧结构性改革长远来看重点在于培育新主体，发展新产业，打造新动力。青岛已找到好的载体、平台和抓手。一是以"三中心一基地"为载体、抓手，带动存量调整和增量扩大，加快构建新型产业体

系，促进经济加快向创新引领转变。二是依托“一谷两区”等园区平台。高端产业项目集聚发展，将扩大有效和中高端供给，将切实把青岛供给侧结构性改革落到实处。三是以实施制度创新、技术创新为核心的创新驱动战略，提升全要素生产率。“三中心一基地”将整合创新链、产业链、价值链等环节，将成为青岛经济发展的新高地、新动力、新标杆，是青岛转型发展、赶超发展的重要抓手，也是青岛建设国家沿海重要中心城市的关键支撑。推动“三中心一基地”建设，必将使得青岛的供给侧结构性改革走向深入，促使青岛在世界城市体系和区域发展中的价值与影响力得到提升。

（二）总体推进思路

当前和今后一个时期，青岛要以供给侧结构性改革为主线，加快形成转型发展、创新发展、超越发展的体制机制和发展方式。总体思路是“1＋1＋4＋5”模式。

1. 实现一个目标：提升全要素生产率

提升全要素生产率是供给侧结构性改革框架下重构未来经济增长新动力最重要的一环。创新（特别是科技创新）、制度、管理等要素是影响全要素生产率的要素，提高全要素生产率应主要在创新、制度、管理等方面做文章。以提高全要素生产率为引领，有效扩大总需求，着力加强供给侧结构性改革，优化存量、引导增量、主动减量、稳控变量、扩大需量，优化劳动力、资本、土地、技术、管理等要素配置，扩大有效和中高端供给，减少无效和低端供给，提高供给体系的质量与效率，实现城市经济总量、发展质量和人均数量同步提升，保持同类城市前列。

2. 围绕一个核心：提升全面创新能力

显著提升以创新为核心的全面创新能力，注重科技创新和制度创新，进一步激发供给体系的内生活力、动力和竞争力，增强供给结构对需求变化的适应性和灵活性，形成有利于供给质量和效率提升的创新体系，促进经济高效持续稳定增长。

把创新驱动发展战略作为推进供给侧结构性改革的关键支撑，支持大众创业、万众创新，发展新产业、掌握新技术、构筑新平台、催生新业态、应用新模式，形成新型供给能力，实现新旧动能有效接续和转换。

3.聚焦四大重点:要素、制度、结构、政策

(1)要素新供给。以科技创新、管理创新、制度创新,推进劳动力、资本、技术要素升级,提高全要素生产率,增强经济持续增长动力。

(2)制度新供给。深化重点领域改革,加大简政放权力度,充分发挥市场配置资源决定性作用,矫正资源配置扭曲,解放和发展生产力。找准供给侧结构性问题的体制性、制度性、政策性原因,以制度创新解决供给侧结构性的深层次矛盾和突出问题。

(3)结构新供给。加快产业结构调整,提升高端优质供给竞争力,减少无效供给,使供给结构更好适应需求结构变化。

(4)政策新供给。抓住战术关键点,完善必要的配套政策,解决当前面临的迫切问题,为推进结构性改革提供政策支撑。通过四大供给,解决青岛经济增长动力、体制机制、结构调整、配套政策等问题。

4.把握五大任务:解决结构、动力、特色、活力、短板问题

(1)把提升创新能力放在首要位置。以建设国家东部沿海重要的创新中心为载体。一是把青岛建设成为国际创新资源与国内创新资源相互整合的链接点,东部沿海地区创新链与产业链相互协同的结合点,科技创新推动城市转型发展的切入点。二是突出国家沿海重要中心城市新优势,通过体制改革,形成科技成果快速转化为产业的制度框架和运行机制,成为国内创新网络的重要节点,引领和带动周边城市发展。三是构建新型的高技术产业体系,以技术和人才为支撑,以市场化、国际化为动力,推动工业化与信息化融合,实施“互联网+”“海洋+”“标准化+”战略,培育十大战略性新兴产业,发展十大现代服务业。四是建设全球创新网络重要枢纽,加大国际人才、技术、资本互动力度,提升青岛在全球创新网络中的地位和影响力。

(2)把加快结构调整和扩大中高端供给作为主攻方向。以“蓝高新”方向为引领,加快现代服务业和先进制造业发展,构建创新、服务和海洋为特色的新型经济结构和现代产业体系,解决经济结构不合理、高端供给不足和低效供给并存的突出问题。从青岛的功能和优势来说,要把高端引领和增量引导放在更突出的位置,大力推进产业升级,坚持高端化、智能化、绿色化、服务化和产业融合发展,提升产品供给质量和品质,在东部沿海中高端供给中发挥标杆作用。坚定不移推进存量调整,加大劣势产业和落后产能淘汰力度,加快传统工业企业

搬迁后的过渡、接续产业培植和替代产业进入效率，提高产业发展水平。

(3)把全面深化改革作为出发点和落脚点。当前经济发展中的许多突出矛盾和问题，本质上与体制机制不健全阻碍了要素合理流动和配置有关。要从问题根源入手，在深化重点领域改革上下功夫，打破制约发展活力提升的体制机制障碍。

全面深化改革，发挥自贸试验区先行先试效应，推进政府自身改革，使国有企业成为真正的市场主体，矫正供需结构错位和资源配置扭曲，把制度创新的激励作用释放出来。加大行政管理、投资、价格、国企、财税、金融、社保等重点领域和关键环节改革攻坚力度，释放各类供给主体创新活力和发展动力。把握改革节奏和力度，重视"补短板兜底线"，提高政策设计的系统性和科学性，有效化解各类社会矛盾，确保各项工作稳妥有序推进。

充分发挥企业在扩大有效供给、增强经济社会活力中的主体作用，弘扬企业家精神，调动企业经营者的积极性和创造性，实现优胜劣汰和市场出清，提高生产端资源配置效率和公平性。强化政府的组织引导和协调服务，科学制定政策，及时解疑释惑，稳定社会预期，营造更加公平有序的市场环境。

(4)发挥开放优势提升整合国内外优质要素的能力。青岛供给侧改革应在全球视野中谋划，增强全球资源配置能力。要从建设国家沿海重要中心城市出发，以"三个中心一个基地"为抓手，不断提升产业规模、能级和竞争力。要发挥开放优势，聚集全球高端要素，引进跨国公司总部和功能性机构，加强国际科技合作，吸引全球优秀人才，增强高端供给能力。

抓住"一带一路"规划中同时成为"节点"和"支点"的少数城市之一的先机，积极争取纳入国家战略"盘子"，实施高水平"引进来"与大规模"走出去"相结合的开放战略，推动外资、外贸、外经、外包"四外"融合发展。

(5)注重弥补"短板"和薄弱环节。在提升优质供给上下功夫，聚焦创新活力不足、优质供给短缺、公共服务滞后、城市管理顽症等问题，推进深层次改革，扩大有效供给，使供给结构更好地适应需求升级，提高城市整体发展质量。

四、青岛市推进供给侧改革的路径和对策建议

（一）推进构建发达的服务经济结构

构建创新、服务和海洋为特色的新型经济结构和现代产业体系。

1. 加快区域性服务中心建设

坚持以金融、信息服务为核心，以全面提升现代服务业高端化能力为主导，以业态模式创新、形成辐射带动竞争优势为主线，加快建设国内重要的区域性服务中心。培育金融贸易、运筹决策、门户枢纽、创新创意、消费时尚五大服务功能，集聚全球金融要素、投资贸易市场主体，提升全球贸易重要节点功能和国际贸易运营与控制能力。发展金融、现代物流、现代商贸、现代旅游、科技与信息服务、高端商务（含总部经济）、文化创意、教育、健康养老（含体育）、会展等十大现代服务业，加快财富管理金融综合改革试验区建设，提升“丝绸之路”国际物流枢纽功能，推进光网城市和惠普、浪潮等大数据项目，建设国际重大会展集聚地、国际组织活动主办地，集聚100家影视企业和500家总部机构。实施创新发展、融合发展、特色发展、高端化品质化发展、市场化法治化五大专项行动，培育建设灵山湾影视文化区等十大重点服务业功能区、酷特智能空间等20个新经济形态示范园区，打造具有全国影响力的创新平台。推进综合改革政策、对外开放合作、引智引资引企三个突破，争取新一轮国家服务业综合改革试点、自由贸易港区等20余项重大政策。实施服务业重大项目三年推进计划和“万千百十”市场主体工程，到2020年全市服务业市场主体突破150万家，限额以上服务业企业每年新增700家左右。

2. 加快先进制造业创新提升

坚持以蓝色、高端、新兴为导向，以发展互联网工业、高技术制造和装备制造业为主线，加快建设具有国际竞争力的先进制造业基地。打造率先发展的互联网工业融合创新中心，突出生产智能改造、产品智能升级、业态模式创新、产业生态构建等4个方面，建设软件定义的智能工厂，发展数据驱动的先进制造，打造互联网工业领军城市，到2020年，工业企业“两化”融合发展指数达到85。以高端化、智能化、集群化为方向，突出先进轨道交通装备、节能与新能源汽车、航空航天

装备、智能制造装备等4个领域，加快扩链、强链、补链进程，到2020年，形成具有较强国际竞争力的千亿元级高端制造产业链。推进互联网、物联网、云计算、大数据等信息技术在工业领域深度应用，综合运用制造执行系统、企业资源计划、产品生命周期管理、智能平行生产管控等先进技术手段推进智能工厂建设。支持骨干企业搭建模块化、柔性化制造系统与价值交互平台，大力推广模块化、众创式、专属性等个性化定制业务。用足用好互联网工业发展基金，滚动推进互联网工业示范试点企业项目建设，以政府购买服务方式为企业提供订单式培训，开展职业技能培训券试点。实施新一轮制造业转型升级专项行动，围绕创新能力提升、标准质量品牌、制造服务转型、绿色升级再造、深度开放合作、企业梯队成长、军民深度融合、产业载体建设等8个领域，组织实施一批专项行动，推动青岛制造向青岛智造、青岛创造转型。

3. 以新需求引领形成新供给

以传统消费提质升级、新兴消费蓬勃兴起为主要内容的新消费，及其催生的新投资新供给，蕴藏着巨大发展潜力和空间。顺应跨界融合和消费升级趋势，青岛应大力支持服务消费、信息消费、绿色消费和时尚消费发展。适应消费结构、消费模式和消费形态变化，系统构建和完善信息网络、充电设施、旅游休闲和健康养老服务等新消费基础设施建设，优化提升新需求发展环境。积极拓展国际消费市场，提升旅游目的地功能，重点发展滨海度假、海洋休闲、融合创新、品质乡村和服务输出旅游，培育邮轮游艇、通用航空等高端旅游，增设进境免税店，争取国家品牌消费集聚区建设试点。争取到2020年，现代旅游业增加值占生产总值比重突破6%，年出入境邮轮达到20艘次以上、游客超过3万人次。培育特色消费市场，推进东方影都、青岛(国家)电影交易中心等建设，规划建设崂山山地户外运动区等产业聚集区，举办世界杯帆船赛等国际性活动。到2020年，文化创意产业增加值占生产总值比重达到5%左右。优化农村消费环境，完善农村消费基础设施，大幅降低农村流通成本，充分释放农村消费潜力。开展国内贸易流通体制改革发展综合试点，推动内外贸融合发展。加大对基础设施、城市空间综合开发、新技术新产品等领域的有效投资，引导资本更多投向智能家电、信息服务、电商微商、文化创意等消费型产业。

4. 以新经济业态和商业模式打造新亮点

运用信息网络等现代技术，推动生产、管理和营销模式变革，重塑产业链、供应链、价值链，改造提升传统动能，使之焕发新的生机与活力。以消费者为中心推动产品经济向服务经济、体验经济升级，推动新技术、新产业、新业态加快成长，以体制机制创新促进分享经济发展，建设共享平台，打造动力强劲的新引擎。培育大数据、网络传媒、卫星导航、虚拟现实、智能家居、工业物联网、互联网教育、新型节能服务、信用服务、工业机器人、三维(3D)打印、新能源汽车等新兴产业和业态，探索发展跨界应用、软硬结合、平台推广、异业联盟、跨界融合、集成创新、并购整合创新等新型模式。完善科技金融组织体系，探索设立科技金融专营机构，大力推广知识产权质押贷款等创新产品，探索开展投贷联动试点。

5. 推动电子商务突破发展

加快国家跨境电商综合试验区建设，建设跨境电商“单一窗口”，搭建跨境电商外贸创新服务平台，构建互联网大数据推进贸易融资发展机制，利用“多式联运”物流体系提升跨境电商竞争力。支持符合条件的跨境电商服务企业申报认定高新技术企业，依法享受高新技术企业所得税优惠税率等政策。推进公共海外仓建设。实施农村电商工程，搭建农村电商公共服务体系，推动农产品进城、工业品下乡，探索生鲜农产品网上直销，打造一批农村电商示范镇(街道)和示范村(社区)，到 2020 年，全市县域农村电商普及率达到 100%。

6. 实施“海洋+”行动计划

坚持以海洋科技创新为制高点，以实施“一带一路”倡议为主导，以海洋高端新兴产业发展为主线，加快建设国际先进的海洋发展中心。到 2020 年，海洋生产总值年均增长 10%以上，海洋生产总值占 GDP 比重达到 30%以上，在海洋基础研究和关键核心技术领域取得突破，彰显在全国海洋经济和科技发展中的领先地位。打造国际海洋科技创新中心、国际海洋高端人才集聚中心、东北亚国际航运中心、东北亚海洋信息服务中心四大中心，重点推进海洋关键技术突破、科技成果转移转化、海洋科技前沿带头人培养，建设国际海洋数据交流中心，力争组建海洋国家科学中心。到 2020 年，海洋科学与技术国家实验室海洋科技创新能力进入世界前 5 位。强化蓝谷核心区、西海岸新区、红岛经济区和含崂山科技城三大区域支撑，建成海洋科技创新策源地、海洋高端产业集聚区、海洋战略性新兴产业基地。到 2020 年，

“一谷两区”对全市海洋生产总值的贡献达到60%，建成海洋生物特色产业园等数个产值超100亿元的海洋特色产业园区。推进海洋装备产业发展、军民融合创新、海洋文化教育、海洋新兴产业培育、海洋国际合作、海洋渔业建设、海上休闲体育旅游、海洋金融服务八大工程，在海工装备制造、海洋生物医药、海洋新材料等海洋产业领域加快突破。实施重点企业培育、特色园区发展、重点项目建设、生态环境提升四项行动。到2020年，主营业务收入过10亿元的涉海龙头企业达到40家。

7. 实施“标准化+”战略

将标准化贯穿到经济社会发展各个领域，以标准化促进产业转型升级、新型城镇化、城市治理现代化、基本公共服务均等化，形成“事事有依据、处处有标准”的格局，打造具有国际水平、地方特色的“青岛标准”。研究制定智能制造、智能装备、智能工厂标准，构建先进制造业标准体系。完善实施服务业标准规范，制定研发设计、财富金融、信息技术服务、节能环保服务以及时尚、养老健康产业等领域标准。全面推行农业标准化生产。率先研究制定新一代信息技术、工业机器人等产业技术标准，提前开展大数据、新能源汽车、三维(3D)打印等科技密集产业和前沿产业标准研究。力争“十三五”期间，主导和参与制定国际标准10项以上、国家行业标准100项以上。

8. 淘汰化解过剩和落后产能

严格执行国家产业政策，严禁违规建设钢铁、水泥、平板玻璃、船舶等行业新增产能项目，对此类项目不办理土地供应、能评、环评审批和新增授信支持等业务，在水泥等行业积极探索产能置换指标交易。全面完成淘汰化解过剩和落后产能任务。推动产能过剩行业转型升级。加强重大项目规划引导，鼓励行业协会等第三方机构对主要行业的市场需求、产能等开展定期评估，提高决策的精准度和科学性，防止出现重复投资和过剩产能。对环保、能耗、质量、安全、技术不达标的违规产能，应在规定的时限内依法依规进行整改，对达标无望的项目及企业依法依规关停清退。对属于国家和山东产业政策已明令淘汰的装备、工艺和产品，实现应退尽退。建立完善动态甄别制度，严格执行差别电价、惩罚性电价、阶梯式电价、超计划(定额)累进水价、差别化排污收费等政策，倒逼落后产能加快退出。对高于规定排放限值或者排放量高于规定排放总量指标，以及生产工艺装备或产品属于淘汰类产能的，加倍征收排污费。对整合过剩产能和并购困难企业的市场主体，积极稳妥开展并购贷款业务，合理确定贷款利率，贷款期限可适当延长。

9. 分类妥善处置工业"僵尸企业"

严格认定和精准识别"僵尸企业"，按照"企业主体、政府推动、市场引导、依法处置"的原则，采取资产重组、产权转让、关闭破产、清算注销等方式进行分类处置。对公司治理良好、产品有市场、发展有前景但出现暂时性经营困难的企业，通过必要的、风险可控的收回再贷、展期续贷、并购重组等方式帮助其渡过难关；对已停产半停产、亏损严重、资不抵债的"僵尸企业"，有序推动其重组整合或退出市场；对必须实施破产清算的，协商控制信贷退出的方式与节奏，制定清晰可行的资产保全计划，防止处置不当引发新的风险。鼓励优势骨干企业对无力自我转型提升的"僵尸企业"实施兼并重组。盘活工业"僵尸企业"土地资源，对未充分开发利用的存量土地进行综合开发利用，对短期内无法盘活利用的低效空闲存量工业用地，各区（市）政府以协议方式收回（购）土地使用权。依法取得土地使用权且用地已满足转让条件的工业企业，可依法转让土地使用权。

（二）推进国有经济与民营经济并行发展

1. 推动国有经济做强做大

（1）调结构，优化调整国有经济布局结构。通过有进有退、有所为有所不为，逐步将更多的国有资本集中到重点行业和关键领域，退出不具备竞争优势的行业。按照成熟一个、消化一个的原则，通过取消原有市直建制、资产划转或托管的方式，推动国有资本从纺织、机械、一轻、二轻、外贸等 5 个不具备竞争优势的传统行业有序稳妥退出。推动国有资本进入现代旅游、现代金融、现代物流、现代传媒和现代海洋 5 个新兴产业。

（2）搭平台，建设国际化企业集团和城市运行管理平台。对竞争类企业，瞄准世界一流，通过"转、调、创"，让优质资源向优秀企业家集中，提高企业竞争力，在电子家电、啤酒饮料、海港空港、材料化工等领域着力打造具有国际竞争力和影响力的大企业集团。对功能类企业，按照全域统筹的工作思路，匹配城市发展战略，按照"国有资本控股集团＋上市公司"的模式，围绕"科技创新＋金融＋物业"组织运营、增强实力，理顺体制机制，打造重大项目、基础设施、企业运营、新区开发、轨道交通、公共交通、供排水务、清洁能源、现代旅游、城市维护等平台。

（3）上市推动混合所有制。引入内外资本，发展混合所有制经济，放大国有资本功能。以提高企业竞争力为标准，以整体上市、引进战略投资者、企业管理层和技术骨干持股等为手段，深入发展混合所有制经济。以上市为重点发展混合所有制，用存量引增量，通过增量入股方式，优化国有企业股权结构，促进国有企业转换经营机制。

2. 提升民营经济贡献份额

（1）加快对接融入"一带一路"倡议、"互联网＋"战略。引导民营经济发挥地域优势，参与海洋科技、蓝色经济创新发展，参与全国、省、市重大项目建设。引导民企实施商标品牌战略，鼓励和支持"走出去"，扩大交流合作，提升核心竞争力。引导民企强化科技支撑，对高新技术产业领域加强政策引导，促进成长性强、带动力大的民营科技型企业聚集发展，推动民营经济调结构、转方式、提层次。

（2）建设"创业青岛"网络服务平台和小微企业名录网上平台。整合纳入全市政策资源，为民营企业提供完整、公平、透明的"一站式"政策超市服务。建设民营企业信用信息平台，汇集注册登记、行政许可、税收缴纳、社保缴费等信息，推进企业信用信息共享，促进信用体系建设。创新"互联网＋政务服务"方法，通过微信、微博等新媒体服务手段，加强扶持政策的宣传普及，扩大知晓度和受益面，切实为民企提供全方位、多层次、立体化优质服务。

（3）优化市场环境，聚力服务推动发展。按照多服务、少干预，多帮忙、不设障的要求，积极改进对民营企业的管理与服务，形成政府宏观调控、部门全力支持、企业自主发展的格局。积极推行"非禁即入"，破除行业壁垒和"民企歧视"，落实民营企业同等待遇，提高服务措施便利化程度，打通扶持政策"最后一公里"。加大政府购买服务力度，为小微企业免费提供管理指导、技能培训、市场开拓、标准咨询、检验检测认证等服务，为民营企业发展减负、提速、增效。

（4）加大政策培训，聚蓄后劲推动发展。实施民营经济"百千万培训计划"（培训 100 名政府部门服务人员、1000 名民营企业家、10000 名高校毕业生创业人员），加大对政府部门服务人员、民营企业家和大学生创业人员的培训力度，通过"走出去、请进来"、创业大讲堂、联合高校举办专题培训班、组织高峰论坛、创业导师巡回宣讲等方式，为企业家和创业者提供实用有效的培训与管理咨询解决方案，不断提升民营企业创新素质，增强发展。

（三）降低实体企业发展成本

1. 降低制度性交易成本

切实转变政府职能，深入推进政企分开、政资分开、政事分开、政社分开，推动政府职能向创造良好发展环境、提供优质公共服务、维护社会公平正义转变，建设高效服务型政府。深化行政审批制度改革，坚持职权法定原则，建立健全权力清单、责任清单、负面清单管理模式，划定政府与市场、企业、社会的权责边界，最大限度减少对企业的干预，最大限度缩减审批范围。推行“互联网＋”政务服务，整合构建统一政务服务平台，打造“一个号码对外、一个平台接入、一个单子转办、一个体系督查”的政务服务工作新机制。将政府部门权力事项逐步纳入网上服务体系，推进并联审批，提供“一站式”网上行政审批服务。规范事中事后监管，建立完善随机抽查检查对象、随机选派检查人员的“双随机”抽查机制。对实行核准制的项目，在相关政策修订完善后，只保留选址意见书、用地预审意见以及重特大项目环评审批作为前置条件。对非国有资金投资项目，由项目单位自主决定是否进行招标。深化商事制度改革，开展“一址多照”、集群注册等企业住所登记制度改革和企业简易注销试点。按照国家统一部署，对国内植物检疫费等 18 项涉企行政事业性收费的免征范围，由小微企业扩大到所有企业；对符合条件的小微企业，免征教育费附加、地方教育附加、水利建设基金、文化事业建设费和残疾人就业保障金。对涉企行政事业性收费、政府性基金、政府定价和指导价的涉企经营服务性收费，实行目录清单管理并动态更新，凡清单之外的涉企收费一律不得执行。对政府定价、指导价的涉企经营服务性收费，凡收费标准有下限的一律按下限执行。鼓励小微出口企业投保出口信用保险并给予保费扶持。

2. 降低企业税负

按照国家统一部署，将“营改增”试点范围扩大到建筑业、房地产业、金融业和生活服务业，全面完成“营改增”改革。落实国家降低制造业增值税税负以及进一步简并增值税税率政策。落实部分劳动密集型和高技术含量、高附加值产品出口退税政策。在合法合规的前提下，在一定期限内可对困难企业实行税收缓收政策。严格执行国家小微企业税收优惠政策，对年应纳税所得额在30万元以下(含30万元)的小微企业，减按50%计入应纳税所得，并按20%的税率缴纳企业所得税；对月销售额或营业额不超过3万元(含3万元)的小微企业，免征增值税。严格落实高新技术企业所得税减免，以及企业研发费用加计扣除和固定资产加速折旧企业所得税优惠、重大技术装备进口关键原材料和零部件进口关税及进口环节增值税免征等相关税收优惠政策。利用工业生产过程中产生的余热、余压生产的电力、热力，符合条件的享受资源综合利用增值税优惠政策。按照国家部署，依法将资源、环境、房地产等领域具有税收性质的收费基金项目并入相应税种。

3. 降低生产要素成本

按照平稳有序原则放宽电力直接交易准入条件，扩大直接交易试点电量规模和入选企业范围，有序放开发用电计划，实现电价水平与省内其他市(除菏泽市外)持平。支持电信运营企业进一步降低宽带网络资费。根据天然气购气成本变动情况及时降低城市门站气价，加强对燃气公司的成本监审和工业用户气价监管，确保上游降价空间及时传导到工业用户。创新工业用地供应方式，探索长期租赁、租让结合等供地方式，鼓励工业用地使用权人在符合规划、不改变原用途的前提下，提高工业用地土地利用率和增加容积率，不再增缴土地出让金，免收城市基础设施配套费用。完善工业用地政府回购、流转和收储机制。利用科教用地、工业用地等建设的产业地产项目，在不改变功能和土地用途的前提下，满足基本登记单元等不动产登记相关规定的建筑物可分割转让，各区(市)政府可自行制定自持比例等分割转让条件。鼓励企业综合开发利用地下空间，地下空间可与地上土地使用权一并出让，在出让价格上给予优惠。

4. 降低社会保险综合费用

按照国家统一部署，精简社会保险种类结构，将生育保险和基本医疗保险合并实施，落实山东降低职工社会保险单位缴费费率政策。适时调整工伤保险行业基准费率标准，将工伤保险平均费率下调至0.57%。按规定为符合条件的困难企业办理社会保险费缓缴、延缴手续，缓缴、延缴期间免收滞纳金；对吸纳就业困难人员就业的企业，按规定落实社会保险补贴。对符合条件的企业，按不高于上年度实际缴纳失业保险费总额的70%给予稳岗补贴。根据国家政策规定和统一部署，规范调整住房公积金缴存比例，单位和职工缴存比例均不得高于 12%。

5. 降低企业财务人工成本

推进金融服务创新，优化信贷结构。积极发展多层次资本市场，支持企业上市，扶持发展区域股权交易市场，扩大债券融资规模，提高直接融资比重，力争每年新增境内外上市企业 3 家以上、新三板挂牌企业 30 家以上、区域性股权交易市场挂牌企业 100 家以上。探索开展投贷联动试点和高新技术企业信用贷款融资试点。规范发展互联网金融，培育发展互联网金融新业态。创新完善中小微企业投融资机制，推动建立中小微企业信用信息和融资对接平台。运用地方政府置换债券减轻企业债务成本。用好各级财政投入设立的各类政策性产业基金，带动和引导社会资本投向基金所支持的相关产业。通过事后奖补等方式，支持企业增加技术改造、研发创新投入。支持青岛市跨国企业集团办理外汇资金和跨境人民币资金集中运营业务，扩大韩国银行跨境人民币贷款业务和中韩货币互换项下韩元融资业务。鼓励金融机构综合运用内保外贷、外保外贷、投资保险、融资担保等方式，引导商业金融紧密服务实体企业。保持收入水平增长幅度与劳动生产率提高相适应，建立与经济发展水平相适应的最低工资标准调整机制。加强公共就业服务，降低企业招工成本。扩大失业保险基金支持企业稳岗政策实施范围，鼓励符合条件的企业申请稳岗补贴。

6. 降低物流成本

清理规范物流收费，帮助企业降低运输成本，落实进出口税费优惠政策。全面优化关检合作“一次申报、一次查验、一次放行”，并逐步向“三互”和“单一窗口”转变，推动对进出口环节海关查验没有问题的外贸企业免除吊装移位仓储费用，开放海关预录入系统客户端软件和业务数据交换接口，海关、检验检疫推行预约通关服务，继续推广海关税费电子支付，推进通关作业无纸化。降低部分实验室委托检验检测项目收费等标准。争取董家口港一类口岸开放，力争开通青满欧铁路货运班列。取消不符合规定的公路收费项目，逐步取消普通公路收费站点，严格执行国家、省收费公路“绿色通道”政策。取消港口速遣费、靠垫费、引航员滞留费和引航计划变更费。加大查处公路“乱收费”“乱罚款”力度，落实城市配送车辆通行、停靠便利化政策。

（四）实施创新驱动和开放战略，打造经济发展新动力

1. 以科技创新激发新动力

聚焦实施创新驱动发展面临的突出问题，统筹产业链、创新链、资金链和政策链，以科技创新为核心，统筹推进产业创新、业态和商业模式创新、开放创新、文化创新、金融创新、质量和品牌创新、军民融合创新、体制机制创新、行政管理与服务创新十大创新行动，加快打造国家东部沿海重要的创新中心。建设海洋科技、高速列车、橡胶材料与装备、智能制造、虚拟现实、精准医学、大数据与云计算、科学仪器设备等十大科技创新中心，着力提升新产业、新业态、新模式的源创力和集聚度，培育战略性新兴产业和未来产业。实施高端资源集聚工程，引进建设具备国际先进水平的科研基础设施，引进国际知名研究机构和实验室、跨国公司、国际技术转移机构在青岛市设立研发机构，到 2020 年，国家级创新中心、重点（工程）实验室、工程技术（研究）中心等力争达到 100 家，打造 10 个具有国际影响力的重大科技创新中心。深化与央企、大院大所、重点高校战略合作，构建产业技术创新联盟，支持企业与高校院所共建技术创新中心、重点实验室、工程（技术）研究中心。实施科技型中小企业培育工程，推进“千帆计划”，壮大高新技术企业，培育有国际竞争力的创新型领军企业，到 2020 年，科技型中小企业达 10000 家。

2. 优化创新创业环境

创新科技投入方式，提升科技财政投入水平，采用“拨、投、贷、补、奖、买”等方式，撬动各类社会资本支持创新创业。建立智库基金、科技成果转化基金、创业孵化基金、天使投资基金与产业投资基金等各类基金，设立科技信贷风险补偿准备金池，为科技型中小企业创新提供融资支持。推广“人人创客”模式，推进众创空间、孵化器、加速器、产业园区有机结合，不断降低创业孵化成本，按在孵企业数量给予孵化器一定比例房租补贴，对优秀的初创企业给予 50 万～150 万元启动资金支持。研究提高科技人员成果转化收益比例，以技术转让或者许可方式转化职务科技成果的，应从技术转让或者许可所取得的净收入中提取不低于 80％、不超过 95％的金额用于奖励。对开展技术交易活动的企业、高校、科研院所按照技术合同交易额给予一定比例补助。降低企业研发成本，对企业当年加计抵扣确认的研发费用给予最高

10%的奖励补贴，对通过认定的高新技术企业给予奖励补助，对企业发明专利授权、发明专利维持、通过《专利合作条约》(PCT)途径递交国际专利申请、国(境)外发明专利授权等给予相应资助，对企业使用大型科学仪器共享协作平台发生的测试费用给予最高 20%的补贴。中央直属企业、国内行业龙头企业、知名跨国公司、国家科研机构、国家重点大学等在青岛设立独立法人资格、符合青岛产业发展方向的研发机构和研发总部，引入核心技术并配置核心研发团队的，政府给予最高 3000 万元支持。深入实施知识产权战略行动计划，争取设立知识产权法院。

3. 加强人才引进培育

加快引进集聚高端创业创新人才及团队，实施青岛创新创业领军人才工程，对青岛市新当选的两院院士和新评选的领军人才，每人给予 100 万元的研发补助和相应生活补助；制定高端人才团队引进办法，经评审认定的高端人才团队，最高给予 5000 万元资助，到 2020 年，引进培育创新创业领军人才 2000 名左右。启动实施“高端人才倍增计划”，壮大博士、高级职称、高技能尤其是专业领军人才、首席技师等高端人才规模，每年培养紧缺高技能人才 3000 人。扩大博士后站数量和博士后研究人员招收规模，对在青从事研究的在站博士后人员给予生活补贴，对出站留青和来青博士后给予科研经费资助。落实完善“红娘”奖励政策，鼓励社会中介组织和个人引进高端人才、团队来青创业。加快引进优质高等教育资源，到 2020 年在青高等教育机构增加到 50 所；创新公共资源扶持社会力量办学机制。健全人才服务体系，全面推行高层次人才“绿卡”服务模式。对符合条件的出国留学人员来青创业给予创业资助，为外籍人才来青创新创业提供停居留便利。大力建设人才公寓，完善高层次人才安居办法，加大中初级人才住房政策支持，给予新引进人才租房和生活补贴。

4. 推动财富管理金融改革发展

更好发挥金融对实体经济的服务作用和对区域发展的辐射功能，以财富管理金融综合改革试验区建设为抓手，突出创新政策先行先试，加快集聚金融资源要素，推动金融产品和服务创新，打造全业态金融机构集群。争取财富管理金融改革第二批创新试点政策。壮大青岛银行、青岛农商银行等法人金融机构，争取设立民营银行、保险公司、期货公司、证券公司。争取全国性商业银行在青岛发起设立私人银行子公司，培育和引进证券投资基金公司、信托公司、资产管理公司等专业性财富管理机构，健全财富管理高端中介服务机构。加快建设区域性股权交易市场和财富管理产品交易市场等专业财富管理市场，构建新型要素交易平台，提高直接融资比例。培育面向日、韩的跨境人民币交易中心，加强与韩国、日本财富管理交流合作，鼓励本地企业在日、韩开展债权、股权融资，创新对日、韩企业股权招商方式，推动青岛成为中韩自贸协定框架下金融合作先行区域。

5. 塑造开放发展的新优势

提升国际大通道功能，建设海陆综合枢纽。推进董家口原油码头、矿石码头等重大工程，构建重要大宗商品价格指数体系，建设国际大宗散货物流中心和交易定价中心。推进青岛电子口岸"单一窗口"建设，完善口岸大通关协作机制。拓展国际中转集拼、集装箱捎带等业务，发展集装箱干线运输，集装箱中转业务比重提高到 20%。高水平建设青岛新机场，争取 2019 年转场运营，引进基地航空公司和国际知名航空物流公司，加密日韩航线，新增伦敦、洛杉矶等欧美重要门户城市国际直达航线，提升航空枢纽功能。打造临空经济示范区，争取设立空港综合保税区，争取境外旅客购物离境退税等政策试点，深化通用航空综合改革试点。推进青岛多式联运海关监管中心、董家口临港物流集聚区、即墨国际陆港建设，争取胶州铁路口岸开放，打造"一带一路"多式联运综合贸易枢纽。借鉴上海、天津等自贸区经验，申建青岛自由贸易港区，扩大航运、商贸、文化等服务业开放，实行国际贸易结算中心试点和外汇资金集中运营管理试点，培育金融、贸易等离岸功能。申建中日韩自贸区地方经济合作示范城市，推进国家自贸区对外谈判数据调研、政策与知识培训、实施效果评价、研究与试验、交流合作五大基地建设。提升"走出去"水平，完善对外投资合作风险预警管理和领事保护机制，加强与印度尼西亚、泰国、柬埔寨等能源资源合作，推动轨道交通、电力能源、路桥建设企业参与"一带一路"沿线国家互联互通基础设施建设，"十三五"期间，对外投资额突破 150 亿美元。

（五）突破"瓶颈"约束，补齐经济社会发展"短板"

1. 增加优质公共服务供给

健全基本公共服务制度，实行基本公共服务项目和标准动态调整机制，促进城乡区域间服务项目和标准有机衔接。一是推动优质教育均衡发展。强化基础教育普惠性和公平性，高水平普及15年基础教育，新建、改扩建、有偿置换相结合，规划建设各级各类教育设施1000余所。新建教育设施向新城区和县域倾斜。推进普通高中多样化发展，加快职业教育集团化办学。推进“互联网＋”教育行动计划，到2018年，实现中小学智慧校园环境全覆盖。二是提高医疗卫生水平。推进国家级区域医疗中心建设，加快建设市民健康中心、市第八人民医院东院区等重点项目，实施基层医疗卫生机构能力提升、公共卫生服务能力提升、县级公立医院临床专科建设、儿童健康服务体系建设等重点工程，全面推进公立医院综合改革。到2020年，每千人口执业（助理）医师达到3.1人，每千人口医疗卫生机构床位达到6张。三是增强养老服务能力。积极应对人口老龄化，完善以居家养老为基础、社区养老为依托、机构养老为补充的养老服务体系。健全困难老人居家养老服务补贴机制，完善老年人乘坐交通工具优惠制度，实施老年宜居环境建设试点和适老化设施改造试点。推进以老年养护院、社区老年人日间照料中心和农村互助幸福院为重点的养老服务设施建设。推进省养老服务创新实验区建设，规划建设崂山湾国际生态健康城，到2020年，每千名老年人口养老床位达到50张，护理型床位占40%以上。

2. 提高居民收入水平

千方百计增加居民各类收入，提升消费能力，改善消费预期。实施就业优先战略和更加积极的就业政策，扩大就业规模。落实高校毕业生就业促进和创业引领计划，促进农村富余劳动力有序外出就业，鼓励就地就近转移就业和返乡创业，扩大困难人员在特定行业就业。健全公共就业服务体系，完善就业失业统计指标体系，开展就业失业登记、分类管理和网格化服务，推进四级人力资源社会保障规范化服务平台建设，服务项目全过程免费。健全科学的工资水平决定机制和正常增长机制，推进企业工资集体协商制度，完善最低工资和工资指导线制度。健全企业薪酬调查和信息发布制度，完善工资支付保障机制和欠薪追缴制度，切实保障农民工劳动报酬权。落实职工带薪年休假制度。鼓励劳动者以资本、技术、专利和管理等参与分配，提高人力资本参与初次分配比重。分类扶持贫困家庭，对有产业发展资源的通过培育特色产业脱贫，对有劳动能力、有就业愿望的通过就业创业脱贫，对无法依靠产业扶持和就业帮助脱贫的实行政策性保障兜底；对贫困家庭学生从学前教育到高等教育实行资助全覆盖，将符合救助条件、按规定参保的农村贫困人口纳入大病救助范围。

3. 加快棚户区和危房改造

坚持政府主导，通过购买棚改服务、加强与社会资本合作、争取开发性金融支持等方式，"十三五"期间实施棚户区改造16万户，其中老城区全面完成5.7万户改造任务。鼓励多种所有制企业作为实施主体承接棚改任务，出台政府购买服务管理办法、棚户区改造腾空土地处置管理办法、商品房作为棚户区安置房安置办法等配套政策，拓宽商品房用于棚户区改造房屋征收货币化补偿和异地安置的通道。发挥政策性金融和商业金融作用，在依法合规前提下，尽可能缩短安置房建设手续办理周期，有效提高资金使用效率。对接管老旧小区的物业企业，给予专项补助。加快农村危旧房和抗震房屋改造，"十三五"期间改造农村危房1.3万户。

4. 改善农村人居环境

建立全市农村危房改造清单，完善申报、公示、鉴定、审查、改造、监管和验收制度体系，2016～2018年投入危房改造资金约1亿元，改造全市农村危房0.8万户，惠及农村人口约3.5万人。实施总投资60亿元的新一轮农村电网改造升级工程，到2018年完成142个中心村（社区）、200个省定贫困村和310个市定经济欠发达村电网改造升级，农村户均配变容量达到2千伏安/户，供电可靠性提高0.008个百分点，电压合格率提高到99%以上。推进农村厕所改造，基本实现全市农村无害化卫生厕所全覆盖。

5. 加快停车设施建设

加强项目配建停车设施建设，适当提高建筑配建停车位标准，吸引社会投资增加老城区、商业办公密集区、医院、景区景点、交通枢纽等区域停车设施供应，大力发展地下停车、立体机械停车。创新公共停车设施建设投融资模式，利用停车场建设专项基金、专项债券等优惠政策扩大投资和设施供给量。加快建设覆盖全市的智能化停车管理信息系统。

6. 搞好地下综合管廊建设

出台加快地下综合管廊建设实施意见及相关管理办法，编制全市地下综合管廊专项规划，在新城区、各类园区、成片开发区域的新建主干道以上等级的道路，原则上同步建设地下综合管廊，在轨道交通、人防设施、旧城改造、道路拓宽、地下空间开发等区域，统筹安排地下综合管廊建设。

7. 提升水资源供应保障能力

实施新河水库续建工程，推进官路水库、沐官岛水库、泉心河水库等水源工程，加快建设团岛、海泊河、麦岛、李村河、楼山河、墨水河、高新区、镰湾河等再生水利用工程，有序推进董家口、琅琊、大唐黄岛发电厂等海水淡化工程，加快实施高格庄—产芝水库、北墅—产芝水库、黄同水库—云山段青岛供水接管点、云山段青岛供水接管点—平度城区、黄山—尹府水库、潮河甜水河调水等水源输配工程。推进国家海绵城市试点建设，到 2018 年城市建成区 15%以上的面积实现 75%雨水就地消纳利用。

8. 推进轨道交通系统建设

努力建立便捷、低廉的公共交通系统，对轨道交通建设规划要有长远的战略眼光，加快济青高铁建设进程，规划建设形成青岛—北京、青岛—徐州、青岛—连云港—上海的 350～400 千米时速的高铁。稳健推进轨道交通建设，充分重视快速公交建设。采用先进的车辆和高品质的服务设施，通过专用道路空间来实现快捷、准时、智能化、舒适和安全的服务。在规划建设中要因地制宜，合理选定快速公交走廊，加强信息化与调度系统建设。要通过对普通公交线网的调密补疏，建成快速公交系统的集散线。

课题组组长

马秀贞　中共青岛市委党校

课题组成员

程国有　中共青岛市委党校

孙习武　青岛市发改委经济研究院

于慎澄　中共青岛市委党校

张淑芹　中共青岛市委党校

青岛市海洋经济新旧动能转换研究

青岛海洋科学与技术国家实验室发展中心课题组

2017年4月，李克强总理在山东考察时指出，要"更大力度推动新旧动能转换，在转型升级中巩固经济社会发展向好势头"。青岛是全国知名的海洋科技城，海洋科技创新载体、人才和要素聚集优势突出，但也存在后劲不足、带动力不强、效益不高等问题。特别是，近年来随着市委、市政府推动海洋经济力度加大，青岛市海洋经济结构出现了再工业化的发展态势，即由于涉海建筑业和制造业高速发展，海洋（相关）第二产业占海洋GDP比重再次超过第三产业，呈现出与全国不同的发展趋势。在当前经济环境下，这种投资拉动型发展模式的可持续性存疑。推动青岛海洋经济向内生增长转变势在必行。因此，积极培育青岛海洋经济发展新动能，不仅是青岛市委、市政府为落实习近平总书记系列重要讲话精神和李克强总理考察山东重要讲话与指示精神所作出的决策部署，对于在新形势下促进青岛海洋经济转型升级、科学发展，打造国际先进的海洋发展中心，也具有重要意义。

一、青岛市海洋经济发展状况

2011年《山东半岛蓝色经济区发展规划》批复实施以来，青岛率先承担起国家海洋强国战略历史使命，坚持创新、协调、绿色、开放、共享发展理念，以海洋科技创新为制高点，进一步夯实发展载体，拓展发展空间，厚植发展优势，全力打造国家海洋强国战略重要支点，海洋经济发展实现新跨越，对全市经济发展引领作用日益凸显。

（一）海洋经济规模持续扩张

2011～2016年，青岛市海洋经济一直保持较快发展。海洋生产总值从 2011 年的 1112.3 亿元增长到 2016 年的 2515.0 亿元，6 年间增长 1.26 倍，年均增长 14.6%，高于 GDP 年均增速近 5 个百分点。海洋经济生产总值占 GDP 比重从 16.8%增长到 25.1%，海洋经济对 GDP 增长的贡献率从 21.0%上升到 40.2%。海洋经济增长速度明显高于区域经济，成为区域经济增长最为重要的增长动力。

表 1　青岛市海洋经济发展情况

单位:亿元

年份	2011	2012	2013	2014	2015	2016
海洋生产总值	1112.3	1327.0	1548.8	1751.1	2093.4	2514.8
A 海洋产业	632.6	733.2	886	1015.1	1177.8	1400.7
海洋渔业	75.0	83.5	84.9	84.0	85.7	93.1
海洋水产品加工	59.0	72.5	85.1	103.7	123.8	149.6
海洋油气业					1.1	2.4
海洋矿业						6.1
海洋盐业	0.4	0.4	0.5	0.6	0.6	0.8
海洋船舶业	10.1	9.4	9.9	13.5	17.5	18.6
海洋化工业	10.5	11.7	15.0	19.1	23.8	32.4
海洋生物医药业	20.0	23.3	26.7	32.2	38.7	47.5
海洋工程建筑业	11.7	17.2	28.3	50.6	92.9	133.4
海洋电力业	1.0	1.0	1.0	1.4	1.4	1.5
海水利用业	5.9	6.2	7.0	6.2	5.5	5.8
海洋交通运输业	176.0	211.7	279.9	299.3	325.0	357.3
滨海旅游业	235.4	266.5	309.3	350.2	399.2	476.8
海洋科研教育管理服务业	27.8	29.9	38.4	54.4	62.7	75.4
B 海洋相关产业	479.7	593.8	662.8	736.0	915.6	1114.1
海洋农林业	8.3	8.8	9.5	10.0	11.1	12.0
海洋设备制造业	134.1	188.3	220.7	271.8	331.4	428.1
涉海产品及材料制造业	181.1	222.0	249.3	245.1	249.4	297.9
涉海建筑与安装业	41.7	42.2	45.9	54.0	145.6	162.3
海洋批发与零售业	26.8	29.7	32.8	39.8	51.7	56.2
涉海服务业	87.7	102.8	104.6	115.3	126.5	157.6

数据来源:青岛市统计局。

(二)海洋经济结构不断优化

2011～2016 年,青岛海洋经济结构升级步伐加快,海洋第二、第三产业所占比重不断增加。其中,海洋第一产业从 83.1 亿元增长到 105.1 亿元,年均增长 4.0%;海洋第二产业从 475.3 亿元增长到 1286.6 亿元,年均增长 18.1%;海洋第三产业从 553.8 亿元增长到 1123.3 亿元,年均增长 12.5%。海洋三次产业结构从 7.5∶42.7∶49.8 调整为 4.2∶51.1∶44.7,海洋第一产业比重进一步降低,海洋第二产业所占比重明显上升,海洋经济工业化的趋势更加明显。

表 2　青岛市海洋经济发展情况

单位:亿元

年份	2011	2012	2013	2014	2015	2016
海洋第一产业	83.1	92.2	94.4	94.1	96.7	105.1
海洋第二产业	475.3	594.1	689.4	798.1	1031.7	1286.6
海洋第三产业	553.8	640.7	765.0	858.9	965.0	1123.3

数据来源:青岛市统计局。

(三)主要海洋产业快速发展

在《海洋及相关产业分类》(GB/T 20794—2006)中划分的 13 个主要海洋产业中,海洋盐业、海洋船舶业、海洋化工业、海洋生物医药业、海洋工程建筑业、海洋交通运输业、滨海旅游业、海洋科研教育管理服务业等 8 个产业年均增速超过 10%;在 6 个海洋相关产业中,海洋设备制造业、涉海建筑与安装业、海洋批发与零售业、涉海服务业等 4 个产业年均增速超过 10%。其中,增长最快的 5 个产业分别是海洋工程建筑业(年均增长 50.0%)、涉海建筑与安装业(年均增长 25.4%)、海洋设备制造业(年均增长 21.3%)、海洋化工业(年均增长 20.7%)、海洋科研教育管理服务业(年均增长 18.1%)。海洋产业向资金密集型和技术密集型产业发展的趋势更加明显。2016 年,滨海旅游业、海洋交通运输业、海洋设备制造业和涉海产品及材料制造业 4 个支柱产业增加值总量达到 1560 亿元,同比增长 15.3%,占海洋经济比重 62%,拉动海洋经济增长 9.5 个百分点;以海洋生物医药、海洋新材料、海水利用、海洋科研教育和海洋金融服务业等为主的新兴海洋产业全年增加值 302 亿元，同比增长 11.7%，占海洋经济比重 12%，对海洋经济贡献率达到 9.3%。

（四）区域海洋经济集聚初步形成

“十二五”期间，青岛市全力打造“一谷两区”（蓝色硅谷、西海岸新区、红岛经济区）等海洋特色经济平台，强力推进重点载体建设。2016 年“一谷两区”占全市海洋生产总值比重近 40%，成为青岛海洋经济的新引擎，对海洋经济升级的引领带动作用日益显现。以“一谷两区”为主要空间载体，青岛市以海工装备制造、海洋生物医药、海洋新材料、航运物流等新兴产业为主体，先后启动了十四大海洋特色园区建设，主要包括：西海岸海洋生物医药产业园，以海藻化工为基础重点发展海洋药物、生物制品和功能食品；海西湾海工装备产业园，重点突破深海油气勘探与开发装备、海洋监测与勘探装备、海洋新能源利用装备、海洋工程与环保装备制造；高新区蓝色生物医药科技园，打造海洋生物医药产业研发总部、产业集聚区和孵化基地；崂山生物医药产业园，重点发展海洋生物医药和海洋新材料产业，等等。海洋经济区域集聚正在加快形成。

（五）海洋创新对海洋经济的支撑作用明显提升

建成青岛海洋科学与技术国家实验室、山东大学青岛校区等一批科技创新载体，积极参与深海空间站、透明海洋、深海钻探等一批国家重大科技工程，培养和引进了包括两院院士、“千人计划”学者在内的一批海洋高层次人才，在国家新一轮海洋科技布局中积极发挥作用。

推动产学研协同创新，以企业为主体组建了一批海洋技术创新联盟。强化创新载体建设，完善了“苗圃—孵化器—加速器”创新链条。设立海洋科技创新和新兴产业培育公共服务平台，建立创新创业载体建设专项发展基金。围绕新兴产业发展需求，改革人才引进和培养模式，建设“海洋人才港”。结合新兴产业发展阶段性需求，出台对应产业扶持政策。以海水淡化为例，制定双向补贴政策，对海水淡化企业实行补助、贴息和电价优惠政策，对用水企业实行水价补贴政策。

二、青岛市海洋经济发展存在问题

(一)海洋经济发展投资拉动、资源消耗的特征还比较明显,增长的持续性堪忧

2011～2016年,青岛市海洋第二产业增加值增长811.3亿元,对海洋经济生产总值增长的贡献率达到57.8%;海洋第三产业增加值增长569.5亿元,对海洋经济生产总值增长的贡献率为40.6%。海洋经济增长主要靠第二产业拉动。从各产业部门来看,具有以下特点。

首先,建筑业(海洋工程建筑业和涉海建筑与安装业)对海洋GDP增长的贡献率高达17.3%,高于滨海旅游业(17.2%)和海洋交通运输业(12.9%),成为海洋经济增长最大的拉动力量。同期全国海洋工程和涉海建筑业对海洋经济生产总值的贡献率不足10%。由于海洋(涉海)建筑业主要依赖投资拉动,政府投资在其中占有很大的比重,很难长期保持高速增长,因此对经济的拉动作用很难持续。

其次,制造业(海洋设备制造业和涉海产品及材料制造业)对海洋经济生产总值增长的贡献率为29.3%,受造船和海洋工程装备制造业不景气影响,其中很多细分领域(如船用装备、海洋油气平台装备等)处于产能过剩区间,增长潜力有限。

第三,海洋加工业中,水产品加工业(6.5%)对海洋经济生产总值增长的贡献远高于海洋化工业(1.6%)、海洋生物医药(2.0%)和海水利用业(－0.1%),水产品加工业上游的海洋捕捞和海水养殖业均处于停滞或低速增长水平,产业增长空间有限。青岛市"十二五"期间海洋经济的快速增长投资拉动的特征十分明显,增长还是依靠物质资源投入而不是科技创新,增长潜力有限,难以长期持续。

(二)科技创新对海洋经济增长的拉动作用不明显

青岛是全国知名的海洋科技城,科技实力在全国沿海城市中处于领先水平。海洋科技实力向海洋经济实力转化的"瓶颈"始终没有打破,科技创新对海洋经济的拉动作用不明显。

一是海洋科技创新实力相对下降。近年来,随着国家新一轮海洋科技创新载体建设的推进,以及一批重大海洋科技项目的实施,青岛科技实力大幅增长,但全国横向比较则出现明显下降。据国家海洋局

统计，从 2001 年到 2014 年，青岛市海洋科研机构承担课题经费数量全国占比从 23.66%下降到 8.15%，科学仪器从 18.05%下降到 6.72%，发表论文数量从 21.62%下降到 11.21%，出版海洋科技著作从 33.96%下降到 8.70%，海洋科研机构专利授权数从 55.00%下降到 6.88%。随着未来国家对海洋科技创新投入的进一步加大，全国海洋科技创新格局必将进一步调整。青岛市如不能抓住机遇，其海洋科技城地位将进一步弱化，甚至被超越和代替。

二是战略性新兴产业对海洋经济带动作用不突出。2016 年，滨海旅游业（增加值 476.8 亿元）、海洋设备制造业（增加值 428.1 亿元）、海洋交通运输业（增加值 357.3 亿元）、涉海产品及材料制造业（增加值 297.9 亿元）、海洋渔业和水产品加工业（增加值 242.7 亿元）五大传统海洋产业占海洋经济生产总值比重高达 71.7%。海洋生物医药、海洋电力和海水利用三大战略性新兴产业增加值合计只占海洋经济生产总值的2.2%，传统海洋产业占比过高的问题没有得到很好解决。海洋新兴产业中，除海洋生物医药业具备一定规模外，其他产业发展不快，对区域经济拉动作用远未显现。

（三）海洋开发空间格局亟待优化

城市开发建设与海洋生态环境保护的矛盾更加突出。随着西海岸经济新区和蓝色硅谷核心区的开发，青岛全部海岸线均已纳入城市开发范围。在近岸海域，各产业竞争性用海问题日渐突出，海洋新兴产业发展空间受到限制；城市建设和港口开发中产生大量围填海和海岸线硬化工程，天然海岸线、滨海沙滩和湿地有减少趋势；浒苔灾害常态化，对青岛近岸海域和海底生态系统的破坏不容忽视。在离岸海域，除航运和捕捞渔业外，其他海洋产业活动很少，基本上处于待开发状态。

三、青岛海洋经济新旧动能转换的方向和路径

以转变发展方式、壮大海洋经济为目标，以海洋供给侧结构性改革为主线，把加快海洋新旧动能转换作为推动海洋经济发展的重大工程，立足青岛区位、港口和产业基础优势，以海洋创新为主要动力，积极培育海洋新技术、新产业、新业态、新模式，改造海洋传统产业，培育

海洋新兴产业，提升海洋现代服务业，推动海洋开发空间优化拓展，扩大海洋对外开放与区域合作，打造技术先进、分工专业、集约高效、具有较强国际竞争力的海洋优势产业集群。

（一）以海洋创新能力提升加快新旧动能转换

科技创新是经济发展的根本动力。应以实现创新驱动发展转型为目标，深入推进以科技创新为核心的海洋重点领域创新，营造有利于创新发展的良好环境，充分激发海洋创新活力和动力，发展新经济，培育新动能，增强发展新优势。

一是围绕重点产业领域，引导行业优势企业与驻青国家级海洋科研院所的战略合作，打造一批工程技术研发中心和科技创新服务平台。力争搭建具有行业影响力的国际创新联盟，培育一批涉海产业技术创新联盟和应用技术研究平台。突出海洋经济特色，建设海工装备、海洋生物医药、海水综合利用等国家、省部级研发平台，打造海洋产业协同创新中心。

二是加快关键技术成果产业化。借助重点海洋产业研发创新平台吸引国内外创新资源，以应用性、系统性、集成性科技创新为重点，攻克重点产业中的一批关键技术及其配套集成技术，推进成果产业化，成为创新发展高地。适应新兴产业发展的特点，建设一批示范应用工程，推动商业转化和产业化发展。组建海洋知识产权交易所，推动区域性海洋技术交易体系建设。

三是加大创新型企业培育力度。加强科技创新成果孵化服务，在蓝色硅谷、西海岸新区、红岛经济区加快推进孵化器建设。强化企业创新主体地位，以中小企业为重点服务对象，积极建设技术创新服务中心、公共技术创新服务平台、产品检测中心等功能性支撑平台，建立健全以企业为主体、市场为导向、产学研结合的创新体系。

四是强化创业创客整体支撑。壮大创业群体，支持科研人员、大学毕业生、海外高层次人才创业。构建众创空间，依托创业街、创客空间，鼓励多元主体建设众创空间、孵化器、加速器，打造特色创新孵化集聚区。加快发展“互联网＋海洋”创业网络体系，优化创业服务，以众创、众包、众筹、众扶推动生产模式和组织方式变革。

（二）以海洋新兴产业培育加快新旧动能转换

以科技创新为动力，以创新成果产业化为抓手，综合运用财政税收支持、公共服务优化等多种方式，着力推动海洋新兴产业发展。围绕核心企业，推进建链、补链、强链，推动产业成链、链条成群，形成“企业—链条—集群”产业发展新格局，着力构建一批海洋高端产业链，壮大一批引领带动能力较强的海洋产业集群，加快推进海洋产业转型升级。

一是做强海洋高端装备制造业集群。围绕未来深海大洋科学研究、海洋造船和工程装备制造、海水淡化与海洋能开发装备制造等领域对高端装备的需求，以自主化、高端化、智能化、集成化为方向，加快突破关键核心技术，加快关联产业聚集，着力打造以海洋工程装备为核心，以海洋工程材料、部件为支撑，以航空装备、智能装备制造为延伸的具有鲜明特色的海洋高端装备制造业集群。以节能环保、安全高效为目标，创新现代造船模式，鼓励造船企业应用绿色环保技术，提升高端船舶和特种船舶设计建造能力。研制深远海鱼类养殖平台和专业化舱养式工船以及深水巨型鱼类养殖网箱结构与建造技术，相关设施装备设计构建技术，包括自动化投喂与作业管理装备、大型深远海养殖设施防污和自动化清污技术与装备、养殖鱼类自动化起捕技术和设备、电力推进与驱动控制技术、突破锚泊与定位控制技术等，形成深远海鱼类养殖装备建造技术体系。

二是提升海洋生物医药与制品产业集群。以海洋藻类养殖为重点，扩大用于海洋药物生产的海洋生物栽培（养殖）规模，强化海洋生物医药业可持续发展的资源支撑；规划建设海洋生物和药物资源样品库，推进大型仪器设备、检验检测、技术信息等资源的共享共用，完善海洋生物产业公共服务体系；积极推进海洋功能食品、海洋生物酶制剂、海洋生物功能材料和海洋绿色农用生物制剂的研发与产业化。加强保健型、功能性海洋食品、保健品和生态化妆品开发，重点推进海洋胶原蛋白、海藻多糖、不饱和脂肪酸、海参肽等产品的开发与生产。

三是培育海水利用产业集群。围绕城市建设和临港工业发展需求，着力开发海水淡化、海水直接利用的关键新材料、新工艺和新技术。鼓励电力企业利用余热发展热法进行海水淡化，打造发电、供热与海水淡化相结合的综合产业链，提高能源资源利用率，开展节能减排示范。依托沿海电力、钢铁、石化等产业，大力推广海水直流冷却、海水脱硫技术。加大支持力度，鼓励高耗水企业启动节水改造或新建项目，直接利用海水作为工业用水。

(三)以海洋现代服务业升级加快新旧动能转换

按照市场化、产业化、社会化和国际化要求,加强体制机制创新,健全政策保障体系,重点发展海洋交通物流、航运及服务业、文化旅游等产业,增强海洋现代服务业推动海洋产业结构转型升级的新动能。

一是大力发展海洋现代物流业。充分发挥青岛"一带一路"重要节点城市的作用,建立港口物流服务网络,推动港口资源加快整合,建设现代化物流园区。加强物流园、公路港规划建设,扩大第三方物流规模,支持大宗商品交易中心创新发展,建设区域性国际航运物流中心。加强区港联动,依托青岛保税区,积极吸引规模大、层次高、带动能力强的航母式物流项目先期入区建设,发展保税物流、加工贸易。充分发挥青岛港物流基础作用,围绕提升贸易便利化水平,加快推进商品交易中心建设。

二是加快发展现代航运业。大力发展沿海和远洋运输,加快构建现代化海洋运输体系。优先发展大型集装箱船、多用途船、大型散货船等优势船型,优化海运结构。推动海陆运输企业加强合作,加快发展大宗货物和集装箱多式联运,提高海陆联运组织化水平。加强与国内外主要港口合作,共同建立港航电子数据交换中心,全面融入全球航运物流供应链体系。

三是大力发展滨海文化旅游业。充分发挥旅游资源优势,深度挖掘文化内涵,做好"旅游+""+旅游"文章,创建国家全域旅游示范区。优化滨海旅游空间格局,加大海上旅游开发力度,发展以陆域观光、海岸带休闲为主的旅游活动,向海上、海空、海底拓展。在西海岸新区、蓝色硅谷等新开发区域规划建设慢行步道系统、自行车骑行道系统,促进陆海旅游空间的有序串联。拓展旅游新空间,以田横岛、灵山岛开发为载体,加大海岛开发力度。构建以海岸带旅游为中心,由沿海向海洋、陆地双向拓展、梯次推进的立体化、复合化旅游开发格局。创新旅游产品体系,积极开发康体休闲、健康理疗产品,发展生态养老产业。进一步丰富邮轮游艇旅游产品,积极开辟区域性邮轮航线。开发多样化的户外运动项目和服务配套设施,筹(承)办高水平的骑行、健步、马拉松、滑翔伞、低空飞行、热气球、翼装飞行等户外运动赛事。

（四）以海洋渔业空间拓展和产业融合加快新旧动能转换

加大对离岸海域（离岸 10 千米以外、水深 10 米以上的未开发水域）的开发力度，以深水养殖为产业载体，逐步完善离岸海域开发技术装备体系，在全国率先实现海洋开发从近岸向离岸的跨越，逐步推动其他海洋产业部门从近岸向离岸拓展。以可持续发展为目标，加快推进海洋捕捞从近海向远洋转移、海水养殖从近岸向离岸拓展、渔业增值模式从以初级产品生产为主向以精深加工和渔业体验为主转变、渔业发展模式从数量型向质量效益型转换。

一是打造离岸海域开发试验区。以离岸海域为载体，发展海洋牧场、海上（水下）运动、深水养殖、海岛开发、海洋可再生能源等新兴产业，建设环境友好型海洋综合开发试验区。以新型海洋工程平台、人工鱼礁、海洋环境整治工程等离岸工程设施为支点，重点发展底播养殖、深水网箱、海钓、游艇、帆船帆板、潜水等离岸项目，形成与海岸带海洋产业相协调，点状支撑、带状延伸的海洋立体开发格局。科学规划人工鱼礁布局，在建设公益性人工鱼礁的同时，大力推动经营性人工鱼礁建设。鼓励依托人工鱼礁开展海洋牧场建设，发展水产品增养殖和休闲渔业经营，实现海洋生态环境修复与经济开发的“双赢”。

二是大力发展绿色健康养殖产业。大力促进黄海冷水团绿色养殖及相关产业发展，形成苗种繁育、鱼类养殖、深远海渔业装备制造、海洋水产品精深加工和仓储物流等全产业链协同发展模式。鼓励发展循环水工厂化养殖、海珍品底播养殖、藻类养殖等环境友好型养殖模式，建设生态循环型岸基标准化渔业基地。

三是积极发展休闲渔业。突破传统渔业发展模式，将休闲渔业渗透到现代渔业各个环节，与捕捞、养殖、加工以及渔文化相融合，推进渔业三次产业融合发展，打造集“吃、住、游、赏、钓、会、赛、放、娱”于一体的海上、陆上、流动、固定等多形式的发展综合体，提高渔业综合效益，推动由观光式旅游向深度体验式旅游转变。以打造花园式、景区式养殖区为目标，引导新建和已有的水产养殖区完善基础设施和服务，建设好垂钓艇、台，美化绿化好周边环境，配套好服务设施。创建休闲渔业示范乡镇，建设休闲渔业公园和渔乐园。搞好陆海接力，大力发展休闲海钓产业，加速渔、旅、钓融合，创建一批国家、省、市级垂钓场。

四、青岛海洋经济新旧动能转换的对策建议

(一)以海洋科学与技术国家实验室为载体建设全国最高水平的海洋大科学装置公共平台

海洋科学与技术国家实验室在青岛市的积极支持下,各方面事业正在快速发展,有望在2018年结束试点后正式进入国家实验室序列,并在满足国防安全、粮食安全、资源能源安全等方面发挥重要作用。海洋科学与技术国家实验室在海洋科技体系中核心型、引领型、平台型定位,且E级超算、大洋钻探船、科考船队、深海空间站等大科学装置在引进方面已有良好基础。建议成立重大科学工程建设指挥部,由科技部门牵头,相关部门和海洋科学与技术国家实验室参加,以海洋科学与技术国家实验室为载体,结合国家海洋强国推进需求,研究制定海洋大科学装置建设规划,制定路线图,及时解决上述重大项目建设过程中出现的问题,争取上述项目尽快落地和加快建设。

(二)强化与深海大洋开发骨干企业的联系,垂直延伸产业链

深海采矿、深海油气开发、可燃冰勘探、海洋人工岛(浮岛)建设等新兴海洋开发活动,以及在上述大规模开发活动中产生的对淡水、能源的规模化、日常化需求所带动的海水淡化和海洋能产业,由于投入大、风险高、周期长等特点,主要由中海油集团、五矿集团、中车集团等骨干国有企业作为产业先行者来承担。通过骨干企业的开发活动,带动上下游配套产业发展,形成了以骨干企业为主导的海洋新兴产业链。在现阶段要前瞻性介入上述海洋新兴产业布局,必须积极与主导开发的骨干企业建立联系,使青岛成为生产、配套若干产业活动的聚集地。要针对有关企业需求,有针对性地制定引进政策,推动骨干企业在青岛市建立研发中心、生产基地,以此为基础建立产业园区,引进配套企业,逐步形成海洋新兴产业聚集区,在战略性海洋新兴产业全国布局中赢得先机。

(三)加大对海洋装备、海洋工程、智慧航运、海洋信息等领域创新要素的引进力度

对于海洋科技创新中较为薄弱的领域,近年来青岛加大了对相关

科研机构的引进力度。下一步，应当更加注重对相关高技术企业，特别是与信息技术相关的高技术企业的引进。积极引导有关企业适用工程技术的海洋应用，鼓励有关企业建设研发中心和孵化基地，促进现代信息技术与海洋产业的融合。加快海上试验场建设，对海上试验场运营予以财政支持，降低海洋新技术中试和预商业运营成本，吸引全国涉海高新技术在青岛落地转化，使青岛成为海洋技术商业化的中心。加大对上述领域高层次人才的引进，在引进中更加注重对人才团队的整体引进，使引进人才能够更好发挥作用，缩短磨合期，提高科技创新和成果转化效率。

(四)改革蓝色硅谷管理体制

蓝色硅谷经过持续发展，已初步形成以海洋科学与技术国家实验室、山东大学为核心的海洋科研创新聚集，但在涉海高新技术企业引进和培育方面还存在“短板”，海洋新兴产业聚集始终未能形成。当前，随着青岛市“三湾三城”城市格局的形成，滨海土地稀缺性不断上升、价值持续提高，利用滨海土地开展规模化工业园区建设的可行性降低。依托现有科研聚集，利用即墨区建成区与蓝色硅谷核心区之间的空间，以深海远洋开发新兴产业为主体，建设若干海洋高新技术产业园区，尽快实现从科研高地向产业高地的拓展延伸。

(五)启动离岸海洋新兴产业试验区试点示范

离岸海域正在成为海洋开发的热点。从各海洋产业发展趋势来看，深海养殖有望成为首先在离岸海域得到较大发展的产业。应当利用靠近黄海冷水团的地利条件，发挥青岛在生物、水产方面的创新资源优势，建立以黄海冷水团开发为主题的离岸海洋新兴产业试验区。黄海冷水团亦称黄海中央水团，覆盖海域面积 13 万平方千米，拥有 5000 亿方的水体。其南黄海部分距离青岛市约 100 千米，是水团中养殖开发条件最好的区域。利用该区域浅源冷海水，与周边稍高温水体勾兑可用来养殖海洋冷水鱼类，结合其他种类养殖开发，有望形成千亿元级的离岸海水养殖新兴产业。可规划建立离岸海洋新兴产业示范区，以高价值海水鱼类养殖为重点，通过加强顶层规划、集中力量开展科技攻关、加强技术标准和环境监管等措施，在全国率先形成离岸高效养殖产业聚集，形成以深海养殖工程设施和配套设备为核心的离岸养殖工程技术体系，并以此为基础发展深海养殖工程装备制造、海洋牧场、海洋旅游休闲、海水淡化、海洋能等关联产业，在全国率先实现区域海洋开发从近岸向离岸的战略性转移。

（六）探索海洋要素配置市场化新机制

以海域使用权“招、拍、挂”为突破口，进一步完善海洋资源价值市场化实现机制，推动从海洋资源向海洋资产的转变。总结海域使用权市场化配置经验，探索海洋排污权、生态权、资源权等海洋权益市场化配置和流动机制，逐步建立国有海洋资产贮备机制。探索以市场和财税手段调控海洋开发空间结构的新路径，通过海域使用金减免或返还、生产补贴等手段，促进离岸海域开发、海洋立体开发，拓展可利用海洋空间，优化海洋开发格局。结合海洋公园及其他海洋保护区建设，探索海洋产业转移市场化补偿机制，以体制机制创新促进以新资源、新空间开发利用为主体的海洋战略性新兴产业发展。

课题组组长

李大海　青岛海洋科学与技术国家实验室发展中心

课题组成员

韩立民　中国海洋大学

高艳波　国家海洋技术中心

刘　堃　国家海洋局海洋战略研究所

李　伟　青岛经济技术开发区管委会办公室

谭政云　中共青岛西海岸新区工委政策研究室

邢国攀　青岛海洋科学与技术国家实验室发展中心

尹　艺　青岛海洋科学与技术国家实验室发展中心

梁琛婧　青岛海洋科学与技术国家实验室发展中心

青岛市基础设施项目 PPP 模式应用研究

山东科技大学课题组

基础设施项目是指为社会生产和居民生活提供公共服务的物质工程设施，是用于保证国家或地区社会经济活动正常进行的公共服务系统，具有很强的公益性、基础性和战略性，包括交通、邮电、供水供电、商业服务、科研与技术服务、园林绿化、环境保护、文化教育、卫生事业等市政公用工程设施和公共生活服务设施等。本文所研究的基础设施项目重点是指城市基础设施项目，是为城市生存和发展所必须具备的工程性基础设施和社会性基础设施，是城市中为顺利进行各种经济活动和其他社会活动而建设的各类设备的总称。随着经济的快速发展，青岛市基础设施建设面临着巨大的资金需求，传统的以政府为主导的融资模式投资渠道较为单一，政府财政负担过重，难以满足需要。需要通过改变投资方式，发掘基础设施项目建设新的投融资模式。

一、青岛市基础设施建设中 PPP 模式的应用概况

PPP 模式即公私伙伴关系模式，作为一种新兴的投融资模式又称“公私合作制”，是指政府、营利性企业和非营利性企业基于某个项目而形成的相互合作关系的形式。PPP 模式充分应用政府的政策支持和企业的运营模式，将政策、资金、技术三者结合起来，提高了工作效率。

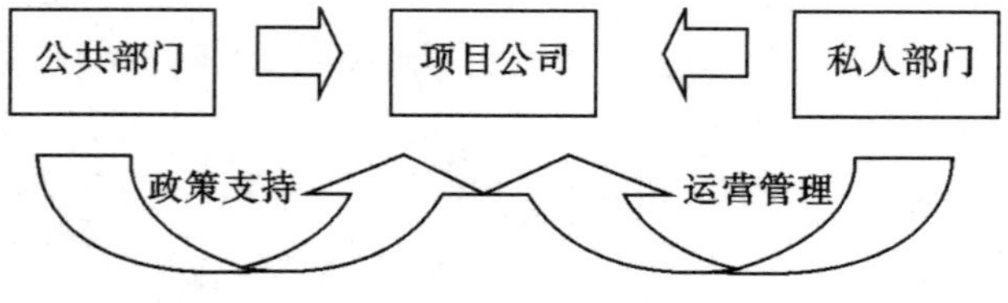

图 1　PPP 模式的典型结构图

近年来，PPP模式受到了青岛市政府相关部门的高度重视，通过学习国内外先进城市的应用经验，开始了PPP模式在促进青岛市经济社会发展中的重要实践。2015年3月，青岛市在城市基础设施建设和公共服务领域开展PPP模式的推介工作。2015年5月，包括新机场高速公路、地铁1号线、红岛至胶南轨道交通等市政设施在内的青岛市9个项目入选国家发改委公开发布政府和社会资本合作（PPP）推介项目名录，总投资193.27亿元。2015年8月，青岛首个PPP项目——“沈海高速公路（青岛段）服务区项目PPP实施方案”通过审查。将PPP模式应用于青岛市基础设施建设，打破了行业准入限制，加快了政府职能的转变，有效弥补了公共资金短缺局面，减轻了地方政府的债务压力，以腾出更多资金用于民生项目建设，有效促进私营经济的长期有效发展。

为确保项目实施质量，青岛市财政局联合市发改委通过专家组集中评审的方式对PPP上报项目进行甄别审查。截至2016年7月4日，青岛市PPP项目库储备项目共计72个，总投资达2159亿元，项目涉及公共基础设施、交通运输、市政工程、社会民生四大类，其中，公共基础设施类项目16个，项目总投资为425亿元；交通运输类项目10个，项目总投资为1273亿元；市政工程类项目9个，项目总投资为96亿元；社会民生类项目37个，项目总投资为365亿元。随着PPP模式的推进和发展，青岛市该类项目的投资总额会进一步增加。

此后，青岛城市建设PPP模式进入快速推进阶段。青岛市基础设施PPP项目的运作模式主要采用BOT模式（表1），部分项目采用BLT、BTO、BOOT、BOO等模式，其中12个项目暂缓推进、7个项目已选定合作单位、10个项目已进入采购阶段、5个项目已上报实施方案。

表1 青岛市政府和社会资本合作(PPP)项目统计表

序号	项目名称	所属行业	估算总投资(万元)	运作模式	备注
1	青岛市海绵城市建设PPP项目	公共基础设施	272747	BOT	
2	青岛市地下综合管廊试点	公共基础设施	288123	BOT	
3	青岛市应急救援安全文化基地	社会民生	120000	BOT	
4	青岛市青少年素能培训基地	社会民生	80000	BOT	

（续表）

序号	项目名称	所属行业	估算总投资（万元）	运作模式	备注
5	同安路公交换乘枢纽工程	交通运输	39400	BOO	
6	沈海高速服务区及青新高速停车区改造	交通运输	16200	BOT	
7	青岛市公共卫生中心	社会民生	85000	BOT	
8	青岛市第八人民医院东院区建设	社会民生	85300	BOT	
9	青岛市第五人民医院改扩建项目	社会民生	47000	BOT	
10	张村河水质净化厂	市政工程	60000	BOT	
11	弘诚体育场升级改造	社会民生	170000	BOT＋资源补偿模式	
12	铁路主题城市公园项目（启动段）	公共基础设施	7000	BOT	
13	城阳区城区污水处理厂四期	市政工程	25000	BOT	
14	黄岛区泊里中心卫生院综合病房楼工程	社会民生	12000	BLT	
15	黄岛第二人民医院二期病房楼建设工程	社会民生	20000	BLT	
16	黄岛区文化科技博览中心	社会民生	83000	BOT	
17	藏马山旅游度假区景区建设及基础设施配套	社会民生	142000	BOT	暂缓推进
18	沐官岛水库	社会民生	340000	BOT	暂缓推进
19	黄岛 5 万吨污水处理厂新建项目	市政工程	15000	BOT	暂缓推进
20	北界河生态治理工程	市政工程	119200	DBFO	
21	高新区经二路道路及综合配套工程	公共基础设施	120000		
22	六所配套学校建设	社会民生	70000		暂缓推进
23	中北崂、汉河两片区市政道路建设	公共基础设施	19500		暂缓推进
24	社区水利工程	社会民生	5268.98		暂缓推进

（续表）

序号	项目名称	所属行业	估算总投资（万元）	运作模式	备注
25	核心景区旅游沿线环境整治提升工程	社会民生	20000		暂缓推进
26	法显文化广场	社会民生	20000		暂缓推进
27	北九水、仰口游览区游客服务中心	社会民生	30000		暂缓推进
28	崂山区公共立体停车场项目	交通运输	23700	BOT	暂缓推进
29	崂山湾国际生态健康城综合管廊	公共基础设施	550000	BOT	暂缓推进
30	赤岭路地下停车场	交通运输	12000	待定	暂缓推进
31	即墨城区东部医疗卫生中心二期	社会民生	110000	BOT	
32	平度奥体中心项目	社会民生	70000	BOT	
33	平度环城路等9条路大修、白沙河街道道路、白沙河段河道治理工程	公共基础设施	134072	BOT	
34	平度市文博中心、综合管廊及老城区道路工程	公共基础设施	183700	BOT	
35	平度市泽河段河道治理、生态商务区道路及同和街道道路工程	公共基础设施	190750	BOT	
36	平度市区段河道治理工程	社会民生	104000	BOT	
37	平度秦皇河河道治理工程	社会民生	25000	BOT	
38	青岛北部医疗中心项目（平度南部医疗中心）	社会民生	79000	BOT	
39	平度三合山旅游开发项目	社会民生	20000	BOT	
40	平度市人民医院分院	社会民生	6300	BOT	
41	青岛蓝色硅谷核心区2016新建市政基础设施项目	公共基础设施	116500	BOT	
42	青岛蓝色硅谷科技孵化园项目	公共基础设施	420000	BOT	
43	青岛蓝色硅谷海洋科技馆	社会民生	200000	BOT	

（续表）

序号	项目名称	所属行业	估算总投资（万元）	运作模式	备注
44	青岛市黄岛区东、西区社会治安天网工程	社会民生	48707	BLT	
45	青岛市文化中心	社会民生	260000	BOT	
46	青岛市眼科医院红岛扩建工程	社会民生	35000	BOT	
47	李沧区交通商务区核心区路网建设项目	公共基础设施	109893	BOT	
48	李沧区交通商务区核心区公路客运枢纽项目	公共基础设施	16000	TOT＋BOT	
49	青岛科技馆PPP项目	社会民生	235000	TOT＋BOT	
50	前海沿线地下道路项目	基础设施类	1320000	BTO、BOO或BOOT	
51	胶州湾岸线整治工程（金水路—楼山河入海口段）	市政工程	10485	BOT	已经选定合作单位
52	一汽—大众（青岛）华东生产基地配套项目	市政工程	630000	BOT	已经选定合作单位
53	青岛董家口海水淡化项目	市政工程	45000	BOOT	已经选定合作单位
54	莱西市第二中学	社会民生	31900	BOT	已经选定合作单位
55	青岛蓝色硅谷核心区市政基础设施建设PPP项目	公共基础设施	264500	BOT	已经选定合作单位
56	平度市生活垃圾焚烧发电厂项目	市政工程	43000	BOT	已经选定合作单位
57	墨水河综合整治工程	社会民生	120000	BOT	已经选定合作单位
58	青岛市民健身中心项目	社会民生	300000	BOT	进入采购阶段
59	青岛市健康中心	社会民生	254000	BOT	进入采购阶段
60	青岛市残疾人康复中心项目	社会民生	70000	BOT	进入采购阶段

(续表)

序号	项目名称	所属行业	估算总投资(万元)	运作模式	备注
61	小涧西污泥全资源化利用项目	市政工程	11000	BOT	进入采购阶段
62	青岛北部职教园区及5所高中租赁型人才公寓项目	社会民生	166000	BOT	进入采购阶段
63	地铁1号线	交通运输	3999100	BOT	进入采购阶段
64	地铁13号线一期(即R3线)	交通运输	1355100	BOT	进入采购阶段
65	地铁13号线二期	交通运输	1402400	BOT	进入采购阶段
66	小涧西二期生活垃圾焚烧与污泥协同处置工程	社会民生	89000	BOT	进入采购阶段
67	合肥路阳光山色等5座人行天桥建设工程	社会民生	3400	BOT	进入采购阶段
68	市立医院东部院区二期建设工程	社会民生	92800	BOT	已上报实施方案
69	青岛浮山新区公交综合枢纽示范工程	交通运输	186244	BOO	已上报实施方案
70	铁路青岛北站东、西广场及周边地下空间项目	公共基础设施	243000	BOT	已上报实施方案
71	地铁4号线	交通运输	1818964	BOT	已上报实施方案
72	地铁8号线	交通运输	3873480	BOT	已上报实施方案

二、青岛市PPP模式应用存在的问题

(一)PPP法治基础不足,法规制度尚待完善

PPP项目具有复杂性和长期性,需要相关的法律法规作为支撑。我国PPP的相关法律法规,如国务院60号文、财政部113号文等大多是国务院及部委层面的文件,对PPP模式推广和实施做出安排的基

本法律相对缺乏，且绝大部分属于对 PPP 模式指导性、原则性文件，操作性不强。青岛市出台的文件并未对 PPP 项目实施过程中的具体问题和工作步骤作具体阐述，涉及的内容尚不全面，较难形成相应的制度，缺乏相关政策法规对 PPP 项目的投融资方案、项目的评估及监管方法、社会资本的选择方式和标准、运营过程中争端处理方法等问题作出规定。

（二）PPP 价格确定和收益分配机制不健全

公平合理的价格确定和利益分配机制是实现公共部门与民营部门“双赢”以及 PPP 项目顺利进行的保障。价格的确定和收益分配机制的建立主要取决于定价权的归属和定价标准。定价权方面，PPP 模式中政府、金融机构和社会资本边界设计中的定价权已不再属于政府。具体的 PPP 项目的类型划分标准并不明确，相应项目的定价权归属容易出现争议，收益分配存在较大不确定性。定价标准方面，任何定价方式都应考虑到成本以及社会资本合理的利润空间。青岛对于 PPP 项目合理利润率的设定主要采用固定比率，忽略了通货膨胀以及利率变化等宏观经济因素的影响，私营企业面临的财务风险较大，影响到社会资本参与 PPP 项目的积极性。

（三）专门管理机构与监管体系不健全

由于 PPP 项目具有较强的专业性、风险性较大，需要专门的机构来对项目实施监管，保证项目的运行效率。虽然财政部经国务院批准设立了 PPP 中心，负责全国 PPP 的推广工作，但项目的实施具体是在地方上执行，国家 PPP 中心对于地方的管理鞭长莫及。青岛在具体项目执行中，缺乏专业管理机构，导致项目进度相对缓慢。公共基础设施的管理涉及多个部门，基础设施 PPP 项目存在多头管理的情形，管理政出多门，影响到管理效率，如 PPP 项目的准备和谈判时间长。对 PPP 项目的监管也存在不足，在招投标阶段的监管中没有相应的市场准入措施，招投标程序并不完善，在运营阶段的监管中没有专门的监管机构以及具体的监管流程说明，缺乏相应的政策法规作为支撑。

（四）社会资本方存在融资障碍

私营经济相对于其他投资主体而言，在融资上存在渠道窄、成本高、规模小等缺陷，使得社会资本方在参与基础设施建设项目中处于不利地位。其原因主要包括在银行体系、信贷市场中尚未形成支持社会资本方融资的机制，私营资本的信用担保体系不够完善以及社会资本方自身具有局限性等。

（五）缺乏专业化机构和人才

PPP模式在我国刚刚起步，已有一些专家学者开始关注国外已经获得的成功经验，开始着手研究和引进先进的模式，但在青岛其关注与研究的程度和人数还不多。PPP模式的操作较为复杂，虽然青岛不乏大批工程建设高级专业技术人才，但难以胜任工程项目综合管理的工作。青岛PPP社会化服务中介机构较为匮乏，相关咨询服务机构大多来自北京等地，服务人员和质量打了折扣，影响了推进速度。借鉴国外的先进经验，政府部门有必要成立专门负责处理PPP项目的专业机构。

三、青岛市基础设施建设中PPP模式的对策与建议

（一）加强机制的建立

1. PPP模式的制度机制建设

青岛实施PPP模式的制度机制建设应主要从法律政策机制、投入机制、监管制度机制、项目机制的建设等五方面展开。

（1）法律政策机制的建设。青岛市政府相关部门应加快制定可操作性强的PPP相关政策、规章制度，覆盖PPP项目运行所涉及的财政、投融资、价格、市场准入、退出以及质量监管等方面，对PPP模式的投融资方案、项目的评估及监管方法、社会资本的选择方式和标准、各参与方风险分担机制、运营过程中争端处理方法等问题作出明确规定，为PPP模式的应用和推广奠定制度基础。

在构建城市基础设施项目PPP模式的过程中，青岛市政府作为项目的发起者、项目的合作者与宏观调控者，在整个项目运行过程中起着至关重要的作用。为促进PPP项目的顺利运行，政府需要综合把握PPP项目的运行流程，为PPP项目的实施提供坚实的保障。一是青岛市各级政府要进一步加强组织领导，细化目标责任分解，逐个

环节、逐个岗位落实责任。二是青岛市各级城市基础设施部门要认真研究制订推进“十三五”城市基础设施改革发展工作方案，明确区域城市基础设施改革发展目标任务，本着总体规划、先急后缓、分期实施的原则，逐个年度分解下达目标任务，逐项工作落实推进部门、推进岗位、推进人员和推进措施，确保工作件件不落空、事事有成效。三是建立部门间协作配合机制，及时协调解决城市基础设施改革发展中的行政审批、资金投入、城市基础设施用地、移民征迁、考核奖惩、政策支持等方面的重大问题和突出矛盾。

(2)完善投入机制。一是加大对青岛市基础设施建设的投入力度，完善市区基础设施建设基金政策。二是鼓励和引导社会资本投入青岛城市基础设施建设，支持社会资本方通过资产收购、特许经营、参股控股等多种形式参与城市基础设施建设运营。三是推动建立青岛市基础设施中长期、低成本贷款机制，积极争取财政贴息政策。四是积极发展和完善新型城市基础设施项目融资模式。

(3)监督机制建设。监管机制主要从政府监督、社会资本方自我监督与外界监管三方面来进行分析。结合我国与青岛市的实际情况，一是可考虑建立专业监管为主、社会监督为辅的监督管理机制；二是城市基础设施建设PPP项目从设计、建设到运营等各个阶段制定不同的监督管理依据和措施，实行全过程监督管理；三是要注重对质量、环境、服务水平等社会公益性方面的监督管理，提升经营方的社会意识与责任感；四是采取事前监督和事后监管相结合的形式，提高监督管理的效率。

(4)PPP模式的项目机制建设。设立专门的PPP管理机构负责PPP的相关工作，下设PPP项目评估、合同管理等经济咨询机构，与社会上的技术咨询机构加强合作，满足各行业对PPP应用的需要。

(5)加强PPP项目伙伴选择规范化建设。采取公开、公平、透明的招投标方式，对民营企业、机构与国有企业、机构等同等对待，消除不同所有制之间的差别待遇；增加社会资本方评估的透明度；建立违规惩罚机制，加大对违法违规行为的打击力度；建立社会资本方全面的信用档案，将私人部门的业绩、不良行为等全部记录在案，并向社会公布。

2. PPP模式的管理机制建设

(1)深化城市基础设施建设管理体制改革中完善项目法人责任

制。青岛市城市基础设施项目建设组建了项目法人,但许多项目法定代表人均为政府行政领导担任,机构为各单位抽调人员临时组建的机构。建议实现从工程建设的指挥部制到项目法人制的过渡。

(2)建立健全基础设施PPP项目招标投标机制。一是抓好招标投标管理的组织建设;二是严格对招标代理单位的监管确保招投标工作的规范、有序;三是建立全面性的城市基础设施建设市场诚信考核体系,加强对城市基础设施建设市场的监管,把诚信考核结果纳入招投标环节;四是严格控制邀请招标、竞争性谈判的比例,增加透明度;五是要强化城市基础设施招标事项核准后的跟踪监督,确保项目建设单位按照核准招标范围、组织形式、招标方式开展招标活动;六是推进招标文件标准化和规范化,探索开展电子招标。

(3)进一步规范和提高建设监理水平。一是加强监理单位的资格管理,严禁监理单位无城市基础设施建设监管资格、超越资格等级或业务范围承揽业务,严禁监理人员无证上岗,对监理单位和监理人员实行动态管理,建立降级和清出制度;二是加快监理单位的改革步伐,所有的监理单位都要成为具有独立法人资格的、按现代企业制度运作的公司制企业;三是严格实行监理公开招标,引入竞争机制,激励监理单位加强管理,提高监理人员的素质;四是切实增强城市基础设施的监理手段,提高监理服务能力。

(4)健全政府质量与安全监管体系。一是加大城市基础设施质量与安全监督人员的培训力度,进一步完善质量与安全监督机构,确保监督工作的正常进行;二是推行城市基础设施稽查制度,组建和完善青岛市工程项目稽查专家库,全面实行工程建设跟踪审计制度,形成常态化的政府监督机制,确保工程建设中质量、资金、人员安全;三是进一步加大对城市基础设施建设管理的制度建设力度,真正做到有章可循,有法可依,以保证政府监管的规范性;四是加大工程项目法人、施工单位、监理单位、设计单位、质量检查单位等参加单位主要管理人员的培训力度,规范工程建设管理;五是加强工程建设信息化管理水平,及时掌握工程建设动态。

(5)建立健全基础设施项目PPP模式的合同管理制。PPP模式的合同管理涉及PPP合同的起草、谈判、履行、变更、解除、转让、终止直至失效的全过程管理。鉴于PPP项目周期通常较长,在合同订立时既要充分考虑项目全周期的实际需求,也要合理设置一些关于期限变更（延期和提前终止）、内容变更（产出标准调整、价格调整等）、主体变更（合同转让）的灵活调整机制，为未来可能长达 20～30 年的合同执行期预留调整和变更空间。

（6）建立健全退出机制。要与投资者明确 PPP 项目的退出路径，保障项目持续稳定运行。在项目合作结束后，应组织做好接管工作，妥善处理投资回收、资产处理等事宜。

（二）金融支持

在 PPP 模式的运营中，青岛市政府本身财政资金有限，难以提供大量的资金支持。对于社会资本方，在 PPP 模式的运作中，本身要承担债务风险、政治风险等多种风险，组织主营业务的运作需承担一系列风险，使得其出资也具有一定的风险性与局限性。因此，在 PPP 模式的整个运作过程中，离不开其他重要利益方的支持，包括金融支持、政策支持等。其中，金融支持属于十分重要的一环，能够在很大程度上决定项目的正常运营。与基础设施项目建设 PPP 模式主体利益相关的重要利益方为国家专项基金、青岛市财政部门与银行等金融机构三方。

1. 建立专项基金

青岛市市政府相关部门要加强关于 PPP 项目运作研究的科研立项基金计划，将 PPP 项目研究基金纳入科研基金的范畴，鼓励并审核通过有价值的研究主题，加大对 PPP 模式的研究热情，为 PPP 项目的推广应用提供更为充足的理论经验与实际研究。

2. 财政部门的金融支持

完善项目财政部门管理，对项目收入不能覆盖成本和收益，但社会效益较好的项目，市财政部门可给予适当补贴，从“补建设”向“补运营”转变，探索建立动态补贴机制，将财政补贴等支出分类纳入同级政府预算，并在中长期财政规划中予以统筹考虑。

3. 银行等机构的金融支持

在保持银行正常运行及信用评估流程严格执行的情况下，综合运用各种优惠贷款产品，特别是利用青岛银行，与青岛市政府相关部门合作建立优惠贷款服务平台、政府信用担保贷款平台，专门用于加大对 PPP 项目企业的信贷支持力度，积极研究、制定和落实有利于扩大 PPP 项目企业贷款的信贷政策措施。

(三)基础设施建设要合理应用PPP模式

政府考虑采用PPP模式的时机非常关键。政府考虑采用PPP模式时,必须满足以下条件:一是服务对象欢迎社会资本方的加入;二是潜在社会资本方企业之间存在竞争,通过竞争可以达到低成本高效率的目的;三是对社会资本方的加入不存在法律管制;四是基础设施服务的产出可以被简单的度量和定价;五是能通过与社会资本方的合作,带动社会资本,促进经济发展。

纵观现有研究文献,经过分析与整合,最终得出PPP模式不同类型在青岛市基础设施建设项目中的具体适用范围如表2所示。

表2 PPP模式不同类型在青岛市基础设施建设中的应用

类型	适用范围
服务协议	公用事业的一些特殊服务项目,如公路收费、垃圾收集、清洁等项目
运营与维护协议	主要适用于市政服务,包括自来水厂、污水处理厂、固体垃圾收集、道路维护、娱乐设施、停车场、下水道等
租赁—建设—运营,购买—建设—运营	大部分基础设施和其他公共设施,包括道路、供水系统、自来水厂与污水处理厂、停车设施、政府建筑物、机场、剧场等公共娱乐设施
扩建后经营整体工程并转让	大多数公共设施和公共娱乐设施
建设—转让—运营	适用于大部分的基础设施和公共设施,包括道路、供水系统、排水系统、自来水厂与污水处理厂、停车设施、政府建筑物、机场、剧场等公共娱乐设施
建设—运营—转让,建设—运营—拥有—转让	适用于大部分的基础设施和公共设施,包括自来水厂与污水处理厂、娱乐设施、机场、政府建筑物、停车设施及固体废物处理设施
建设—拥有—运营	适用于大部分基础设施和公共设施,包括自来水厂、污水处理厂、停车设施、娱乐设施、机场及政府建筑物

青岛市政府要坚持公开、公平、公正的方式选择合作对象:基础设施行业门类很多,特点和要求各不相同,在选择合作伙伴时,青岛市政府相关部门要坚持两个原则:一是要市场化,通过公开、公平、公正的方式招标;二是要规范化,明确合作伙伴的基本条件,既要保证其有经

济实力，还要有专业水平。

要达到合作伙伴的进入，既能引进资金，又能引进先进技术和机制。在引入社会资本时，判断的标准不是看重其资金的性质、来源背景，而是要侧重考察其是否具备一定的资金实力、有一定的社会影响、品牌是否突出、管理是否先进，从而在引入资金的同时能够促进基础设施建设和运营的改进及创新。

（四）加快 PPP 专业人才队伍的建设

PPP 的专业性很强，相关人员要有管理、投融资、财会等专业知识。这就需要加强 PPP 专业人才的培养。一方面可以通过专题培训，重点学习 PPP 的基本内涵、运作模式以及管理模式等，以及金融、法律、财务等方面的知识，培养管理和指导实施 PPP 项目的专业人才；另一方面，可大力引进相关专业人才，为青岛市 PPP 模式的发展注入新鲜血液。从企业的角度来看，企业内部应加强 PPP 专业人才的培养和引进，增强企业在 PPP 项目招投标过程中的竞争力，以及项目的实施和管理能力，使项目的准备、谈判、实施过程更加顺畅。

课题负责人

刘　鹏　山东科技大学

课题组成员

陈　昕　山东科技大学

孟科学　山东科技大学

吕　君　山东科技大学

张云凤　山东科技大学

孙睿琦　山东科技大学

青岛加快推进财富管理金融综合改革试验区建设研究

青岛科技大学课题组

党的十九大报告指出，我国经济已由高速增长阶段转向高质量发展阶段，要加快完善社会主义市场经济体制。深化金融体制改革，增强金融服务实体经济能力，提高直接融资比重，促进多层次资本市场健康发展。健全金融监管体系，守住不发生系统性金融风险的底线。作为首批财富管理金融改革试验区试点城市，青岛市正处于金融改革的关键时期，财富管理效率的改善和质量的提高直接关系到青岛市经济增长的质量与效益。如何围绕“把青岛市建设成为国内领先、面向国际的新兴财富管理中心”的目标，牢牢锁定优化金融产业结构和资源配置、引导居民财富和民间资本投向实体经济、打造安全稳定的投融资环境和金融秩序、力争形成更多经验，促进全国金融创新发展等重点任务，成为当前青岛财富管理金融综合改革试验区的重点研究内容和突破方向。

一、青岛财富管理金融综合改革中存在的问题

2016 年 3 月，伦敦调研公司公布的全球金融中心指数(GFCI)中，青岛首次被纳入榜单。2016 年 9 月，青岛在全球金融中心排名大幅跃升，名列全球第 46 位，成为排名上升幅度最大的城市，也是紧跟上海、北京、深圳的中国内地金融中心城市第 4 名。截至 2016 年底，私人银行管理资产总额达 837.2 亿元，是 2014 年末的 1.7 倍，私募基金管理资产规模 939.2 亿元，比 2014 年底增加 872.2 亿元。与世界知名的财富管理中心相比，青岛私人银行的规模太小，在与外资金融机构竞争中没有体现出本地商业银行的比较优势，在战略方向和具体实施路线

图等方面亟须改进。

(1)区域性多层次资本市场体系不完善，中小企业的融资难和融资贵问题没有得到有效缓解。2015年，青岛社会融资规模中的60%以上还是通过人民币贷款项目。鲁金所和蓝海股权交易中心的交易者参与力度不足，流动性较差。没能成为“小微”“三农”融资的有力臂膀，社会财富缺少有效路径通过金融市场以及财富管理机构有效对接到创新、创业活动中。

(2)金融机构发行的产品缺少二级流转服务，相关财管产品供给性不足、同质性较高，不能满足微观经济主体多样化的投资需求。

(3)各类金融机构差异化功能定位不明晰，市场化运营程度较低。私人银行管理资产规模与国际知名财管中心存在较大差距。

(4)在财富管理特色的提升和深化方面需要进一步挖掘。需要立足于“蓝色、绿色、高端、普惠、外向”五大特色，围绕青岛市蓝色经济战略、西海岸新区建设、红岛经济区发展等重大战略，着眼于产业结构优化升级，发挥区位优势、落实创新驱动发展战略方面，还需要补上“短板”，提升金融服务于实体经济的水平。

二、改善服务实体经济的效率、加快发展青岛财富管理行业的对策建议

青岛发展财富管理行业，必须坚持市场化的原则，充分发挥政策的驱动效应，与实体经济中的产品创新、技术创新和业态创新相结合，将金融改革的重点由“量”的增长转向“质”的提升。金融机构要适应新常态下的趋势性发展变化，根据资源禀赋实施差异化战略，加快转型发展，力争在重要领域和关键环节的改革取得决定性成果，在经营效率水平、服务实体经济能力、银行业组织体系、金融创新能力、普惠金融服务等方面取得突破。推动青岛金融财富管理服务大众，服务小微创新创业企业，为最有创造力、最有竞争力的部门提供资本支持，夯实青岛实体经济发展的基础。

(一)青岛财富管理金融综合改革试验区的发展目标

1. 财富管理的市场化

青岛财富管理金融改革试验区必须加快建设以“蓝海股权交易中

心”为主体的多层次资本市场体系，形成差异化、全序列的投资产品线，提高直接融资的比重，为财富管理提供更大的市场空间。在市场参与主体方面，以培育一大批专业化的机构投资者成为促进青岛财富管理市场主体成长进步的突破口。可以允许青岛本地金融机构作为资产管理人的证券投资基金、银行理财产品、信托计划等各类资管产品，以非法人类合格机构投资者身份进入银行间债券市场；保险产品、经基金协会备案的私募投资基金、住房公积金、社会保障基金、企业年金、养老基金、慈善基金等，参照非法人类合格机构投资者管理，扩展青岛财富管理市场的投资范围，提高银行间市场的活跃程度，促进机构投资者的发展。合理划分政府和市场的边界，完善法律制度建设并严格执行，为市场的有效运行建立一个良好的制度环境。设立金融法庭和金融仲裁院，完善财富管理试验区的法律保障体系。

2. 金融机构的多元化

放宽金融行业的准入限制，引导民间资本设立金融机构，促进中小金融机构发展。针对青岛市不同层次经济主体的金融需求，发展多样化、多层次的民营金融机构，逐步放松对民营金融的管制，让民营资本进入金融领域。为民营资本的进入提供具有可操作性的指导意见，打破金融行业准入的“玻璃门”，让民营资本能以平等市场主体的身份进入金融领域。可向“深圳前海微众”等民营银行学习经验，积极吸引社会资本进入银行业。积极鼓励不同所有制金融机构共存共生、开展正当的业务竞争，满足实体经济融资主体的多样化金融需求，实现金融服务的“差异化”和金融产权的兑现化。

青岛财富管理金融中心也要利用先行地位以及特殊政策，给予民间金融更广阔的发展空间。把民间金融纳入契约化、规范化的轨道上来，实行公平的国民待遇，让民间金融在阳光下参与公平竞争，加大对民营经济的金融供给水平，降低中小企业的融资压力。完善相应的法律法规，如出台“青岛民间借贷管理办法”，使民间金融有法可依、有章可循。建立民间借贷的各种契约保障机制，重点打击高利贷交易和违法行为，有效降低民间借贷的利率和民间金融的风险。

3. 服务模式的网络化

青岛本土金融机构要充分利用互联网和移动通信技术，打造财富管理智能化服务平台，财富管理线上标准化、自助化与线下个性化、专业化有机结合、交互发展，提升服务效率，加快财富管理业务的发展。

在相关政策设计方面，可通过税收、补贴等优惠政策积极鼓励互联网金融的健康发展，尤其是那些贴近客户、明确定位于服务小微企业等弱势融资群体的网络金融模式。充分发挥互联网金融积极创新的互联网精神、开放共享的平台化运营、大数据的挖掘分析和高度重视客户体验的优势。要尽快出台互联网金融的法律法规、相关的标准和制度，建立分类监管和动态监管的体系，将现行的行业性自律转变为制度性保障。要强化网上支付机构的技术安全保障程度，加大对网络洗钱的打击。将大数据应用于金融信息，完善监管机构的风险防控体系。另外，在金融监管方面，金融产品和服务的创新需要打破部门分割，建立高效的、协调性的监管。青岛地方性"一行三会一局"需要对监管政策进行更好的协调，形成监管的合力，鼓励金融产品与服务的创新，有效支持实体经济的发展。

4. 资金配置的国际化

青岛财富管理金融综合改革试验区在这一方面需要做出更大的尝试，如对外资金融机构扩大其准入及业务的开放程度，效仿上海自贸区，放松外资的准入限制；又如母公司的经营年限、业务范围、资产规模等方面的限制，建立"准入前国民待遇及负面清单"的审慎监管模式。在保险公司和券商的国际化方面，可比上海自贸区有更大的突破，如可以考虑放开设立外资券商独资公司的限制，积极引入国际一流投资银行进入国内证券市场，和国内券商展开良性互动，提高会计标准和透明度。在保险公司业务方面，需要在放松准入限制、允许外资参与政策性保险等方面加大力度，实现保险业的持续经营、创新经营和稳健经营。

在青岛本地金融市场的开放方面，国际化程度还比较低，金融市场的发展总体上滞后于经济转型的内在要求，还有很大的开放空间。需要通过金融市场的深化开放，进一步发挥市场的价格发现功能，使国内外的市场主体共同在资源配置中起决定性作用。可以考虑在青岛企业债及地方债市场上推动债券市场的双向开放，鼓励扩大青岛企业在海外成熟市场发行人民币债券的规模，允许和鼓励更多符合条件且信用等级较高的外资商业机构在青岛发行人民币债券，提高青岛债券市场的流动性和对实体经济的支持力度。

(二)青岛财富管理金融综合改革试验区的发展路径

1. 发挥财富管理的集聚效应

一是在金融人才集聚方面,进一步夯实青岛市财富管理人才培养基础,在发挥中国海洋大学、青岛大学、青岛科技大学等本地高等院校学科优势的基础上,积极与中国金融四十人论坛、上海财经大学、山东大学等知名智库及高校合作设立财富管理学院、研究院等专业人才培养机构,与英国特许证券与投资协会、英国剑桥大学商学院等海外研究机构达成国际化财富管理人才培养合作意向,为财富管理改革创新提供人才支撑与保障。对于金融高端人才的吸引,需要进行地方政策全力保障,出台促进财富管理金融综合改革试验区发展专项政策措施及实施细则,针对机构落户、人才引进和金融创新给予有针对性的政策支持,吸引各类优质财富管理资源在青岛聚集发展。

二是形成更加坚实的实体经济基础。要抓住山东半岛蓝色经济区建设的重大机遇,大力发展先进制造业、高端服务业和战略性新兴产业,推动经济能级再上一个新的台阶。

三是营造更加宜居的城市环境。青岛要在"红瓦绿树、碧海蓝天"的基础上,建设更加包容的人文环境,成为真正的最佳宜居城市。在市政工程及宜居生活方面,可以通过绿地公园、养老中心等设施建设,让生活环境将更加宜人,成为财富管理机构和财富管理人士开展业务的理想之地。

四是开拓更加广阔的发展空间。在加快西海岸经济新区和蓝色硅谷的基础上,加快高端服务业和金家岭金融新区的建设,进一步优化财富管理的承载条件。要让青岛产权交易所、大宗商品交易中心、金融资产交易中心、场外市场清算中心、联合信用资产交易中心、艺术品交易中心等一批财富管理特色交易平台加快向崂山区聚集,增强金融新区的市场影响力。

五是建立更加完善的基础设施,不断建设完善的海陆空交通体系。加快董家口港及新机场的建设工作。积极开通与发达国家的航班,为财富管理发展、财富人群聚集创建便利条件。在配套产业方面,通过私人飞机、游艇等相关制造业、高端旅游业、高附加值会展业等的快速发展,为高净值客户提供增值的服务,将成为财富管理的新的增长点。

2. 改变金融机构粗放的经营模式，推进混合所有制改革，引入竞争性产权

要全面引入民营资本激发金融机构的市场竞争意识。在股权结构与分权约束的渐进平衡中引入战略投资者或社会资本，允许员工持股和高管股权激励，在股权结构上反映多种成分的经济主体。青岛市经济结构调整和转型升级所依靠的主要不是大型国有企业，而是科技创新型企业和中小企业的发展，这在客观上要求进一步加大民营银行的市场份额，提高对于弱势融资群体的支持力度，弥补国有大型银行的市场空缺。与国有大型银行相比，中小银行的比较优势并不在于资金规模和网点的分布，而是和大型银行所不同的专业化分工方面。这就要求中小银行要有正确的市场定位，围绕培育新的经济增长点，推动金融产品和服务的创新，体现出中小银行自身的经营特色，进行专业化和差异化的经营。实行"错位竞争"，提高核心竞争力。可以大力发展"接地气"的社区型金融机构，如社区银行，对促进中小企业和农村地区融资、完善和优化银行业的市场结构和市场功能、细分市场、丰富金融服务等方面都有重大意义。小型金融机构根植于社区经济，依托地缘优势，以普惠金融为方向，立足"草根"，提高对实体经济支持的针对性和有效性，这是青岛金融机构发展的重要突破口。

3. 积极引导金融及财富管理机构提供多元化、个性化和差异化产品与服务

青岛财富管理中心需要积极探索普惠型财富管理新模式，贯彻落实共享经济发展理念。要着眼于产业结构优化升级，全面推进产业协同配套，大力发展健康、教育、影视、体育、会展、时尚消费品零售、中介、慈善、高档汽车、航空与邮轮游艇等财富管理高端配套产业和青岛市具有比价优势的产业，形成财富管理业务体系与相关产业体系双向促进、协同配套、互动发展良好态势。

作为财富管理金融综合改革试验区，青岛要发挥自己的"排头兵"作用，大力推动资产证券化业务，积极化解企业的高杠杆风险和商业银行的不良贷款。一是在产品方面，要会同市场主体进行产品创新，加快推出各类基础资产的证券化产品；二是在制度建设方面，要协调、解决资产证券化进程中出现的法律、税收、抵押质押变更等问题，完善配套的制度建设；三是在市场流动性方面，要引入做市商制度，允许进行资产证券化产品的质押式回购；四是放宽市场准入门槛，扩大投资

者范围，提高市场的流动性。引导鼓励保险公司、青岛地方社保基金、企业年金等流动性需求较低的长线机构投资者参与资产证券化投资。要积极创新证券化产品，引入信用卡应收账款、消费贷款等适应市场需求的产品，增强资产证券化产品的深度和广度。只要抑制原始资产的泡沫化，完善资产证券化产品的法律制度和监管政策，就能在控制风险的前提下充分发挥资产证券化产品的市场功能。

4. 发挥“蓝海股权交易中心”的优势，构建多层次资本市场

要增强“蓝海股权交易中心”对技术创新的支持力度，对于上市公司的准发条件给予更大的弹性指标，完善多层次市场的功能发挥。青岛地方社保基金要积极对股市进行投资，壮大长期资本投资者规模，优化机构投资者结构。完善股权投资，大力发展风险投资和私募股权基金，为其提供顺畅的退出通道，让“蓝海股权交易中心”推动经济转型和新兴产业的发展。

为了缓解中小企业等实体经济的“融资难、融资贵”等问题，在资本市场的制度设计方面，构建和完善市场制度，严格执行相应的规章制度。推进征信业的发展，构建信用体系，完善金融生态环境。发挥市场在资源配置方面的主导作用，提高中小企业和创业企业进入资本市场、获得股权和债权融资的机会。要通过市场经济的优胜劣汰机制，让市场对过剩行业中的低效企业做出选择，真正落实资本市场的退出机制。要完善“转板”机制，对于符合“转板”条件的青岛企业，政府要采取切实措施，为其“转板”获得更大的市场化估值创造条件，实现“转板”机制的常态化和市场化。通过低门槛和创新、高效、灵活的私募融资服务机制，让更多的中小微企业在这个区域性股权交易市场获得资金，让金融为实体经济的转型升级提供切实有效的服务。

5. 积极发展差异性的特色“私人银行”业务

青岛本地商业银行具有客户基础、服务网络和资本实力等方面的优势，有的已经形成多元化、国际化的格局。应更关注高净值客户群体的财富管理需求，提升高端产品研发和全球资产配置的能力，提升个性化、定制型、私密性服务水平，扬长补短，尽快形成与国际一流私人银行同台竞争的实力，防止高端客户市场流失。在政策方面，根据海外高端客户的需求，在资本市场合格境内有限合伙人机制及金融衍生品交易方面，要争取人民银行的特殊政策支持。为发挥私人银行的总部效应，可考虑在即墨鳌山湾财富管理园区设置招商银行总行私人

银行中心、财富管理中心等区域总部机构，重点突出“金融机构区域总部经济”功能特色，积极搭建财富管理相关交易平台，以盘活巨量资产、优化财富资源配置。

课题组组长

宋　鹏　青岛科技大学

课题组成员

杨有才　青岛科技大学

王春泽　青岛科技大学

赵英伟　青岛科技大学

青岛市国有金融控股公司整合组建研究

青岛市财富管理金融发展中心课题组

近年来,我国逐步推进金融业综合经营试点。部分大型金融机构、实体产业集团纷纷转型为金融控股公司,部分地方政府也积极组建金融控股公司。作为我国唯一以财富管理为主题的金融综合改革试验区,青岛市整合地方国有金融资源组建金融控股公司,符合金融业综合经营发展趋势,对促进青岛金融业发展、推动财富管理金融综合改革试验区建设具有重要的带动作用,对提升地方国有资本运营效率、带动各种社会资源助推经济转型升级有重要意义。

一、青岛市国有金融控股公司概况

金融控股公司是指控制银行、证券和保险两家以上子公司的机构,或是以控股公司形式存在,其主要资产分布于银行、证券和保险两个以上金融领域的金融服务集团。山东省地方金融监督管理局根据自身职能,将金融控股公司界定为:在同一控制权下,所控股的子公司至少包括小额贷款公司、融资担保公司、民间融资机构、开展权益类交易和介于现货与期货之间的大宗商品交易的交易场所、私募投资管理机构等两种及以上的地方金融组织。结合地方金融控股公司发展实际,本文认为只要符合上述其中一种界定的公司即为金融控股公司。

1999 年 9 月,青岛市首家国有金融控股公司——青岛国信金融控股有限公司成立。截至 2016 年底,青岛市属企业已设立 7 家金融控股公司(表 1),注册资本合计 141.3 亿元。青岛市国有金融控股公司具有以下特点。

表 1　青岛市国有金融控股公司概况

金额单位：亿元

公司名称	成立时间	注册资本	公司股东及占股比例	合并报表资产	合并报表净资产	参股或控股子公司
青岛城投金融控股集团有限公司	2014.12	25	青岛城市建设投资（集团）公司 100%	395.5	126.07	共 12 家：青岛城乡社区建设融资担保公司、青岛城乡建设小额贷款公司、青岛城乡建设融资租赁公司、青岛汇泉财富金融信息服务公司、青岛城投资产管理公司、青岛城投金控股权投资管理公司、青岛城投能源股权投资管理公司、青岛海丝稳健股权投资基金企业（有限合伙）、青岛海丝老城区企业搬迁发展基金企业（有限合伙）、青岛玉麟源企业管理咨询公司、青岛弘福硕企业管理咨询公司、青岛泰实吉润企业管理咨询公司
青岛国信金融控股有限公司	1999.9	30	青岛国信发展（集团）公司 88%； 青岛国信实业公司 12%	102.45	36.72	共 12 家：青岛国信融资担保公司、青岛国信发展资产管理公司、国信（青岛胶州）金融发展公司、青岛国信创业小额贷款公司、青岛国信资本投资公司、青岛国信招商创业投资管理公司、青岛国信创新股权投资管理公司、青岛国信金融信息服务公司、海天（香港）金融发展公司、陆家嘴国际信托公司、青岛场外市场清算中心公司、中路财产保险公司
海尔集团（青岛）金融控股有限公司	2014.2	45.36	海尔电器国际股份有限公司 100%	833.25	121.63	共 17 家：重庆海尔小额贷款公司、海尔融资租赁（中国）公司、海尔金融保理（重庆）公司、青岛联合信用资产交易中心、浙江海尔网络科技公司、上海乐赚互联网金融信息服务公司、青岛乐赚信息技术公司、青岛场外市场清算中心、青岛海尔创业投资公司、青岛海尔股权投资基金企业（有限合伙）、天津海立方舟投资管理公司、上海滴水成海投资管理公司、青岛海淘国际贸易公司、博莹信息科技（上海）公司、北京中邮投资中心（有限合伙）、青岛海尔电子有限公司、青岛海农云创产业发展公司

（续表）

公司名称	成立时间	注册资本	公司股东及占股比例	合并报表资产	合并报表净资产	参股或控股子公司
青岛华通金融控股有限责任公司	2015.9	12	青岛华通国有资本运营（集团）公司100%	32.78	14.4	共6家：青岛市企发投资公司、青岛融资担保中心有限公司、青岛市崂山区华通小额贷款公司、青岛华通东卫融资租赁公司、青岛海融典当公司、青岛联丰典当公司
青岛国投金融控股有限公司	2015.10	2	青岛国际投资公司100%	1	1	共2家：青岛国投外滩股权投资管理公司、青岛国蕴祥和股权投资管理公司
青岛西海岸金融发展有限公司	2013.8	6.9	青岛西海岸发展（集团）公司100%	8.9	6.98	共4家：青岛融富汇金资产管理公司、青岛聚富汇银资产管理公司、青岛西海岸融资担保公司、青岛西海岸小额贷款公司
青岛世园金融控股有限公司	2016.10	20	青岛世园（集团）公司100%	9	9	成立时间短，尚未开展业务

1. 起步较晚

除青岛国信金融控股有限公司外，其他 6 家公司均为近年组建成立，其中青岛世园金融控股有限公司于 2016 年 10 月成立，尚未开展经营业务。7 家国有金融控股公司均为市直国有企业设立，均非市直企业。

2. 多为纯粹型金融控股公司

除尚未开展业务的青岛世园金融控股有限公司外，其他 6 家金融控股公司母公司本身不直接从事金融业务经营，专门从事投资运作和产权管理，主要业务由金融控股公司的各子公司分别承担，每个子公司都有独立的资本金、管理队伍等。

3. 控股地方金融组织

已开展业务的 6 家金融控股公司多数在小额贷款、融资担保、权益类交易、金融信息服务、资产管理等行业布局，符合山东省地方金融监督管理局对金融控股公司规范发展的范畴。

4. 实力差别较大

7 家金融控股公司中，实力最强的是海尔集团（青岛）金融控股有限公司，其合并报表总资产达到 833.25 亿元，合并报表净资产达到 121.63 亿元；而实力最弱的是青岛国投金融控股有限公司，未广泛开展业务，仅有两家子公司，合并报表资产仅为 1 亿元。

二、青岛市国有金融控股公司存在的问题

（一）金融牌照较少

除青岛国信金融控股有限公司外，其他 6 家金融控股公司均无商业银行、证券、保险等金融牌照。青岛国信金融控股有限公司参股陆家嘴国际信托公司、中路财产保险公司，但并非控股股东。

（二）实力分散，同质化竞争严重

青岛市金融控股公司发展过程中，青岛并未出台相应的发展规划。多家市属企业从自身发展的角度，设立了 7 家金融控股公司，有限的国有金融资本没有集中利用，没有形成国有金融资本协同、合力发展的拳头效应。由于金融牌照的稀缺性，7 家国有金融控股公司多

从小额贷款公司、融资担保公司、投资公司、金融信息公司等地方金融组织或类金融机构进入金融控股公司行列，存在严重的同质化竞争问题。已开展业务的6家国有金融控股公司的参控股子公司在业态方面存在严重雷同(表2)。

表2　青岛市已开展业务的6家金融控股公司业态交集

金融控股公司	小额贷款	融资担保	金融信息服务	投资管理、资产管理、资本投资、股权投资
青岛城投金融控股集团有限公司	√	√	√	√
青岛国信金融控股有限公司	√	√	√	√
海尔集团(青岛)金融控股有限公司	√		√	√
青岛华通金融控股有限责任公司	√	√		√
青岛国投金融控股有限公司				√
青岛西海岸金融发展有限公司	√	√		√

注：画"√"表示参、控股子公司有该业态。

(三)行业整体和企业单体实力不强

从行业整体看，2016年末7家国有金融控股公司合并报表资产合计1382.9亿元，合并报表净资产合计315.8亿元，虽然行业资产规模较大，但其中合并了青岛海尔电子有限公司实体经济部分。从单个企业看，不考虑海尔集团(青岛)金融控股有限公司旗下青岛海尔电子有限公司的实体经济因素，青岛市规模最大的国有金融控股公司——青岛城投金融控股集团有限公司合并报表资产395.5亿元，合并报表净资产为126.07亿元。与其他城市金融控股公司相比，从行业和单个企业来说，青岛市国有金融控股公司实力都偏弱。

(四)缺乏系统监管

在国家金融分业监管格局下，对金融控股公司尚无明确的总体监管架构。青岛市国有金融控股公司仅部分子公司有明确的监管部门，存在对金融控股公司的母公司及部分子公司监管不完全的问题。例如，青岛国信金融控股有限公司的参、控股子公司中，涉及小额贷款、融资担保、权益类交易市场的子公司由地方金融监管部门负责监管，涉及信托、保险的子公司由国家驻青岛金融监管部门负责监管，其他子公司则无监管部门；整个金融控股公司层面仅有青岛市国资部门对金融控股公司的母公司进行国资监管，缺乏专业的金融监管。

三、国内部分地区国有金融控股公司发展简介及经验启示

截至 2016 年底，上海、天津、重庆、广东、浙江、江苏、山东、安徽、海南、广西、江西、湖南、四川、贵州、河南、陕西、山西、吉林、甘肃等 19 个省(自治区、直辖市)已组建或正在组建金融控股公司；15 个副省级城市中，广州、深圳、南京、武汉、西安、成都、哈尔滨等 7 个城市已组建金融控股公司，沈阳、济南正在筹建金融控股公司。

(一)上海国际集团

1. 发展简介

2000 年 4 月，上海市在原上海国际信托投资公司的基础上，组建市属国有独资的上海国际集团有限公司，注册资本 105.6 亿元人民币。上海国际集团已历经三个发展阶段。

一是成立初期探索阶段(2004～2008 年)：通过归集上海市属金融机构股权组建综合性投资集团，积极探索金融投资控股的综合经营模式。

二是战略控制型金融投资集团阶段(2009～2012 年)：按照上海国企改革的总体部署，上海国际集团定位为战略控制型金融投资集团，通过不断扩大金融领域投资，形成以金融投资为主、非金融投资为辅，业务领域涵盖银行信托、证券基金、金融服务和保险、资产管理、海外业务，以及实业投资的综合性金融集团。

三是国有资本运营平台阶段(2013 年至今)：根据新时期国资国企改革精神，确立了上海国际集团国有资本运营平台的功能定位。根据新的功能要求，上海国际集团以市属重点企业为核心，积极开展所属资产的纵向整合、横向归并与跨系统转让，投资版图主要涵盖浦发银行、上海农村商业银行、国泰君安证券公司、上海爱建公司、上海股权托管交易中心、上海证券有限公司、华安基金管理公司等市属核心金融企业，以及上海国有资产经营公司、上海国际集团资产管理公司、上海国际集团(香港)公司、上海上国投资产管理公司、赛领资本管理公

司、金浦产业投资基金管理公司、上海国和现代服务业股权投资管理公司等资产管理机构。

2.经验启示

一是整合地方国有金融资本组建。地方政府组建金融控股公司的主要目的之一是推动地方金融资源形成规模经济效益、发挥协同优势,提升地方金融发展实力。因此,地方政府设立金融控股公司可在原有国有金融资本基础上,进行梳理、整合、归并,形成行政区域内大部分金融资本在同一平台上统筹运作、协同发展的格局,确保新组建的金融控股公司迅速形成规模优势。

二是采取纯粹型金融控股公司模式。通过控股、参股和设立全资子公司等多种方式,实现各种金融业态、类金融业态和实体经济的复杂综合经营。基于规范公司治理、防范金融风险、促进竞合发展的考虑,地方国有金融控股公司采取纯粹型金融控股公司的组织形式,母公司负责集团发展战略制定、风险防范、绩效考核等,子公司负责各项具体业务的发展。

三是地方国有金融控股公司成为当地政府国有资本专业运作操作平台。依托地方国有金融控股公司的平台优势,地方政府可将国有资本不同发展阶段的重大发展战略赋予金融控股公司。上海国际集团先后成为上海市金融综合经营、战略控制型金融投资、国有资本运作的操作平台。

(二)重庆渝富资产经营管理集团

1.发展简介

重庆渝富资产经营管理集团(以下简称渝富集团)成立于 2004 年 3 月,是重庆市组建的全国首家地方国有独资综合性资产经营管理公司,注册资本 100 亿元人民币。重庆市从服务于当地经济社会发展大局出发,逐渐调整渝富集团的功能定位。成立初期渝富集团主要有三大职能:一是作为全市国有企业不良债务整体打包处置操作平台,二是全市环境污染搬迁、“退二进三”、破产、改制、重组企业的土地周转储备、托底,三是战略投资。2007 年 2 月,渝富集团的三大职能调整为:国企改制和重组操作平台、全市工业用地储备调控中心、市属金融资产管理平台。2011 年 3 月,渝富集团的职能再次调整为:一是继续履行债务重组、土地资产重组和资本重组三大职能,继续支持市属国企改革和发展；二是围绕转型升级实际，建立地产公司、投资公司和香港公司三大平台公司。2012 年 9 月，进一步突出渝富集团主动投资功能，即在履行债务重组、土地重组和资产重组三项职能的基础上，坚持有进有退原则，努力推进地方金融业发展，加大对先导性、战略性工业项目的投资，参与实体企业重要的海外投资。

经过十几年发展，渝富集团已发展成为集金融综合服务、城市综合运营、资产综合管理于一体，以金融控股为主要特征的国有资本投资运营公司，全资子公司和参控股企业共 55 家（图 1）。

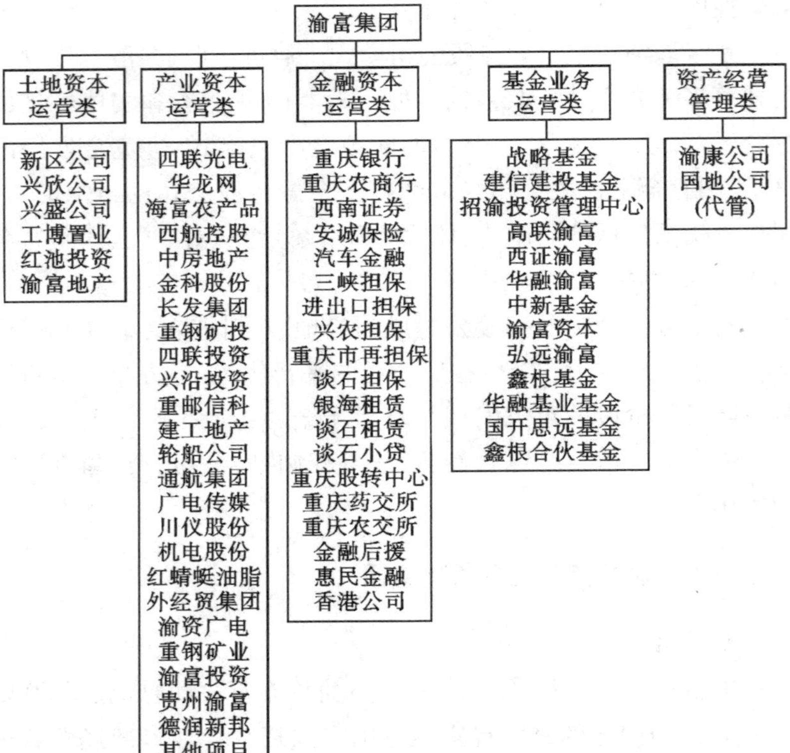

图 1　重庆渝富集团投资企业图谱

2. 经验启示

重庆国有金融控股公司突出的特点是金融和实体经济深度融合发展。地方国有金融控股公司集合了当地强势金融资源，在深度融入地方经济社会发展方面可大有作为。金融控股公司发挥资金优势、产业金融优势，以投融资、金融及类金融服务创新等多种方式，参与城市重点项目、基础设施项目建设，形成金融板块与实体经济板块协同互补的良性发展。渝富集团作为重庆市债务重组、土地重组和资产重组操作平台,承担着对战略性工业项目的投资、参与实体企业海外投资职能。

(三)南京紫金投资集团

1. 发展简介

2008年6月,南京紫金控股公司成立。2012年6月,在南京紫金控股公司基础上组建南京紫金投资集团,并将其定位为在国内独树一帜、具有核心竞争力和比较优势的科技金融集团,注册资本50亿元人民币。

南京紫金投资集团已经形成五大业务板块"多轮驱动、高效协同"的横向业务布局:金融服务板块已包含银行、证券、信托、保险、科贷、担保等多类金融企业,初步凸显全牌照协同优势;创业投资板块形成"天使—VC—PE—引导基金"的链式投资布局,助力南京科技型中小企业的创新创业与成长壮大;资产管理板块以紫金资产管理公司为主,推进产业投资、资产管理、资产处置等业务发展;智慧城市板块包括南京市信息化投资公司、南京市市民卡、宽慧无线和智能交通等多家企业,加快"智慧南京"建设,并积极探索基于互联网的新兴金融模式;金融载体板块包括南京金融城和紫金研发创业中心,通过加快海内外金融企业汇聚,积极助推南京区域金融中心建设。

2. 经验启示

南京国有金融控股公司突出的特点主要是助力高新技术产业发展。南京紫金投资集团旗下创业投资板块、智慧城市板块及资金研创中心、资金科贷等机构实体成为促进南京高新技术产业发展的重要力量。服务地方产业规划,针对某个特定领域谋求特色发展优势,也是值得地方国有金融控股公司借鉴的一条重要经验。

四、青岛市发展金融控股公司的建议

推动国有金融控股公司发展是一项系统工程,建议发挥规划协调、整合指导的重要作用,将现有国有金融资本整合组建一家国有金融控股公司,围绕青岛市重大发展战略,谋求特色发展优势,使青岛市属国有金融控股公司成为增强青岛金融业竞争力、推动青岛财富管理金融综合改革试验区建设、服务实体经济发展的重要力量。

(一)明确金融控股公司整合战略

1. 对市属国有金融资本进行梳理

针对青岛市国有金融资本的分散局面,建议国资部门结合市场化原则和政府设立平台的公益属性,对全市国有金融资本(包括市属实体经济中的金融资本)进行全面梳理,对市属国有金融资本的经营模式、投资效率进行科学评估,为后续组建金融控股公司奠定基础。

2. 对市属国有金融资本进行布局规划

从国内其他城市的发展经验及青岛市国有金融资本发展实际看,青岛市国有金融资本布局较为理想的模式是:与实体经济紧密相关的供应链或产业链金融资本(如实体企业的财务公司、服务供应链的小额贷款公司等)由相关实体企业控股,以充分发挥资源和信息共享优势,降低交易成本;一般意义上的国有金融资本组建成一家金融控股公司,以实现规模化、集团化发展。

3. 确立金融控股公司的组建原则

将现有分散的国有金融资本整合成一家金融控股公司涉及面广、难度大。建议结合"市场化目的、行政化手段",采取循序渐进的方式进行:坚持"市场化目的",资源整合须符合市场原则,确保金融控股公司经营稳定性和高效率;采用"行政化手段",发挥政府的强力作用,确保尽快完成青岛市国有金融控股公司的整合组建。

(二)有序推进金融控股公司组建

1. 成立组建工作组

建议青岛市级层面由市政府牵头,由金融、国资、财政等相关部门,相关市直属国资企业尤其是 7 家国有金融控股公司的母公司,组成青岛市国有金融控股公司整合组建专项工作组,加强对组建金融控股公司工作的组织领导和统筹协调。

2. 选取组建平台

建议以一家政府直属国有资本运作公司作为组建金融控股公司的平台。城投、国信、华通等平台公司均承担着实体经济领域发展的重任,而青岛国际投资有限公司作为直属平台公司之一,以金融、投资和资本经营为主业,较适合作为组建金融控股公司的平台。

3. 划入金融资本

除特殊情况外，青岛正在组建的和未来即将组建的各类金融机构均作为青岛国际投资有限公司的子公司注册成立。对现有的市直属金融资本、国有平台公司下属的金融资本进行纵向整合、横向归并和跨系统转让，坚持成熟一项、推进一项的原则，逐渐将现有的非产业链和非供应链金融整合至青岛国际投资有限公司旗下，逐步增强青岛金融控股公司实力。

（三）明确战略、突出特色

1. 明确战略定位

借鉴国内其他省市金融控股公司经营方略，立足推动青岛市经济社会发展，对整合组建的青岛国有金融控股公司进行明确的职能定位，给予宏观战略指导，赋予青岛市金融资本流动、控制、配置和预算功能，使其成为贯彻市委和市政府战略决策、促进青岛金融业发展、推动财富管理金融综合改革试验区建设、服务实体经济发展的重要平台。

2. 突出财富管理特色

青岛是全国唯一以财富管理为主题的金融综合改革试验区，承担探索中国特色财富管理发展道路、建设面向国际的财富管理中心城市的历史使命。青岛国有金融控股公司要围绕财富管理主题，形成财富管理优势特色。一方面，谋求银行、证券、保险等金融牌照，形成各类金融业态全覆盖，发挥全牌照优势，尤其在财富管理特色机构如基金公司、资产管理公司、独立财富管理机构等业态布局。另一方面，搭建财富管理基础设施，围绕财富管理产品交易、支付清算、托管等环节，建立财富管理基础设立平台，服务青岛财富管理发展。

3. 突出服务当地实体经济发展特色

青岛国有金融控股公司要围绕“三中心、一基地”的发展战略，发挥专业资本运作、引导资本流向等优势，促进金融、财富管理与相关配套产业协同发展。

（四）规范公司治理

1. 市场化运营

青岛市整合组建的国有金融控股公司须规范公司治理，积极参与市场竞争，严格按照市场规律运营，这是提升青岛金融资本竞争力的核心，也是推动青岛金融控股公司长远发展的基础。

2. 打造高素质人才队伍

建议深入贯彻落实青岛市金融人才奖励扶持政策。深入挖掘本地人才，培养、挑选充分了解青岛经济社会发展实际且具有经营管理和金融专业知识的高素质人才充实青岛国有金融控股公司高层管理人员队伍；面向全球引进引领行业发展的战略型金融领军人才，为青岛国有金融控股公司的发展注入持久的动力。

（五）防范金融风险，探索综合监管

1. 强化风险管理

青岛国有金融控股公司须强化风险意识，建立风险防范和处置机制。各业态间要建立风险防火墙，确保各分支机构、各项金融业务安全、稳健运行；集团层面要有并表后的风险防控措施，建立金融控股公司风险处置机制，及时防范、预警、化解金融风险，切实守住风险防控底线。

2. 统一金融资本监管

建议对金融控股公司进行统一监管：以探索财富管理综合监管为契机，由地方金融监管部门牵头，会同国家驻青岛金融监管部门，按照审慎监管原则，对金融控股公司进行业务监管；借鉴上海金融国资监管模式，由地方金融监管部门会同国资监管部门，共同履行国资出资人职责，对金融控股公司进行机构监管，具体包括机构设立整合、党建人事管理、业绩考核等方面。

课题组组长

武泽远　青岛市财富管理金融发展中心

课题组成员

王　锋　青岛市金融工作办公室

劳琳琳　青岛市金融工作办公室

贺爱金　青岛市金融工作办公室

徐　英　青岛市财富管理金融发展中心

杨　健　青岛市财富管理金融发展中心

苏新华　青岛市财富管理金融发展中心

影响青岛市制造业全要素生产率提高的人力资源配置研究

青岛大学课题组

一、青岛全要素生产率测算

本文选用传统的索洛残差法与柯布道格拉斯函数相结合测量全要素生产率。索洛残差法是估算出总量生产函数后，用产出增长率扣除各投入要素增长率测算全要素生产率增长。资源约束下的内生增长模型柯布道格拉斯函数为 $Y=AK^{\alpha}R^{\beta}(uL)^{\gamma}$。该模型表示，经济增长的来源为固定资本的积累与当期生产活动中的人力投入，技术因素与资源投入也对经济发展有较大贡献。式中，Y 为区域经济的最终产出，A 为常数，K 为区域固定资本的积累量，L 为人力投入量，α、β 为待定系数。R 为生产中资源投入量，u 为各年份的技术指数。技术虽是一个外生变量但其与人力资源之间的关系相对密切，即技术的好坏需要通过人的使用最终体现出来，模型中将技术与人力作为一个复合因素。

(一)测算数据

1. 经济产出

经济产出采用青岛地区的国内生产总值，为了降低回归过程中异方差影响，采用 1978 年为基年，按照中国 GDP 平减指数进行平减。2015 年、2016 年青岛地区国内生产总值分别为 18.85 亿元与 20.33 亿元。

2. 固定资本存量

估算采用永续盘存法，其基本公式为 $K_t=K_{t-1}(1-\delta_t)+I_t/P_t$，表

示本期资本存量等于上一期资本存量扣除折旧加上本期实际投资。式中，K_t 为第 t 年资本存量，I_t 为第 t 年以当年价格计价的投资额，P_t 表示第 t 年的固定资产价格指数，δ_t 为第 t 年经济折旧率（或重置率）。对基期资本存量的估算，采用国际上常用的方法：$K_0=I_0/(g+\delta)$，式中 g 是样本期真实投资的年平均增长率，δ 是综合折旧率。基于综合考虑，折旧率设定为 9.6%。资本存量的估算起始值为 1990 年，按照 1978 年固定资本不变价进行折算。从数据来看资本存量的增长率为 19.8%。

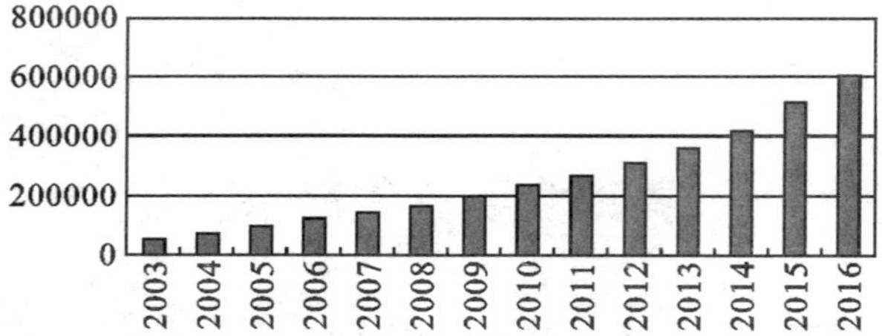

图 1　2003～2016 年青岛地区固定资本存量估算值（单位：万元）

数据来源：青岛市统计年鉴，2016 年数据为估算数据。

3. 人力资本存量

人力资本采用年限法的人力资本进行估算：小学以下人力资本为 1、小学人力资本为 5、初中人力资本为 9、高中人力资本为 12、大学及以上人力资本为 15。各教育阶段毕业人数比例与总就业人数相乘得到各教育程度就业人数，各自乘以对应的教育年限，加总得到青岛地区总的人力资本存量。

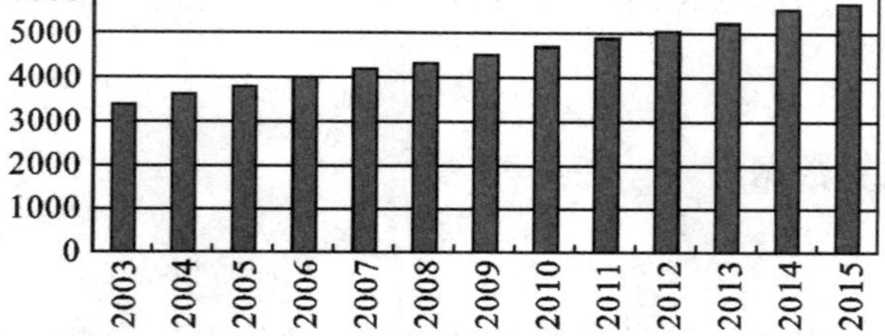

图 2　2003～2015 年青岛地区人力资本存量（单位：万人·平均教育时长）

数据来源：青岛市统计年鉴。

4. 资源使用量

经济生产中需要的资源种类繁多，利用层次分析法将青岛经济结构发展的资源将资源分为三大类：不可再生生产型资源（经济生产中的原材料)、不可再生能源型资源(生产过程中用到的化石燃料或者新能源)、可再生型资源(生产过程中循环利用的空气、水源等资源)。结合上面对于资源的划分,根据青岛市制造业的经济及资源结构选择其中具有代表意义的指标项作为重要的代表,进行权重赋值并结合相应权重估算了综合资源使用量。不可再生生产型资源中选择钢铁需求量作为代表,不可再生能源型资源选择煤炭、石油使用量作为代表,可再生型资源中选取生产中较为重要的土地使用量与水资源使用量作为代表。在约束性与重要性方面,通过相关领域专家的主观评价与相应建议,结合其客观领域的重要性进行资源权重的区分。最终约束性与重要性排序为:钢铁需求量第一位、煤炭需求量第二位、石油需求量第三位、土地与水资源需求量并列第四位。利用 matlab 计算矩阵的方法,计算其最大特征值,将特征向量进行归一化处理估算得出综合资源使用量。综合资源使用量为各资源使用量与其权重的乘积,进行相加。

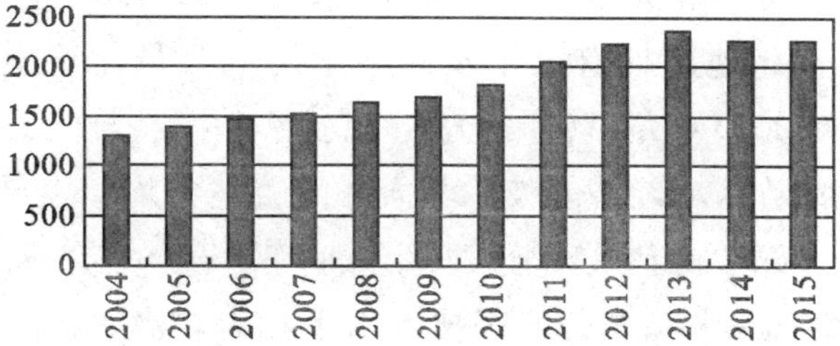

图 3　2004～2015 年青岛综合资源使用量

数据来源:青岛市统计年鉴。

注:因涵盖各种资源,单位不统一。采用层次分析和熵值法对资源按照其重要程度进行权重赋值,权重再乘以资源单位得出一个综合数值,使其具有年度可比性。作为计算综合使用量和综合实力等评价常用的方法,不标注单位。

(二)测算的回归结果及结论

将投入产出输入 DEAP 软件,计算得出 2004～2015 年青岛地区全要素生产率年均增长率为 4%。在规模收益不变和希克斯中性技术假设下,全要素生产率增长等于技术进步率。为进一步衡量青岛市全要素生产率相对于其他地区的高低,将测算结果与其他学者进行的研究进行对比。薛以硕(2014)对长三角地区 2005～2012 年全要素生产率进行测算,其全要素生产率指数及其年平均增长率分别为 1.038、

3.8%,和青岛同期的1.04、4%相近。青岛的人力资本投入结构及增长趋势与江苏、浙江相差不大。

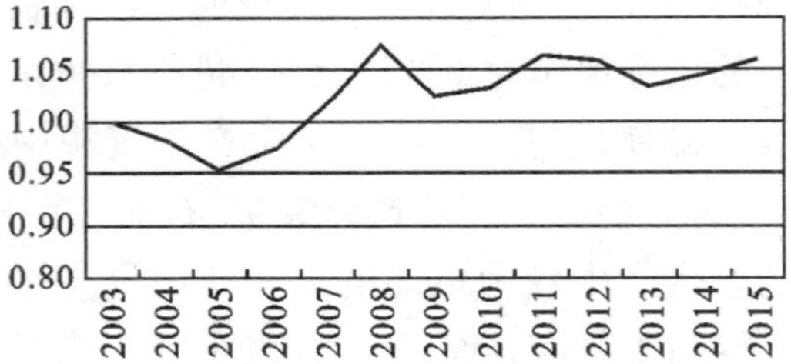

图4　2004～2015年青岛市全要素生产率TFP指数方法估计值

通过回归分析对处理后的数据进行定量分析。结果发现,模型中技术人力资本的弹性为0.91,资本弹性为0.4,资源弹性为0.23,模型弹性系数之和为1.54,说明青岛地区整体的生产函数处于规模效益递增阶段。青岛地区经济发展中贡献度最大的为固定资本投资,增长率为20%。人力资本的增长率为5%左右,技术进步增长率为4%。10年观测期内青岛地区拥有大学及以上学历的人员比重翻了一番多。根据吴晖琴(2006)研究"只有人力资本的增长率与技术进步幅度基本相同时才意味着区域经济的技术与人才配置达到均衡发展的需要,这时技术的正外部性得到最充分发挥"。青岛处于人力资本增速大于技术增速的阶段,意味着青岛地区技术水平相对较高,大量人力流入生产型部门,人力配置与技术人力需求存在着不匹配问题,即人力资本存在低效利用和浪费现象。

二、青岛市制造业人力资本匹配情况

为较为客观细致分析青岛市全要素生产率中的人力资本效率和匹配情况,选取青岛市制造业企业进行了问卷调研,对人力资本中的工资、岗位、科研成果等情况进行调查,共回收有效答卷244份。

(一)工资配置情况

1.员工学历与工资的匹配程度

调查对象中初中及以下学历、高中学历、专科或本科学历、硕士生学历与博士生学历各占1.64%、2.05%、71.31%、23.77%、1.23%。

被调查人员主要是专科或本科、硕士生学历。就业人员学历呈上升趋势,但博士及以上学历的人员进入企业的数量不多。

选取年工资作为工资衡量指标,年工资 10 万元以上作为较高收入群体,可看出学历越高工资水平也越高。将年收入 30 万元以上作为高收入群体,发现学历的高低对其影响很小:初中及以下学历收入达到 30 万元以上的占 25%,博士生及以上并没有占比。增加学历补助这一指标来考察学历与工资的关系。调查对象中高中及以下学历无学历补助,专科或本科、硕士生、博士生学历补助覆盖率分别为 72.83%、65.52%、33.33%。同期广东省高校对博士生学历的补助是 1000 元,高级职称补助 1000 元。东莞市对企业里本科或初级职称为 6000 元/人;硕士或中级职称,或上年度在东莞纳税额超过 3 万元(含)的人才为 1 万元/人;博士或高级职称为 2 万元/人。与国内其他城市相比,青岛市企业对于学历和职称的重视程度不高。

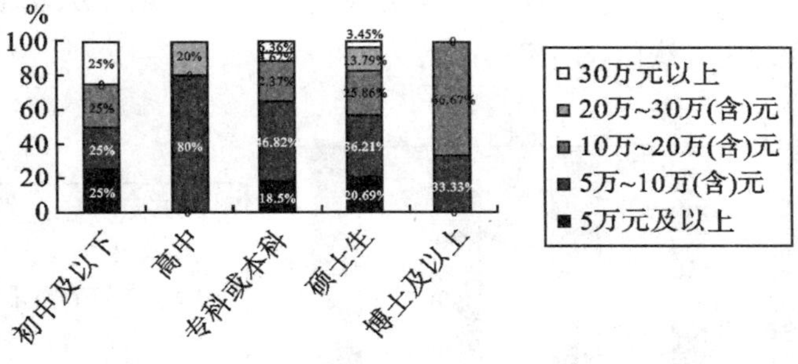

图 5　2016 年青岛制造业企业不同学历人员工资水平图

2. 企业与员工工资匹配程度

(1)企业规模与员工工资收入匹配程度。员工的工资与企业的规模与类型密切相关。选取企业员工总数(指分公司及总公司所有员工总数)衡量企业规模。300 人以下为小型企业占 43.21%,300～2000 人为中型企业占 21.81%,2000 人以上为大型企业占 34.98%。调查显示,不同规模企业工资收入占比最高的都是 5 万～10 万元,说明不同规模制造业基层员工均占比较高。从高收入员工占比看,大型与小型企业占比均较低。未来在扶植青岛市创新型小微企业方面,应重视支持高端人才引进和就业倾斜。

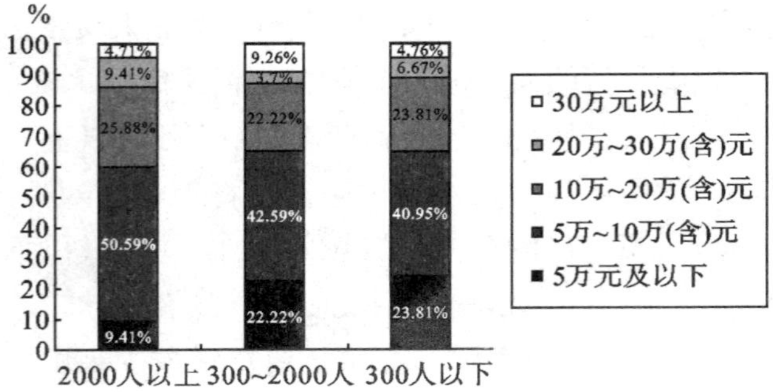

图 6　2016 年青岛制造业企业规模与员工工资情况

(2)企业性质与员工工资匹配程度。企业性质分为国有企业、民营企业、外资企业及其他 4 个类型,占比分别为 30.04%、55.56%、7.41%、7%。不同性质企业年收入不足 5 万元的均较小,说明青岛地区人力成本相对较高。10 万元以上的高收入群体,外资企业占比最高,国企次之。外资企业收入水平相对较高,与其重视人力资本的管理理念和优胜劣汰的淘汰制有关。

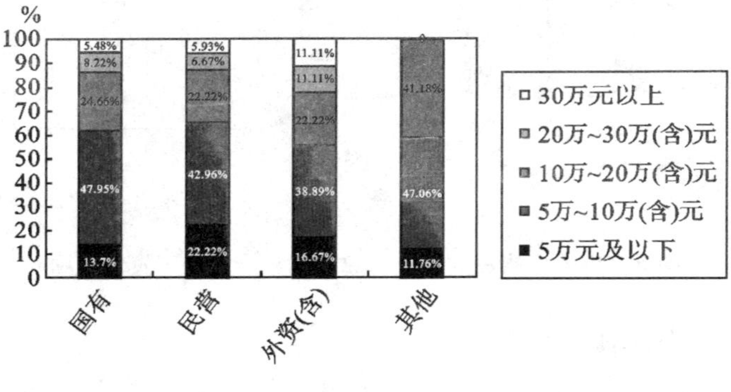

图 7　2016 年青岛市制造业企业性质与员工工资情况

(二)员工专业、学历与岗位的匹配情况

调查显示,从事专业对口工作人员占调查总数的 43.03%,完全改行的占 14.75%,从事非所学专业但有一定关联的占 42.21%。超过半数的专业人才转行从事相近或相差很大的行业。错配的原因:一是市场经济下,就业者在职业选择上有了更大的自由与自主性;二是员工所学的专业知识并不能有效转化为工作中所需要的技能,不能适应岗位需求;三是人才供需结构不合理,人员所学专业与企业需求存在

偏差。

结合被调查人员的学历与从事岗位性质可以看出，高中及以下学历主要从事销售与生产，博士生及以上学历主要从事研发，学历与岗位的配置程度较为合理。但专科或本科以及硕士生学历人员有 10% 左右从事了生产工作，超过一半的人员从事销售与生产服务，说明许多经过多年专业知识学习的人员进入企业从事的劳动是非技术含量的劳动，人才与岗位存在不匹配，导致员工在高等教育阶段获得的知识并未在工作中得到实现。

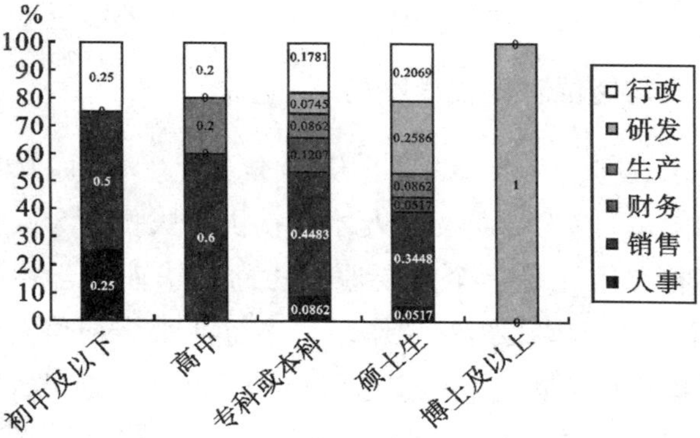

图 8　2016 年青岛市制造业企业员工学历与从事岗位情况

（三）研发投入与产出的配置情况

调查显示 93% 的企业有研发团队，说明企业对于产品研发的重视度很高。但仅有 12.7% 的人员从事研发工作，说明青岛地区制造业企业研发人员投入不足。调查将学历、公司研发团队作为人力投入，年平均研发成果作为产出。调查显示，企业年平均研发成果，2 项及以下占 13.79%、3～5 项占 37.93%、6～10 项占 31.03%、11 项及以上占 17.25%。

三、青岛市人力资本配置中存在的问题

调查发现青岛地区制造业企业在人力资本配置方面存在错配，制约了青岛地区全要素生产率的提高。

(一)不同企业员工收入水平不均，差距较大

不同企业类型的企业收入水平存在不均。外资企业、国有企业收入水平相对较高。在化工制造行业调研中发现：橡胶制造业的差别很大，上市公司的橡胶制造业一线员工的收入是一些小型民营企业员工的2～3倍，表现出不同企业的差异。在青岛市高新制药行业的调研中发现，同为毕业 3 年的硕士，在某中型民营企业就业的工资待遇只有在某大型国有制药企业就业的工资待遇的一半。待遇差距导致普通民营企业高等人力资本供应不足，而国企与外企供应过剩。

(二)专业与岗位对口程度不高

调查显示，超过一半人员没有从事本专业工作，而从事了相近或无关专业的岗位，说明专业技术人才存在供求失衡现象。高等教育人才培养不具有实用性是一个重要原因。高校毕业的学生走上工作岗位后，往往不能胜任其负担的工作。很多行业很多岗位对学生的要求早已超出了理论研究的范围，理论研究滞后于社会实践，导致高校学到的知识往往不能灵活运用到现实社会。人员转行的另一个原因是部分相关专业人才供应过剩，而有些需要发展的，如高端制造业专业人才还不足。

(三)高学历人才工资较低，企业重视度不高

在青岛市制造业中普遍存在将高技术人才当成普通劳动力对待的现象。部分中小企业尤其是一些民企，对学历的重视程度不高，对于学历工资没有明显的区分。一线劳动力招工难，想进来的硕士、博士却不少。高学历未必有学历待遇，个别还存在脑体倒挂现象。在橡胶制造业企业调研中发现：上市公司的橡胶制造业一线员工的收入等同本企业一线工程师待遇。部分企业没有最大地发挥出高学历人员的作用，一些博士没有安排在与专业匹配的研发岗位发挥特长，创造出与自身相匹配成果。

(四)学历与岗位匹配程度不高，人才利用率低

从问卷结果看，高学历主要从事了科研，低学历主要从事了生产与销售等对专业知识与技能要求较低的岗位，但是专科或本科以及硕

士学历的人员有相当比例的从事了生产与销售行业，导致自己多年专业知识的学习未能最大限度发挥作用。岗位配置度低也是工资配置度低的一个重要原因，未从事擅长岗位导致员工未能创造出最大效益，从而导致全要素生产率的低下以及高学历低工资现象。从实地调研情况看，一些中小型制造企业没有真正建立自己的研发机构或部门，或者高学历人才数量偏少，或者有研发能力的人员被安排在非研发岗位，研发人员缺乏研发动力和积极性，导致青岛市多数制造企业模仿技术产品多，原创技术产品少，长期下去制造业生产有落后于国内外同行的风险。

（五）研发投入产出比不合理，人才、资金未能发挥最大效用

虽然研发产出并不能直接用投入量的大小来衡量，但不可否认的是，在政策、市场、经济、社会等环境相近的情况下，研发投入是决定研究产出最重要的因素。调查显示，青岛市研发资金处于500万元及以上的企业，47%的企业产出成果不足6项，而部分企业资金投入50万元以下却创造出5～10项成果。显然，有企业研发资金有低效利用问题，尤其是大企业的研发资金有监管缺失。

四、解决青岛市制造业人力资本错配的对策建议

（一）增加高学历人群的学历工资待遇

增加学历工资或学历津贴，惠及全市范围的企事业单位的高学历人才。与普通的本科毕业生、硕士相比，博士及以上的高学历人才更加具有创造力。员工学历与工资的不匹配易造成高端人才的流失，造成企业创新能力的降低以及对前瞻性道路的模糊。保障高学历人才具有相对稳定的工作环境，包括物质环境和精神环境。鼓励高学历人才找到最符合自己兴趣、最适合发展潜能的岗位，最大限度地用好人力资源。

（二）完善制造业科技创新制度，实行小微制造业科技扶持政策

可设立创新基金，对年度内新专利获得数量多的企业给予一定的资金反馈。协同青岛地区内银行系统提供技术开发贷款，为具有新产

品开发趋势的企业和资金等难以落实的中小微企业提供低息贷款，保证其研发过程中的资金需求。尤其要支持有发展前途的高科技小微制造企业。

(三)打造制造业专业技能培训平台，完善制造业人才输送和培养机制

建议效仿德国严谨的制造业职业技术培训模式，建立政府、高校和企业合作的制造业人才培养模式。具体包括：建立政府支持的制造业专业技能培训平台，解决当前制造业人员岗位错配现象；政府、企业联合共建或在地方高校设置与青岛市制造业人才需求相关的专业方向，解决未来青岛制造业人才的需求；加强高校与企业的合作，定向培养培训专业人才，完善青岛市专业技能教育校企联合、职业教育和专业技能培训等多层次的人才培养和教育培训体系，会在一定程度上提高制造业的全要素生产率。

(四)建立引进—流动—留住人才的青岛机制

青岛市的经济增长需要高端人才的引领，结合青岛制造业发展规划引进高端人才、防止低工资和岗位错配导致的人才流失、建立域内人才流动机制。降低人力资源的就业成本，倡导全市对知识技能的尊重和追求，弱化官本位对人才的歧视和压抑，便于人才的引进与流动。放宽人才流动政策，使那些户口不在青岛地区的就业人员不因户口、保险、住房、孩子教育等问题无法从事合适的岗位。

(五)对政府支持企业的研发资金实行事中事后监管

针对企业研发资金有低效利用，以及大企业的研发资金有监管缺失现象的问题，政府应该继续鼓励企业自主研发，加强对研发支持资金的事中事后监管，避免利用政策骗取研发资金，提高研发资金的利用效率，对没有有效使用或变更使用的资金进行追缴。通过技术成果交易和推广等方式提高研发收益，促进企业增加研发投入和收获成果。加强对知识产权的保护和税收激励制度，推进有效、有保障的促进行业信息、人才、知识等的共享制度。

(六)强化企业微观层面的制度创新，解决错配现象

协调人力资本与科技进步的关系，需要强化企业微观层面的制度

创新。各类制造企业应结合自身特点深化改革，给出创新的人力资源管理制度安排。例如，通过具体的研发制度创新安排、薪酬制度创新安排、岗位流动机制创新安排等解决人力资源错配问题。通过放宽对研发资金、设备的申请限制，鼓励制造企业研发；健全研发人员工资增长机制，加大对研发人员的补贴与激励措施，促进研发人员数量增长以及研发成果的形成和转换；打造高级营销团队及专业技术岗位，为新参加工作的具有多年专业知识积累的员工提供一个更加广阔的发展空间；实行员工岗位轮岗制度和建立企业内部流动机制等，让具有专业技能的人才能够最大限度地发挥作用，推动制造企业全要素生产率的提升，使技术进步与人力资本增长相匹配，充分发挥技术创新的正外部性，推动青岛市制造业的转型升级等。

课题组组长

陈晓文　青岛大学

课题组成员

张欣怡　青岛大学

周　雪　青岛大学

任　龙　青岛大学

宋艳丽　青岛大学

张子扬　青岛银行

基于生态链的青岛市文化创意产业网络化创新研究

青岛科技大学课题组

文化创意产业是指以创作、创造、创新为根本手段，以文化内容和创意成果为核心价值，以知识产权实现或消费为交易特征，为社会公众提供文化体验的具有内在联系的行业集群。网络化创新是指特定领域内企业、大学、科研机构、市场中介组织、行业组织、地方政府及相关个人等创新主体，经过相互间多渠道、多方式、多层面的长期交流和合作形成促进创新发生的过程。文化创意产业网络化创新是以创新网络为载体，以文化创意产业或相关产业的企业及机构的专业化分工和合作为基础，以产业内部正式和非正式网络联系为纽带，通过集体学习对创新要素进行整合，促进技术、知识在集群网络中的创造、积累、应用和扩散的过程。目标是通过文化创意产业的转型升级提高产业的竞争力。从生态链角度研究文化创意产业网络化创新是一个新的研究视角，仿生态链的网络化研究有助于增强网络系统的稳定性，从而促进产业创新活动的实现，提高产业创新能力。

一、青岛市文化创意产业网络化创新状况

在供给侧改革的新形势下，文化产业成为经济新常态的爆发点。青岛文化产业正全面落实创新、协调、绿色、开放、共享的发展理念，实施文化创新与科技创新“双轮驱动”，坚持规划引领、政策驱动、跨界融合的发展思路，政府重视文化创意项目和文化创意产业的互动发展，大力培育龙头文化创意企业，重点建设了一批市场前景好、产业带动力强、科技含量高的项目，以项目带企业、以企业带园区、以园区带产业，广泛吸收金融资本、社会资金、外资等建设文化创意产业项目，加

快文化“走出去”步伐，文化产业实现快速增长。

2015年，青岛文化产业增加值达到557.3亿元，同比增长14.8%，高于全市GDP增速6.7个百分点，占全市生产总值的5.99%，同比提高0.41个百分点，对带动全市经济增长、促进转型升级发挥重要作用。

(一)梯次推进文化产业集群发展

近年来，青岛市文化创意产业形成了以制造业为基础，数字电视和动漫产业等多种文化科技产业协同发展的滨海集聚区，明确了集群式发展的重点，有所侧重梯次推进，推动优势要素和优势产业向园区集中，提高发展的集聚与规模效应。采取“腾笼换鸟”模式，把企业破产改制后待改造的工业老厂房，进行重新设计包装，发展多种形式的文化创意产业，保留城市发展的历史文脉，为老厂房重新开发利用提供新途径。围绕打造环湾文化产业带，采取项目+基地的模式，分别在市区、胶州湾北岸、西海岸规划建设了以青岛文化街为代表的民俗特色文化街区板块、以华强文化科技产业基地为代表的城阳动漫园区板块、以胶州少海新城文化创意产业园为代表的文化旅游板块、以凤凰岛影视城为代表的灵山湾影视文化产业区，园区集聚效应日益显现。

青岛现已形成市南文化产业聚集区、市北文化产业聚集区、崂山文化产业聚集区、建筑创意产业园、工业设计产业园、李沧老工业区文化创意产业园、城阳文化创意产业园、少海新城文化创意产业园、孝之源文化创意产业园、灵山湾影视文化产业区等规模较大的文化产业集聚区。

(二)加大文化产业投资力度

1.引入国家级文化产业项目

青岛市提出文创产业“10+100工程”，重点培育10家龙头文化企业和100家重点文化企业。通过采取引进资本、整合资源、调整结构、跨地区跨行业经营等方式，引入大项目和龙头企业，全市已推动建设重大文化产业项目120多个，投资总额超过800亿元，年销售过1亿元的文化企业超过80家，产业集聚园区达25个，国家级和省级的产业示范基地各有8个。像黄岛区的东方影都项目，总投资达500亿元，是产业链条完善的特大影视产业园区，确立了影视产业在青岛文化产业的核心地位。还有投资70亿元的国家广告产业园、投资50亿元的华强文化科技产业基地、投资48亿元的青岛文化创意产业园项目、投资18亿元的央视动漫城等一批重点项目。

青岛已成为国家“智慧城市”技术和标准试点城市，出台了《青岛市智慧决策支持专项规划》《青岛市智慧企业成长专项规划》《青岛市智慧旅游专项规划》等7个专项规划。

2. 大力推进公共文化设施建设

青岛确定的“千万平方米”社会事业公共设施文化项目支撑项目投资5.5亿元。还完成了市少儿图书馆新建工程；扩建后的青岛市博物馆将与青岛大剧院、青岛国际会展中心共同构成功能齐备的大型城市文化综合体，为市民提供全方位的公共文化服务。

（三）完善文化产业政策保障机制

1. 突出规划引领

青岛制定了《关于推进文化创意产业创新发展的实施意见》，提出了文化创意产业“个十百千万”工程，在体制机制、资金投入、发展模式等方面进行创新突破；制定了《青岛滨海文化长廊行动纲要》，以“海城联动、古今交融、区带展开、梯次推进”为理念，挖掘、梳理和整合青岛滨海文化元素，以“五带两核一轴”的空间布局为基础，以重点建设项目为支撑，使之成为推动城市发展的强劲引擎。

2. 深入贯彻落实文化产业有关政策

2016年，重点推进“青岛市历史文化遗产保护条例”和“青岛市城市公共艺术保障条例”两项地方性法规的调研和起草。市南区构建产业引导平台，划拨580万元财政资金扶持重点项目。市北区修改完善了《市北区文化创意产业扶持办法》，并筹备制定“市北区促进文化产业发展的意见”。黄岛区完成《新区关于加快文化创意产业发展的若干政策意见》起草及相关配套细则的修改完善，即将正式出台实施。即墨研究拟订“关于支持文化创意产业发展若干政策措施及意见稿”，对创意企业、文化创客、文化艺术品产业及非物质文化遗产等门类进行重点扶持。

影视产业成为2016年青岛文化产业发展的重中之重。青岛正式出台《青岛市影视产业发展基金管理使用办法》，在黄岛区建立青岛市东方影都影视产业发展专项资金，对优秀影视作品给予制作成本补贴，打造具有国际领先水平的影视制作基地；重点扶持东方影都影视产业园区和中科院青岛科学艺术研究院两大影视产业重点支撑项目，前者将拓展完善影视产业链，后者将做大做强以仿真影视为核心的视觉工业。

(四)辅生态链的形成促进文化产业网络化发展

1. 文化中介链条形成

青岛成立了文娱、电影、出版、发行等相关行业十大协会，积极承办文化产业类交易节会，先后举办了中国国产电影交易会、中国青岛(国际)印刷设备与成果展、青岛动漫艺术节、青岛国际服装周等特色交易会。与美国奥斯卡学院、CAA，WME 等世界著名艺人经纪公司合作，汇集世界顶级资源，每年 9 月举办青岛国际电影节。

2. 建立文化产业人才培养体系

先后在中国海洋大学、北京电影学院青岛媒体创意学院、青岛科技大学、青岛农业大学等 10 余所院校建立文化产业人才培养专业，初步建立全市文化创意产业的专家库等多种人才服务配套平台，并发布鼓励相关人才引进的有关措施。

(五)积极推进文化经贸交流

积极推动保税港区创建国家对外文化贸易基地。组织参加深圳文博会、中国—东盟博览会文化展等展会。成功举办第 50 届全国工艺品交易会、第七届中国(山东)工艺美术精品博览会暨中国创新设计文化展、青岛包装印刷技术展览会和“书香青岛”优秀图书惠民展，总成交额突破 7 亿元。

二、青岛市文化创意产业网络化创新能力指标体系的构建与评价

(一)文化创意产业网络化创新能力指标体系构建

文化创意产业网络化创新能力评价要从网络结构入手，评价网络内各成员的行为及成员之间的互动关系，评价网络创新绩效，全面综

合评价产业创新能力。遵循“网络结构—成员行为—创新绩效”的分析路径，将评价准则层设置为网络结构、网络主体行为、网络环境及创新绩效 4 个维度，并对每个维度包含的测度进行多层次设计，构建出文化创意产业集群网络化创新能力评价指标体系（表 1）。

表 1　文化创意产业网络化创新能力指标体系

<table>
<tr><th>目标层</th><th>准则层</th><th>子准则层</th><th>指标层</th></tr>
<tr><td rowspan="18">创新能力</td><td rowspan="6">S：网络结构（Structure）</td><td rowspan="2">S1：网络结构特征</td><td>网络规模适宜度</td></tr>
<tr><td>网络关系联结适宜度</td></tr>
<tr><td rowspan="4">S2：网络系统生态特征</td><td>互惠共生性</td></tr>
<tr><td>协同竞争性</td></tr>
<tr><td>系统开放性</td></tr>
<tr><td>系统根植性</td></tr>
<tr><td rowspan="5">C：网络主体行为（Conduct）</td><td>C1：主生态链节点</td><td>企业行为的适宜度</td></tr>
<tr><td rowspan="4">C2：辅生态链节点</td><td>政府部门行为的适宜度</td></tr>
<tr><td>科研机构行为的适宜度</td></tr>
<tr><td>中介机构行为的适宜度</td></tr>
<tr><td>金融机构行为的适宜度</td></tr>
<tr><td rowspan="4">E：网络环境（Envirenment）</td><td>E1：科技环境</td><td>科技环境支撑度</td></tr>
<tr><td>E2：经济环境</td><td>经济环境支撑度</td></tr>
<tr><td>E3：政策环境</td><td>政策环境支撑度</td></tr>
<tr><td>E4：文化环境</td><td>文化环境支撑度</td></tr>
<tr><td rowspan="5">P：创新绩效（Performance）</td><td rowspan="3">P1：创新成果</td><td>国家重点新产品计划申报数量适宜度</td></tr>
<tr><td>新产品（工艺、服务）产值适宜度</td></tr>
<tr><td>企业申请专利数适宜度</td></tr>
<tr><td rowspan="2">P2：经济效益</td><td>总产值适宜度</td></tr>
<tr><td>产品出口额适宜度</td></tr>
</table>

（二）青岛市文化创意产业网络化创新能力评价

通过数据包络分析（DEA）方法，从科技投入产出指标来研究青岛市文化创意产业网络化创新能力有效性，作为网络化创新能力的一种评价方法。选取全国文化创意产业最具代表性的北京、上海、深圳、杭州同青岛横向对比，采用 Likert 5 分量表法打分，分值范围 1～5，其中 1 为最差，5 为最好。数据采集采用调查问卷方式进行，于 2016 年 8～10 月间通过直接或间接渠道向各地文化创意企业的主管人员，包括总经理、技术部门主管、财务主管、人力资源主管等发出，共发放 500 份，收回 360 份，其中有效答卷 331 份。考虑到企业间数据的可比性要求，对上述创新能力的决策单元评价指标的取值进行相对化处理，对样本企业的每一个问项选取众数，作为评价的投入与产出数据(表 2)。

表 2　2016 年五城市文化创意产业集群网络化创新能力 DEA 评价投入产出指标统计表

评价指标＼城市		上海	青岛	杭州	北京	深圳
投入	网络规模适宜度	3	2	4	1	2
	网络关系联结适宜度	2	1	3	3	1
	互惠共生性	4	2	4	4	2
	协同竞争性	4	3	5	3	3
	系统开放性	2	2	4	4	3
	系统根植性	2	1	4	3	3
	企业行为的适宜度	2	2	4	2	2
	政府部门行为的适宜度	2	2	4	3	3
	科研机构行为的适宜度	3	4	3	4	3
	中介机构行为的适宜度	4	3	4	5	2
	金融机构行为的适宜度	3	3	5	4	3
	科技环境支撑度	2	2	5	4	3
	经济环境支撑度	3	3	4	4	2
	政策环境支撑度	3	3	4	4	3
	文化环境支撑度	2	2	4	2	4
产出	国家重点新产品计划申报数量适宜度	1	1	4	3	2
	新产品(工艺、服务)产值适宜度	2	1	4	2	1
	企业申请专利数适宜度	5	2	4	2	2
	总产值适宜度	4	4	5	3	3
	产品出口额适宜度	3	2	4	1	2

复合 DEA 方法可提供产业集群网络化创新能力的整体情况信息，具有提取指标对创新能力产生影响的信息能力，为集群提高创新能力提供有针对性的对策，将其应用于集群创新能力的评价具有重要的现实意义。表 3 中原始结果来自去除被决策单元的改进的 DEA 模型求解（评价模型略）。从评价结果看，五城市文化创意产业网络化创新能力的优先排序为北京（3.00）、上海（2.69）、深圳（2.50）、杭州（2.33）、青岛（2.00），说明从科技创新的投入产出效率看，北京的创新能力最强（表 3）。

表 3　2016 年五城市文化创意产业网络化创新能力 DEA 评价结果

评价指标＼城市		上海	青岛	杭州	北京	深圳
原始结果		2.69	2.00	2.33	3.00	2.50
投入	去掉网络规模适宜度	2.69	2.00	2.33	1.59	2.50
	去掉网络关系联结适宜度	2.69	2.00	2.33	3.00	2.00
	去掉互惠共生性	2.69	2.00	2.33	3.00	2.14
	去掉协同竞争性	2.69	2.00	2.33	3.00	2.50
	去掉系统开放性	2.69	2.00	2.33	3.00	2.50
	去掉系统根植性	2.69	1.70	2.33	3.00	2.50
	去掉企业行为的适宜度	2.69	2.00	2.33	3.00	2.50
	去掉政府部门行为的适宜度	2.69	2.00	2.33	3.00	2.50
	去掉科研机构行为的适宜度	2.50	2.00	2.00	3.00	2.50
	去掉中介机构行为的适宜度	2.69	2.00	2.33	3.00	2.47
	去掉金融机构行为的适宜度	2.69	2.00	2.33	3.00	2.50
	去掉科技环境支撑度	2.50	2.00	2.33	3.00	2.50
	去掉经济环境支撑度	2.69	2.00	2.33	3.00	2.50
	去掉政策环境支撑度	2.69	2.00	2.33	3.00	2.50
	去掉文化环境支撑度	2.69	2.00	2.33	3.00	2.50
产出	去掉国家重点新产品计划申报数量适宜度	2.69	2.00	2.33	3.00	2.50
	去掉新产品（工艺、服务）产值适宜度	2.69	2.00	2.33	2.85	2.50
	去掉企业申请专利数适宜度	2.69	2.00	1.95	3.00	2.50
	去掉总产值适宜度	1.64	2.00	2.33	3.00	2.50
	去掉产品出口额适宜度	2.69	2.00	2.33	3.00	2.50

在得到对应不同投入产出指标的评价结果后，分析某一指标对集群网络化创新能力的影响，为了获得更多的信息，将模型进一步扩展为复合 DEA 模型。数据分析显示：北京网络规模的适宜度指标(0.470)、企业申请专利数适宜度指标(0.053)优于其他市；上海市科技环境支撑度指标(0.076)、总产值适宜度指标(0.640)优于其他市，即网络化创新能力提升表现和集群网络化创新能力提升优于其他市；深圳市网络关系联结适宜度指标(0.250)、互惠共生性指标(0.168)、中介机构适宜度(0.012)优于其他市；杭州市科研机构行为适宜度指标(0.165)、国家重点新产品计划申报数量适宜度指标(0.195)优于其他市；青岛市网络系统根植性指标(0.176)优于其他市。

三、青岛市文化创意产业网络化创新存在的问题及原因分析

(一)网络主体方面

1. 网络规模增速不够，个体规模小

青岛市文化创意产业总体规模不断扩大，但规模与杭州、深圳等同级别城市还有不小差距，缺乏有影响力的文化创意产品品牌。好的企业文化品牌和城市品牌可以起到相互借力、建构、助推的作用，青岛在此方面尚未形成良性循环。尽管在文化产品制造等方面，青岛拥有世正乐器制造和创新科技等知名企业，但多属于外资企业，以出口为主，国内影响力小，个体规模与实力的提升尚存在较大空间，缺少知名的本土优势文化企业。

2. 产品创新能力不足，文化资源开发能力较弱

企业创新能力不足，产品缺乏创意，文化特色不明显，文化产品和服务的供给与人民群众日益增长的精神文化消费需求不相适应。文化资源开发利用缺乏技术性、融合性、超前性。文化资源优势向产业优势、市场优势转化的能力较弱。

3. 管理和技术人才资源严重短缺

尤其是缺乏创意设计、动漫设计、演艺策划、编导等高端文化创意产业人才，没有将各类人才力量整合到城市发展中，没有形成人才建

设创意城市的良好循环。类似研发著名动漫《小牛向前冲》的团队整体搬离青岛的现象还时有发生。

(二)网络结构方面

1. 网络结构不合理,产业链分布不均衡

从文化企业和产业结构看,青岛文化产业以文化用品的生产制作等文化制造业居多,处于产业链高端的文化服务业相对薄弱。文化企业缺少跨地区、跨行业、跨所有制的兼并重组,多处于自我积累、自然发展阶段。媒体产业虽有一定实力,也多以传统媒体为主,没有实现跨媒体、跨地域、多种资本所有制跨越式发展。本应属于青岛优势的海洋文化产业发展规模不够,高端环节薄弱,缺少有效规划和市场推广手段,没有形成自然、科技、文化等资源有效整合。

完整的文化产业链通常包括 4 个关键环节:前期创意—制作加工—营销推广—延伸开发,产业集群是围绕一条或一组产业链、供应链、价值链的企业群,当它们互为上下游、互为生产性服务业、彼此间是互需互补关系时,产业就能得到快速发展。

居于前端的创意属于现代文化产业的高端,是构建现代文化产业的核心和灵魂。但是青岛市文化产业贡献率高的主要集中在文体用品、工艺美术品的生产、包装印刷业、旅游业、民俗节庆业等方面,在创意环节贡献率不足。尤其是青岛市的国有文化企业多属于传统型文化产业,业务面窄,生长性弱,市场竞争力不强,不能很好适应信息化、数字化、网络化发展的经济新形势,需要兼并、嫁接、技术改造等形式做大做强。提高青岛文化产业的核心竞争力,必须坚持以“创意为本、内容为重”,以市场为导向,以内容创新为重点,在提高文化内容创意度、增加文化创意附加值上力求突破。

2. 网络生态位狭窄

生态位在此是指在经济和社会环境中可以支持创新网络生存的独特资源空间。一般而言,生态位越宽,网络组织占有的资源越多,创新的发展能力就越强大。青岛市文化创意产业的形成、发展很大程度上依赖文化产品制造。虽然制定了“帆船之都”“音乐之岛”“影视之城”和“动漫之岛”的城市目标品牌,但在政府重视程度、品牌规划、培育、营销推广等方面相对北京、上海、深圳、杭州等先进城市,尚有很大提升空间。从各城市扶持发展的文化创意产业门类也可以看出,其中存在很大交集，出现同质化重复建设甚至在个别行业出现恶性竞争。像青岛提出打造“动漫之城”、长沙提出打造“动漫湘军”、深圳提出打造“中国动漫基地”、杭州提出打造“动漫之都”等，造成创新网络的生态位较为狭窄。生态位狭窄的创新网络会导致企业一味通过在原有路径的方向上进行创新，以期保持在网络中原有所占据的资源、关系、地位，结果被牢牢锁在现存的创新轨道内，形成路径依赖，对创新的路径偏好，降低了创新的绩效，甚至可能导致企业被淘汰出局、产业走向衰败。

(三)网络环境方面

1. 产业政策不完善

一是法制建设落后。青岛文化产业政策大多停留在行政性规定和管理条例等层次上，上升到法律层次的行业政策非常少。二是政策的决策和执行过程粗放。政策决策和执行过程尚未实现从经验政策到科学政策的根本转变，制定政策采取的是“试错法”。在政策制定过程中运用先进科学技术的方法少，政策的科学化水平不高。三是政策过程的民主化和程序化不规范。许多政策过程不完整，部分环节没有受到应有的重视，问题的提出没有经过长时间大量的调查研究，政策方案没有经过专家的充分论证，政策实施没有周密的计划。四是政策缺乏稳定协调性。不同行业管理部门之间缺乏沟通，权力和利益关系错综复杂，使得青岛市文化产业政策制定的过程中，政策缺乏一致性和协调性，甚至出现政策彼此冲突、矛盾相左的现象。中央产业政策与地方性政策的协调方面，如果处理不好，会出现政策不统一、不一致，甚至相抵触的现象。

2. 缺乏文化创意氛围

一是文化创意产业发展基础较薄弱。与国际文化创意产业先进城市相比，青岛市文化创意产业规模明显偏小，产业链不长，产业间的有机联结不密切，产业集聚效应和规模效应没有得到充分发挥。二是文化产品科技含量和附加值不高。60%以上的文化创意产业增加值来源于文化用品、设备及相关文化产品的生产销售，文化产品制造业主要集中在工艺美术品和玩具等方面，高新技术和传统文化创意产业融合不足。三是知识产权保护不到位。创意产业以知识产权为核心资产，创意产业的发展离不开对知识产权的保护。需要尽快制定相关法律制度，尤其应针对创意产业发展遇到的现实问题，制定专门的经济、法律政策，为青岛创意产业的发展营造一个规范、健康、有序的外部环境。

文化创意产业作为以人的创意、才华和技巧为根源的行业，需要良好环境提供灵感和实现途径。文化创意产业正从企业和产业层面上升到区域层面。从效率城市到创意城市，需要全民思维解放和创新。城市创意经济的发展，依赖于创意阶层的形成和持续壮大。青岛不仅要打造生态城市、宜居城市，更要着力打造文化城市、创意城市，通过建设能吸引创新性人才的充满文化品位的优美生活环境，研发设施齐全、知识产权保护到位，风险投资等各类金融支持齐备的投资环境和社会环境，才能真正增加对各类人才的吸引力。

四、青岛市文化创意产业网络化创新优化对策建议

（一）完善主生态链结构

1. 加强前端产业链条发展

青岛文化产业应坚持"创意为本、内容为重"，以市场为导向，以内容创新为重点，在提高文化内容创意度、增加文化创意附加值上力求突破。

（1）建立创作者数据库。由于文化创意作品种类繁多，市场极其复杂。创意作品的真伪、价值以及创作者的水平都是不透明的，而艺术圈也在刻意保护这种不透明，导致了市场很难向大众化发展。如果要打破这一行业"壁垒"，就要建立健全数据库，录入画廊签约的艺术家、设计师、专业技师、艺术院校师生等从业人员的个人资料，投资者通过这些资料可以了解作品的价值、市场的基本价格等整体基础数据。

（2）大力发展文化服务业。作为产业链高端的文化服务业如摄影、出版业、动漫、影视等，市场大、影响力强，比如 2010 年张家界市借力好莱坞大片《阿凡达》在该市取景，通过制造网络成功实现了城市品牌营销；冯小刚贺岁电影《私人订制》上映半年，作为拍摄地之一的杭州西湖湿地公园游客数量增加四成，游客带来的吃饭、住宿、购物等经济效益巨大。各地纷纷出台单独的产业促进政策。根据各城市产业

竞争情况，青岛应出台政策鼓励青岛乃至全国的动漫、影视文化企业宣传青岛的城市形象。特别是青岛将大力发展影视产业，可以通过此政策实现对文化企业的扶持。

2. 大力发展特色海洋文化产业

青岛是国内海洋科研城，院所集中，人才优势独具。我国首个海洋文化创意产业园已落户青岛市“中艺 1688 文化创意园区”。应充分利用山东半岛蓝色经济区以及蓝色硅谷等优势，整合资源，统筹规划，发挥青岛海洋科研机构作用，促进创新要素集聚，在《山东半岛蓝色经济区文化产业发展规划》等政策文件基础上，尽快出台海洋文化产业专项发展规划，促进产业快速发展。

3. 促进文化与科技融合，建设智慧青岛

青岛应充分利用国家“智慧城市”试点城市的机会，鼓励实现文化和相关科技的融合，让蓝色文化、蓝色科技走进市民生活，为文化创意产业提供更大市场，也为其带来强大科学技术支撑。一要加大财政投入，用于支持文化和科技融合示范园区、企业、公共服务平台建设发展和文化与科技融合重点项目。二要对经认定为市级及以上的文化和科技融合示范企业，减轻税收负担。三要支持文化和科技融合企业开展产品研发。四要加快数字技术、网络技术、信息技术为代表的现代科技与文化产业融合，推动文化产品和服务的生产、传播、消费的数字化、网络化进程。五要建立文化领域科技创新服务平台，构建以文化产业化基地、技术创新型企业、文化综合服务运营商、高等院校、科研院所及骨干文化集团为主体的产业创新战略联盟，努力营造优势互补、各有特色、资源共享的文化科技创新良好氛围，提高文化领域基础科技创新能力。

(二)促进辅生态链向主生态链的资源推进

主生态链上各企业节点为网络化创新活动的主要载体，承担着技术创新、科技成果转化的重要作用，辅生态链上各节点发挥着技术创新、价值创造的辅助推动作用，通过政策引导将资金、人才、技术向中心推进。

1. 政策链推进——深化管理体制，优化政策环境

一是深化文化管理体制改革。进一步理顺党政部门与文化企事业单位关系，推动政府由办文化向管文化转变。可成立市属国有文化

资产监管机构，履行出资人职责，实行管人、管事、管资产、管导向相统一，加大对各类文化项目、资源的统筹力度，实现专业化管理。对于各类国有文化企业，应通过积极引入有效战略合作者、实施股权激励等多种方式，鼓励国有资本、非公有资本等融合发展，以激发内在活力，打造合格的市场竞争主体。

二是制定文化产业保护与扶持政策。文化产业结构政策要调整狭义上的文化产业结构，即文化产业内部各行业之间的比例关系，使各行业之间协调发展，满足人民群众多方面、多层次的精神文化需求。具体包括：国家投资方面的倾斜，财政政策方面的优惠税率、减免税等，贸易政策方面的出口退税、出口信贷支持、外汇控制等，金融政策方面的低息贷款、政府担保等。除了以上经济政策外，还要根据产业发展的需要制定相应的法律、法规等。

三是扶持小微文化企业。注重小微文化企业在带动就业、激发行业创造力和带动产业创新方面的独特作用，不断优化其发展的政策环境，提高其效益和规模增长速度，为产业发展夯实基础。互联网平台可以解决小微企业面临的融资问题。只要有手机、电脑，就可以采用“众筹”“众包”等方式获取大量信息，能够让文化创意企业和投资方对接，分解制造过程，让创意变为现实。

四是大力引进文化名人，重视培养基层文化人才。文化名人是文化活的灵魂，也是一座城市的文化大使。各地对文化名人的引入和使用出台了具体鼓励政策，形成了竞争态势。从政策优惠程度看，青岛公布的《青岛市文化人才培养和引进计划》对文化名家和青岛文化名家以及文化拔尖人才的引进与培养都有列出计划，但在鼓励条件上弱于杭州等城市，没有具体的数量等，不利于具体实施。青岛应加大待遇力度，采取感情留人、事业留人等多种形式，真正发挥人才的建设性和引领作用，高度重视基层一线文化人才的培养。

2.金融链推进——拓宽融资渠道

一是鼓励民间资本进入。应出台专门文件，进一步明确鼓励和引导民间资本投资文化创意产业的政策。切实放宽市场准入门槛限制，拓宽信息传播渠道，放宽工商注册条件，简化行政审批，引导民间资本在文化创业相关行业和领域实施规模化发展、品牌化运营，为民间资本投资创造良好环境。利用岛城建设财富管理中心城市等契机，通过民营银行、金融租赁公司、民间资本管理公司、民间融资登记服务公司等手段，实现金融产品和服务创新，支持文创产业发展。

二是鼓励社会力量捐助文化事业。发展文化创意产业，资金必不可少，尤其是作为文化产业基础的公益性文化事业，更需社会资金投入帮扶。我国已提出捐助非营利性文化事业，企业可减扣所得税计算额，个人可减扣个税计算额的政策。在执行中可进一步简化相关办理流程，提高办理效率；建立相关文化项目信息平台，拓宽文化建设信息咨询途径；鼓励中介机构介入，帮助搭建沟通企业、基金会等和文化院团的桥梁，介入相关的资金管理和活动运营，提高资金使用效率，提升捐助者形象和品牌，形成多赢。

三是鼓励本地资金对文化事业的投入。青岛应充分利用地方资源优势，鼓励和加强本地企业投资。在不断加大招商引资力度的同时，还应眼光向内，积极关注本地企业有没有增加投资，增加的投资是否投在本市，出台政策调动企业在本地投资的积极性。

3. 科技链推进——加强产学研联结

大学和科研机构在集群网络化创新中占据重要位置，产学研合作是实现创新资源有效利用的重要方式。要提高文化产业网络整体的创新能力，应加强中小企业经营者创新意识，为中小企业与大学和科研机构合作创造条件。

4. 文化链推进——营造文化创意氛围，挖掘城市文化品牌

(1)促进文化消费。文化产品消费的地域性明显，应注重对文化消费的引导和鼓励。青岛的文化活动多但较分散不利于形成整体特色，例如，青岛国际啤酒节纳客多但缺乏文化特色，海洋节对普通游客吸引力不够强。应整合资源，为节会统一注入文化基因。可借鉴北京等地经验，通过增加财政投入直接购买及设立艺术表演团体专项基金、演出补贴、文化消费补贴等多种方式，打造惠民性、均等化公共文化服务体系。

(2)挖掘城市文化品牌。青岛是历史文化名城，文化资源丰富，从历史看有东夷文化、齐鲁文化，近现代又有丰富的海滨文化和鲜明的工业文化特色。建议深入挖掘、整合青岛的文化特色，进一步研究明确城市精神，梳理城市文化品牌，树立鲜明的城市文化形象。

(三)引导网络主体创新行为

1. 利用互联网平台，拓宽生态位，搭建互联网产业园

可利用网络的虚拟聚集效应、协同创新效应，搭建互联网产业园。文化创意产业的成果呈现和集聚方式主要靠文化创意产业园来实现，但产业园运行成本较高、方式单一。可使用互联网产业园的形式提供高效、便捷的集聚平台，打破企业与市场的信息不对称，挖掘潜在客户，将原本分散的文化创意企业集中到一个平台上展示。以信息化带动内容产业化，以产业化促进内容信息化，实现文化创意产业的跨越式发展。

2. 鼓励科技企业投身文化创意产业

文化创意产业必须注重和科技、金融、旅游等多种产业实现深度融合，推动文化生产、营销等方式的创新，推动传统文化产业融合新一代数字技术、互联网、软件等高新技术，不断提高产业核心竞争力。青岛大型企业多，具有相当的科研能力和优势科技平台，应鼓励有实力、有条件的企业将创意设计环节分离，利用其技术、人才、设备、资金等优势设立独立企业，打造公务服务平台，为全行业和全社会提供高质量服务，弥补青岛文化科技研发能力较弱的问题，促进产业融合。

（四）鼓励横向生态链的合作关系

1. 促进产业链的共栖联结

政府及相关机构应发挥对文化创意产业创新的引导、扶持和保护知识产权的作用，建立知识有偿保护和技术有偿转让机制，保护网络化创新中的企业自主创新动力。

2. 强化文化中介作用，打通各类经济体联系通道

文化中介可有效连接文化创意产业生产、流通和消费诸环节，沟通政府、文化产品生产者、消费者及市场。为调动社会中介力量参与引才工作，青岛市出台《青岛市鼓励中介机构和个人引进高层次人才实施细则（试行）》，规定海内外中介机构、个人每为青岛市引进一名高层次人才，就可申请 1 万～5 万元奖励。但对于文化中介组织缺乏系统的引导鼓励政策。青岛已成立市文化娱乐协会、青岛电影拍摄协会等十大行业协会，但多属事业性协会，还需进一步发挥政策功能。中介组织的种类、功能、运行效率等有很大提高空间，应进一步提高各类文化市场、产权交易中心等的功能和层次。

（五）建立网络外部合理联合

1. 加强文化创意产业和其他产业横向联系

青岛可通过打造文化创意产品公共展示平台、项目平台等，向本地企业宣传产品和创意。或由创意产业联盟等直接与企业接洽，通过在文化产品中植入式营销等手段获取双赢。文化企业可以此扩大各种衍生品的生产，如北京制定政策规定企业衍生产品版权收益达到1000万元的，最高可奖200万元，青岛可借鉴出台类似政策。

2. 形成国际文化创意产业网络联盟

"全球创意城市网络"是联合国教科文组织推出的项目，联合全球以文化创意作为经济发展主要元素的各个城市，形成国际城市网络联盟，有"音乐之都""电影之都"等7类。全世界已有19个国家的31个城市加入了该网络。青岛具有争创"音乐之都""电影之都""工艺与民间艺术之都"的条件，尤其是东方影都项目落户青岛，争创"电影之都"的时机已经成熟。建议出台全市系统性规划，以申请"电影之都"为抓手，出台青岛市促进影视产业发展的系统规划，实现影视业的跨越发展，带动音乐、动漫、旅游、设计、数字出版等多行业，结合西海岸中央商务区争创国家级文化产业示范园区，刷新青岛城市形象，促进经济结构升级。

3. 加强国际文化交流，鼓励文化出口

文化出口是带动文化生产的重要手段。青岛具有对日、韩区位优势，可利用中日韩合作创新园、中德生态园等合作园区等载体加强对外文化交流。青岛应借鉴北京、上海、深圳等地经验，及时制定文化出口相关鼓励政策，鼓励外企在青岛进行文化科技研发。鼓励发展文化服务外包产业。

课题组组长

孙小强　青岛科技大学

课题组成员

焦晋芳　青岛科技大学

傅佳琳　青岛科技大学

朱延春　青岛科技大学

新常态下青岛市创新驱动发展的知识产权发展研究

青岛农业大学课题组

一、青岛市知识产权保护状况

(一)知识产权发展和保护环境不断优化

近年来,青岛市出台了《青岛市“十二五”知识产权事业发展规划》等一系列促进知识产权发展的政策规划。2012 年出台的《关于加快推进全市专利工作发展的指导意见》指出,要紧紧围绕创新型城市建设,以满足经济发展方式转变需求为主线,全力推进“十大专利工程”和“八大保障措施”,在推动城市专利创造、强化知识产权服务、培育重点产业专利核心竞争力和打造知识产权优势区域等方面实现突破和发展。2014 年,《青岛市知识产权战略纲要》提出近五年知识产权的量化目标。2016 年,《青岛市深入实施知识产权战略行动计划(2015～2020年)》明确了“十三五”期间青岛市知识产权行动的主要目标和重点任务。

(二)青岛市知识产权事业发展快速,成绩斐然

“十二五”期间,青岛建立起与科技、经济、社会协调发展的知识产权管理、保护和服务体制,建立起有利于知识产权创造和运用的机制,形成了尊重和保护知识产权的良好法治环境和舆论环境,营造了良好的知识产权文化氛围,知识产权创造、运用、保护、管理的能力显著提高,达到全国同类城市先进水平。

2011～2015 年,青岛市发明专利申请量在副省级城市排名从第 9 位跃居第 1 位,并持续保持高速增长态势;发明专利授权量年均增长

46.55%，增幅居副省级城市首位，授权量在副省级城市排名从第12位升至第9位。科技投入方面，2015年全市研发经费投入244.29亿元，居全省首位，同比增长11.71%，占GDP比重2.81%。科技产出方面，青岛市发明专利申请量为44962个，连续3年居副省级城市第1位，占山东省发明专利申请量的48.1%；发明专利授权量达到5170件，占全省发明专利授权量的30.63%，同比增长80.5%，增幅居副省级城市第2位。有效发明专利13047件，同比增长53.4%，增幅居副省级城市第1位；PCT国际专利申请339件，同比增长50.67%，增幅居副省级城市第2位。

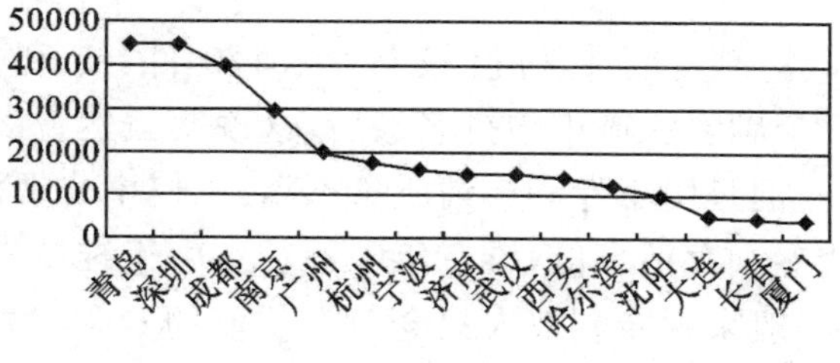

图1　2015年副省级城市发明专利申请量比较

(三)知识产权保护效果不断加强

知识产权司法或行政的案件量等指标能较好地反映地区知识产权保护水平。2015年，青岛中级人民法院审结知识产权各类民事案件1178件，一审知识产权行政案件11件，二审知识产权刑事案件2件，其他案件287件，调撤率达68.9%。2015年还受理并公开审理了青岛市第一起植物新品种纠纷案，发布多起诉前禁令，有力保护了知识产权人的合法权益。

(四)知识产权服务体系基本成形

一是知识产权中介服务机构数量逐年递增，中介服务基本实现市场化、社会化。2016年10月，青岛市知识产权专利代理机构中，专利代理机构共计35家，其中本市代理机构12家、外市分支机构23家，专利代理机构数量居全省首位。二是知识产权公共服务平台功能逐步成型，成为全国示范典型。青岛市知识产权公共服务平台建立以来，开发了信息利用、维权援助、交易实施、政务服务、交流合作、教育培训6个子系统，其中信息利用系统链接国内知识产权检索系统、国外专利检索系统、青岛市重点专利数据库、各区(市)知识产权分平台等,可为企业提供全程专利管理服务,帮助企业掌握技术市场竞争信息,提升企业专利信息检索和分析能力,为产品开发设计提供方向和思路,为技术创新提供依据和指导,并可提供快速便捷的知识产权咨询服务等。

二、青岛市知识产权发展中存在的问题

(一)知识产权创造质量不高

2015 年,青岛发明专利授权量为 5170 件,专利授权率仅为 11.5%,在 15 个副省级城市中排名最后,这说明虽然青岛市的专利申请量排名第一,但是由于专利申请质量不高,授权率非常低。

有效发明专利存活率低,维持年限不长。由于维持专利权需要缴纳专利年费,一般来说专利权人只会对有价值的专利续费。青岛有效专利维持年限多集中在 5～8 年,国外则集中在 12～15 年。创造质量较创造数量指数明显偏低,一定程度上说明青岛市专利运用能力相对较低。这主要与科教单位的重论文、轻专利,重专利申报、轻转化的考核评价体系有关。科研活动偏离市场导致专利没有利用价值或者与专利本身申请的水平有关系。青岛市知识产权创造质量效益仍有待提高。

(二)缺乏一套科学完整的知识产权评价指标体系

建立一套科学完整的知识产权评价指标体系,也是在创新驱动发展战略中提出的。《中共中央国务院关于深化体制机制改革加快实施创新驱动发展战略的若干意见》提出创新驱动发展战略,要为创新驱动发展提供有力的制度环境和政策法律体系,指出要让知识产权制度成为激励创新的基本保障,要完善创新驱动导向评价体系,研究建立与科技创新经济发展相结合的、科学的知识产权评价指标体系。一套科学完整的知识产权评价指标体系可以科学考评区域知识产权的创新、运用、管理等效果,为知识产权的保管理、保护、服务提供科学的指导策略。

(三)知识产权服务体系尚不完善

青岛市知识产权服务机构发展迅速,专利代理机构数量居全省首

位，但由于专利代理中介机构小而散，服务水平不高、管理不规范等一系列问题的存在与青岛的影响力和知名度严重不符。因此，还应在行业自律性与规范性上进一步完善。知识产权公共服务平台功能还需进一步完善。青岛市知识产权公共服务平台已经实现大部分功能，链接了国内知识产权检索系统、国外专利检索系统、青岛市重点专利数据库等重要数据库，为企业提供了基本的专利检索服务，但是仍有部分功能和信息需要进一步完善。

三、青岛市支撑创新驱动战略的知识产权评价指标体系

（一）层次分析法构建知识产权评价指标体系

知识产权主要包括专利权、商标权、著作权、商业秘密等。本文在文献调研和实际考察基础上，从知识产权数量、知识产权质量、知识产权研发、知识产权实施和知识产权管理等方面构建了知识产权评价指标体系。

（1）数量指标，主要反映知识产权的基本实力及企业和个人的知识产权意识。该指标选用知识产权中具有代表性的专利权、商标权、著作权来表征，包括：专利申请量，以相同年为单位统计的专利申请数量；专利申请增长率，专利申请量年增长百分比；商标年注册量，以相同年为单位统计的商标注册数量；著作发表数，以相同年为单位统计的发表的著作数量，包括图书、期刊和报纸等。

（2）质量指标，主要反映知识产权的创新程度，选用知识产权中具有代表性的专利权、商标权、著作权来表征，包括：专利授权量，以相同年为单位统计的专利授权总量；专利授权率，专利授权量占专利申请量的比值；专利存活率，自申请日或授权日起一定期限后的有效专利量占专利授权量的比值；国际专利申请量，以相同年为单位统计的国际专利申请数量；版权登记数，以相同年为单位统计的版权登记数量。

（3）研发指标，主要反映知识产权的竞争潜力，通过“研究与开发”的 4 个指标来表征：科研人员总数，以相同年为单位统计的科研人员总数；科研人员占从业人员比例，以相同年为单位统计的科研人员总数占从业人员总数的百分比；研发经费支出，以相同年为单位统计的研发经费总额；研发经费占总支出比例，以相同年为单位统计的研发

经费总额占总支出的百分比；研发效率，在一定时间内，申请/授权专利数量与其占研发经费/人员数量的比率，该指标可以用来评估某国家、企业在一段时间内专利数量产出的成本效率。

(4)实施指标，主要反映知识产权技术成果的转化、应用和推广程度，选用最具代表性的专利实施状况来表征，包括：专利实施量，以相同年为单位统计的专利自实施、专利许可实施和专利转移的总数量；专利实施率，以相同年为单位统计的专利实施量/专利授权量；专利转移率，在一定时间内专利转移量与其占专利授权量的比率，可分为专利许可实施率和专利转让率两类。

(5)管理指标，主要从法律实行的角度反映知识产权保护状况，包括以下 4 个指标：专利侵权案件数，以相同年为单位统计的专利侵权案件数量；著作权侵权案件数，以相同年为单位统计的著作权侵权案件数量；商标侵权案件数，以相同年为单位统计的商标侵权案件数量；知识产权案件结案数，以相同年为单位统计的知识产权案件结案数量。

(二)确定各指标权重

采用 1～9 比例标度法和成对比法确定指标权重，利用成对比法构建判断 n 阶矩阵 $\mathbf{A}$，由判断矩阵计算相对权重系数，得出各指标权重表。

表 1　知识产权评价指标体系

一级指标	二级指标
数量指标 A_1(0.24)	专利申请量 A_{11}(0.56) 专利申请增长率 A_{12}(0.11) 商标年注册量 A_{13}(0.25) 著作发表数 A_{14}(0.08)
质量指标 A_2(0.26)	专利授权量 A_{21}(0.58) 专利授权率 A_{22}(0.24) 专利存活率 A_{23}(0.20) 国际专利申请量 A_{24}(0.20) 版权登记数 A_{25}(0.07)

（续表）

一级指标	二级指标
研发指标 A_3（0.17）	科研人员总数 A_{31}（0.22） 科研人员占从业人员比例 A_{32}（0.23） 研发经费支出 A_{33}（0.20） 研发经费占总支出比例 A_{34}（0.21） 研发效率 A_{35}（0.14）
实施指标 A_4（0.21）	专利实施量 A_{41}（0.34） 专利实施率 A_{42}（0.28） 专利转移率 A_{43}（0.38）
管理指标 A_5（0.12）	专利侵权案件数 A_{51}（0.48） 著作权侵权案件数 A_{52}（0.17） 商标侵权案件数 A_{53}（0.26） 知识产权案件结案数 A_{54}（0.09）

四、青岛市实施创新驱动提升知识产权发展的对策建议

（一）强化知识产权服务于创新驱动战略的政策引导

进一步深化、细化知识产权服务于创新驱动战略的政策引导。一是加大对企业的引导。制定鼓励刺激企业创新的有效政策和措施，鼓励企业制定、实施结合自身特点的知识产权战略，加大产品技术研发及知识产权投入，将知识产权纳入企业产品技术开发、生产制造、市场拓展、资产管理等各个环节，积极培育核心知识产权，增加知识产权储备，提高知识产权综合运用水平。在资金上要大力支持企业创新，增强企业创新活力，降低企业创新门槛。二是完善知识产权管理体系，指导企事业单位推行《企业知识产权管理规范》。加强重大经济科技文化活动知识产权管理，研究建立重大科技经济文化活动知识产权评议工作机制，引导重大项目承担单位加强全过程知识产权管理。提升知识产权国际化水平，支持企业设立海外研发机构、布局海外知识产权、参与国际标准制定。三是加大对发明创造人的有效激励，调动发明人积极性，发挥知识创新激励功能，为创造者提供最经济、有效和持久的创新激励动力。

(二)健全完善知识产权服务与保护体系

一是进一步加强对知识产权工作的领导,提高知识产权战略地位,把知识产权作为战略任务和中心工作摆上重要议事日程,努力加强区(市)知识产权机构建设,切实做到重点工作有创新,难点工作有突破,整体工作上水平,为经济社会发展提供有力的组织保障。二是进一步完善行业自律性与规范性,建立知识产权中介行业联盟以提高行业自律性,促进良性竞争。三是进一步完善青岛市知识产权公共信息服务平台。充分发挥知识产权公共信息服务平台作用,依托国家专利、商标、版权等数据库资源,构建专利信息公共服务基础网络、数据平台和应用系统,为企事业单位提供及时、准确、便捷的知识产权信息公共服务。加快知识产权服务中心和行业、特色产业专利信息库的建设,加大对行业知识产权服务平台建设支持力度。鼓励高校与行业协会联合建设知识产权网络化服务平台,为行业内企业及科研机构提供专利信息检索、情报分析服务,以互联网信息高速公路为系统服务模式。

(三)探索创新经济新常态下的知识产权保护和服务措施

一是把知识产权纳入政府绩效评估体系和考核机制,建立部门与地方互相评议制度,强化激励和约束措施,加强督促检查,严格进行考核,调动全市上下重视知识产权的积极性和创造性。二是在高新技术企业认定、科技项目立项等方面强化知识产权考核比重,引导企业申请核心技术的知识产权,拥有核心自主知识产权。三是制定对知识产权的价值评估标准,保障知识产权人在知识产权质押和交易中的经济利益,进一步推进知识产权保险在青岛市知识产权领域内的应用。四是探索建立全市知识产权人才供求信息库,对全市知识产权专业人才的供求状况进行分类调查,提供及时、准确的动态供求导向信息。积极培育具有较高知识产权理论水平和丰富实践经验的骨干人才,加快培育知识产权基础人才,通过省内外培训、交流与合作等渠道,加强高层次人才培训。

(四)鼓励实施以知识价值为导向的分配政策

鼓励实施以知识价值为导向的分配政策,依法建立利益分配与奖励制度，对在知识产权创造、运用和推广过程作出突出贡献的相关人员给予多种形式的奖励。安排专项资金，对相关产业发展予以支持，推进重大技术成果产业化，激发创新活力和动力。

(五)提升知识产权质量，推进知识产权的转化和运用

一要推动科教融合，促进知识产权的综合运用。开放共享科技基础设施，加快科技成果示范推广应用。以知识产权为纽带，以知识产权战略支撑创新驱动发展的探索为要素，完善科技成果转移转化激励政策，畅通创新价值链，实现创新资源的合理配置、高效利用、利益共享。引导和推动企业综合运用各类知识产权，加强专利、商标、版权等知识产权的协调运作。充分发挥专利的技术支撑和商标的市场价值实现作用，加强专利保护推动技术创新，培育知名商标提升产品附加值，实现技术创新专利化、专利成果品牌化。二要发展知识产权服务市场，实现知识产权的市场价值。逐步制定创新服务检验检测标准，提高科技服务业的质量和水平。建立全市创新调查制度，逐步完善全市创新能力要素数据库建设，有针对性地调动全社会各方面的力量，开展各种形式的、广泛的创新合作。

课题组组长

王永香　青岛农业大学

课题组成员

王　慧　青岛农业大学

岳帅伯　青岛农业大学

袁　宇　青岛农业大学

青岛西海岸新区体育产业发展研究

山东科技大学课题组

党和国家关心体育事业的发展和人民群众的健康水平。党的十九大报告明确提出要“广泛开展全民健身活动,加快推进体育强国建设”。体育产业作为创造社会财富、满足社会需求的重要产业门类,是迅速发展的“朝阳产业”。近年来,国家陆续出台了《关于加快发展体育产业的指导意见》《关于加快发展体育产业促进体育消费的若干意见》《“健康中国2030”规划纲要》等一系列指导性意见。2014年,青岛西海岸新区(简称新区)获批成立。新区在体育产业方面,积极落实国家及《青岛市体育产业发展规划(2014～2020)》政策,坚持科学定位,注重系统规划,突出创新驱动,在服务指导体育企业发展、推动体育产业快速发展方面取得了明显成效。但与国内外先进城市与区域相比,新区体育产业仍存在产业规模小、体育场馆利用率较低、专业人才不足等问题。为满足人民日益增长的美好生活需要,新区应在规划引领、政策完善、改革深化等方面加大力度,实现体育产业发展的新跨越。

一、青岛西海岸新区体育产业概况

近年来,按照“特色引领、突出重点、统筹推进”的总体思路,西海岸新区体育产业以企业为主体、项目为载体、基地为平台,推进各业态发展,呈现了活跃的发展趋势和良好的发展态势。

(一)主体产业现状

新区在充分利用场馆资源和竞赛组织经验的基础上,积极探索体育产业市场化运作体制机制,全方位发展覆盖场馆服务、竞赛表演、体育建筑、体育旅游等业态的赛事经济产业链。

1. 休闲健身业日趋多样

顺应广大群众多层次、多样化的体育需求，按照层次分明、业态多样、科学引导、彰显特色的原则，依托青岛西海岸新区经济综合实力较强、群众体育基础深厚、体育场馆设施配套齐全等优势，初步建立起多种所有制投资主体共存、高中低档健身休闲产品互补的发展格局。从游泳、篮球、羽毛球、乒乓球、太极拳、瑜伽、水上健身操等大众普及性项目，到皮划艇、滑翔伞、攀岩、轮滑、户外运动等极限项目和时尚项目，再到网球、高尔夫等中高端项目，健身服务项目和内容日趋多样，可满足不同年龄、不同收入水平和不同文化层次消费者的需求。

2. 场馆服务业运营和服务水平不断提升

青岛西海岸新区抓住城市功能整体提升的机遇，规划、推进全区体育场馆建设。中联黄岛运动公园、海上运动嘉年华、唐岛湾休闲体育公园等大型体育场馆群，场馆设施无论种类、规模还是标准均是一流。在坚持公益属性和体育主体功能的同时，新区体育场馆按照“依托场馆、立足本体、全面发展、服务社会”的方针，完善管理体制，转换运营机制，提升配套服务，在场馆市场化、专业化和标准化运作上取得明显成效。中联黄岛运动公园“事业单位企业化运营模式”，青岛鑫龙乒乓球训练中心属于体育场馆和训练管理中心“管办分离”模式，英派斯健身俱乐部属于“企业化运营模式”，正友驾校羽毛球馆的民营资本运营模式等已成为特色明显、富有实效的大型体育场馆运营模式。

新区积极探索参股、合作、委托、连锁等运营模式，培育一批专业体育馆运营机构，有力提升了体育场馆的运营管理水平、公共服务水平和开发利用水平。山东科技大学体育协会积极吸纳社会资本，建成了羽毛球运动中心。青岛鑫龙乒乓球训练中心与政府合作筹建，积极探索体育场馆建设、管理和使用一体化模式。新区已经有 123 所中小学学校体育场对外开放，平时体育场地设施开放时间为 6:00～7:00，18:30～19:30；节假日开放时间为 7:00～11:00、13:00～16:00、18:30～19:30。群众办理运动卡即可入内活动。青岛西海岸新区在中小学学校体育场馆对外开放方面，迈出了全国性的第一步。

3. 竞赛表演业蓬勃发展

新区先后成功承办了“中建东孚杯”半程马拉松赛、山东省沿海骑行大奖赛，连续三年承办了李宁全国公路跑联赛等大型体育赛事，积极开展山东省“百县篮球千乡乒乓球万人象棋”公开赛预选赛、青岛球王公开系列赛黄岛区选拔赛等大型赛事。新区积极培育具有悠久历史文化传统和地方特色的群众性体育赛事，增强人民体质，使群众体育落到实处。2016 年举办了青岛市黄岛区首届农民龙舟公开赛，来自6 个镇(街道)22 支农民龙舟代表队在 22 人舟、12 人舟 200 米直道竞赛等比赛项目上参与角逐。

随着群众健身需求的日益增加，以往单一的政府主导办赛模式已经不能满足发展需求。新区体育发展中心创新工作思路，本着“建平台、优服务、做保障”的理念，区政府为赛事提供良好公共服务，专业团队运作赛事，让体育发挥出最大的效益，将各类活动风险降到最低，积极引导体育赛事向社会化、专业化发展，为公众提供更加良好的健身平台，带动新时期全民健身运动蓬勃发展。2016 年，举办各类全民健身活动 5000 余场次，参加活动人数达 30 万人次。激发广大群众参与体育健身的热情，积极宣传新区的城市形象，促进体育和旅游的融合发展。

4. 体育培训业不断拓展

按照“提升水平、壮大规模、打造实体、培育品牌”的原则，青岛西海岸新区体育培训业依托竞技体育先进、场地设施完善、培训市场发达的优势，开发了一批具有专业水准的体育特色培训项目，拓展了一批社会影响较大、受训人数较多的体育技能性培训项目，培育了一批具有品牌优势和良好效益的体育培训机构，基本形成多层次、高水准、广受众的体育培训市场格局。在竞技体育后备人才培养方面，立足传统培养模式的同时，探索社会化运作方式，全方位拓展后备人才培养渠道，涌现了一批后备人才培养社会化运作的机构和项目，社会和经济效益良好。2015 年，由新区政府牵头，德国足协、德国国际合作机构与青岛中德生态园共同签署了《德国足球项目战略合作协议》，全面支持中、德两国间的足球交流和足球产业的发展，特别是在青少年足球培训方面加强了合作，标志着德国青年足球训练体系正式进入青岛西海岸新区。中国石油大学利用场地优势和教练员师资水平，积极拓展面向青少年的网球培训，壮大了网球培训市场规模。山东科技大学积极招收高水平篮球运动员，采取体教融合发展模式，取得了全国大学生男子篮球冠军、女子篮球亚军的好成绩，成为体育后备人才培养方面的创新举措，融合了体育部门和教育部门的专业优势、社会力量资金优势和运作机制灵活优势的有机结合，对推动体育部门职能转变、促进体育社会化具有重要意义。

5. 体育旅游业不断发展壮大

近年来，青岛西海岸新区按照大体育产业观思路和“资源整合、联动发展、打造主题、形成特色”的原则，依托大力培育休闲度假、赛事观摩、运动体验、康体养生、体育旅游观光、体育节庆会展以及体育培训等一批体育旅游线路和项目，着力开发形式多样、内容丰富的体育旅游产品，积极培育有特色、有影响的体育旅游景点和基地，有力促进了体育与旅游产业的相互渗透、融合和发展，形成了体育与旅游产业互融共促的良好局面。新区培育了中联黄岛运动公园、唐岛湾滨海体育公园、大珠山生态体育圈、小珠山生态体育圈、琅琊台体育旅游度假区、金沙滩休闲体育中心、灵山湾国家森林体育公园、东方影都体育影视中心、北京电影学院体育媒体创意中心等体育旅游重点线路和目的地；开发了高尔夫、皮划艇、游艇、帆船等高端体育旅游产品；拓展了登山、龙舟、风筝、单车、漂流、徒步等参与性强、体验性好的大众体育旅游产品；拥有国际级标准大型风河水上运动训练基地，可承办大型龙舟及其他水上运动赛事，是中华龙舟大赛的指定赛事举办基地。青岛西海岸新区各旅游度假区、生态园结合自身条件，融入体育元素和体育服务内容，建设了一批生态休闲和运动健身相结合、具有地域特色的体育旅游景区和体育产业基地。

（二）相关产业现状

1. 体育用品业逐步由产品经营向品牌经营转变

按照“扩张规模、提升档次、完善配套、形成集聚”原则，青岛西海岸新区体育用品业以“技术创新、产品创新、管理创新”为重点，正逐步由单纯的产品经营向品牌经营转变，由青岛制造向青岛创造转变，注重培育企业的创新能力、自主研发能力及核心竞争力。部分体育用品形成了一定知名度，形成了一批可替代进口的新产品、具有国际领先水平的新工艺和新材料，体育用品业创新研发能力和规模扩张能力均有大幅提升。青岛润道体育用品有限公司是一家集研发、设计、生产、销售于一体的企业，是国内唯一一家为美国品牌 RHINGO 代工贴牌生产的跆拳道护具的厂家。青岛润道体育用品有限公司主营产品有跆拳道护具、跆拳道道服、柔道服、鞋帽、体育器械、脚靶等，产品远销美国、日本、韩国、加拿大、德国等国，其跆拳道品牌在国内外享有较好的品牌声誉。英派斯建设体育产业园，积极打造集研发、生产、销售、检验检测于一体的完整产业链。青岛信周体育用品正由原来单一的体育器材生产制造向服务供应和生产制造一体化转型，打造研发、生产、销售、服务一体化的产业链。劲松跆拳道俱乐部适应大众健身需求增长的趋势，积极与高等院校、科研机构等合作，探索产学研一体化模式，在研发创新上取得了丰硕的成果。

2. 体育彩票业稳步发展

新区按照“提升渠道、优化玩法、健全规范、城乡统筹”的原则，以打造县域销售市场为重点，完善销售网点布局，提升渠道建设质量，优化玩法结构，夯实工作基础，提升服务水平，扩大体育彩票销售规模。体育彩票公益金在进一步推动体育设施建设、开展全民健身活动、支持重大赛事承办以及支持社会公益事业发展、补充社保基金、文化建设等方面发挥着越来越重要的作用。2015 年，新区举办“中国体育彩票”全民健身公益晚会，一方面将精彩节目送进社区，丰富社区居民的文化生活，另一方面晚会现场环节帮助寒门学子圆梦求知，齐心协力传递人间大爱。

（三）新兴体育产业现状

体育产业与相关产业融合发展，优化体育产业结构，新兴业态不断出现。青岛西海岸新区相继出现了以体育手段进行康复的服务机构。2015 年，西海岸儿童康复训练中心被确定为国家级定点机构。体育领域手机 APP 健身、网络健身等新兴服务平台相继出现，推动健身消费模式和内容的创新。北京电影学院文化创意学院依托学科、人才、技术及设备等优势，有效整合艺术与体育资源，通过与相关部门、企业、院校合作，建设体育艺术创意实践中心，打造体育文化创意与设计服务平台，带动体育设计、体育美术、体育音乐、体育影视、体育传媒等新兴产业发展。体育建筑领域规划设计与体育设施建设进一步结合，体育建筑标准更加完善，新区努力打造 10 分钟健身圈，丰富社区居民生活内涵，借势出现了融入体育设施和服务元素的体育房地产开发模式。在体育会展领域，2016 年以“互联互通，共享共赢”为主题的东亚海洋合作平台黄岛论坛在青岛西海岸新区盛大启幕，开启了亚洲户外用品展等高端体育会展平台，带动体育会展服务业的发展壮大。

二、青岛西海岸新区体育产业发展存在的问题

（一）体育产业规模小，服务业占比较少

青岛西海岸新区体育产业总量位居青岛市乃至山东省的前列，但仍存在总量规模偏小，对经济增长的贡献偏低的问题。体育产业结构不尽合理，体育用品业占据较大份额，本体产业的体育服务业占比较小；体育企业数量多、体量小，缺乏具有较强带动作用的龙头企业和企业集团；具有规模优势的体育产业集聚区尚未形成。市场在体育资源配置中的决定性作用尚未得到充分发挥，体育市场发育尚不成熟，体育产品和服务有效供给不足，新区居民人均体育消费水平与发达国家相比仍然存在很大的差距，也低于北京、上海、广州等国内一线城市。

（二）体育场馆市场化运作较差，利用率较低

从存量来看，青岛西海岸新区基本形成了相对完善的体育场馆设施体系，尤其是体育场馆的数量、规模和水平在不断跟进，但很多场馆市场化运作能力不强、利用水平不高、公共服务水平不足，未能充分发挥场馆的综合效益。从增量来看，在政府为主投入公共体育场馆建设的同时，引导社会资本投入体育场馆建设运营、利用社会闲置设施发展健身场所等方面仍有待研究和拓展。

（三）体育产业机构不健全，职能管理有待提升

从管理机构来看，体育产业管理机构不够健全，上下联动工作机制缺失，体育机构不健全，缺乏专门的体育产业管理机构和固定人员。从政策体系来看，青岛西海岸新区体育产业的政策落实力度、广度、深度还不足，虽然明确体育产业可以享受政策优惠措施，但真正能落地的具体政策却不多，且体育产业引导资金政策的力度仍有待强化；虽然涉及部分税收政策，但受益面很窄。从工作抓手来看，体育产业工作整体设计与产业发展需求相比仍显不够，促进体育产业发展的有效工作抓手和载体不多。从市场监管来看，重产业繁荣、轻市场管理的问题较为突出，体育市场监管工作相对滞后，特别是缺乏体育市场监督管理方面可操作的法律法规以及相应的执法机构和队伍，在一定程

度上影响了体育产业健康、有序发展。

(四)体育产业专业人才不足

体育产业人才培养的步伐、数量、结构等与快速发展的体育产业需求相比还很不适应,特别是复合型高级人才非常缺乏,在引进体育产业高层次人才和团队方面缺少相应的政策支持。

三、青岛西海岸新区体育产业发展的对策建议

(一)科学定位,凸显大体育产业观

坚持以"大体育产业观"为引领,将体育产业作为现代服务业的重要组成部分,放在新区经济社会发展全局中去定位、布局和谋划。

1. 调整体育产业战略定位

综合考虑青岛西海岸新区经济社会发展状况、区域和产业行业特点、体育产业功能特色及资源禀赋,将大力发展体育产业作为转变经济发展方式的重要抓手,高度重视体育产业增加值占 GDP 比重和万人拥有公共体育设施面积指标;将大力发展体育产业作为优化产业结构、促进产业融合发展的重要方式;将大力发展体育产业作为创新公共体育服务模式,完善公共体育服务的重要支撑,列入青岛市政府基本公共体育服务体系建设板块,并将发展体育产业、培育引领体育消费作为拓展公共体育服务内涵的重要支撑;将大力发展体育产业作为转变体育发展方式、推动体育工作转型的重要途径,积极开发全民健身服务市场,探索竞技体育社会化、市场化发展模式,为竞技体育和群众体育发展提供产业支撑、拓展发展空间。

2. 突出政府引导的作用

把发展体育产业作为青岛西海岸新区政府的重要职责,坚持"政府引导、市场主体、社会参与",切实履行规划制订、政策调节、市场监管、公共服务等职能,通过引导、鼓励、规范和服务相结合,推动体育产业持续健康发展。新区体育相关部门应认真落实国家、省和市体育产业政策,将发展体育产业作为一项重要任务列入新区重要议事日程和经济社会发展规划,出台政策措施,设立体育产业发展引导资金,围绕推动产业发展,强化统筹规划、组织协调、政策实施、指导服务功能,有

效推动体育产业加快发展。

3. 打造融合发展新局面

将融合发展作为构建大体育产业发展格局的重要途径，主动加强与相关行业、职能部门的互动合作，在促进行业融合发展方面迈出积极步伐。应加强与教育部门合作，推进体教融合；协调新闻出版、广电等部门，寻求相关业态合作；积极引入市国信集团、广电集团、大众传媒集团、高科技投资集团作为战略投资者，积极与青岛体育产业发展有限公司合作；可与山东省和青岛市旅游局签订战略合作协议，推进体育旅游新兴业态发展，组团参加中国体育旅游博览会；可与中国海洋大学合作组建海上运动与休闲产业园，打造海上体育装备科研平台；与中体产业签订战略合作框架协议，拓展体育产业发展领域；积极与大众传媒集团签订战略合作协议，推动体育传媒和体育旅游产业发展；加强与青岛市统计局合作，提升体育产业和体育事业统计工作实效。

（二）创新驱动，促进体育产业发展

借鉴现代产业发展经验和模式，坚持走集聚化、专业化、品牌化发展道路，全面提升体育产业发展规模、质量和效益。

1. 集聚化发展

将体育产业基地建设作为体育产业集聚化的重要载体，加强规划引导和政策推动，高起点、高标准、高质量培育一批省级体育产业基地，充分发挥示范、辐射和带动作用。充分依托新区经济发达、产业基础雄厚、体制机制完善、创新要素集聚及体育产业发展领先的优势，创造性提出申报“青岛西海岸新区国家体育产业基地”的构想，获得国家相关部门的资助或优惠政策。依托大小珠山的自然条件和琅琊、胶州的深厚历史人文文化资源，大力发展潜水、龙舟、登山、攀岩、射击、自行车、飞行翼等时尚体验体育运动项目，打造新区时尚运动体验休闲集聚区。向西延伸，影响潍坊体育产业发展，并逐渐影响济南体育产业发展；向南，带动日照体育产业发展，并逐步与潍坊、济南、日照形成体育产业一体化发展趋势。在发展空间上，由陆地向海洋拓展，形成更广范围的体育产业覆盖面；大力探索热气球、动力伞、滑翔伞等空中休闲体育运动，使体育产业发展呈现立体化状态。在体育载体上，充分发挥新区独有的山、海、河、湖、空的优势，大力挖掘和推进各类体育运动项目，形成山、海、河、湖、空一体化的体育产业发展特色。

2. 专业化发展

坚持以专业化模式推进产业发展，带动发展规模和水平提升。青岛西海岸新区政府应积极协商青岛体育产业发展有限公司、市南区体育用品公司、市北区体育用品公司、城阳区体育用品公司、崂山区体育用品公司和即墨市体育用品公司等公司企业，在新区成立山东体育产业集团，各公司法定代表人可以成为集团董事会成员，据新区经济、交通、地理区域特点，集体育用品制造、体育竞赛表演、体育传媒、体育电影、体育创意、体育休闲、体育旅游、体育培训、体育场馆服务、体育彩票等于一体，集团将以体育本体产业和体育相关产业为主营业务，打造山东省体育产业的龙头企业，并拟依托青岛奥帆中心等优质资源，积极引进专业人才，并引入高科技投资集团等战略投资者，带动体育产业管理上水平，进一步扩大产业规模。坚持体育场馆的公益性质与公共服务导向，按照“依托场馆、立足本体、全面发展、服务社会”的方针，完善管理体制，转换运营机制，提升配套服务。大力推进体育赛事市场化、专业化和标准化运作。

3. 品牌化发展

实施体育产业品牌战略，加强对体育企业品牌建设的培育和指导，推进体育产品和服务标准化建设，形成品牌集群。青岛西海岸新区形成一批体育场馆品牌、健身服务品牌和大型连锁健身服务品牌；培育优悦全国 10 千米公路跑联赛、“中建东孚杯”半程马拉松、红牛城市传奇篮球争霸赛等知名的体育赛事；打造唐岛湾皮划艇、大珠山体育公园、小珠山体育公园、隆海平湖龙舟等体育旅游品牌；强化体育彩票基础建设、制度建设和安全保障，打造公益体彩、诚信体彩的新区体彩品牌形象。

（三）深挖政策红利，助推体育产业繁荣

要加大政策争取力度，着力形成相对完善的体育产业发展政策体系；加大政策实施、工作组织、考核评估、宣传发动工作力度，努力释放政策效能。

1. 完善政策，强化落实

加强政策研究，系统梳理政策条目，将财政资金和税费优惠等政策作为重点内容，建立起新区、镇（街道）相互衔接、协调一致的较为完

整的体育产业政策体系，明确体育产业可享受国家、山东省和青岛市出台的所有现代服务业扶持政策。加大财政投入，逐步增加新区体育产业发展引导资金总量；注重强化金融支持，明确支持符合条件的体育企业进入资本市场、完善体育企业融资担保体系、推进银行和体育合作等扶持政策；完善税费政策，明确非营利组织企业所得税、体育场馆和体育学校房产税等税收优惠，企业体育冠名、广告性资助等费用可以税前列支，体育服务企业和体育学校用水、用电、用气可享受一般工业价格和居民使用价格等相关扶持政策；给予用地支持，对公共体育设施、重点体育产业项目以及社会力量兴办体育场(馆)建设用地给予优先支持；鼓励社会投资，对民营资本投资的体育产业项目和建设的体育场馆，在投资核准、融资服务、财税政策等方面享受国有资本投资同等待遇。

2.严格资金管理

按照"突出重点、择优扶持、公开公正、严格监管"的原则，统筹抓好管理机构与工作机制建立、资助重点与方式确立以及立项管理、实施管理和绩效管理等相关工作，努力提高资金科学化、规范化、高效化运作水平。成立引导资金使用管理协调小组，负责引导资金日常管理工作；制定"西海岸新区体育产业引导资金使用管理暂行办法"和"西海岸新区体育产业指导目录"；构建协调会商、区镇联动、评审考察、宣传引导等工作运行机制；严格把控年度工作方案制订、申报指南编制、评审指标体系设计、专家库建立以及申报组织、乡镇初审、新区评审、实地考察、社会公示等各环节，确保条件公平、过程公开、结果公正，把好事办好。

3.发挥政策效能

通过体育产业引导资金等一系列政策的实施，实现新区体育产业快速发展的良好态势，彰显资金的乘数效应和政策效能。

一是推动产业发展创新。在产业政策的引导和带动下，体育产业发展模式、业态类型、资源利用方式、技术研发与应用形式、商业和服务手段以及企业形态等不断创新，形成相对完整的产业链和较为均衡的产业结构。让一批发展模式新颖、经济社会效益显著、成长空间大、带动能力强的优质项目脱颖而出；鼓励一批与文化、旅游、科技、卫生、农业、广电等行业融合发展的新兴业态应运而生；培育一批创新能力强、品牌知名度高、具有一定竞争力的骨干体育企业以及专业性强、运行机制灵活的中小体育企业逐步成长壮大。普惠一批企业投身新区足球、篮球、乒乓球、羽毛球职业俱乐部，为体育资源社会化运作开拓更广阔的空间。体育产业领域要大力引进一批学历高、思路开阔、创新能力强的优秀青年企业家、科技领军人才，引进一批退役运动员投身体育产业领域，为提升产业发展水平提供支撑。

二是推进公共体育服务完善。对接公共体育服务体系建设，将健身服务领域作为扶持重点，加大对体育场馆、健身休闲、体育培训等与大众健身密切相关的项目支持力度。增设奖励资助方式，扶持利用大型体育场馆闲置空间或其他闲置场所开展大众健身项目，为创新大型体育场馆以及社会闲置场所利用方式、完善公共体育服务做出有益探索，采用市场化方式整合学校场馆对外开放，面向大众提供便民利民的健身服务。

(四)夯实基础，增强体育产业发展后劲

1. 完善体育设施，丰富公共体育产品供给

体育设施是发展体育产业的重要物质基础。体育设施可以利用体彩公益金或其他社会资金进行建设，把人均体育场地面积纳入科学发展观评价体系和文明城市创建标准。把体育设施建设纳入体育强区、强镇考核指标体系，充分调动基层建设体育设施积极性。把体育场馆设施建设列入新区经济社会发展及城市建设总体规划，在青岛市专项资金的引导下，积极筹措资金、调配土地，通过银行融资、市场化运作等多种方式吸纳社会民间资本参与体育设施建设。引导大型体育场馆合理利用附属配套设施和闲置空间，增加体育服务项目，拓展场馆经营空间，提高场馆综合利用水平。鼓励社会力量参与体育场馆建设运营，支持和引导企业、社会组织利用闲置厂房、社区房产等场所开发大众健身场所，支持具备条件的单位通过多种形式整合开发全区连锁的社区型健身会所，丰富公共体育服务产品供给。

2. 多方联动，构建体育产业发展新格局

围绕体育产业组织架构、政策实施、基地评选、人才培训等内容，充分发挥体育产业部门、单位、企业、协会和基金会等载体的协同作用，初步构建政府引导、市场主导、政企互动、系统联动的体育产业发展格局。按照“管办分离”原则，新区在设立体育产业职能处室的同时，将体育产业发展具体指导和工作推进职能交由区体育产业指导中

心负责。在乡镇(街道)层面,设有专门的体育产业发展职能科室或机构。加强工作指导和考核,建立季度例会和年度会议制度,不断提升基层体育产业工作水平。开展体育产业基础理论、实践应用等方面研究,筹备组建青岛西海岸新区现代体育产业研究服务中心;参与国家体育总局大型体育场馆运营管理课题,承担大力发展体育产业专题研究和报告起草任务。认真贯彻《经营高危险性体育项目许可管理办法》,规范高危险性体育经营活动行政审批和市场管理;加强体育产业各行业经营管理人员的规范化培训,开展体育经纪人国家职业资格培训,明确专门的机构和人员负责体育产业统计工作,积极探索建立体育产业统计工作长效机制。

课题组组长

代　坤　山东科技大学

课题组成员

杨彤彤　山东科技大学

丁红娜　山东科技大学

张效江　山东科技大学

糕宝海　山东科技大学

时洪举　山东科技大学

王焕盛　山东科技大学

2018

社会篇

“十三五”青岛市社会科学普及规划研究

青岛理工大学课题组

一、青岛市社会科学普及的现状

“十二五”期间，在青岛市委、市政府的坚强领导下，以文化讲堂、科普周等活动为代表的社会科学普及活动在全市得到了有效开展，在推动马克思主义大众化，建设社会主义核心价值体系；聚焦民生国事，为党和政府工作大局服务；满足人民群众精神文化生活需求，提高思想道德素质和科学文化素质；化解社会矛盾，促进社会和谐等方面发挥了重要作用。这些成功的做法与经验为青岛市“十三五”社会科学普及工作奠定了良好的现实基础。

（一）人文环境现状

良好的人文环境是社会科学普及工作开展的重要内容资源和环境资源。青岛建埠虽只百年，却拥有丰厚人文底蕴和丰富历史文化遗存。5000多年前即孕育了灿烂的原始文明，从大汶口文化、龙山文化、岳石文化到商周文化历史的轨迹描画了青岛文化的进程，揭示了青岛丰富的文化内涵。据统计，全市有全国重点文物保护单位18处，省级文保单位55处，市级文保单位85处，区级文保单位357处；有国家级非遗项目11个，省级非遗项目29个，市级非遗项目82个，各级非遗项目代表性传承人35人。在漫长的历史长河中，青岛文化形成了独具一格、丰富多彩，既继承传统又开放兼容，具有鲜明时代特征的文化体系。尤其是“十二五”期间，文化强市实现新提升，公共文化设施建成110万平方米，精神文明建设成果丰硕，蝉联全国文明城市称号，全部区（市）进入省级文明县（市）行列，营造了良好的人文环境。

1. 公共文化设施建设成绩斐然

"十二五"期间，青岛市是全省唯一获得首批创建国家公共文化服务体系示范区资格的城市，按照"全域统筹、三城联动"发展框架，优化"中心城区—次中心城区—小城镇—新型农村社区"公共文化设施梯次布局，先后出台《青岛市创建国家公共文化服务体系示范区建设规划》《青岛市国家公共文化服务体系示范区后续建设规划(2014～2016年)》，实施了"千万平方米"公共设施文化项目，加快公共文化服务体系建设。全市公共文化服务体系初步实现全覆盖，基本建成"15分钟文化圈"。

2. 民间文化百花齐放

截至2015年底，青岛市文学艺术联合会所属文艺家协会增至12个，挂靠文艺社团增至38个。各文艺协会经常组织美术、书法、摄影展览、灯谜活动；文化部门定期组织开展"城乡文化行"、"送戏下乡"、非物质文化遗产保护项目演示等活动。"农家书屋"把书籍文化送到农民家门口，地方戏、曲艺、民间书画、民间杂耍、民间吹奏乐、皮影戏、木偶戏、舞狮表演、版画、剪纸、彩绘泥塑等富有地方特色的文化活动此起彼伏。比如，茂腔和柳腔，"三弯九动十八态"的崂山胶州秧歌表演，都是当地百姓十分喜爱的。

3. 文艺类作品影响巨大

五年来，青岛市原创的文艺类作品水平越来越高，影响愈来愈大，受到社会的广泛认可与好评。2011年，市歌舞剧院创作的群舞《扇趣》获全国舞蹈比赛优秀表演奖。2012年，全市文艺作品获省级以上奖励300多项，其中，广播剧《红飘带》获全国"五个一工程"奖，方言话剧《劈柴院传奇》等6部作品入选山东省第十届文化精品工程。2013年，全市文艺作品获省级以上奖励350多项，其中，舞剧《东厢记》、话剧《那年夏天爱上这片海》、儿童剧《向前向前》、京剧《齐王田横》等5台剧目和一批优秀群众文艺作品参加第十届中国艺术节获奖40多项，获奖数量居全国副省级城市首位；青岛出版集团出版的《知青》入选国家新闻出版广电总局第四届"三个一百"原创图书出版工程。2014年，青岛市获省级以上重点文艺奖项120余项，其中，舞剧《红高粱》、广播剧《中国船长》、报告文学《国家记忆》等3部作品获第十三届精神文明建设"五个一工程"奖，报告文学《中国民办教育调查》获鲁迅文学奖，木偶戏《农夫与蛇新传》获首届全国木偶大赛银奖，茂腔《支书张玉刚》等7部作品获第十一届山东省"文艺精品工程"优秀作品奖，17件作品在

“泰山文艺奖”评选中获奖。2015年，全市有8件文艺作品获“泰山文艺奖”。这些富有影响力的文艺作品，浸润着人们的心灵，激励着人们在建设中国特色社会主义的征程中努力学习、干事创业。

(二)社会科学普及主要部门及其科普活动

“十二五”期间，市社会科学界联合会及其所属学会(包括协会、研究会)，市区两级文化宣传部门及文化艺术团体，市图书馆、博物馆、文化馆、档案馆等公益性文化单位，高等院校下属的社科研究机构等部门是青岛市社会科学普及的主要组织单位，卓有成效地开展了一系列社会科学普及工作。

1. 青岛市开展社会科学普及的主体部门

(1)市社会科学界联合会及其所属学会、协会、研究会。“十二五”期间，青岛市社会科学界联合会在协助市政府制定社会科学普及规划和计划，完成市政府委托的社会科学普及工作，组织、指导其他社会组织和个人开展社会科学普及工作等方面做了大量工作，有力推动了青岛市社会科学普及工作的全面开展。尤其是组织开展的“社会科学普及周”“社科知识大讲堂”已经成为青岛市社科普及活动的品牌。

(2)市区两级文化宣传部门及文化艺术团体。市区两级文化宣传部门及其下属的文化艺术团体，结合部门工作特点，针对不同群体通过组织“报告会”“座谈会”等多种形式，富有成效地开展了关于中国特色社会主义理论的宣传与学习。

青岛日报社、市区两级电视台和广播电台、青岛出版集团等媒体宣传与出版部门也是社科普及的重要阵地。2015年，《青岛日报》开辟“践行社会主义核心价值观”专栏，《青岛晚报》《青岛早报》设立“核心价值观，感动每一天”专版，全年累计刊发稿件500余篇；青岛市新华书店(集团)有限责任公司开展名人签售、作家进校园、公益讲座等各类文化活动291场；青岛出版集团出版了《中国共产党思想通史(7卷)》《日本入侵青岛档案》《我永远的家》《中国名人故居》等重点图书，其中，《正视抗日战争——关于抗战若干重大历史问题的辨析》入选中宣部、国家新闻出版广电总局“纪念中国人民抗日战争暨世界反法西斯战争胜利70周年重点图书”目录、《美德少年在成长》入选中宣部、国家新闻出版广电总局“2015年度重点主题出版物”目录。

(3)青岛市图书馆、博物馆、文化馆、档案馆等公益性文化单位。

青岛市图书馆、博物馆、文化馆、档案馆等公益性文化单位，都把社会科学普及工作列为年度重点工作，积极采取多种形式开展社会科学普及活动。

(4)高等院校下属的社科研究机构。截至2015年底，在青岛市的学历高等学校25所，其中本科层次高校15所(含军事院校2所)、专科层次高校9所、成人教育高校1所，都有下设的科研处承担组织开展社会科学普及工作。高校拥有丰富的图书，高水平的人文社会科学教师，以及设立的研究基地、高端学术论坛。各高校也都能结合实际情况积极参与市社会科学界联合会组织的社会科学普及活动。

(5)社会其他组织团体。青岛市各级工会、共产主义青年团、妇女联合会、残疾人联合会等团体也都结合各自工作对象的特点，组织开展了社会科学普及活动。比如，青岛市总工会举办的“知识就是力量——每周一讲”活动，活动坚持至今长达30年，已经成为青岛市社科普及的品牌之一。

2.“十二五”期间青岛市社会科学普及活动开展情况

“十二五”期间青岛市社会科学普及工作取得了显著的成绩，在社科普及载体、形式、内容安排上形成了鲜明特色。

(1)社科普及载体多样化。不断完善社会科学普及平台载体建设，是“十二五”期间青岛市社科普及工作的一大特色。

①设立社会科学普及周。青岛市社会科学普及周是山东省和青岛市联合打造的全市性、公益性的社科普及平台，是青岛市普及社会科学、弘扬科学精神的重要平台，是社科工作者服务社会、实现价值的重要舞台，是推动城市文明、营造和谐氛围的重要载体。“十二五”期间，青岛市“社会科学普及周”分别以“普及社会科学、推进人文奥运”“率先科学发展，实现蓝色跨越”“弘扬社会主义核心价值观，提升市民人文社会科学素养”等为主题，采用了社科知识专家咨询、图片资料展、社科专题讲座、征文、笔谈、网谈等多样形式，将社科知识普及到社会大众，取得了较好效果。一是广泛参与，规模宏大。二是紧扣主题，活动丰富多彩。三是贴近市民生活，关注百姓健康。四是加大宣传报道，社会影响广泛。

②设立社科普及示范基地。社科普及示范基地是青岛市推进社会科学知识普及的创新探索和重要形式，是充分开发和利用社会资源，调动社会力量开展社科普及工作而着力开发的社科普及新的平台

和载体，是努力推进全市社科普及工作社会化、群众化、经常化的创新之举。通过建立社会科学普及示范基地，把高校、图书馆、文化馆、博物馆、市民活动中心、爱国主义教育基地等公共文化资源纳入社会科学普及工作主渠道、主战场，壮大社会科学普及工作的力量，丰富社会科学普及工作场馆设施。市图书馆、市档案馆、胶东民俗文化博物馆、青岛理工大学人文学院等 6 家单位已经成功获批“山东省社科普及基地”。青岛市档案馆、胶东民俗文化博物馆、青岛汉画像砖博物馆、韩家民俗村等 13 家单位被确定为“青岛市社会科学普及基地”。这些基地和研究所为青岛市社科普及建立了坚实的平台和阵地。基地带动，整合公共文化资源开展社会科学普及工作。青岛市的社科普及示范基地在建设过程中普遍注重正确的政治导向，自觉实践“三贴近”原则；注重制度建设，积极开展生动活泼、丰富多彩的社科普及活动；注重资源整合，努力创新示范基地的内容和形式，对全市的社科普及工作起到了带动作用。市社会科学界联合会积极探索社科普及地管理办法，激励各社科普及基地最大程度地发挥的科普功能，制定并实施了《青岛市社会科学普及教育基地管理办法》，根据各基地的特点，实行分类管理，对基地活动的组织管理、形式内容和社会效果等开展定期考核，并建立了退出机制；各基地也都根据自身特点制定建立了相应的运行管理制度，将社科普及工作纳入本单位的整体工作规划。

③出版图书。青岛市在社科普及工作中重视社会科学研究成果的转化，资助出版优秀的社科普及类图书，发表优秀的社科普及类文章。比如，市社会科学界联合会资助出版的《法在你身边》；青岛出版集团遴选出版重点图书《我的中国梦（青年读本）》《永恒的丰碑——邓小平理论与中国特色社会主义》《中国共产党思想通史（7 卷）》《日本入侵青岛档案》等；《青岛日报》《半岛都市报》开辟的社科理论专栏等。这些社科图书和报纸中，既有传播社会科学理论的专书或专栏，也有研究地方文化内涵、地方名人内容的专书或专栏，还有关注青少年健康成长的专书或专栏，对市民提高理论水平、学习青岛文化、了解历史名人、培养健康人格都具有积极的作用。

④设立社科讲堂。通过社科讲堂，开展主题鲜明、针对性、群众性、实效性强的活动，把自发的科普活动变为有组织的自觉行为。“十二五”期间，青岛市许多单位和部门为针对不同群体开展社科普及活动，设立了各式各样的社科讲坛。比如，市总工会设立的“知识就是力

量——每周一讲”、市社会科学界联合会设立的“社科知识大讲堂”、市委宣传部设立的“青岛讲坛”、市北区设立的“百姓草根宣讲团”、西海岸新区设立的“百姓讲堂”、市博物馆开设的“文博讲堂”等。这些社科讲堂，围绕经济、社会、文化、发展的热点问题和群众关心的问题，定期邀请专家授课，成为青岛市社会科学普及的重要阵地，也是青岛市社会科学普及工作中颇有影响的标志性品牌。

⑤创新运用新媒体。为扩大社会科学普及的受众面，青岛市社科普及工作创新运用新媒体平台，发布社科普及的信息，传递社科普及资料，传播社会科学理论、知识与精神。比如，市广播电视局除在电视、电台开辟社科普及专题和访谈类节目之外，注重发挥新媒体在传播社会科学理论知识方面的优势，加大“爱青岛”手机平台的建设力度，据统计“爱青岛”客户端下载量 2015 年年底达到近 80 万个，IPTV 用户近 15 万个；市图书馆开放移动阅读平台手机客户端，2015 年客户端下载量 9423 人次、访问量 6.05 万人次；无线网络注册读者 49.67 万人，平均即时在线人数 83 人；官方微信关注人数 8008 人。青岛日报积极尝试运用新媒体，2015 年青岛日报/青报网的“两微一端”用户数已达到 109 万个；其中，青岛日报官方微信用户 63 万个，位列山东第一、全国第十。青岛日报“青岛创客”“青报读心”“爱心陪伴”等三大平台的微信用户达 10 万个；“一报一网三端多平台”传播力、影响力不断放大，引导力、公信力不断增强，已经成为覆盖青岛、影响半岛、辐射全国的主流传播阵地。

(2)社科普及形式丰富多彩。综观青岛市开展的社科普及活动，形式丰富多彩。既采用论坛、讲座、征文比赛、知识竞赛、表演、展览、放电影等多种形式，还把开展集中性科普活动和经常性科普活动结合起来，运用多种形式广泛开展“理论惠民工程”“社会科学进机关、进学校、进社区、进企业、进农村的‘五进’工程”，使人们能够在各领域、各行业内结合自己的实际，体会出人文社会科学知识的价值。社科普及形式的多样性，保证了社科普及工作更接地气、更通俗形象、更贴近群众生活和实践，达到了坚持用群众熟悉的、喜爱的方式阐释和宣传科学理论，努力使抽象的理论变成言之有物的实在话、明白话，让群众喜欢听、听得懂、记得牢、用得上的目标。

(3)社科普及内容上实现“点菜单”。在社科普及活动的内容安排上，紧紧围绕经济、社会、文化、发展的热点问题和群众关心的问题，青岛市开出科普内容“菜单”，让群众根据需要“点菜单”，在普及活动中充分重视群众的需要性。比如，市社会科学界联合会征集筛选专家面向基层群众的通俗大众化社科知识讲座40余种，形成讲座菜单，各街道、乡镇、社区、单位根据实际需求“点菜单”，2015年运用“点菜单”这种方式在全市10个区（市）成功开展“社科知识大讲堂”40余场，听众达到3000余人次，受到基层群众的一致好评。

（三）社会科学普及的法制环境

2014年10月，《山东省社会科学普及条例》颁布实施，对社会科学普及的内容、职责、机构、保障措施等作出规定，为繁荣发展社会科学普及事业提供了制度支持和法律保障。

（四）社会科学普及人才队伍

青岛市社科普及工作人才可以概括为理论专家型、志愿宣传型两大类。理论专家型科普队伍主要由青岛社科界和高校的学者构成。截至2016年底，入选青岛市社科普及专家库的专家学者200多名。志愿宣传型社科普及队伍主要由社会各界的普通志愿者组成，多是经过自愿报名或组织推荐、集中培训、试讲交流等环节，成为普及社会科学知识、理论的骨干力量，比如，市北“草根宣讲团”和西海岸新区的“百姓宣讲堂”的主讲成员。2016年，全市社会科学普及志愿者500余名。86个社会科学类学会和13个社会科学普及基地也是青岛市社会科学普及的重要力量。

二、“十二五”青岛市社会科学普及存在的问题

（一）对社会科学普及重要性认识不足

调查显示，青岛市只有71%的公众认同“科普”是指自然科学与社会科学的普及，近三成的公众不能正确理解“科普”这一概念；部分干部群众对社会科学普及的重要性认识并不到位，认为社科普及与他们的生活没有太大的关系，对个人和社会的发展也没有多么重要的影响；对《山东省社会科学普及条例》的认识也没有提高到法律法规的高度。正是由于人们认识上不到位，法规意识淡漠，使得青岛市社会科

学普及工作的开展大打折扣。

(二)社会科学普及的协调配合体制机制有待完善

青岛市社会科学普及工作体制虽然趋于完善,形成了在市委、市府领导下,由市社会科学界联合会及其所属学会、高校、新闻媒体、市区宣传部门等力量共同参与社科普及的格局,但与《山东省社会科学普及条例》规定要求还有差距。《条例》明确规定,县级以上社会科学界联合会是社会科学普及工作的主要机构,具有协助本级人民政府制定社会科学普及规划和计划、组织指导其他社会组织和个人开展社会科学普及的职责。健全县(区、市)级社科联合会机构是开展社会科学普及工作的重要保障。从山东省的情况来看,截至 2015 年底,全省 71.7%的县(市、区)成立了社会科学联合会,30 家高校设立社科联合会。青岛市各区(市)还没有独立设置的社科联合会机构,在市区级社会科学普及工作机构建设方面依然存在体制性困难。青岛市社会科学普及工作方面的考核激励机制不尽完善,尚未形成监督、考核、激励各部门开展社会科学普及活动的有效机制,致使不少部门对开展社科普及活动缺乏动力和热情。

(三)公共文化资源相对欠缺,资源分布不均

青岛市的公共文化资源与其他副省级城市相比还相对欠缺。与广州市、南京市、济南市等副省级市相比,在公共文化资源方面存在一定的差距。从每百人公共图书馆藏书平均数量排名看,南京市(南京市与青岛市常住人口比较接近,2015 年青岛常住人口 932.83 万,南京市是 823.59 万)排在第一位,广州市人口相对偏多(2015 年常住人口 1350.11 万),排第二位,济南市(2015 年人口数据是 713.2 万)排第三位,青岛市排名最后。从图书、杂志、报纸出版的种类来看,其他三个城市也都远远多于青岛市。

青岛市城乡居民所享有的社科普及资源与服务的差距较大。公共文化资源大都分布在市区,社科普及示范基地大多集中在城区或交通便捷的乡镇所在地,一些社科普及活动也大多在城区或交通便捷的乡镇所在地举办,那些远离市区的乡村农民很难享受到应有的服务。比如,青岛全市共有 13 个县级以上公共图书馆,其中 9 个是在市区内;全市共有 40 个电影院,其中 30 个分布在市区内。

(四)社会科学普及手段有待创新

"十二五"期间,青岛市的社会科学普及活动仍习惯于采用讲堂、报纸等传统普及手段,对新媒体的利用略显欠缺。尤其是在实现社科普及内容在网络上的字、音、画、像、链接的和谐统一,以及在实现包含报刊、电视、电台、网络新闻媒体乃至自媒体的多层次、综合性的全媒体社科普及传播组织的跨界融合方面,还远远不够。随着以移动互联技术为代表的新媒体勃兴,互联网已成为大众获取包括社会科学信息在内的科学技术信息的重要渠道。利用新媒体了解时事和学习社科知识的青岛市市民在逐年增多。问卷调查显示,50.1%的市民阅读报纸的人文社科类专栏,35.7%的市民上网浏览人文社科类网站及网页,19.5%的市民阅读人文社科类图书,18.9%的市民阅读人文社科类杂志(期刊),13%的市民收听广播电台的人文社科类节目,6.1%的市民参加社会讲座或辅导班。可见,虽然电视、报纸等大众传播媒介仍然是传播人文社会科学知识的主流渠道,但是互联网在社会科学普及中的地位愈发重要,这应该引起社会科学普及相关部门的重视。

(五)社会科学普及的资金支持力度不够

"十二五"期间,社会科学普及由于没有政策法规保障,致使青岛市社会科学普及工作经费相对不足,削弱了社会科学普及工作的力度,而且影响了社会科学普及工作的计划性和连续性,致使群众性社科普及教育活动的覆盖面不全。

三、编制"十三五"青岛市社会科学普及规划的必要性

"十三五"时期,是青岛率先全面建成较高水平小康社会的决胜阶段,是开启未来新征程,加快建设宜居幸福的现代化国际城市的关键时期。也是认真学习贯彻习近平同志在哲学社会科学工作座谈会重要讲话精神,繁荣青岛市哲学社会科学的重要阶段。

习近平同志在哲学社会科学工作座谈会上指出,在实现中华民族伟大复兴的中国梦的征程中我们正面对着许多新形势,即社会思想观念和价值取向日趋活跃,主流和非主流同时并存,社会思潮纷纭激荡的新形势;面对我国经济发展进入新常态、国际发展环境深刻变化的

新形势；面对改革进入攻坚期和深水区、各种深层次矛盾和问题不断呈现、各类风险和挑战不断增多的新形势；面对世界范围内各种思想文化交流交融交锋的新形势；面对全面从严治党进入重要阶段、党面临的风险和考验集中显现的新形势。回应新形势的挑战，抓住发展机遇，必须科学准确认识并充分发挥社会科学在实现中华民族伟大复兴的中国梦中的重要作用。坚持和发展中国特色社会主义，哲学社会科学具有不可替代的重要地位，哲学社会科学工作者具有不可替代的重要作用。

社会科学普及是社会科学实现自身价值的重要途径，是联系社会科学和广大群众的纽带，是培育人民群众科学精神、文明行为的有效方式，是提高民众人文素养和文化水平的重要途径。科学规划青岛市“十三五”社会科学普及工作意义重大。做好社会科学普及规划是贯彻落实“四个全面”战略布局、践行“五大发展理念”，顺利实现青岛市国民经济和社会发展“十三五”发展目标的时代要求。做好社会科学普及规划是提高市民思想道德素质、培育和践行社会主义核心价值观的迫切需要。做好社会科学普及规划是提高文化软实力，推进创新型城市建设的现实需要。做好社会科学普及规划是青岛市破解发展难题，实现科学发展、和谐发展的需要。

四、“十三五”青岛市社会科学普及的基本原则

当前经济社会发展正处于转型阶段，呈现出矛盾凸显、形势复杂、思想多元的特征。在此背景下，要促进人的全面发展、提升市民人文素养，社科普及规划需要正确把握三个基本原则。

（一）坚持服务大局与服务大众相结合

当前党的理论创新步伐不断加快，中国特色社会主义理论体系在实践中不断丰富发展，迫切需要广大社科工作者肩负起推进马克思主义大众化的重要使命，广泛开展中国特色社会主义理论体系宣传普及活动，推动党的理论创新成果更加贴近群众，更加深入人心。要坚持以中国特色社会主义理论体系指导社会科学普及工作，保证社会科学普及的正确方向。将人民群众普遍关注的热点难点作为工作的出发点和落脚点，坚持贴近实际、贴近生活、贴近群众，聚焦国是民生，化解

社会矛盾，促进社会和谐。

（二）坚持全面统筹与突出重点相结合

坚持大众化与分众化、经常性与集中性相结合，既有面向全社会的普及内容和活动，又根据社会群体差异、区分不同对象有针对性地普及社会科学知识。坚持大众性、普惠性，形成人人参与、人人尽力、人人享有的社会科学普及繁荣局面。做好社会科学普及工作与党和政府中心工作的有机衔接，加强科学统筹规划，有组织、分步骤地推进社会科学普及工作。突出工作重点，推进社会科学普及品牌建设，发挥示范带动作用。

（三）坚持政府主导与社会参与相结合

建立健全社会科学普及工作联席会议制度，坚持政府主导、社会支持、公众参与、资源共享方针，形成组织协调、管理高效的社会科学普及工作体制和运行机制。

五、"十三五"青岛市社会科学普及的规划建议

（一）继续加大《山东省社会科学普及条例》宣传力度，提高全社会对社科普及重要性的认识

1. 营造学习宣传《条例》的良好环境

利用报纸、电视等媒体加大《条例》的宣传力度，提升人们对社会科学普及重要性的认识，进而形成全社会自觉履行《条例》赋予的使命，扎实有效地开展社会科学普及工作的新局面。

2. 明确社会科学普及工作的领导责任

各级人民政府应当加强对社会科学普及工作的领导，将其纳入国民经济与社会发展规划以及年度计划，制定繁荣发展社会科学普及事业的政策措施。乡镇人民政府、街道办事处应当指导、支持和帮助村民委员会、居民委员会将社会科学知识纳入村民、居民自我教育的内容，开展多种形式的社会科学普及活动。

3. 落实社会科学普及的社会主体责任

工会、共产主义青年团、妇女联合会、残疾人联合会等团体，村民委员会、居民委员会，教育机构和职业培训机，用人单位，社会科学研究机

构，商场、医院、广场、公园、机场、车站、码头、风景名胜区等公共场所经营或管理单位，都应当结合各自工作对象的特点组织开展社科普及活动。

（二）实施公民社会科学素养提升工程

充分发挥社科普及讲堂、基地、设施、传媒的作用，坚持贴近实际、贴近生活、贴近群众的原则，根据领导干部、公务人员、青年学生、农民、社区居民、城镇劳动者等不同群体的特点，采取分类指导的方法，切实实现全民社会科学素养的普遍提升。

1. 积极开展“全民阅读”活动

充分发挥报纸、刊物、广播、电视等媒体和相关部门的作用，在阅读宣传方面把握好文化导向，唤醒广大公众的阅读意识，营造良好的阅读环境和阅读氛围，激发全民读书的热情。

遵循分众阅读、快乐阅读的理念，组织开展“十佳机关书屋”评选、阅读惠民“进机关、进企业、进校园、进军营、进社区、进村镇、进家庭”等重点活动，加大公共文化基础设施建设，努力使青岛市成为国家“全民阅读”活动的试点城市。

2. 努力提升公民的社会科学和思想道德素质

（1）提升领导干部和公务人员的社会科学素养。认真贯彻落实《2013～2017 年全国干部教育培训规划》有关要求，充分发挥市、区党校的主渠道作用，采取讲座、论坛、研讨会、座谈会等多种形式，精心组织领导干部和公务人员社会科学普及教育。大力开展马克思主义基本原理的普及教育活动，坚定广大领导干部和公务人员的共产主义信念，增强运用马克思主义立场、观点、方法分析解决问题的能力；开展中国特色社会主义理论的普及教育活动，增强中国特色社会主义道路自信、理论自信、制度自信、文化自信，提高广大领导干部和公务人员推进“四个全面”战略布局的能力；开展社会主义核心价值观、党性党风党纪和党史国史的普及教育活动，增强宗旨意识、公仆意识、忧患意识、使命意识；开展社会主义法治精神普及教育，引导领导干部和公务人员提高运用法治思维、法治方式深化改革、推动发展、化解矛盾、维护稳定的能力，增依法执政、依法行政的本领。

（2）提升农村村民和城市社区居民的社会科学素养。依托村（社区）驻地学校、党员活动室、农民（社区）书屋等社会科学普及活动场所，大力开展以传统文化、法律知识、文明礼仪、家庭教育、投资理财、心理健康、养生保健、移风易俗和反对愚昧迷信、陈规陋习等为主要内容的社会科学普及教育活动，提高农民的社会科学素养，提升农村文明程度。开展社会公德、职业道德、家庭美德和个人品德“四德工程”示范市创建活动，继续通过建设“四德”示范点和“四德”善行义举榜等措施，激励农民和城市居民不断提升自身的思想道德素质。重点宣传普及党的惠农强农富农政策以及创新、协调、绿色、开放、共享的发展理念，推动新型职业农民快速成长，增强农村发展活力；普及法律知识，强化法治观念，提升农民依法自治和参与公共事务管理的能力水平，特别是增强妇女儿童运用法律知识维护自身权益的能力与意识。

(3)提升城镇劳动者的社会科学素养。引导用人单位利用现有场馆、设施，建立社会科学普及教育基地，邀请、配合社会科学普及指导员开展咨询服务、专题宣讲等活动，培养城镇劳动者的社会科学兴趣，提升城镇劳动者的人文社会科学素质。重点开展以职业道德为重点内容的社会主义核心价值观教育活动，将社会主义核心价值观有效融入职业培训和用人单位文化建设中，增强城镇劳动者践行社会主义核心价值观的自觉性，不断提升思想道德素质；开展以《劳动法》《劳动合同法》为主要内容的法律知识普及教育，提高城镇劳动者的法治意识和依法维权的能力。

(4)加强青少年学生的人文素质教育。学校通过开展形式多样的社会科学知识、方法的普及教育活动，不断提升青少年学生的社会科学素养和思想道德素质。在教育内容上，坚持育人为本、德育为先，学校重点围绕立德树人的根本任务，把社会主义核心价值观纳入国民教育总体规划，做好社会主义核心价值观教育融入大中小学德育课程以及其他课程教学的研究，创新中小学德育课和高校思想政治理论课教育教学，推动社会主义核心价值观进教材、进课堂、进学生头脑，引导青少年学生树立正确的世界观、人生观、价值观，增强明辨是非的能力，不断提升思想道德素质。把中华优秀传统文化普及教育融入各类学校相关课程教学，挖掘和利用本土优秀传统文化教育资源，引导青少年学生更加全面准确地认识中华民族的历史传统、文化积淀、基本国情，坚定文化自信，进一步提升青少年学生的道德品质和人文素养。

文化宣传部门要利用报刊、广播电视、新兴媒体有针对性开设专栏、专题节目向青少年学生传播社会科学知识，以提升青少年学生的人文素养。

3. 加强青岛地域文化的传播普及

充分发挥文化在区域社会发展中的灵魂支柱、旗帜导向和动力源泉作用，通过展览、电影、古籍整理、出版社科普及读物等方式系统展示青岛浓厚的历史文化底蕴和丰富的人文精神，将青岛区域文化纳入社会科学普及工作中，引导民众，凝聚人心，增强市民的认同感、归属感和责任感，塑造地区的人文精神、民众素质，提升地区软实力。

（三）实施社会科学普及能力提升工程

1. 加大社科普及基础设施和基地建设

“十三五”期间，深入贯彻落实中办、国办《关于加快构建现代公共文化服务体系的意见》和国办《关于推进基层综合性文化服务中心建设指导意见》精神，充分发挥基层综合性文化服务中心在社科普及中的重要作用。全市新建和改扩建一批文化馆、博物馆、纪念馆、展览馆、图书馆、档案馆、艺术馆和青少年学生校外活动基地等社科普及场馆，推动各区（市）将社科普及场馆建设纳入国民经济和社会事业发展的总体规划。

按照“整体部署，重点推进”的原则，逐步建立和完善结构合理、发展均衡、运行有效、惠及全民的社科普及基地网络。充分发挥现有6家省级、13家市级社科普及基地等基础设施作用，同时新建市级社科普及基地30家，推动区级社科普及基地的建设立项评选活动。支持高等院校、社科研究机构、群团组织、企业利用现有设施和资源，建设各种类型社科普及场馆和社科普及基地。支持各行业部门发挥优势，根据自身特点和资源，建设一批具有鲜明特色的行业社科普及基地。

要按照课堂型基地、资源型基地的不同要求，根据各自的特点，发挥各自的优势，实行分类指导和管理，尤其是要重点推进以社区、农村等基层单位创建的“课堂型”基地的建设，不断完善和提升基地的设备和功能。力争将青岛市社科普及示范基地建设成为社会科学知识的传播基地、社情民意调研基地、社科普及人才的培养基地、社科普及工作的研究基地和社科普及读物的编写基地。

开展社科普及示范点创建活动。着力推进区（市）、街道（镇）二级社科普及示范点创建工作，探索符合本区域实际情况的普及形式和模式，以示范点创建带动全市社科普及工作。到2020年，全市建成社科普及示范点20个。

2. 加大社科普及媒体平台建设

充分发挥传统媒体在社科普及中的重要作用，推动在报纸、期刊、电视台、网站等媒体设立社科普及专题、专栏或频道，设立社科普及专家与公众见面交流、互动的节目，释疑公众关心的经济社会发展热点难点问题。逐步提高编创水平，打造形成一批社科宣传和社科普及教育的精品栏目、精品节目，增加播出时间、版面，加大播出强度。

注重发挥新媒体的传播作用，建设与完善社科普及门户网站，运用现代传媒手段提供文字、图片、音频、视频等多种形式的社科网络资源供市民阅览，形成覆盖全市的信息化普及网络；鼓励市内重点社科网站开设富有特色的、高水平的社科普及栏目；鼓励和扶持相关社团、机构通过各类网站、微博、微信平台进行社科普及教育和咨询，建设形成全方位、全媒体、多层次、多渠道的社科普及宣传网络阵地。

拓展社科普及类图书出版发行渠道。加大对优秀社科普及读物的资助力度，引导出版一批群众喜闻乐见的社科普及读物，并在农家书屋、“驿动书香”等全民阅读平台上大力推荐。支持企业、社区和农村书屋建设，配合开展社科普及类图书进校园活动，大力扶持社科普及出版物的发行工作。

3. 推进社科普及资源转化应用

促进科学研究与普及宣传有机结合，引导和支持高等院校、社科研究机构、企事业单位及社会团体积极参与社科普及资源的原创开发工作。抓好社会科学普及类选题的策划组织和立项建设工作，鼓励社会各界参与社科普及创作，通过专项资助、社会征集、评比奖励等多种手段，扶持一批原创性、品牌性的社科普及图书创作。鼓励公众喜闻乐见的电子出版物、科普影视、科普动漫作品创作。研发融知识性、趣味性、互动性为一体的社科普及展教品。

4. 推动社科普及与文化产业结合

推动社科普及与文化产业等相关领域结合，扩大普及工作的覆盖面。在坚持公益性的同时，实施社科普及的市场化运作，充分调动新闻出版单位、经济实体参与普及事业的积极性，最大限度地融合先进技术为社科普及所用，实现优势互补，促进社科普及事业与文化产业繁荣、健康、有序发展，实现社会效益和经济效益双丰收。

(四)实施社会科学普及资源共享工程

研究制定社科普及资源共享机制，鼓励、保障资源共享，切实解决青岛市城乡、区市社科普及资源分布不均衡的问题。

1. 建立社科普及资源集成平台

依托市级社科普及网站，实现市内高等院校、社科研究机构、企事业单位和社会团体自建社科普及网络资源的链接，建立数字化社科普及资源共享交流平台，为社会公众提供社科普及服务；建立社科普及资源库，构建社科普及资源“超市”，提供数字化社科普及资源信息检索和服务，畅通社科普及资源流通推介渠道。

2. 拓展社会科学普及服务平台

推动企事业机构社科普及资源向公众开放，推动公众自我教育。鼓励和支持高校、社科研究机构、企业面向社会开放，鼓励各机构开展内容丰富、形式多样的科普活动；推动青少年宫、博物馆、纪念馆、文化馆、展览馆、档案馆等场地创新性增加社科普及教育展示内容，提高设施服务利用率。

3. 形成社科普及资源共享机制

鼓励开展全市范围内的社科普及资源展示交流推介活动，建立社科普及场馆资源开发、流动、协作的运行机制。开展主题社科普及展览和社科普及作品的巡回展出活动，推动展览和展品在各类社科普及场馆、设施、服务机构之间的交流与共享。建立完善以群众社科普及为中心的供给机制和群众需求信息反馈平台，提高群众满意度。设立社科普及服务“创新奖”，推动鼓励服务体制机制创新。

(五)实施社会科学普及品牌建设工程

1. 精心组织开展重大科普示范活动

组织开展好“社会科学普及宣传周”等重大社科普及示范活动，抓好重大科普示范活动与社科普及品牌建设的结合，各区(市)要结合开展重大科普示范活动，创建本区(市)具有连续性和较大影响力的社科普及精品活动，丰富活动内容，创新活动形式，注重活动实效，发挥好重大社科普及示范活动服务社会、惠及民生的作用。

2. 精心打造社科普及活动品牌

加快品牌产品开发，着力打造能体现地域特征，融思想性、教育性、实用性、鉴赏性于一体的常规普及公益品牌。重点建设“青岛讲堂”“社科知识大讲堂”“驿动书香”“知识就是力量——每周一讲”等若干有活力、可持续，能起示范引导作用的社科普及活动品牌，进一步扩大基地的知名度和影响力。积极支持各讲坛开展多形式、高质量的区域协作与联动，不断扩大品牌讲坛的社会效应，逐步构建一个覆盖全市、门类众多、特色鲜明、资源共享的社科普及品牌网络体系。

(六)实施社会科学普及人才培养工程

1.强化社科普及人才队伍建设

努力完善社科普及人才的选拔、培养和管理机制，逐步形成一个师资雄厚、专兼结合的社科普及人才库。到2020年，青岛市社科普及资源库入库专家达到1000名以上。

2.加强社科普及志愿服务组织建设

各区(市)、镇(街道)、村(社区)等基层组织要创造条件着力打造具有社科普及“战斗力”“吸引力”“影响力”的志愿服务队伍，较好地解决社科普及“最后一公里”的问题，为社会建设发展提供有力的思想保证和智慧。到2020年，全市社科普及志愿服务组织达到500个，志愿者达到3000人。

3.加强社区的社科普及指导员队伍建设

充分发挥区(市)科普工作站的作用，进一步完善社区社科普及指导员遴选、培训和管理制度，逐步扩大社区社科普及指导员制度的试点范围，争取在试点区(市)的基础上实现10个区(市)全覆盖。

(七)实施社会科学普及保障工程

1.加强组织领导

建立社科普及工作联席会议制度，坚持政府主导、社会支持、公众参与、资源共享方针，形成规划协调、管理有效的社科普及工作体制和运行机制，构建全市社科工作“一盘棋”。明确社会科学普及工作管理机构和其他单位的责任，强化统一管理和协调机制，更好地统筹全社会的力量和资源。

推进区(市)级组科联合会组建工作，建立健全社科普及工作组织机构，充实力量，为做好社科普及的组织协调和工作开展提供组织保证。成立区(市)级社会科学联合会，是构建富有活力生气的全市社科普及机制的必然要求。区(市)级社会科学联合会承担着协助本级人民政府制订社会科学普及规划、组织指导区(市)级社会科学普及活动开展的使命；其成立与否事关能否有效贯彻落实市社科联合会关于社会科学的普及的任务要求，事关能否将社科普及工作纳入国民经济和社会发展规划及年度计划，事关能否依据《条例》制定促进本区（市）社科普及工作发展的具体措施。

2.健全工作制度

制订社会科学普及工作考核督察制度，将社科普及工作纳入各单位年度考核指标；完善社科普及信息报送制度，及时汇总和发布全市社科普及工作动态；建立规范的社科普及效果评估制度，对各区（市）、各部门、各单位开展的社科普及工作进行统计、效果评估；建立社会科学普及激励机制，设立青岛市社会科学普及奖，对繁荣发展社会科学普及事业作出突出贡献的组织和个人进行表彰奖励。

3.加大经费投入

要形成政府投入为主，吸引社会资金支持，多种渠道筹集经费的资金保障机制。青岛市各级人民政府应当按人均不低于1元的标准及规模，将社会科学普及经费列入同级财政预算，并逐年增加社会科学普及经费的投入；各责任部门、各单位应当结合工作实际，安排专项经费用于社会科学普及工作。积极引导社会资金投入社科普及事业，切实保障社会科学普及工作的开展。

课题组组长

任颖卮　青岛理工大学

课题组成员

公方海　青岛理工大学

田洪杰　青岛理工大学

刘先勇　青岛理工大学

韩洪文　青岛理工大学

徐明文　青岛理工大学

邢学敏　青岛理工大学

李建勇　青岛理工大学

王玉喜　青岛理工大学

韩小乐　青岛理工大学

赵媛媛　青岛理工大学

邢　真　青岛理工大学

青岛市历史文化遗产保护利用研究

青岛市生产力学会课题组

历史文化遗产是人类在自然界生存活动的产物，是人类在历史沿革中创造和保留下来的具有丰富多彩的文化价值的财富遗存。历史文化遗产具有不可再生和不可循环的性质，一旦失去永不存在。

一般认为，历史文化遗产分为物质文化遗产与非物质文化遗产两大类别，本课题涉猎的内容主要是青岛市历史文化遗产中的物质文化遗产。

青岛是国家历史文化名城，历史悠久，文化灿烂，文化遗产资源丰富，如历史文化名城主城区、历史文化街区、重点文物保护单位、历史建筑、传统风貌建筑、工业文化遗产、军事文化遗产、地下文物埋藏区和大遗址、历史文化名镇名村、传统村落、传统民居、非物质文化遗产以及附着在这些物质载体上的历史文化内涵等内容要素。

历经风雨沧桑，青岛市在历史文化遗产保护与利用方面取得了重大成就，取得了宝贵的经验，但也留下了诸多遗憾与教训。鉴于此，有必要对青岛市历史文化遗产的内涵、价值与资源状况进行全面发掘梳理，对取得的成就和存在的不足进行深刻调查研究，发扬成绩，纠正失误，为今后历史文化遗产保护与利用战略提供参考与借鉴。

一、青岛历史文化文化遗产资源概况

青岛有着悠久的历史和灿烂的文化。曲折的历史发展轨迹，形成了青岛特有的历史文化遗产。历史文化遗产分布特色主要是“近城古郊”，即古代历史文化遗产主要集中在青岛市区周边的胶州、黄岛（胶南）、即墨、平度、莱西、崂山、城阳等远郊区（市）；近现代历史文化遗产则集中在青岛主城区的市南区（含原台西区）、市北区（含原台东区、四方区)、李沧区(含原沧口区、崂山县的一部分)。

青岛古代历史文化遗产是指1891年青岛建置以前的历史文化遗迹:胶州市拥有三里河遗址、西皇城庵遗址、赵家庄遗址、绂国都城遗址、板桥镇遗址等;黄岛区(原胶南市)是原秦汉琅琊郡、琅琊港与琅琊台宫殿群所在地,拥有琅琊古城、琅琊古港和琅琊古台等文化遗迹以及齐长城遗址等历史遗迹;平度市是齐即墨邑和汉胶东国国都所在地,拥有东岳石遗址、即墨故城遗址、六曲山汉墓群、大泽山石刻、智藏寺墓塔林、天柱山摩崖石刻(魏碑)等历史文化遗产;崂山区是道教文化遗产集中的地区;即墨区有北仟遗址、雄崖所故城遗址、金口天后宫遗址、田横岛五百义士墓等遗迹;城阳区保留了女姑山汉明堂遗址、通真宫、法海寺、百福庵、青云宫等文化遗址;莱西市有西沙埠遗址等遗迹。在各区(市)还保留了雄崖所、凤凰村等一批历史村镇、传统乡村以及胶州秧歌、茂腔等非物质文化遗产。在众多古代历史文化遗产中,文化遗存最集中、文物价值最大的是以琅琊城、琅琊港、琅琊台为中心的海洋文化代表的琅琊文化遗址和以即墨故城遗址为代表的即墨文化遗址,以及崂山道教文化遗址。

1891年6月14日,清廷批准李鸿章、张曜在青岛口修筑炮台、驻军设防的奏请。1892年,调派登州镇总兵章高元率军4营到胶州湾口东侧的青岛村一带驻防,是为青岛近代建置之始。1897～1922年,青岛沦为德国、日本的殖民地。1922～1949年,由于特有的历史地位和城市影响力,青岛政治与文化地位重要,战略地位突显,一直是中央政府直属城市。青岛市主城区是以近现代历史文化遗产为主体的集中地,即"近代文化城区",形成了"山、海、岛、城"四位一体的城市空间格局和以德国城市建筑文化风格为主体的城市街区、道路和建筑群,形成了"红瓦绿树黄墙"与"碧海蓝天"交相辉映的特色城市风貌,形成了以城市建筑文化与海洋文化为主体的丰富多彩的历史文化遗产,主要有历史文化街区、文物保护单位、历史建筑、传统风貌建筑、工业文化遗产、军事文化遗产、海洋文化遗产以及附着于这些建(构)筑物体上的历史文化内涵。此外,青岛在金融、交通、科研(科技)、教育、文化(艺术)、卫生、体育、园林、浴场、历史村镇、传统民居、地名文化、非物质文化遗产等均存有大量历史文化遗产资源。

1949年6月2日,青岛解放,建立了中共青岛市委和青岛市人民政府。遵照中共中央决定,青岛由中央政府的直辖城市改为山东省辖城市。新中国成立后，青岛经济建设得到了飞跃发展，形成了当代的工业文化和建筑文化；在海洋科研、科普、教育、产业等方面长期处于中国海洋科学的顶端和中心地位，形成了当代的海洋科技与海洋文化。

二、青岛市历史文化遗产保护利用概况

青岛市在历史文化遗产保护与利用战略实施方面，在国内处于较先进的行列。1984 年以来，陆续公布了一批重点文物保护单位和省级优秀建筑名单。1994 年，青岛市入选国家历史文化名城，基本确立了青岛历史文化名城保护范围，划定了“一城九区八十八点”的历史文化名城保护体系。后经多次调研补充，扩大到 13 条历史文化街区和 100 余处重点文物保护单位。调查发现和公布了一批历史建筑、名人故居、历史村镇和非物质文化遗产等文化遗产。调研完成了《青岛城市风貌保护条例》《青岛历史文化名城保护规划》等一批法规性成果。在遍及全国的“旧城改造”“经营城市”的大潮中顶住重重压力，抢救保护了一批规模面积较大和文化地位较高的历史街区、历史建筑以及海洋文化、工业文化等一批濒临拆除的历史文化遗迹，有效地保护了青岛历史文化遗产及其附着的历史文化内涵，较好地保存了青岛城市文脉；在对文化遗产保护的基础上按照其文化遗产的历史地位、文化内涵与开发价值，规划设计了青岛啤酒博物馆、青岛山炮台旧址陈列馆等一批文化遗产保护利用较好的博物馆和创意园；通过对历史档案资料、文物考古资料和实地调查资料等调研分析，推出了一批历史文化研究成果，创作了《青岛要塞》《青岛水族馆》《百年青啤》等影视文献成果。

(一)青岛历史文化遗产保护情况及取得的成绩

1. 被批准列为国家历史文化名城

新中国成立后，青岛市在历史文化遗产保护和城市风貌保护等方面一直比较重视。根据职责分工，青岛市的历史文物认定和保护由青岛市文物局负责，城市风貌、历史建筑和历史文化名城等遗产保护由青岛市规划局负责。青岛市文物管理局和青岛市规划局多次组织对文化遗产的普查工作，发现和保护了大批文化遗产，为青岛市申报和列入国家历史文化名城打下了坚实的基础，也为青岛市历史文化遗产

的保护与利用提供了基础性保障。1994 年 1 月，青岛市被国务院批准列为第三批国家历史文化名城。

根据青岛城市历史文化与传统风貌特点，青岛市规划局划定了早期城市的基本范围——东沿延安三路至长春路、威海路，北至海泊河，西南以海岸线为界，总面积 28 平方千米的历史文化名城核心保护，内设立历史城区、历史文化街区和文物古迹保护点三个层次的保护框架，划定了保护范围总面积 1363.8 公顷的中山路历史文化街区、馆陶路历史文化街区、观海山历史文化街区、信号山历史文化街区、观象山历史文化街区、上海路—武定路历史文化街区、八大关—汇泉角—太平角历史文化街区、黄台路历史文化街区、鱼山历史文化街区、八关山历史文化街区、四方路历史文化街区、无棣路历史文化街区和奥帆中心历史文化街区共计 13 个历史文化街区；在历史名城核心保护区拥有包括国家级 5 处（其中德国建筑群为连体保护，共含有 25 处单体建筑）、省级 31 处、市级 28 处、区级 37 处重点文物保护单位在内的 101 处（实际有 126 处单体文物保护建筑）重点保护单位。

2. 相关保护法规的制定

20 世纪 90 年代初，青岛市出台了《青岛城市风貌保护条例》，对城市建筑高度、建筑体量、建筑风格等作出明确规定，提出在距海岸 200 米范围内不得修建大体量建筑、海拔 60 米以上山体不准建设开发等若干规定。1998 年，青岛市规划局在修编《青岛市城市总体规划》时，专门增加了“青岛历史文化名城保护”篇章，对青岛历史文化名城的保护范围和历史文化街区、重点文物保护单位、历史建筑等进行分类，提出了“一城九区八十八点”保护内容。青岛历史文化遗产保护工作步入规范有序的发展之路。

2009 年，青岛市人大启动青岛历史文化名城保护规划的调研和制订工程，通过了关于保护青岛历史文化名城的 7 号议案。青岛市规划局（院）在原有规划的基础上，联合文物、社科等部门和专家，通过对青岛文化遗产元素进行实地调查和对历史资料全面查阅研究，完成了《青岛市历史文化名城保护规划》，对历史文化遗产种类、保护范围、保护级别和保护办法等作出详细规定，扩大了历史街区、历史建筑的保护种类和保护范围，重视和加强了对工业文化遗产和历史村镇的保护。

“十三五”以来，青岛市规划局（院）进行调研和编制《青岛城市风貌保护规划》《青岛市城市风貌保护名录》以及《青岛工业遗产保护规划》等工作。青岛历史文化遗产保护利用工程进入新阶段。

3.历史文化遗产调研成绩斐然

历史文化遗产的调查研究成果是制定历史文化遗产保护规划的基础。多年来，青岛市文物局、规划局和社会科学院等部门做了大量调研工作，推出了《崂山文物遗址现状调查报告》《青岛市工业遗产评定标准与保护条例》《今古和声——青岛市第三次全国文物普查新发现辑录》《青岛市历史文化街区保护详细规划》《中山路街区保护与完善规划方案》《青岛市老城空间形态研究与城市特色塑造》《琅琊文化遗址调查报告》《青岛要塞炮台遗址调查》《德国监狱旧址与德国主要建筑调研报告》《青岛博物馆事业发展研究报告》《青岛工业遗产保护研究》《青岛市红色文化资源保护与利用研究》等一批研究成果。

4.历史文化遗产元素调查、发掘、研究不断推进

青岛市在历史文化遗产与城市元素调查、历史文化发掘研究等方面也走在全国同类城市的前列。历史文化名城保护的责任单位——青岛市规划局及其下属的青岛城市规划设计院多年来一直重视对文化遗产和城市风貌元素的调查，共计发现了224处历史建筑、1551处传统风貌建筑、19处工业文化遗产、27处军事建(构)筑物、传统村落34处(其中国家级3处、省级7处)，为青岛历史文化遗产保护打下了基础。

5.公布了大批重点文物保护单位

自1984年青岛市公布第一批重点文物保护单位起，青岛市文物局在全市范围内开展多批次文物普查和单项专题调研活动，先后公布了七批市级重点文物保护单位，申报了多项国家级、省级重点文物保护单位。青岛市所属各区、市(县)文物(文化)部门也分批公布了多项区、市(县)级重点文物保护单位。截至2016年，在全市范围内共计有包括全国重点文物保护单位在内的各级文物保护单位517处，其中包括天柱山石刻、即墨故城、琅琊台、德国建筑群、八大关等国家级重点文物保护单位18处、省级文保单位72处、市级文保单位75处、区(市)级文保单位352处。青岛重点文物保护单位的入选标准已经打破了以新中国成立前后的文化遗产作为是否划分文保单位的窠臼，开始关注新中国成立后的历史建筑等遗产，如举办过2008年北京奥运会帆船比赛项目的奥帆基地已经被列为市级重点文物保护单位，为新

中国成立后城市文化遗产的保护工程创立了新的标准和范例。

6. 历史文化名镇、名村保护取得较好成绩

即墨市金口镇入选山东省历史文化名镇，雄崖所入选中国历史文化名村，雄崖所、青山村、凤凰村入选中国传统村落，西寺村、李家周疃村、西三都河村入选山东省传统村落。

7. 非物质文化遗产保护与传承取得较大成绩

包括胶州大秧歌、京剧、茂腔、柳腔等在内的 49 项非物质文化遗产列入国家级、省级、市级、区级非遗项目（其中国家级 8 项、省级 16 项、市级 25 项）。

8. 积极指导和支持文化遗产保护利用项目

收回已转让待拆除的青岛德国监狱旧址产权，修复辟建为青岛德国监狱旧址博物馆，推出了青岛啤酒博物馆、青岛德国监狱旧址博物馆、胶澳总督官邸旧址博物馆（迎宾馆）、青岛海军博物馆、劈柴院、青岛海底世界（水族馆）、琅琊台风景旅游区等一批文化遗产保护与利用的项目案例，其中啤酒博物馆被国家文物局、国家旅游局列为全国工业遗产保护与利用的典型范例。否定了一批涉及历史建筑改造破坏的项目，制止崂山、浮山、大泽山开山采石破坏山体和文化遗产，破坏崂山宗教文化遗址等行为。

9. 日益重视历史文化遗产保护工作

20 世纪 90 年代，伴随着旧城改造活动的加剧，保护文化遗产的呼声日渐高涨，申报历史文化名城，出台保护规划，采取紧急措施抢救了德国监狱旧址、青岛炮台旧址、日本陆军俱乐部、国棉六厂等一批即将拆除的历史建筑。近年来，青岛市委、市政府领导对历史文化遗产保护利用工作高度重视与支持，规划启动了青岛邮电博物馆、青岛纺织博物馆、青岛湾（中山路）老城区改造、青岛橡胶谷、青岛纺织谷（国棉五厂）、M6 创意园（国棉六厂）等一批文化遗产保护利用项目。随着国家文物局第三次文物要素普查工程的实施和市人大 7 号议案的落实，新公布了一批文保单位和历史建筑，增加了四方路、无棣路、上海路—武定路、八大关—汇泉角—太平角等 4 条历史文化街区。

（二）青岛市历史文化遗产开发利用方式与成就

近年来，青岛市通过功能转换使得部分历史文化遗产得到了较好的开发利用，取得了明显的社会效益和经济效益。按照功能特色可分

为以下六大类。

1. 博物馆

根据历史建筑类文化遗产的历史地位、文化特征和开发价值，在保护的基础上规划设置了博物馆、陈列馆、艺术馆等文化设施。利用青岛啤酒厂的德国时期的厂房设备筹建的青岛啤酒博物馆，成为工业文化遗产开发利用的典范；利用具有百年历史欧人监狱旧址筹建的青岛德国监狱旧址博物馆；在天后宫旧址建设的青岛民俗博物馆；在青岛印染厂旧址筹建的青岛纺织博物馆；利用德国胶澳邮局旧址筹建的青岛邮电博物馆；在原德国东亚舰队司令部旧址筹建的青岛海军博物馆（老馆）；在青岛德国总督官邸旧址筹建的德国官邸旧址博物馆；在青岛汽车站旧址筹建的青岛交通博物馆；在胶海关旧址筹建的青岛海关博物馆；在青岛大英烟草公司旧址筹建青岛烟草博物馆；在青岛红万字会旧址（青岛图书馆、博物馆旧址）筹建的青岛美术馆。在德国水兵俱乐部旧址正在筹建1903光影基地、在"红房子"筹建青岛矿泉水博物馆等。这些博物馆，有些是政府投资建设的，有些是企业或军队投资建设的，还有一些私人筹建的。这些文化设施的建设既有效地保护了文化遗产，又增加了青岛文化设施、丰富了青岛文化内涵与品位，成为青岛展示城市文化的窗口和文化旅游的品牌产品。

2. 名人故居

一些历史建筑因特有的名人文化内涵列入了文化名人故（旧）居保护。36处名人故居由青岛市文物局分两批公布挂牌。部分文化地位和知名度较高的历史名人故居采取将原居民整体搬迁，设置故居纪念馆予以保护利用，如福山支路6号康有为故居纪念馆、中国海洋大学闻一多纪念馆（一多楼）、黄县路8号老舍故居（骆驼祥子纪念馆），以及龙口路7号正在筹建的赵太侔故居及青岛文化名人纪念馆等。这些纪念馆构成了青岛文化遗产保护利用的又一模式。

3. 工业文化遗产辟为文化创意园和特色产业园

较为著名的有市南区创意100、市北区天幕城、青岛纺织谷（原国棉五厂）、青岛橡胶谷（原橡胶厂）、青岛M6创意园（原国棉六厂）、颐中烟草公司旧址、青岛手表厂旧址等。

4. 历史建筑辟为文化、餐饮、旅馆、商店

此类开发利用的案例现在越来越多，如青岛劈柴院、保定路10号里院、大学路咖啡馆群、浙江路青岛书房、安徽路的嘉木展览馆及青年旅

馆、湖北路青岛文学馆、1907 青岛电影博物馆等都是比较成功的案例。

5. 开发旅游产品

作为国家历史文化名城和著名旅游城市，青岛城市本身就是一个大旅游景区，特色浓郁的历史文化街区、历史建筑以及附着在这些历史遗产上的文化内涵构成了青岛城市旅游文化的主动脉，也是最吸引游客的旅游产品。小青岛、栈桥、八大关、青岛水族馆（海底世界）、青岛啤酒博物馆、青岛总督官邸旧址、栈桥、劈柴院等都是游客最喜欢的游览景点，也是青岛旅游文化的品牌。青岛水族馆利用原有的历史建筑、历史文化特色、科普科研功能与海底世界新项目有机结合，成为青岛市海洋文化旅游业的头号招牌产品。青岛还推出了名人故居游览线、历史建筑游览线等旅游专线项目。

青岛古代历史文化遗产大多数为地下文化遗址，难以开发利用。只有少数文化遗址如琅琊台、崂山道教建筑群、天柱山魏碑石刻、大泽山石刻等历史文化遗产作为旅游文化产品开发利用，产生了较好的社会效益和一定的经济效益。

6. 发挥历史建筑的原有居住、办公和工商业功能

青岛市存留的历史建筑中，部分仍然继续着居住、办公、工商和基础设施等功能。部分历史建筑为机关、工商业、金融、文化、教育、宗教、科研、学校等单位使用，其中多为文物保护单位和优秀历史建筑，由市政府统一管理，保护维修较为得力，较好地发挥了建筑的使用功能，构成了青岛城市文化和历史文化遗产保护利用的主流。其他大多数没有被列为文保单位的历史建筑通常作为居民住宅使用，房屋产权均为市民所有，且多为一户一间的房屋产权，房屋年久失修，居住条件艰苦，对建筑物的保护和使用均无保障。

三、青岛市历史文化遗产保护利用存在的问题及原因分析

青岛市对于城市建筑和风貌保护非常重视。但从 20 世纪 80 年代开始新建高层建筑，对城市风貌造成了一定影响甚至破坏。1992 年，青岛市开始大规模开发东部新市区，浮山湾等东部地区成为青岛市新的政治、经济、文化中心。新城区建设没有延续青岛城市的传统风格风貌，也没有创造形成新的城市风格风貌。老城区则因未出台相应保护管理规划，大量历史建筑被拆除并新建、插建了大批高楼，严重

破坏了老城区整体风貌和历史文化遗产。

此类严重影响和制约青岛历史文化遗产保护与利用的行为的发生，主因既有哲学层面的唯心论的世界观与形而上学的方法论所导致的“非理性、非可持续性发展”思维方式问题，也有因过度讲求经济效益而轻视文化建设和遗产保护的实用主义问题；有因缺乏历史知识而导致对文化遗产损毁的问题，也有受利益驱动而肆意破坏的问题；因管理监督机制不完善，缺乏广大市民的理解、参与也是制约青岛历史文化遗产保护与利用的主要因素之一。

（一）对历史文化遗产价值的认识评判存在误区

青岛是近代中国第一个先有总体规划而后实施建设的城市，在中国城市规划建设史上具有重要地位，其丰富而独具特色的城市建筑及文化内涵，成为青岛市入选中国历史文化名城的主要条件和依据。对于青岛城市的规划建设与城市风貌，著名政治家孙中山、康有为、毛泽东以及梁思成等建筑规划专家都给予高度评价。康有为对青岛所作的“红瓦绿树，碧海蓝天，不寒不暑，可车可舟”的评语至今仍是青岛最生动感人的城市形象和旅游品牌。数十年来，青岛一直被公认为中国乃至世界最美的海滨城市和旅游胜地之一。20 世纪 80 年代后，对青岛城市风貌和历史建筑的评价发生了一些变化，先是被批青岛城市建设是“吃德国人的饭”，后又被批患了“红瓦绿树综合征”。这种否定式的评价给青岛城市风貌与历史文化遗产的保护埋下了隐患。20 世纪 90 年代青岛城市中心东移，老城区的城市风貌也随着历史建筑和街区的“拆迁改造”遭到严重破坏。进入 21 世纪，“经营城市”理念盛行，“旧城改造”“拥湾发展”等工程项目不断上马，青岛老城区的整体风貌和历史文化遗产保护遇到了寒冬，给老城区的历史文化遗产特别是工业遗产和历史建筑造成了严重破坏。这种不重视城市风貌和历史文化遗产保护的观念至今仍有市场。

（二）缺乏对文化遗产和城市风貌的整体保护意识

1. 不重视城市风貌和文化遗产的总体保护

青岛市早期的历史文化遗产保护重点放在对单体重点文物和少数历史街区的保护，不重视对整座城市的街区、建筑的整体保护，忽视对城市总体风貌、历史街区、历史建筑及附着物等城市历史文化元素的整体保护。青岛市除市南区、市北区的少数历史文化街区因列入保护范围而相对完整外，作为城市整体组成部分的众多历史街区和建筑均遭破坏，已难寻保护完整的规模较大的历史老城区。已列入历史文化街区的历史建筑风貌也因各种拆迁改造而遭到破坏。13 条历史文化街区中只有八大关历史文化街区保护相对较完整。而八大关历史街区也因香港西路以北、太平山以南的历史建筑群的消失，缩小了保护范围，对总体风貌造成重大影响。

2. 对文化遗存(遗址)保护缺乏完整性

此类案例当以琅琊文化遗址和青岛要塞遗址的保护为代表。著名的琅琊文化遗址是中国古代海洋文化发源地和海上丝绸之路起点，在历史地位、文化内涵和遗址规模上应属青岛文化遗址保护的首选对象。琅琊文化遗址由琅琊古城、琅琊古港、琅琊古台等遗址组成，三位一体，密不可分。截至 2016 年底，仅有琅琊台一处被列为国家重点文物保护单位，近 3000 年历史的琅琊古城、古港遗址一直处于没有任何保护或标示的状况。青岛要塞是近代中国最重要的军事遗址之一，遗址面积宏大，遗存文物众多，文化价值和历史地位重要，理应整体保护。但在当年申报历史文化名城时，却将至关重要的要塞堡垒防御线排除在历史文化名城核心区之外，缩小了核心区的保护面积，使得青岛要塞遗址没能形成整体保护体系，也因此使得众多军事遗存因缺乏保护而破坏、消失。

3. 忽略对工业文化遗产的保护

青岛是中国近代工业的发源地之一，具有重要的历史地位和文化价值，特别是纺织工业更是名扬四海。2008 年实施“拥湾发展”战略以来，大批工业企业被关停拆除，100 多处老工业遗存消失，仅存国棉五厂、六厂和青岛啤酒厂等少量工厂，庞大的青岛工业文化遗产消失殆尽。

4. 历史村镇与传统村落没有得到合理保护

在“旧村改造”和“城乡一体化”浪潮中，大批历史村镇和传统村落被拆迁改造，村镇附属的历史文化元素如街道、建筑、院墙、大门、古树、水井、石碾、社庙等悉数消失，严重破坏了传统村镇的格局和历史风貌建筑群，致使青岛市已经没有一座完整保留明清和民国建筑风格的历史村镇。一些村镇如即墨市金口镇、雄崖所、青山村、凤凰村、西寺村、李家周疃村、西三都河村虽入选历史村镇和传统村落，但因过度改造拆除改变了原有街区风貌,村镇的整体风貌已经破损不堪。历史建筑、古树、社庙、古井、石碾石磨、农具以及民风民俗等附属文化遗产大都缺失,失去昔日古村镇的历史风貌。在已经公布的三批83处国家历史古镇名单中青岛未上榜。

5. 高、新、怪的建筑破坏了城市整体风貌

在历史建筑和街区被拆除破坏的同时,在被拆除的城市历史街区和建筑的基址上新建了体型高大,与城市建筑风格风貌格格不入的大量新建筑:中山路街区及周边的高大风格迥异的新建筑彻底破坏了青岛老城区建筑体量、格局和风格;前海一线经典历史建筑群因"拆旧建新"严重破坏了青岛城市的总体风格和形象。

6. 不重视对城市元素的整体保护

青岛市一些部门不重视对构成城市文化元素的山头、海岸、岛屿、岬角、礁石、沙滩、海湾、树木绿地等自然生态环境的保护,导致青岛山体、海岛、海湾滩涂和城际线、山脊线、海岸线遭到严重破坏,直接影响了城市风貌和文化遗产的保护效果,对青岛城市风貌和生态环境带来重大影响。

(三)缺乏高效有序的文化遗产保护与管理体制

在文化遗产保护与管理方面没有形成统一、高效的管理监督机制以及联合决策与执法机制。从业务职能分工看,文物管理部门仅限于对历史文物的申报评定和对重点文物保护单位的业务管理,对尚未列为重点文物保护单位的历史文化遗产没有管理职能。历史文化名城、历史文化街区和历史建筑等历史文化遗产的保护规划由规划部门实施。文化遗存物的管理权、使用权和所有权均分属不同的单位和个人,文物和规划部门只能起到法律监督和规划管理指导作用,没有统一管理监督机制。

(四)对历史文化遗产调查与研究不足

因编制、人员、经费、权限等客观原因造成对历史文化遗产资源与文化价值调研不足,缺少系统全面的遗产资源图录,致使许多历史文化遗产没能列入保护范围。

1. 部分文保单位和历史建筑的历史文化内涵研究不足

由于对城市历史档案资料发掘研究不足,缺乏历史文化研究成果

支撑，导致部分历史文化遗产的调查、定性、定位失误，特别是少数公布挂牌的重点文物保护单位、优秀建筑等因调研和公布时间较早，在名称、时间、功能、价值等介绍内容有许多不规范和错讹之处。历史街区、建筑、村镇保护工程也存在类似缺陷。

2. 历史文化遗产保护对象的认定标准有失偏颇

由于在文化遗产保护标准的认识角度不同，一些重要历史文化遗产未能列入文物保护范围。在确定历史文化遗产保护以及历史文化街区、历史建筑等保护对象、范围、等级等标准评价体系中标准有失偏颇，偏重对经典建筑和历史街区的保护，忽视对一般历史建筑和街区的保护；重视对重点文物保护单位保护，忽视对一般历史建筑和传统建筑的保护；重视对市南、市北文化遗产和城市风貌的保护，忽视对四方、李沧等历史城区的遗产和城市风貌的保护，特别是忽视对中西合璧最具青岛特色的里院建筑群和工业建筑群的保护。对于新中国成立后的村镇、民居的调研与保护工作尚未开展。

(五)部分文化遗产的修复和开发工程措置失当

1. 对历史文化遗产普遍存在维修过度和擅建等行为

著名历史遗产琅琊台、崂山太清宫、青岛莱阳路 8 号、青岛山炮台旧址、青岛德国监狱旧址等均存在不同程度的过度开发和破坏遗产风貌的情况。始建于 1900 年的老火车站拆除后在原址附近异地重建，导致文物的破坏和整体风貌的破坏。

2. 缺乏对历史文化遗产保护与利用的前期调研规划

开发利用规划设计“不接地气”，对历史文化遗产利用造成影响。德国大药房(红房子)旧址、东莱银行旧址、青岛烟草博物馆、即墨路仿古改建工程等文化遗产开发利用项目匆匆立项或是法定代表人和管理者随性而行。项目前期调研策划不足，缺乏基础资料和文化内涵支撑，缺乏科学性与可行性的规划设计方案定性、定位有误，中期施工赶时间质量不保，后期(开放后)管理不善等因素成为文化遗产保护利用项目失败或后期困难经营的主因。

3. 历史文化遗产利用率偏低

青岛里院建筑数量庞大、内涵丰富、特色鲜明，有很好的开发利用价值，但至今除极个别的里院如保定路 10 号、劈柴院修复后改为餐饮、旅馆外，大部分维持原居住功能，既没有保护修复，也没有深度开发利用;公共建筑开发利用率稍高,但大部分建筑仍未开发利用。一些遗产因处于不同单位管辖使用,难以协调开发利用。如酝酿多年的青岛建筑博物馆、青岛教育博物馆、青岛港口博物馆、青岛银行博物馆、青岛音乐博物馆、青岛钢琴博物馆、青岛文化名人纪念馆、青岛工业博物馆、青岛海洋文化博物馆等文化遗产利用项目都因文化遗产拥有者和使用者的利益追求不同以及项目策划设计方案有误而迟迟未能实施。

(六)缺乏历史文化遗产保护利用专项经费支持

青岛市在城市文化发掘研究和历史文化遗产保护利用工程的调研、规划的经费投入甚少。尽管国家文物局每年都能下拨一笔文物维修费用于重点文保单位维修,但仅限于国家重点文物保护单位,其他文保单位和未列入文保单位的历史建筑、遗址仍处于无专项经费维修保护的状况。因缺乏专项文化遗产保护资金支持,使得许多历史建筑得不到及时维修而日渐破败,一些文化遗产的开发利用也因资金缺乏而不能有效开发利用。

(七)缺乏历史文化遗产保护与利用的人才队伍支撑

1.没有历史文化遗产保护利用的专门管理机构

长期以来,青岛市没有专门从事城市历史文化和遗产保护利用的专门机构。青岛社会科学院在1988年就撤销了历史文化研究室。各大高校也没有相关研究机构。

2.缺少历史文化遗产保护利用研究的专家团队

尽管少数有责任心和使命感的科研人员没有放弃对青岛历史专业领域的研究,但长期处在没有专业编制和科研经费、研究课题支持的困难境地,全凭个人兴趣和事业心单打独斗,难以满足青岛历史城市文化和遗产保护利用战略的需求。

3.忽视本地专家、规划设计团队的主力军作用

长期以来,青岛市(全国各地亦然)在涉及城市历史文化遗产的规划设计项目委托招标时,过于看重和依靠外地专家、团队,不论项目大小,策划或规划的委托部门动辄就是“北(京)上(海)深(圳)港(香港)”,抑或是国外科研规划部门,没有培育、壮大、推介本地学术研究与规划设计团体的计划目标,致使原本具有较高研究水平和较强规划

设计能力且熟知和热爱青岛城市文化与社情民意的青岛本地专家、团队游离于青岛本地调研和规划设计之外，难以形成“青岛制造”品牌。外地规划设计团队不了解青岛城市历史文化与社情民意，不能进行长期深入系统调查研究，唯以完成项目获得规划设计经费为最终目标。研究规划项目多因“拾人牙慧”式的克隆移植外地（国）模式和粗制滥造而废弃，或因定性定位有误和不接“地气”无法落实，或勉强实施却造成对城市风貌和历史文化遗产的重大破坏，留下重大后遗症。

4. 忽视青岛市民的参与与监督

青岛城市改造、发展和文物、文化遗产保护等工作较少看到市民的参与和监督。由于宣传不力和相关鼓励政策缺乏，除少数热心市民外，多数市民的参与性和监督力度严重不足，一些政策和执行上的失误得不到及时反馈改正，正确的决策也得不到市民的积极支持。

（八）法制观念淡薄，执法力度弱，难以起到惩戒作用

由于法治观念薄弱，政府、法人、居民和房地产商在旧城改造建设项目工程中不能自觉贯彻执行文物保护法规和遗产保护规章，甚至有意破坏历史文化遗产。相关部门执法力度弱，对破坏文化遗产的行为惩处力度小，特别是对破坏文化遗产应负主要责任的各级政府、法人和房地产商的违法处置力度太小，起不到惩戒作用。

四、青岛市历史文化遗产保护利用的对策建议

青岛市历史文化遗产保护利用工作是一项全局性的战略工程，必须以《文物保护法》等国家政策法规为依据，以研究成果和档案资料为基础，根据青岛海洋文化和城市历史文化的特色，强化突出对海洋文化和城市文化遗产的保护与利用，综合其历史文化遗产的资源、价值、环境等特点，对不同的文化遗产在切实保护的基础上进行特质化的合理开发利用，全面保护历史文化遗产，传承青岛城市文脉，探寻和创造青岛历史文化遗产保护利用的青岛特色品牌模式，为我国历史文化遗产保护工程提供样板与参照。

（一）树立“一种观点、三种意识”

1. 以历史唯物主义观点指导历史文化遗产保护工作

对于青岛城市的历史地位、城市文化、城市规划建设理念、城市建设的成就与不足等均应有正确而清醒的认识，在“批判地继承”原则下分析、评价。对青岛城市文化地位和历史文化遗产价值的重要性有正确的评价，提高对历史文化遗产保护重要意义的认识，为青岛历史文化遗产保护利用工程创造条件。

应坚持历史唯物主义观点，学习和运用习近平同志关于加强对文物保护的指示精神，批判和清除“历史虚无主义”的影响，防止和杜绝各级政府部门以“旧城改造”与“经营城市”为名义拆除历史街区、历史建筑。防止以城市建设的“政绩观”和经济上的“利益驱动”冲击历史文化遗产保护战略的事情再度发生。从思想和观念上提高对青岛城市文化传承与文化遗产保护的认知力，从方针政策措施上解决青岛历史文化遗产保护与城市建设发展的矛盾，创造历史文化遗产保护与城市发展“双赢双兴”的品牌模式。

2. 树立历史文化遗产和城市风貌整体保护意识

必须树立城市历史文化遗产整体保护与单体文化遗产保护并重、城市历史文化遗产保护与城市风貌保护并重的理念。强调青岛“山、海、岛、城”四位一体的整体性，对城市风貌、历史文化遗产、自然遗产和民俗文化等城市元素进行整体性保护。不仅要保护文化遗产，还要保护组成城市诸多元素的自然遗产，严禁破坏海岸线、海湾、滩涂、礁石、沙滩、岬角、岛屿、山体风貌、树木、绿地等，保护城市生态环境。要注重保护城市风貌色调，保持青岛城市红瓦绿树黄墙的主色调。

整体保护历史街区的建筑风貌和文化元素。可借鉴法国和意大利的做法，以立法等机制对青岛老城区、历史街区和历史建筑实施整体保护工程，坚决杜绝拆除和随意改造历史街区与历史建筑、破坏城市格局与历史建筑风格的行为。要制定遗产保护名录，定期检查建筑状况和及时维修保护。根据历史建筑格局、特色制定保护利用措施，保持和延续城市文脉。严禁在老城区特别是历史街区和风貌保护区和周边缓冲地带修建与城市建筑体量、建材、色彩、风格格格不入的大体量建筑、新建筑，不得随意改变历史街区的街道格局、尺度。

可借鉴德国德累斯顿市在战后对历史建筑的整体恢复重建案例，有选择地对已经消失的少数经典性历史建筑恢复重建。对于需要改造和完善的建设项目，应在专家指导和规划部门批准后方可实施。对于重要历史遗产旧址的新建筑，在城市风貌保护需要和符合民情民意以及经费许可的情况下可以拆除，恢复重建历史建筑（如三江会馆前院）。

3. 树立活化保护意识，保持历史文化传承延续

要充分认识和处理好历史文化遗产保护与发掘利用的对立统一关系。既要对遗产严格保护，又要防止“唯保护论”，更要防止借保护利用之名对文化遗产进行“保护性开发”“拆除性保护”等乱开发模式，走出一条保护与利用有机结合双赢的青岛模式。

要做好历史文化街区和历史建筑保护利用工程，拨付专项经费修复维持历史建筑，改善提升居民居住环境和生活水平。要注重保护城市居民原生活业态，让居民可以自由选择生活形态。通过对历史文化遗产的保护工程，对老建筑特别是众多里院建筑予以修缮维护，增设完善公共服务设施，提高优化居民居住条件，尽量留住原居民，保护传承历史文化和民俗文化，为城市和游客保留和展现原汁原味的历史文化街区。要制定相关政策，根据自愿迁徙的原则，让原居民自由选择迁出或留居。根据历史文化特色和传统业态以及现状格局，科学合理适度地发展商业、餐饮、旅馆、旅游观光等新业态，激发老街区的活力，形成历史文化遗产保护与社区居民生活环境改善提升的互生共赢的样板模式。对于迁居的原居民可让其以租用方式回来继续生活，从事经营活动，以达到既保持了老城区的历史文化氛围又提升了居民居住条件的双赢目的。

4. 树立将文化遗产保护与市民需求有机结合意识

要结合城市发展规划，将历史文化遗产保护与广大市民群众的生活品质提升相结合，与广大市民群众的公共文化需求相结合，建设城市公共文化场所。应将规模较大、保存较完好、绿化率较高、保有空间地带的历史文化遗产规划建设为市区公共绿地和公园设施，以提升居民的生态环境和居住环境。

可将原德国台西镇炮台遗址及周边空间、绿地规划建设台西公园，为青岛市增添一处以军事文化遗产和园林绿地为主题的旅游景点。可对原德国团岛炮台与团岛灯塔等文化遗产严格保护，禁止擅建乱建新建筑和填海活动，保护团岛半岛和生态环境和历史风貌。在条件许可时筹建团岛公园，并作为旅游景点开放。原德国伊尔奇斯东、伊尔奇斯北炮台遗址保存较完好，与青岛中山公园毗邻，地势高敞、绿化率较高，可打造太平山炮台遗址公园。利用历史建筑规划建设一批

特色博物馆，如利用原德国水兵俱乐部（水师饭店）旧址建设青岛电影及音乐博物馆、德华银行或东莱银行旧址建设青岛金融博物馆、利用广东会馆旧址建设孙中山纪念馆、利用德华大学旧址建设青岛教育博物馆、在太清宫规划建设崂山道教文化博物馆、在华岩寺规划建设青岛佛教文化博物馆。

（二）健全优化文化遗产保护机制

1.成立青岛市历史文化名城保护委员会

建议成立青岛市历史文化名城保护委员会，为市主要领导或分管领导主持，各有关单位参与的全市性管理组织，对涉及文化遗产保护与利用的重点项目统一协商、决策和实施。吸收学有专长、社会责任心强的学者专家和市民列席会议，争取在初始阶段就充分吸纳各方意见，避免决策失误。成立由规划局、文物局为主导的，有关政府部门参加的“青岛市历史文化遗产保护办公室”，对青岛市城市规划委员会和青岛市文物委员会负责。办公室设在规划局或文物局，其建制除相关职能部门外，应设立历史文化遗产保护专家委员会，作为历史文化遗产办公室的咨询研究机构。工作重点是制定对青岛历史文化遗产保护利用办法，发掘整理青岛城市历史文化，调研整理历史文化遗产名录，设立与管理青岛历史文化遗产保护与利用网络平台，制定历史文化遗产利用的相关政策和实施办法，按照历史文化遗产的保护层级分别制定遗产修复、使用、管理、监督的条例办法，由管理部门、使用部门会同专家共同调研策划和制定科学合理的历史文化遗产修复、利用规划。对牵涉历史文化遗产、城市风貌保护的规划方案、工程项目等进行早期咨询把关，为领导决策提供决策依据和建议。

2.制定出台“青岛市历史文化遗产保护条例”

国家颁布的《文物保护法》为历史文化遗产保护提供了有力的法律保障，但其规定都是原则性和根本性的，没有细化。各地经济、文化、社情存在较大差异，在执行上自由量度较大，真正落实有一定困难。应根据青岛历史文化遗产的性质、地位、价值、保护现状等因素，有的放矢地制定“青岛市历史文化遗产保护条例”，为青岛市历史文化遗产保护提供权威、可行的法律依据；列入历史文化遗产保护办公室的职责等内容；制定相应历史文化遗产保护利用的政策，鼓励和支持文化遗产的保护利用工作，从政策、财力、物力、人力上给予切实保障，确保文物、规划管理部门的权威。

3. 建立文化遗产保护“全民参与、共同监督”体制

建立完整的历史文化遗产保护监督体系，鼓励市民积极参与历史文化遗产调查和保护监督，对于贡献显著的市民可以颁发荣誉证书，辅以一定物质奖励，或聘请为青岛市历史文化遗产保护监督员，建立全方位市民监督机制。鼓励市民、社会团体在遵守政策法规和尊重历史的前提下，参与历史文化遗产的保护与修复利用工程。对于较为分散和政府无力集中保护的文化遗产，应实施文化遗产保护志愿者工程，鼓励和支持当地街区、村镇和家庭居民等参与文化遗产的保护工作，将文化遗产保护工作落实到单位和个人。

4. 设立青岛市历史文化遗产保护基金

建议设立青岛市历史文化遗产保护基金，用于对青岛历史文化遗产和城市风貌调查、历史文化遗产维护与修复、历史文化发掘与文化遗产保护利用研究工作经费，用于历史文化遗产保护与社会监督机制建设、文化遗产保护与利用项目支持、历史文化遗产保护章程研究制定、历史文化遗产保护标志名牌制作、历史文化遗产保护利用网络平台建设与维护、历史文化研究与遗产保护成果（文字、影视作品）的转化、历史文化旅游产品的宣传推介等经费支出。基金来源以政府财政拨款为主（按每年 GDP 比例拨付），争取国家文物局、住宅建设部资金支持，吸引社会公益等资金参与。

5. 严肃执法，坚决惩处破坏历史文化遗产的行为

全面实施青岛历史文化遗产保护与利用战略，确保历史文化遗产保护工程的顺利实施。要严肃执法，坚决打击惩处破坏文化遗产行为，严厉查处破坏历史文化遗产的案件。要启动对政府、法人单位和个人的违法追责机制，鼓励市民和社会团体参与城市风貌保护与历史文化遗产保护工程的决策和监督工作。

（三）强化优化历史文化遗产保护工作

1. 强化文物法规、历史文化遗产保护宣传工作

要认真贯彻执行文物保护政策法规，提高各级政府和社会各界对历史文化遗产保护工作的重视，在全市开展文物保护法规宣传教育，普及《文物保护法》《青岛城市风貌保护条例》等法规章程，提高政府和社会各界对历史文化遗产保护工作的法律意识，将历史文化遗产保护

与利用工作纳入政府、法人单位政绩考核标准。普及青岛历史文化遗产和文物保护法规知识，整体提升市民历史文化知识与文物保护意识，形成了解青岛、热爱青岛、保护青岛、建设青岛的共识共鸣，激发市民对遗产保护的认知度与关切度，动员鼓励市民群众加入历史文化遗产保护的行列中，建立完善广大市民参加的志愿者队伍，形成文物保护的群众性舆论监督。

2. 加强对青岛历史文化的基础研究

（1）建立专业研究机构和团体。全面规划和实施历史文化调查与研究工程，加强青岛历史文化研究的基础理论研究和应用性研究，组建青岛历史文化研究团队，全面系统地发掘青岛历史文化内涵，保护传承城市文脉，为青岛历史文化遗产保护与利用工程提供基础资料和研究成果。要在机构设置、人员编制、研究经费等方面给予支持，培养专业人才，壮大历史文化研究队伍。建议青岛社会科学院设置历史文化研究所，整合现有历史专业人才，引入新生力量，与档案馆、图书馆、博物馆、高校等单位历史文化专业共同打造青岛历史文化遗产保护利用研究学术平台，引领分散于各部门和社会的历史研究学者和历史文化爱好者共同从事青岛城市文化发掘与历史遗产保护研究事业中，形成不同梯次的历史文化研究团队，推出系列翔实有据的历史资料和客观准确地学术研究成果，批判新殖民文化和历史虚无主义思想，消除“德国百年前预留下水道配件”等杜撰文章对舆论界和学术界的误导。以学术研究成果为应用型研究和影视、新媒体提供创作依据，扩大和提升青岛历史文化地位和影响力。

（2）重视青岛本地专家和科研规划团队作用，建设一支有高度责任心和高水平的专家与规划设计队伍。青岛市各相关单位先后成立了“文物保护专家委员会”“青岛城市规划咨询专家委员会”“青岛市旅游专家委员会”，对于青岛历史文化遗产保护利用发挥了重要作用。为了统一社会人才资源和专业知识，建议成立“青岛市历史文化遗产（或历史文化名城）保护专家委员会”，甄选一批具有较高专业水平、高度事业心和责任感的专家学者组成专家委员会，专门从事青岛市历史文化遗产保护与利用的调查研究和咨询建议工作，为领导和有关部门提供建议和决策依据。为保证专家委员会的权威性，应赋予委员会议充分的知情权、参与权、建议权、监督权和涉文（文化遗产）项目的否决权，参加青岛市城市规划委员会，从决策层面杜绝有违历史文化遗产保护的政策和项目。

在青岛市历史文化遗产保护与利用的战略实施中,可以本地专家和规划设计团体为主力完成保护利用工程的调研、规划、设计、管理、监督。在有关历史文化遗产保护的调研课题和项目规划、设计方案申请立项和评标时,应与外地专家团队同等标准,在同等条件下优先关照本地专家团队。支持青岛本土规划设计单位以青岛模式为基点,走出青岛、山东,打造具有“青岛制造”的品牌队伍。

(3)加强历史文化遗产保护利用的专题应用研究。应根据实际情况和文化遗产保护需求,拟定系列调研课题,鼓励社科研究、规划设计、档案图书和博物领域的专业人员参与历史文化遗产保护利用课题调研,在人力、财力、时间和实地调研等方面提供足够支持,以期为历史文化遗产保护战略实施提供基础性研究成果,为领导部门提供科学可行的决策依据。通过资料查阅和实地调查,对所研究的历史文化遗产的历史年代与沿革发展、文化特色、历史地位、文化科技艺术价值的分析评定,文化遗产保护利用现状、存在问题及未来发展前景分析,保护与利用的实施意见,保护规划与保护措施方案的设计、后期管理办法措施等事项进行研究。

3. 做好对历史文化遗产的调研登录工作

青岛市规划、文物部门应在前期文物普查和城市元素、历史文化遗产调查的基础上,拓展文化遗产调研范围,建立青岛市历史文化遗产(包含重点文物保护单位、历史建筑、风貌建筑、历史村镇等)、城市风貌元素保护名录档案。在现有历史文化遗产元素调查的基础上,有重点、有针对性地进行实地调研,对已发现公布的文化遗产认定所存在的年代、事件、人物、艺术价值等方面存在问题加以核实,对错讹失真之处予以纠谬改正;按照历史文化遗产的年代、价值、地位和内涵特色,提出分类分级注重特色的保护措施,作为合理开发利用的依据和导向。

4. 强化重点文物保护单位的调研和申报工作

对新发现的文物待保单位和历史建筑等文化遗产予以分析评价,将符合文物保护标准者纳入青岛市和区级重点文物保护单位;对现有省、市、区三级重点文物保护单位应根据其新发掘的历史文化内涵和遗产状况,将符合升级条件的文物保护单位升级为上一级重点文物保护单位。特别是未列入文物保护单位的琅琊古城、古港遗址应在做好考古与保护基础上，积极申报国家重点文物保护单位；增加各级历史文化街区、名村名镇的申报数量，提升等级和品牌。

八大关历史街区、鱼山历史街区、中山路(大鲍岛)历史街区、国棉六厂等均有申报国家历史文化街区的条件，应按照住房城乡建设部、国家文物局关于国家历史文化街区的标准要求，保护完善青岛历史街区，争取早日入选国家历史文化街区。

加强对历史文化名镇名村、传统村落、传统民居、非物质文化遗产以及附着在物质载体上历史文化内涵等内容的调研，对具有历史文化价值和文化传承作用的村镇、民居、非物质文化遗产以及传统民俗文化等予以保护、利用和传承。根据调研情况，分别门类，积极申报国家历史文化街区、国家和省级历史文化名镇、历史文化名村等。

借鉴青岛将德国建筑群整体捆绑申报国家重点文物保护单位的先例，整合现有海洋文化遗产(以近代海洋文化遗产为主体)，捆绑式申报国家重点文物保护单位。琅琊古城、古港、古台等海洋文化遗址和青岛要塞及“一战”遗址等也可仿照此类模式申报国家重点文物保护单位。

5.形成青岛特色历史文化品牌

鼓励非物质文化遗产继承人及专家学者深入发掘其文化内涵，传承青岛地域文化，形成青岛特色文化品牌。城阳区组织胡峄阳后人和专家学者成立胡峄阳文化研究会，依靠民间力量深入发掘宣传胡峄阳文化，产生了良好的效果和影响力。这种形式值得推广普及。

6.做好历史文化遗产记忆工程

(1)避免历史建筑的修复失真。要加强对历史遗产保护和老建筑修复工程的重视，紧紧依靠青岛历史文化遗产保护利用研究专家团队对历史街区、历史建筑保护修复工程进行调研、策划、设计、监督，还要有一支深谙历史文化遗产保护法规、原则，具有丰富的历史文化遗产修复维护经验和责任感的工程维修建设队伍，在材质、工艺等方面保证历史建筑修复的科学性与原真性。要充分听取居民意见，激发居民对遗产保护和利民工程的支持，让居民和社会各界参与到历史文化街区保护和利民便民的工程中，以保障遗产保护工程的顺利实施。

(2)用文字标识留住历史文化记忆。借鉴德国、日本等国外城市用历史遗迹或标志铭牌留住城市记忆的方式。在必须拆建的历史建筑旧址上的新建筑，应保留一段(点)原建筑材料予以区别标示并加以说明(如青岛体育场保留的部分旧墙)。经典建筑如青岛市委的机关所在地(原日、美驻青岛的海军司令部旧址)、青岛市交际处(原日军海军俱乐部旧址)、原青岛市人大(原国民党青岛市党部旧址)、原青岛市政协(原德国海因里希大饭店旧址)、莱阳路 8 号(原德国海军东亚舰队司令部及东北海军司令部旧址)、原青岛市总工会、原湖北路邮局、原青岛饭店、原青岛百货公司、原青岛国货公司、原环球体育文化用品商店、原青岛新华书店、原青岛小港老海关旧址、原华侨饭店、原青岛海员俱乐部、原大港客运站、青岛大学附属医院(原德国总督府医院)门诊主楼旧址、原青岛火车站旧址、原四方火车站旧址、原沧口火车站旧址以及"环湾发展"战略实施过程中搬迁的工厂企业等著名历史建筑,要通过文化标识的方式予以记忆,即在原历史建筑的遗址上刊立标识,记述其原历史建筑的名称、时间、功能、内涵等。可以用青岛特产花岗岩刻石的形式在新建筑物旁边或墙体上作简单标识,配以图片、文字说明,让新建的建筑物增添历史文化的积淀。

(3)在历史遗址上的新建筑应保留部分原始建筑材料和历史风貌,留住历史文化信息。对于必须拆迁或改建的历史建筑,应在新建筑物的外墙体有意识地采用原有建材砌成部分墙体,以标记该建筑的前身往事。配合地面标示,传承文化记忆。青岛体育场拆除后在新体育场(天泰体育场)保留一部分原建筑石墙的做法就是一个很好的案例。

(4)发掘历史文化内涵,强化青岛城市文化记忆工程。推出文字、影视和口碑产品,讲述青岛城市和历史文化遗产特别是已消失的遗产的历史故事,保留传承历史文化记忆。

(5)调整、充实、完善青岛城市规划陈列馆。应以青岛城市发展轨迹为主轴,扩充拓展青岛古代和近现代城市规划发展历史展示,丰富城市文化元素,增加历史文化遗产保护利用及城市文化记忆等展示内容,使之成为反映青岛城市历史发展轨迹与规划建设成就的窗口和留住青岛城市记忆的平台。

7.保护传承青岛特色地域文化与地名文化

(1)发掘青岛地域文化资源,研究推出地域文化成果。保护发掘青岛特色地域文化资源,与城市文化融为一体,使其成为重要的城市地域文化元素。琅琊、胶东、即墨(密)、不其、胶水、胶西、板桥镇、灵山卫、鳌山卫、雄崖所、湛山、浮山所、辛家庄、大小鲍岛、夏河寨所、薛家岛以及众多市区街道、乡镇村庄、山川河流等名字构成了青岛历史文化的重要部分。这些有历史底蕴和文化内涵的历史地名大部分已随着历史变迁特别是朝代更替、行政建制的变化而更名，如琅琊这一地名于唐代废弃，不其、胶东、胶水、胶西、板桥镇等地名亦因行政建制的变化废弃。少数存留的地名也没有得到有力保护和深层次发掘。这是一种文化传承的缺失和资源浪费，导致年轻市民和外地迁入青岛的新市民缺乏对青岛历史文化的了解。建议成立青岛市地名文化研究会，协助政府部门发掘研究青岛特色地名文化内涵，科学研究和制订历史地名、传统地名与当代地名文化的传承利用方案模式，发扬光大青岛特色地名文化优势，为历史文化遗产保护工程增色添彩。

(2)发扬和延续以地名命名道路的传统。近现代，以中国地名命名道路是青岛历史文化的一部分，具有重要的标志性意义。德、日占领青岛期间，以德、日文化命名青岛地名。1922 年中国政府收回青岛后，进行“去殖民化”，将原有的日文命名的道路、山头、海岛、建筑名字全部中国化，道路统一以中国省县镇的地名来命名，山头则以其所在地的地名或功能来命名，如青岛山、信号山、观象山、观海山等。青岛的道路命名基本上遵循以地名命名的惯例，但也有部分道路没有遵循这一惯例，例如，薛家岛这一有底蕴有特色的历史地名被改为凤凰岛；著名的青岛(汇泉)体育场重建后改名天泰体育场；科技大道、智力大道、影视大道、火炬大道等看似新潮的地名出现；一些新建小区动辄以国外城市地名予以命名。这不利于地域文化和历史文化的传承。对于新规划建设的道路、公交车站和地铁车站、居民小区、旅游景区等名称应以中国特别是青岛的传统地名予以命名。在黄岛(胶南)、即墨、红岛等新规划建设的新市区或产业区，须以本地原有村庄、山头、海岛等传统地名命名新建道路、小区、车站、景区，以延续和传承本地历史文化，留住历史文化记忆，体现青岛自信力和影响力。特别是规模宏大、线路密集、站点众多的青岛地铁各个站名的选择命名更要突出青岛文化特色，以所经行之村镇、山头、景点(区)等有文化有特色的地名予以命名，真正做到每线每站均有地域文化信息与特色，让青岛地铁真正成为传播青岛文化的窗口与旅游名片。

(3)对洋化、怪异和重叠的路名、地名予以梳理重新命名。青岛所辖的崂山、城阳、黄岛(胶南)，道路命名自成体系。市改区后，新市区的道路与老城区的道路名称多有重叠，应重新命名。对于近些年的新地名特别是洋地名、怪地名，应根据地域历史文化和地名文化特色予以调整，使之符合青岛地域、地名文化的传统特色。

8. 加大宣传推介，打造“青岛故事”文化品牌

要全面系统地发掘宣传青岛历史故事，全面系统地介绍青岛历史文化遗产保护利用经验、模式，提升青岛城市文化地位，促进强化青岛历史文化遗产和城市文化的发掘、研究、宣传推介工作。利用多种新闻媒体，宣传介绍青岛历史文化遗产保护利用的成就和案例，打造“青岛故事”品牌。发掘推出一批有历史档案资料基础、有实地调研依据、有历史唯物主义指导的系列介绍青岛历史文化和城市建设的文字、影视作品，让青岛市民和外地游客“了解青岛、热爱青岛”，最终达到“共同建设美好青岛”的目的。以此纠正社会上广为流传的与历史事实严重不符的诸多“发现”作品。应制定激励政策，鼓励青岛市民和中外专家学者参与和推出相关影视及文字作品，形成宣传推介青岛城市文化和遗产保护利用的系统工程。

（四）重点领域和重点项目

1. 深入发掘海洋文化内涵，打造海洋文化品牌

青岛海洋文化源远流长，历史文化遗产众多。应全面调研、全面系统征集青岛及中国海洋文化历史资料，加强对海洋文化遗产的调研、保护、挖掘、整合，推出成果，打造和推介品牌，发展特色海洋文化旅游产品，构建独具特色的青岛海洋文化旅游产业。

（1）全面保护古代海洋文化遗址。应在考古调查的基础上，确定文物保护等级，划定文化遗址保护范围，严禁以各种名义开发破坏。对琅琊文化（琅琊城、琅琊港、琅琊台）遗址、板桥镇遗址等重要历史文化遗址进行全面考古调查。①规划建设琅琊文化博物馆和海洋文化遗址公园，参与申报“海上丝绸之路”世界文化遗产工程，启动琅琊文化申报世界文化遗产工程。启动全面保护琅琊文化遗址工程，调研探查琅琊古城、古港、古台的遗址规模范围，划定三大遗址的统一保护范围，积极申报国家重点文物保护单位，整体保护琅琊文化遗产；建设琅琊文化博物馆，制定琅琊文化遗址公园保护规划，建设琅琊文化大遗址公园，积极参与争取申报“海上丝绸之路”世界文化遗产工程。同时，在保护和发掘琅琊文化遗产的基础上，启动琅琊文化申报世界文化遗产工程。以琅琊文化遗产为品牌，以青岛近现代海洋科技文化为

基点，突出青岛独有的中国古代海洋文化发源地和近代海洋科技、教育文化发源地的特色资源，密切结合“一带一路”国家战略，发挥青岛海洋经济、军事、交通、文化、旅游等资源优势，争取在新丝绸之路上占领战略高点。加大青岛在参与“海上丝绸之路”战略的宣传推介方面的力度。②加大胶莱运河文化遗址保护和开发。应组织专门调研规划团队进行系统调研，制定胶莱运河遗产保护规划，丰富和拓展青岛海洋文化遗产保护工程。

(2)严格保护青岛近代海洋文化遗产。对青岛大小港旧址、青岛观象台、青岛水族馆、青岛海滨生物研究所、中国海洋大学鱼山校区、大港验潮站、中国水准原点、团岛灯塔、小青岛灯塔、大公岛灯塔、潮连岛灯塔等近代海洋历史文化遗址，制定保护管理措施，严禁改变文化遗产的建筑格局与历史风貌。

(3)系统调研保护当代海洋文化遗产资源。对新中国成立后建设的中科院水生物研究所青岛生物研究室、中科院青岛海洋生物研究所、海洋地质所、黄海研究所、国家海洋局第一海洋研究所等海洋科研机构及大港验潮站、麦岛潮汐监测站和相关海洋产业等予以调研，根据其遗产价值和历史地位进行分类保护。

2.加大对军事文化的挖掘与保护

建议全面调研和保护青岛要塞及“一战”遗址，将现存青岛要塞遗址的各处炮台、堡垒、兵营、码头等设施与“一战”遗迹统一整合保护，制定青岛要塞暨“一战”遗址公园保护规划，申报国家重点文物保护单位，在条件成熟时申报世界文化遗产。注重和加强对要塞与“一战”相关的文物征集工作，扩大展品收藏。加强对青岛早期军事文化的发掘、整理、研究和宣传工作，为遗址公园建设打好基础研究工作。

3.强化对青岛工业遗产保护利用

青岛是中国近代工业发源地之一，其铁路机车、啤酒、纺织、橡胶、化工、纺织机械、面粉加工等工业产业在全国均名列前茅，具有重要地位，留下了丰富的工业文化遗产。应在充分调研的基础上，拟订工业遗产保护名录，列入青岛历史文化遗产保护范围，根据其历史地位和科技文化价值，分类保护。

(1)加大工业遗产保护力度，抢救残存工业遗产。青岛老企业搬迁工作还在继续推进中，应重点对拟搬迁企业进行实地调研，根据其历史地位、文化特色、环境条件，划定保护名单，制定保护利用规划，抢救残存的珍贵工业文化遗产。对于尚未列入搬迁改造计划的工厂企业，应与工厂以及主管部门协商，制定保护规划，以保护工厂风貌和历史建筑。

(2)筹建工业遗产博物馆。建议利用现存工业遗产规划建设工业遗产专题博物馆；创造条件，规划筹建各类行业博物馆，如青岛橡胶博物馆、青岛电子家电博物馆、青岛化学工业博物馆等。让青岛每个骨干行业都有一个能展现本行业历史文化，留得住记忆的行业性主题博物馆。整合开发工业遗产资源，打造工业旅游产品。建议筹建青岛港口博物馆、青岛船舶博物馆、青岛四方机车博物馆、青岛盐业博物馆、青岛葡萄酒博物馆、青岛即墨老酒博物馆、青岛崂山矿泉水博物馆、青岛钢铁博物馆、青岛建材(耐火材料)博物馆、青岛工业综合博物馆，筹建中国纺织博物馆等。

4.强化对历史名人和故居的保护利用

确定青岛历史名人和故居入选标准，对青岛历史名人资源进行全面深入的调研，确定入选名人的标准条件，制定青岛市名人故居的认定标准，使得青岛历史名人及故居入选名单有据可依。要突破以往仅限于文化名人故居保护，忽略其他历史名人文化和故居的发掘保护的窠臼。突出保护“历史名人”，即包含政治、经济、军事、文化等各方面的历史名人资源，增加历史文化名人及故居保护名单，发掘研究名人文化。2015 年挂牌公布的第二批 16 名历史名人故居中就包括了丁惟汾、胡若愚、沈鸿烈三位政界名人的故居，是一个很好的开端。

充分发掘研究青岛历史名人的生平、事迹及故居的确切地址。青岛历史轨迹曲折多变，许多名人在青岛停留和居住时间很短暂。如蔡元培曾先后数十次在青岛停留，但并未购置私宅，且每次来青岛都居住在不同的建筑内，如无深入研究实在难以确定其故居保护对象。以往因调研不足发生“张冠李戴”的事例在全国为数不少，值得警惕。

名人故居保护要审时度势，根据条件分步实施。调研名人故居的保护利用状况，提出优化意见方案，采取循序渐进方式，逐步将故居修复布置后面向社会开放。暂时还不具备开放条件的故居可以公布挂牌，聘用当地居民兼做故居的管理监督和讲解工作，保护历史建筑不受破坏。在开发条件不具备的情况下不要硬性建设纪念馆。选定空间较大、生态环境优良、知名度较高且交通便利的历史建筑，规划建设青岛历史名人博物馆。

5.保护与发掘城市历史文化资源。

青岛城市文化资源丰富,应在保护的基础上进行合理开发利用。对于重大历史时期和历史事件应重点保护开发,在纪念五四运动100周年之际筹建五四运动与青岛博物馆、德国侵略青岛历史陈列馆、日本侵略青岛历史陈列馆、青岛城市博物馆等。

6.保护重点文化遗产,建设历史文化遗址公园

(1)规划建设崂山道教文化遗址公园。崂山道教文化历史悠久,遗产丰富,现存保留较完整的太清宫等宫观十余处,分布在崂山各处,形成了一个规模数量庞大、知名度较高的道教文化建筑群。应对崂山道教建筑群的保护状况进行全面调研,划定其保护范围,明确遗址保护职责,坚决制止违规乱建破坏文化遗产风貌等行为。规划建设崂山道教文化遗产公园和崂山道教文化博物馆,发掘崂山道教历史文化内涵,提升崂山道教文化地位,打造崂山道教文化旅游品牌。

(2)依据即墨故城遗址与六曲山汉墓群遗址,规划建设即墨故城文化遗址公园。即墨古城始建于春秋末年,迄今已有2500余年历史。即墨故城、宫殿和城墙遗址保留较完好。在故城遗址附近保存了数百座秦汉古墓葬群,构成了即墨古城文化遗产的核心元素。建议通过考古探查,探明即墨古城的文化遗址范围,划定和保护地下遗存及城墙、汉墓群等遗存物,规划建设即墨文化遗址博物馆和即墨故城遗址公园。

(3)整合保护青岛近代海洋文化遗产资源,建设海洋科技文化遗址公园。青岛观象台、青岛水族馆、青岛海滨生物研究所、中国海洋大学鱼山校区、大港验潮站、水准原点、麦岛潮汐监测站、团岛灯塔、小青岛灯塔、大公岛灯塔、潮连岛灯塔等近代海洋历史文化遗址,以及中科院青岛海洋生物研究所、海洋地质所、黄海研究所、国家海洋局第一海洋研究所等海洋科研机构是青岛著名的海洋科学文化遗产,应在保护的基础上整合提升,建设海洋科技文化遗址公园。

7.建设大鲍岛历史文化街区与特色风情街

(1)规划建设大鲍岛历史文化街区。由青岛市政府组织市南、市北两区统一制定中山路北段历史街区的保护利用规划,结合中山路保护改造工程,全面保护原大鲍岛历史街区的里院建筑群。根据大鲍岛历史文化特色和道路建筑格局,确定划分历史文化街区的保护范围,形成以大鲍岛区(四方路)为核心的绝对保护区。对前期新建高层建

筑和破坏城市街区风貌的建筑物进行全面调研，拟定改进措施，分别酌情处理。一些已经关闭停业且对城市风貌损害严重的建筑可以采取收购后拆除，恢复原有历史建筑。对于已经消失的经典建筑可以在原址恢复重建（如三江会馆前院）。区内禁行机动车，保持历史街区的原生文化态势、风貌和生态环境。保留主干道的公交汽车线路，为居民和游客通行提供交通便利，营造一个相对封闭式的商住和旅游文化街区。按照国家文物局、住房城乡建设部关于中国历史文化名城的标准要求，在严格履行标准要求的基础上，积极申报国家历史文化街区。在历史街区保护上形成规模效应，发展旅游、商贸、文化产业，将大鲍岛百年老街打造成集民俗、旅游、商贸、文化于一体的旅游文化街区，拉动和激活中山路商业文化与旅游文化，力争重塑中山路的繁荣与昌盛。

(2)筹建青岛近代城市民俗博物馆和民俗大院。整体性保护里院建筑群，发掘、整合青岛城市历史文化资源与传统里院民俗文化，设计、包装、宣传其文化内涵，使其在中国近代文化平台上占有一席之地。可选择海泊路、四方路一带历史悠久、内涵丰富、建筑完整的几处街道和里院组团予以修复，筹建开放式、民居生活与习俗文化相融合的青岛近代城市民俗博物馆和民俗大院。征集老市民日常使用的家具等民间文物，丰富民俗展品；调查发掘民俗文化历史，浓缩青岛城市文化和民俗文化。在回购居民房产和维修历史建筑时，应尽量将原居民家中的老式家具、门窗、生活用品等文化元素整体保留或回购，作为民俗博物馆和传统民俗里院的展品，保持历史原真性。博物馆的陈列展出应动静结合，即传统的固定形式的陈列展与市民寻常生活中的民俗文化相结合，恢复原有的里院集市和作坊、商店的传统经营模式，打造一个青岛特有的民俗文化街区和天然的民俗文化博物馆。

(3)保持大鲍岛历史街区的原有商住功能特色，延续、传承和活化青岛里院文化。大鲍岛历史街区保护应在保护建筑的基础上继续发挥里院的居住功能，特别是要传承原居民的日常生活和民俗文化，达到文化遗产的活化保护。值得注意和警惕的是，青岛历史建筑特别是里院建筑的保护方式不宜走入为搬迁而搬迁的城市改造误区：在未确定老建筑未来利用定位的情况下，将原居民全部迁离本地本土，势必将彻底阻断里院文化的传承与延续。众多里院建筑在征收后长期闲置，不做修复利用，致使老建筑面临风吹雨淋、失火倒塌的危险境地。

应采取紧急措施，组织专家和设计部门对里院历史文化特色和未来利用的目标定位进行调研规划，制订修复方案，拟定原居民继续在里院居住生活的相关政策，以保护和活化大鲍岛里院的历史文化。

(五)其他应注重加强的领域和项目

1. 重视对共和国历史文化遗产的调查和保护

要改变以往重视新中国成立前历史文化遗产保护，忽视新中国成立后历史文化遗产保护的思想理念，加大对新中国成立后的青岛城市规划建设的街区、建筑、道路、桥梁、上下水设备等元素的调研；加大对具有特色和代表性的工业厂区、厂房车间、设备、工艺、产品等设施的调研；拓展和加大对农村人民公社时期的水利设施(水井、渡槽、水渠、水库)、特色山林和农田建设设施、道路桥梁、农具、新农村改造的特色村庄等共和国文化遗产的调研，将新中国成立后历史文化遗产纳入青岛市历史文化遗产元素调查范围，择其重要者列入重点保护名录。

2. 加大对红色文化历史遗产的调研与保护

对重大历史事件、历史人物及其发生地和历史影响力进行调研，切实保护相关历史文化遗产。重点调研保护大泽山抗日根据地(地雷战)、杨家山里民兵联防遗址、胶高即战役遗址、三合山战役遗址、青即战役遗址、“青岛惨案”遗址等红色历史文化遗址，发掘文化内涵，强化爱国主义和革命英雄主义教育。

3. 加大对城市基础设施调研保护

青岛上下水、地下管道、马路、公园绿地等设施是全国近代城市建设的样板，也是青岛珍贵的文化遗产之一。之前的文物普查和历史遗产元素对此调研不足，应予以强化调研，符合保护标准者列入重点保护名录。

4. 加大对铁路等非市属部门文化遗存的调研保护

胶济铁路是我国近代主要铁路之一，在近代历史上，胶济铁路作为青岛城市的延伸，在经济、文化上连为一体、关系密切。胶济铁路也是中国共产党领导的工人运动的重要基地之一，在中国革命史上发挥了重要作用。新中国成立后，胶济铁路的经济地位日益重要。应突破行政区域限制，对胶济铁路沿线文化遗产进行全面系统调研，制定保护利用规划。为保护历史文化遗存，传承弘扬铁路交通工业文化，建议将原胶济铁路局办公楼旧址(原德华大学)辟建青岛胶济铁路博物馆。

5. 启动对黄岛区(西海岸新区)、即墨区等新规划区域的文化遗产调研保护

黄岛区(西海岸新区)和即墨区等新市区发展迅猛,也对历史文化遗产保护工作带来重大压力和动力。应尽快组织文化遗产保护研究与规划团队进行实地调查,形成调研与规划成果,为建设发展提供基础数据资料;制定新城区历史文化遗产保护详细规划,提供决策依据。凡涉及行政区域改变调整的地区,应立即实施历史文化遗产调研与保护规划的制定工程,为新区总体规划提供基础资料和决策参照。

6. 强化对非遗文化的发掘保护

青岛市文化内涵丰富,地域文化很有特色,应在现有非遗保护的基础上,优化扶持政策,加大对特色地域文化的发掘,申报非物质文化遗产,以利文化传承与保护。

(六)整合历史文化资源,打造特色文化旅游品牌

整合历史文化名城、历史文化街区、历史建筑和城市风貌特色,打造青岛特色城市历史文化旅游产品,成为青岛最大、最重要的旅游平台,推出城市风貌游览线、前海海滨文化遗产游览线、特色历史街区游览线、经典历史建筑游览线、名人故居游览线、特色博物馆游览线等特色旅游路线;突出青岛海洋文化遗产资源,策划推出琅琊文化遗址公园旅游线、青岛要塞与“一战”遗址公园游览线、海洋科技游览线(含水族馆、观象台、灯塔、海洋所等)等产品;策划推出青啤、纺织(国棉五厂、六厂)、胶济铁路老线路等工业遗产旅游线;提升崂山道教文化遗产旅游线,拉升崂山风景区观光休闲旅游品牌;重视和利用青岛地铁交通网络功能,串联青岛文化遗产和旅游景点,打造青岛地铁旅游专线。

结合历史文化遗产保护工程,重点打造青岛市历史文化旅游名片:以中山路(大鲍岛)历史街区为中心,打造集历史文化、建筑文化、商贸文化与民俗文化于一体的城市旅游名片;推出贯穿前海一线海洋文化资源与产品的青岛海洋文化旅游黄金线名片;规划推出青岛地铁快捷自助旅游线名片;整合推出以崂山山海风光与宗教(道教)文化为主体的崂山旅游文化名片。

课题组组长

张树枫(执笔)　青岛市生产力学会

课题组成员

潘丽珍　中国城市规划设计研究院青岛分院

周兆利　青岛市档案馆

曲金良　中国海洋大学

赵成国　中国海洋大学

朱建军　中国海洋大学

马树华　中国海洋大学

崔宪会　青岛卓雅会展有限公司

郝丽华　青岛市生产力学会

全面建成小康社会之后的青岛文化发展目标和路径研究

中共青岛市委党校课题组

党的十八大报告明确提出了确保到2020年实现全面建成小康社会宏伟目标，其中包括国内生产总值和城乡居民人均收入比2010年翻一番等多方面目标任务。全面建成小康社会必然包括“文化小康”的建成，党的十八大确定的到2020年社会主义文化强国建设目标是：“文化软实力显著增强。社会主义核心价值体系深入人心，公民文明素质和社会文明程度明显提高。文化产品更加丰富，公共文化服务体系基本建成，文化产业成为国民经济支柱性产业，中华文化走出去迈出更大步伐，社会主义文化强国建设基础更加坚实。”

一、“十三五”时期青岛文化发展的主要目标

青岛作为我国沿海重要的中心城市和滨海度假旅游城市、国际性港口城市、国家历史文化名城，已接近实现全面建成小康社会的目标，文化建设走在全国前列，文化产业发展迅速，文化精品创作取得丰硕成果，是山东省第一个完成公共文化服务示范区建设的城市。在青岛市制定的“十三五”文化发展规划中，一些目标处于全国各地特别是同类城市前列，已经是小康社会全面建成之后的目标，主要包括以下方面。

(一)文化设施目标

到2020年，市及区(市)图书馆、文化馆全部达到国家一级标准，具备条件的区(市)建成博物馆、美术馆，镇(街道)综合文化站(中心)，并达到国家二级以上标准，社区和行政村建有符合标准的综合性文化服务中心。全市博物馆总体数量超过100家，实现每8万人拥有一个

博物馆,博物馆年服务人次达到800万,全市形成以公办博物馆为主体,以行业博物馆、非国有博物馆为辅助的博物馆发展格局。

(二)文化产业目标

到2020年,实现文化产业增加值占GDP比重10%,文化产业增加值年均增长速度保持在18%左右。培育形成30家以上实力雄厚、竞争力强的大型骨干文化企业,推动100家以上中小文化企业做大做强,培育30000家小微文化企业,文化产业上市公司争取实现新突破,构建从"种子企业"到"领军企业"的良性发展梯队。整合提升市级园区,突出主业、提升能级,新增3~5个国家级和省级文化产业园区或基地。加快推进特色专业园区发展,推动各区(市)整合或新建1~2家市级重点文化产业园区,突出主营业务、实现错位发展。

(三)文艺精品目标

到2020年,重点打造5部左右思想精深、艺术精湛、制作精良,体现时代文化成就、代表城市文化形象的精品力作。国家艺术基金立项资助项目超过10项。

(四)文化传承目标

到2020年,全国重点文物保护单位"四有"工作完成率和重大险情排除率均达到100%。

二、2016年青岛文化发展目标完成情况

"十三五"开局的2016年,青岛市顺利完成了以下目标任务。

(一)文化设施及活动

78处文化场馆实现免费开放,提供书刊借阅312万册次,举办讲座、展览500余次,服务市民超过800万人次。开展"欢乐青岛广场周周演"等群众文化活动16700多场,放映农村公益电影6.9万场,受益群众达1000多万人次。改造提升贫困村和经济薄弱村综合文化室306处。全市注册各类博物馆总数突破70家。公共文化设施建设更加完善。全年新增公共文化设施4.9万平方米。改造建成市少儿图

书馆，接待了15万小读者。

（二）文化产业

全市文化产业增加值保持了16%左右的增速，占全市GDP比重已达6%。“千万平方米”文化创意产业园区工程累计竣工860万平方米。共建成国家级园区（基地）6个，省市级园区（基地）27个。3部动漫作品入选2016年文化部动漫扶持计划，9个项目获2016年度中央财政专项扶持资金1500余万元。

（三）文化精品

发布了《青岛市文艺创作生产引导目录》，明确创作导向和重点支持方向，共征集各艺术门类项目300余个。《中国密码》等3部剧本入选国家电影孵化计划，12部作品获省泰山文艺奖。

三、全面建成小康社会之后青岛文化建设所面临的机遇与挑战

（一）人民文化需求更加多样，对文化产品的数量、质量要求更高

伴随物质生活的富裕，小康社会后人们的需求将更多转向高层次的精神生活的满足，对精神文化的需要会快速增长，在质上也会出现由低层次到高层次、从单一需要向多元需要发展的变化。所以，达到文化小康之后的文化产品不是单纯量的增长就能够满足人们需要，必须综合考察人民群众的多元文化需要，转变文化管理体制与运行机制，不断满足人们日益提高的文化需求。

（二）国家间文化竞争日趋激烈

当今世界，文化冲突日益成为影响世界局势的主要因素。文化保守主义抬头，宗教扩张、文化多元、信仰危机乃至文化冲突进一步加剧，已经使包括欧美在内的各个国家的文化发展面临重大考验。决定国家综合实力的要素中，文化因素的作用越来越重要，一个国家一旦失去文化自信，文化发展严重滞后经济社会发展，不管拥有多么强大的经济、军事实力，也会在顷刻间土崩瓦解。因此，能否凸显本国文化

特色，增强文化自信和凝聚力成为国家兴衰的重要因素。对中国而言，继承中华优秀传统文化，推进马克思主义与中华优秀传统文化相结合，加快马克思主义中国化进程，大力发展文化事业与文化产业，增强国家软实力，是树立国家文化自信、增强文化凝聚力的必由之路，是社会主义文化强国建设的必然选择。

（三）文化发展水平对整个经济社会发展的影响愈加深刻

文化与经济深度融合，经济文化化、文化经济化成为发展大趋势。就我国而言，伴随经济新常态的到来，我国经济发展方式由粗放型向集约型转化，市场竞争逐步转向质量型、差异化为主，多样化消费渐成主流……一方面对产品与服务的文化内涵要求提高，一方面对生产者的素质要求越来越高。经济社会转型发展，高品质、差异化、多样化需求的满足，对生产者创新能力、工匠精神等要求的提高，都与文化发展水平直接相关。

四、全面建设小康社会之后青岛市2025年文化发展的总体目标及目标任务

习近平同志高度重视文化建设："一个国家、一个民族的强盛，总是以文化兴盛为支撑的，中华民族伟大复兴需要以中华文化发展繁荣为条件。"要求"全党要坚定中国特色社会主义道路自信、理论自信、制度自信、文化自信……文化自信是更基础、更广泛、更深厚的自信。"指出："核心价值观是文化软实力的灵魂、文化软实力建设的重点。这是决定文化性质和方向的最深层次要素。一个国家的文化软实力，从根本上说，取决于其核心价值观的生命力、凝聚力、感召力。"文化发展必须贯彻落实社会主义文化强国建设的新理念、新思想、新战略，高度重视文化建设，增强文化自信，以提高文化软实力、弘扬社会主义核心价值观文化为重点，全面推进文化建设。

全面建成小康社会之后，青岛市文化发展应设定一个合理的阶段性目标，建议考虑以2025年为期设定青岛市文化发展的目标及实现路径。其理由：一是党中央明确到建党100周年全面建成小康社会；二是青岛市虽已接近实现全面建成小康社会的目标，但完成小康社会全面建成的各项工作任务依然艰巨；三是文化发展相对经济发展、精

神生产相对物质生产具有相对独立性，而总体看，相对于我国经济、军事等硬实力在国际上的排名，文化软实力的排名远远落后，因此文化建设依然任重道远。

全面建设小康社会之后青岛市 2025 年文化发展的总体目标是：围绕宜居幸福创新型国际城市建设目标，坚持正确政治方向、舆论导向、价值取向，立足本土文化资源与城市特色，在文化小康建成基础上进一步提升文化产品质量，以齐鲁文化与海洋文化交融为特色，扩大国内外影响，建设具有重要国际影响力的现代海洋文化名城。其具体目标任务包括：社会主义核心价值观深入人心，市民文化素质和城市文明程度明显提高，文化强市战略取得明显成效；文化特色鲜明，形成齐鲁文化与海洋文化交融的独特城市文化符号、文化品牌，现代海洋文化名城知名度与影响力不断提升；更高层次的现代公共文化服务体系建设取得重大进展，人民群众能享受到多元化、高品质的公共文化服务；现代文化产业体系和现代文化市场体系日趋完善，文化产业成为国民经济重要支柱性产业；城市文化软实力显著增强，国际文化交流日益加强，形成以版权交易中心和齐鲁文化交流中心为突出特色的国际化文化大都市、文化中心城市。

五、全面建成小康社会之后青岛市 2025 年文化发展的主要任务和基本路径

全面建成小康社会之后青岛文化发展的主要任务是：以邓小平理论、“三个代表”重要思想、科学发展观和习近平中国特色社会主义理论为指导，贯彻落实习近平同志关于社会主义文化强国建设讲话精神，牢固树立创新、协调、绿色、开放、共享的发展理念，大力弘扬社会主义核心价值观，深入推进文化改革创新，加快构建城市文化品牌、公共文化服务体系、现代文化产业体系和现代文化市场体系，继承和弘扬中华优秀传统文化，加强国际文化交流，创建特色鲜明、具有重要国际影响力的东亚文化名城。

（一）大力弘扬社会主义核心价值观

广泛开展社会主义核心价值观宣传教育和主题实践活动，运用多种方式和渠道，推动核心价值观深入人心。建立培育和践行社会主义

核心价值观的效果反馈机制，有效指导社会主义核心价值观建设。加强社会公德、职业道德、家庭美德、个人品德宣传教育，培树道德模范和先进典型，继续深入开展“感动青岛”等各项活动，引导人们向往和追求讲道德、尊道德、守道德的生活。继续推进志愿服务，弘扬“奉献、友爱、互助、进步”志愿服务精神，加强志愿服务组织、项目和基地建设，壮大志愿者队伍，使志愿服务制度化、常态化、专业化。加强未成年人思想道德建设，完善学校、家庭、社会三结合教育网络。建设全市公共文明测评体系，客观、有效地测量公共文明发展情况，建立配套反馈机制。

（二）形成齐鲁文化与海洋文化交融的独特文化符号、文化品牌

青岛从开埠之初即由德国人完全依照现代城市规划理念建设，同时位于齐鲁大地，具有深厚的传统文化底蕴。这使青岛成为一座东西方思想交汇激荡之城。

继续加强历史城区、历史文化街区、历史村镇、名人故居、工业遗产、红色遗存、海防遗址等保护，实施齐长城、德国建筑群等重点文物保护工程，打造“近现代西洋工业文化保留地”。增强“影视之城”“音乐之岛”“帆船之都”城市品牌时代魅力。挖掘、宣传海洋文化，增强海洋主题文化的号召力；举办涉海节庆会展和赛事，扩大海洋主题文化的影响力；突出青岛旅游的亲海、度假特色，增强海洋主题文化的吸引力；发展海洋文化创意产业，增强海洋主题文化的创造力；培育壮大涉海产业，增强海洋主题文化的辐射力。加大“红瓦绿树、碧海蓝天”和崂山、八大关、栈桥等青岛符号和“微尘”“红飘带”等爱心品牌宣传力度，增强城市独特吸引力。发展海洋体育赛事，促进海洋体育旅游产业大发展。更多地承办具有国际影响力的帆船比赛，引进历史最悠久、知名度最高的“美洲杯”帆船赛，使青岛市真正成为帆船运动的国际性赛事中心，成为名副其实的“帆船之都”；同时，大力发展沙滩排球赛、国际垂钓比赛，以及帆板、摩托艇等多种形式的国内国际海洋体育赛事，逐渐把青岛市建成全国一流、在世界上有一定影响的海上体育中心。

（三）现代公共文化体系趋向成熟

1. 推进公共文化设施网络建设

实施文化惠民提升工程，继续建设市文化艺术中心、市博物馆、电影博物馆，优化提升区市公共文化设施，县级公共图书馆、文化馆和镇（街道）综合文化站、村级综合性文化服务中心等设施建设能够满足全体群众文化需求。推进市民健身中心等场馆建设，打造一批市民活动中心，建设笼式足球场等形式的体育运动场所。

2. 提质增效，提升公共文化服务效能

政府建设的公共文化场馆向市民免费开放，通过项目公示、错时开放、延长免费开放时间等手段，积极提供各类公共文化服务。建立群众文化需求反馈机制，及时准确了解和掌握群众文化需求，制定公共文化服务供给目录，开展菜单式、订单式、互动式服务，实现供需对接。建立群众“点单”—政府公开招标采购—市、区（市）、街道（镇）三级配送的公共文化服务配送网络，逐步在全市形成公共文化资源大配送、大循环格局。完善公共文化服务绩效评估机制，建立青岛市文化发展指数（QCDI）测评体系，利用网络点评和大数据分析，增强公共文化服务评价的客观性、科学性和民主性。

3. 丰富文化活动，打造文化品牌

根据市民文化需求特点，以国际先进城市为标杆，积极构建规模化、系列化、多层次的文化节庆活动品牌体系。继续实施全民阅读工程，提升农家书屋数字化水平，推进“书香青岛”建设。实施公益电影放映提升工程，不断提升农村公益电影放映服务质量。打造特色公共文化服务品牌，按照“一个活动、一个品牌、一个平台、一个产业”的思路，把“五王”大赛、青岛国际音乐大师班等打造成具有较强辐射力和影响力的文化活动品牌体系。

4. 推进“互联网＋公共文化”，加快文化与科技的融合发展

整合青岛公共文化信息资源，打造“青岛文化云”，建设集规范性、市场性、可操作性于一体的智慧型公共文化信息服务云平台。加强数字化服务平台建设，形成图书馆、文化馆、博物馆等机构数字化资源和服务建设的特点与模式。加快推进数字文化资源在智能社区中的应用，实现“一站式”服务，构建内容丰富、技术先进、传播快捷、标准统一的公共数字文化服务网络，在基层实现共建共享、互联互通。加强公共文化大数据采集、存储和分析处理，为公共文化服务的需求调查以及效果评估提供详实数据。

5. 争取在文艺精品创作上有所突破

加强本土特色创作，从青岛丰富的文化资源中挖掘历史的和当代的人物、事件，弘扬多元传统文化、地方曲艺等彰显地方特色的题材，打造一批凸显“青岛印记”的文艺精品。组织“一带一路”主题和“法显”系列文艺创作，制作电影《法显》等。争取到2025年每年制作一部精品影视剧，推出一部高水平交响乐作品，打造一台具有影响力的原创舞台剧，创作一首适合传唱的主旋律歌曲。

6. 多措并举，构建公共文化服务多元治理机制

鼓励和引导社会力量参与公共文化服务体系建设，明确参与领域、打通参与渠道、搭建参与平台，形成参与模式，加强政府与企业、社会组织以及个人的合作，形成对于公共文化的多元治理机制。完善“政府主导与市场化运作相结合”的公私合作型文化供给模式。强化政府与社会组织的合作，拓宽社会力量参与公共文化的渠道，发展各类文化基金会及行业协会，培育并引导民办非营利文化组织参与公共文化服务。

（四）文化产业成为支柱产业

1. 以“影视之城”“音乐之岛”“帆船之都”为城市特色，加强文化产业园区和基地建设

灵山湾影视文化产业区、青岛国家数字出版产业基地、特色工艺美术产业高端园区、高端印刷产业园区和千万平方米文化创意产业园区等建设达到成熟，形成聚焦效应。2025年全市文化创意产业增加值比重达到13%以上。

2. 推进文化与科技、旅游、金融、工艺美术、制造、体育等产业融合发展

推动传统媒体与新兴媒体融合，打造传播力、公信力、影响力强的新型媒体集团。发展壮大文化创意、影视制作、出版发行、印刷复制、广告会展、演艺娱乐、数字内容和动漫、工艺美术等新兴与优势文化产业。

3. 形成一批在国际国内处于龙头地位、具有较强国际竞争力的文化产业集团、骨干企业

扶持一批“专、精、特、新”的小微企业，在开展特色经营、创新产品特色和服务、提升科技含量和原创水平等方面形成竞争优势。到2025年，培育形成50家以上实力雄厚、竞争力强的大型骨干文化企业，文

化产业上市公司争取实现新突破。国有经营性文化单位改制完成，以公司制、股份制等形式建立现代企业制度。

建立成熟现代市场体系，形成文化产权交易平台，青岛国际版权交易中心、文化艺术品交易中心等文化产权交易市场建设完成，成为东亚地区版权交易中心。完善地方文化法规，构建大文化监管体系。深化文化市场综合执法改革，确保文化安全。

(五)积极传承优秀文化

全面贯彻《关于实施中华优秀传统文化传承发展工程的意见》，整合各方资源，加强文化遗产保护基础工作，全力做好青岛优秀传统文化传承和发展工作，挖掘古代文化、革命文化，推进优秀传统文化创造性转化和创新性发展，突出改革开放以来的创新文化，让优秀文化拥有更多的传承载体、传播渠道和传习人群。

1.优化文化遗产保护区域空间布局水平

实施滨海历史文化长廊打造工程，挖掘、传承、开发利用青岛地区历史文化资源、文化线路、文化元素，打造“五带四区一轴”的文化遗产保护格局。“一轴”，即以大沽河为轴、串联沿线周边遗址、古建筑、传统村落及优秀的民俗文化和非物质文化遗产，打造“沽河历史文化轴”和青岛文化旅游“新磁极”。“四区”，即打造“近现代建筑保护利用国家示范区”“齐长城人文自然景观示范区”“乡村记忆生态区”和“古代遗址展示区”，实现文化遗产的集群化保护和利用。“五带”，即按照地域节点和发展重点，自北向南依次打造为“蓝色硅谷文化带”“崂山文化带”“欧陆风情文化带”“环湾文化带”和“西海岸琅琊文化带”。

2.积极推进综合性文物保护工程建设

一是实施重点文物保护单位本体维修和环境整治工程，以八大关近代建筑(群)、青岛德国建筑群、崂山道教建筑群、中山路近代建筑群、馆陶路近代建筑群等的保护利用为重点，加强文物建筑活化利用，实现“活态保护”，让文化遗产活起来。二是实施大遗址保护和考古遗址公园建设工程，实施琅琊台遗址、西沙埠遗址、三里河遗址、赵家庄遗址、祓国都城遗址等大遗址保护规划，开展即墨故城及六曲山墓群遗址考古遗址公园建设。三是实施海上丝绸之路文化遗产保护工程：加强对板桥镇、三里河、琅琊台等青岛海上丝绸之路历史文化遗迹的考古发掘工作。四是实施乡村记忆工程(传统村落、古民居保护工程),做好历史传统文化村落和古民居保护工程。

3. 加强非物质文化遗产的保护与利用

深入开展非物质文化遗产调查和整理研究工作,健全完善非遗保护项目、传承人、传习所、生产性保护基地、生态保护区"五位一体"的保护传承体系。采用数字化多媒体等现代信息技术手段,完善代表性名录项目和代表性传承人的数字化建档保存工作;编撰出版代表性项目和代表性传承人系列丛书,为传承、研究、宣传、利用非物质文化遗产留下珍贵资料,留住"城市记忆"。探索非物质文化遗产保护与开发有机结合途径,推动非物质文化遗产项目的生产性保护。利用"文化遗产日"、传统节日和岁时节令举办传统文化展示活动,提高广大群众的认知度、参与度和自觉性,扩大社会化保护范围。

4. 打造具有国际影响力的博物馆城

确定北海水下考古基地中国海洋考古博物馆、山东大学青岛校区博物馆、市博物馆、红岛文化艺术中心等馆的主题定位。突出利用海洋文化遗产、建筑文化遗产、工商文化遗产、大遗址、名人故居等优势遗产资源,引导各种文化遗产要素向博物馆城目标集聚,营造博物馆城集群化、专业化、多元化规模效应。大力发展民办博物馆,形成以公办博物馆为主体,以行业博物馆、民办博物馆为辅助,以陈列馆、个人收藏馆舍为补充的博物馆城格局。2025 年,全市博物馆数量超过 120 家,实现每 7 万人拥有一家博物馆,民办及行业博物馆的数量超过总量 50%。

(六)创建特色鲜明、具有重要国际影响力的东亚文化名城

承担国家使命,积极融入"一带一路"倡议,结合青岛市现代海洋文化名城建设与对外经贸交流,着力加强青岛优秀文化的对外交流与合作,加强民间文化国际交流,形成多层次的对外文化交流格局。推动青岛优秀文艺团体及文化精品"走出去",同时积极引进世界优秀文化产品,筹办双边和多边国际艺术节庆活动,努力提升青岛城市影响力,提升青岛的国际形象和美誉度。

1. 不断完善国际文化交流平台

依托齐鲁文化深厚底蕴,成立青岛齐鲁文化国际交流中心,建立完善青岛对外文化交流运行机制。发挥青岛城市开放优势,与文化部合作共建 5 个以上海外中国(青岛)文化中心。大力推进东亚文化城

市联盟建设。举办由中、日、韩三国选手参加的东亚“五王”大赛，让“草根英雄舞台”的影响力辐射东亚，加强区域民间文化交流。举办东北亚版权创意精品展示交易会，搭建区域性国际版权交易高端平台，推动青岛市版权产业与有关国家的交流和合作。

2. 深入开展“一带一路”文化交流与合作，积极与沿线国家和地区开展交流与合作，建设“一带一路”综合枢纽城市

积极融入文化部“丝绸之路文化之都”城际文化交流合作机制，开展与欧美等区域“文化之都”文化交流的“破冰之旅”。积极推动青岛交响乐团到“一带一路”国家演出，推进“文化走出去”战略。积极拓展文化出口渠道，支持文化企业参加境内外专业展会，支持其有针对性地开发适销对路的文化产品和服务，加强与“一带一路”沿线国家的文化贸易交流。

3. 充分加强海洋文化的国际交流

充分发挥青岛在区位、科技、资源、人才等方面的优势，在高质量办好“中国国际海洋节”“国际航海博览会”的基础上，继续筹办各种涉海科技、产业论坛，从而推进国内外海洋文化产业的交流与合作，着眼海洋共拓，打造“一带一路”海上合作支点，构建立足东亚、辐射亚太的国际海洋事务沟通协商机制和合作交流平台，提高青岛在国际上的知名度和影响力，创建东亚文化名城。

课题组组长

赵立波　中共青岛市委党校

课题组组员

徐文涛　中共青岛市委党校

荆晓燕　中共青岛市委党校

青岛市宗教文化遗产保护、开发利用研究

青岛大学课题组

一、青岛宗教文化遗产概况

宗教文化遗产是指以文化形态存在的，能够反映宗教历史脉络、体现宗教特质、发挥宗教功能的物质文明和精神文明的总和。一是宗教物质文化遗产，如宗教活动场所，具有宗教意义的器具、宗教造像、石刻、壁画，刊载宗教信仰的经书（卷）、字画、古玩，宗教圣物（如佛舍利），以及宗教历史文化名城、名山等；二是宗教非物质文化遗产，如宗教礼仪、宗教音乐，以及有宗教意义的戏曲、文学、美术、武术和养生等。宗教文化遗产是宗教文化历史传承、生生不息的见证，也是传统文化中特殊而重要的组成部分。

青岛历史上主要有道教、佛教、基督教、天主教、伊斯兰教 5 种宗教，宗教文化遗产主要包括以崂山道教为代表的道教文化遗产，以湛山寺为代表的佛教文化遗产，以浙江路天主教堂为代表的天主教文化遗产，以江苏路基督教堂为代表的基督教文化遗产，以清真寺为代表的伊斯兰教文化遗产，以天后宫为代表的民间信仰文化遗产，还有分布在各区（市）的众多宫观庙宇等。截至 2016 年底，全市共有合法宗教活动场所 159 处，文物保护单位 20 处，其中，国家级 8 处：道教 6 处、天主教 1 处、基督教 1 处；省级 4 处：佛教 1 处、道教 2 处、天主教 1 处；市级 4 处：佛教 1 处、天主教 2 处、基督教 1 处；县区级 4 处：佛教 1 处、天主教 1 处、基督教 2 处。

1. 崂山道教文化遗产

青岛宗教文化遗产历史最悠久的是崂山道教，起源于西汉，发展于唐宋，鼎盛于金元，历明清而不衰，距今已有 2100 多年的历史，是中

国道教的发源地之一。崂山道教文化遗产，主要包括道教宫观及其附属的宗教物品、石刻、古树名木和道乐、武术等。

一是崂山道教场所丰富，史称九宫八观七十二庵，均为道教全真派。2013 年，崂山道教建筑群被确定为国家级文物保护单位。太清宫、上清宫、明霞洞、太平宫、华楼宫、蔚竹庵 6 处道观修葺一新，成为道教活动的重要场所。二是崂山古树名木众多。太清宫古树名木汇集，有国家级古树 73 株，其中国家一级古树 23 株。三是崂山碑刻、史料非常丰富，如成吉思汗圣谕碑刻、明万历皇帝碑、憨山遗址碑、丘处机等名道诗刻以及宫观修建碑文、近现代名人诗刻等。四是民间故事、道乐、武术等独特的非物质文化遗产。

2. 佛教文化遗产

佛教在西汉时传入中国，魏晋时期开始在崂山地区传播。据《青岛市志》记载，建于魏元帝景元五年（264 年）的崂山崇佛寺（俗称荆沟院），是佛教在崂山的发端地。东晋高僧法显从天竺（今印度）取经后乘船到崂山，佛教在青岛地区逐步得到发展。许多朝代都曾在此建有寺院，例如，魏晋时期的法海寺（省级文物保护单位）；法显登陆地栲栳岛建立的石佛寺（潮海院）；东晋末年崂山建“石竹庵”（后改名“慧炬院”）；唐朝后期的“峡口庙”“普济寺”等；元朝的清凉院、菩萨庙；明朝的于姑庵、华严寺等。域内名山（崂山、大泽山、大珠山等）及各州县也建有多处名寺古刹，至清后期尚有佛教寺庙近百处。1932 年兴建的湛山寺，很快发展为国内外影响较大的名刹，是青岛市级文物保护单位。

3. 天主教和基督教文化遗产

天主教和基督教伴随着西方的舰船和大炮进入青岛，并随着青岛城市的兴起进一步传播。20 世纪初，随着江苏路基督教堂的建立，圣弥厄尔大教堂和圣保罗教堂的修建而兴盛。天主教堂的塔楼曾经是与栈桥齐名的青岛市地标性建筑。

4. 伊斯兰教文化遗产

1928 年之后在青岛发展起来的伊斯兰教，在常州路建了清真寺，成为当地伊斯兰群众的精神家园。

二、青岛宗教文化遗产保护、开发利用状况

在宗教文化遗产的保护、开发利用方面，青岛市在全国起步比较

早，积累了较多的经验，主要是机制较为健全，资金投入力度大，重视理论研究和宣传，推出了一批有价值的成果。

（一）青岛市委、市政府高度重视，建立宗教文化遗产保护机制

成立文物普查工作领导小组，动员社会力量参与，推动普查申报工作，加大保护力度。例如，2006年，青岛圣弥厄尔天主教堂和江苏路基督教堂分别被列为全国重点文物保护单位，崂山区开始非物质文化遗产的普查及申报工作；2008年崂山民间故事、崂山道教音乐入选第二批国家级非物质文化遗产名录；2011年螳螂拳入选第三批国家级非物质文化遗产名录；2013年崂山道教建筑群被列入国家级文物保护单位。截至2016年底，已有崂山道乐等4项国家级文物保护名录，崂山道教武术等4项省级文物保护名录，沟崖高跷等8项市级文物保护名录，石老人的传说、华严寺庙会等35项区级文物保护名录，建立起较为完备的国家、省、市、区四级名录体系。

（二）制定保护措施，加大资金投入

自20世纪80年代初恢复宗教活动以来，青岛拨付专款对宗教活动场所进行了修葺恢复，近年来，支持力度加大。2010年以来，市财政专项拨款近1000万元，包括为天主教堂的维修拨付500万元，拨付100万元对湛山寺电线路进行改造。2003～2006年，为解决伊斯兰教常州路清真寺地域狭小、容纳量不足等问题，青岛市划出1公顷专用地，建设同安路新清真寺，于2007年正式投入使用。

对于列入文化遗产名录的宗教文化遗产，建立传习场所，加强项目传承。2006年，在崂山文化大厦建起了非物质文化遗产陈列室，对崂山民间故事、崂山道乐等多种非物质文化遗产情况进行推介；2010年，成立崂山区非物质文化遗产保护协会，建立崂山太清宫道乐团、崂山道教武术团等5个传承基地；2012年，命名了崂山太清宫、道教文化馆等首批12个非物质文化遗产传承基地，形成以政府为主导、社会广泛参与的非物质文化遗产保护新格局。

（三）加强理论研究和宣传，推出了一批有影响的保护成果

出版了《崂山道教史》《崂山道教与崂山志研究》《青岛佛教研究》等研究成果，整理出版了《崂山民间故事全集》等30多个专集。许多

民间故事在国内30余家报刊选载，延续了崂山的历史文脉。自2007年起，青岛市每年举办非物质文化遗产展演活动。2008年开始，连续举办中国崂山论道活动，推出大师论道、玄门讲经及道教文化展示活动，提升了非物质文化遗产的影响力。

三、青岛宗教文化遗产保护、开发利用存在的问题

（一）缺乏统一规划、管理

近年来，青岛市城市化改造进程明显加快，在推进过程中对宗教文化遗产保护缺少统一规划。一些地方、部门对宗教文化遗产重视不够，或者不与文物和宗教管理部门沟通，或者是事前没有计划和保护方案，出现城市改造推进到哪一地块，涉及宗教场所要拆迁时，才开始进行协商、协调工作，致使宗教场所一直处于被动局面，甚至出现了破坏、损毁宗教遗产的现象。现有宗教文物管理体制是"条块结合，以块为主，多级委托，业务交叉"。"块"指的是横向多部门管理，涉及文物、规划、宗教、园林、旅游等部门，致使宗教文化遗产保护存在多头管理、职能交叉问题，缺乏系统、权威资料，存在底数不清、管理混乱等问题。有的宗教活动场所未经宗教管理部门批准，擅自聘用非宗教人士承包经营；有的打着宗教旗号，在一些旅游景点从事非法宗教活动；有的宗教场所环境脏、乱、差，内部管理不善等。

（二）保护不规范、不到位

努力保持原汁原味，是宗教文化遗产保护的灵魂。少数地方在保护过程中，存在随意改动原貌，或者打着开发的旗号任意扩大规模和范围，改变原有结构等问题。有的宗教场所新建景点牵强附会，与周围古建筑环境不协调，甚至破坏了原有古建筑的格局。有的宗教文化遗产被单位和个人占用问题长期得不到解决，例如，位于观象二路的基督教保罗堂，院内仍有不少居民生活，历史遗留问题仍然无法妥善解决。有的地方宗教遗迹破损、闲置，不能发挥正常作用，例如，伊斯兰教常州路清真寺旧址，地处居民区，破损较严重，没有很好的保护利用。

(三)开发、利用不足

一是对宗教文化遗产的文化内涵发掘研究不够。自20世纪90年代以来,青岛市对宗教文化遗产的开发与保护多集中在旅游文化产业,并且大部分资源的开发停留在物质层面,主要集中于宗教活动场所等硬件建设,而对宗教礼仪、故事传说以及音乐、美术等宗教非物质文化遗产的文化内涵以及适应和谐社会发展要求的教义、教理挖掘和开发不充分。

二是宗教物质文化遗产存在开发利用不足。以崂山道教为例,只有几条固定的线路,由于道路不畅、缺乏相关基础性服务设施,许多引人入胜的道教名胜遗迹"失落"在大山深处,只有少数"驴友"才有缘见到。例如,崂山东线的著名道观蔚竹庵,号称崂山十二景之一,是国家级文物保护单位,但也存在配套设施简陋,路况较差,甚至路标、厕所等设施不完善等问题。游人只看到一个孤零零的道观,难免感到失望,降低了崂山道教文化旅游的整体魅力。

三是缺乏地方特色。青岛有得天独厚的宗教旅游资源,崂山太清宫、浙江路天主教堂和江苏路基督教堂都是著名的旅游景点,但除了宗教建筑之外,青岛的宗教景观没有形成特色和品牌,游客只是观赏景点,听导游讲解,买点简单的纪念品,缺乏有吸引力的宗教旅游项目,鲜见有特色的宗教文化活动或宗教旅游纪念品等。

(四)资金不足,缺乏稳定的筹资渠道

宗教场所和团体的资金主要靠政府投入和自身经营所得,部分主要靠自养,收入来源主要是门票收入,房屋出租,功德箱、法事收入及信众捐献。由于各宗教特点及规模不同,收入情况和经济处境也不同。湛山寺等宗教场所地处市区繁华地段,又有众多信众捐献,香火钱较多,经济状况也较好。有的不设功德箱,而讲究布施,资金来源较少,如天主教主要靠出租教堂房产收入。

缺乏稳定的资金保障机制、资金不足且来源单一,是青岛市宗教文化遗产保护中存在的重要问题。宗教场所以及附属设施,多数是年代久远的建筑,有的几百年甚至上千年,出现了不同程度的结构老化、自然损坏等现象,需要定期整修、维护;对宗教非物质文化遗产的挖掘、整理,对宗教人才的培养、使用也需要资金投入。单靠政府投资或

者宗教自身无法满足各个宗教场所的需要，如青岛市天主教和伊斯兰教都存在资金缺口较大的问题。

（五）宗教本身的机制、人才等缺乏可持续性

一是宗教机构没有建立合理的宗教文化遗产管理机制，与政府和社会在宗教文化遗产管理的事权、责任划分上不明确。例如，青岛市基督教的管理机构主要是“三自”爱国运动委员会和基督教协会，统称为基督教“两会”。在实际的管理过程中，两者是一套班子，管理人员也基本都是牧师，既有行政职务又有教职，存在着管理事权不清晰、责任划分不明确的问题。伊斯兰教等也存在类似情况。

二是人员结构出现断层，高素质人才稀缺。宗教场所要生存、发展，离不开宗教自身的人才储备。在发展市场经济和社会转型的大背景下，各大宗教普遍面临一个严峻的问题，即宗教管理人才不足。以江苏路基督教堂为例，全市大约有 10 万基督教徒，而专职的教职人员只有 41 位，并且面临新老牧师青黄不接的尴尬处境。天主教也存在教会后继乏人的问题。宗教专职人员的素质也有待提高，包括各大宗教的主要管理者和当家人。部分宗教场所基本上还是延续传统的家长制管理方式，与社会大环境和新生代教职人员的思想需求存在距离或冲突。

（六）非物质宗教文化遗产活化保护不足

以崂山道教为例，崂山道乐作为道教的重要非物质文化遗产，在中国道教音乐发展史中曾经占据一席之地。历史上有众多的经韵、曲目，但在“文革”中大多失传。太清宫的崂山韵是唯一幸存下来的一个完整的道派音乐，其他零散地存放在档案馆，或流失在民间。崂山道乐作为国家级非物质文化遗产，在保护和传承方面已经做了多方努力，例如，崂山太清宫投入 150 万元资金，购买更新乐器，招聘乐师，又出资与青岛大学音乐学院合作培养乐师。成立崂山道乐团后，整理排练出数十首道教音乐曲目，演出后受到好评。自成立以来已投入资金 700 余万元。但是崂山道乐的传承仍面临一些现实难题：经费缺口较大，崂山道乐团正常运转每年需 100 万元，每年的培训费、乐师工资和社会投保等费用巨大，给崂山道乐的保护、挖掘利用带来了困难；缺乏高素质的专业音乐人才，因为薪酬较低等原因，无法吸引和留住高素

质音乐人才，道乐团成员主要是宫内道士，音乐基础较差，演出水平和层次不高。道乐团从成立后经历了7次停办与恢复，太清宫压力较大。

另外，在各级政府行政层面，较普遍地存在对宗教文化遗产的价值功能认识不足，较多地强调其服务经济和社会发展功能，忽视其本身的文化传承、生态保护功能等，存在重开发轻保护、重经济利益轻文化传承等问题。

四、青岛宗教文化遗产保护、开发利用的对策建议

青岛宗教文化遗产保护、开发利用要明确和坚持三个原则。一是政府主导、多方参与。政府主导能够有效地集中资源进行规划、融资、技术施工、旅游开发以及文化宣传，是有效保护与合理利用的保障；多方参与是政府主导的补充，可以发挥宗教信众和社会各界人士的作用，特别是要重视发挥宗教界本身的作用，引导支持各宗教通过设立公益基金等方式参与宗教文化资源的挖掘、保护和利用。二是尊重科学、还原本真。在涉及宗教文化遗产的保护、开发利用时，必须严格遵循《文物保护法》等法律、法规，制定严谨、科学的资源评价标准，对宗教文化遗产以及周边环境进行客观、整体的审视和评价，并广泛征求各方意见，提出合乎科学的规划方案，避免行政命令，盲目改建、扩建问题。三是坚持保护与开发利用相结合，以保护为主；文化传承与经济开发相结合，以文化传承为主；公益性与产业性相结合，以公益性为主。

（一）思想重视，统一规划

1. 认清宗教文化遗产的价值和功能

宗教文化遗产的基本功能即信仰功能。在面对宗教类的文化遗产时，由于信仰的原因，信众会对宗教文物、仪式等保持高度的敬意；对亵渎或损毁宗教文化遗产的行为产生激烈的反应。管理部门必须保持审慎的态度，采取缜密的措施。宗教文化遗产还有教育科研功能、文化传承功能、社会稳定功能、对外交往功能、提升城市精神功能、艺术鉴赏功能、旅游产业功能和服务发展功能等。对宗教文化遗产进行保护既是其自身传承的需要，也是回应社会信众需求、保护文化发

展多样性、促进经济社会可持续发展的需要。

2. 正确处理开发利用与保护之间的关系

保护是合理开发与利用的基础和前提。要树立保护文物也是政绩的理念，统筹好宗教文物资源保护与经济社会发展的关系。包括宗教遗产在内的历史文化是城市灵魂，要认识到合理保护、开发利用宗教文化遗产不是人为地发展宗教。宗教文化遗产是客观存在，保护的目的是让这些文化资源活起来，最大限度地发挥其服务经济建设、促进社会和谐的积极作用。

3. 摸清家底，统一规划

建议对宗教文化遗产进行一次较为系统的普查，理清宗教文化资源的分布区域、类别特点、保存状况、数量状况、权属关系和存在问题，进行分类登记并存档。特别是对非物质文化遗产要甄别、记录在册，以便于采取具体的保护开发措施。要制定统一规划，把对现有宗教文化遗产的保护纳入城市建设的整体规划中，制定相应的保护政策和措施，建立包括宗教文化遗产在内的文物保护机构，吸收宗教管理部门参加，在城市建设和改造过程中及早介入，防止损坏宗教文化遗产现象的发生。可借鉴日本和韩国对非物质文化遗产的研究与保护成功经验：以立法形式对非物质文化遗产进行保护；通过"国家命名"方式吸引传承人，确定责任和义务，改善非物质文化遗产后继乏人的局面；把非物质文化遗产的保护、利用同现代观光旅游结合起来，促进旅游产业的发展、提升旅游产业的品质，推动非物质文化遗产保护和发展的可持续。

(二)挖掘内涵，深化传承

1. 关注宗教非物质文化遗产的开发、传承

将其作为一项系统工程，有计划、分步骤进行。在理论层面上，组织专家、学者对宗教非物质文化遗产分类别进行系统的资料整理、实物鉴别、考证等，进行抢救性保护，逐渐完善保护形式；在实践层面上，以活态的形式保护、传承，增强其生命力。政府要负责组织相关部门和人员实施，宗教界也要自觉负起保护和传承的责任。

以崂山道教为例，要重点开发以崂山道教音乐为代表的非物质文化遗产，进一步挖掘整理宗教礼仪、故事传说、武术养生等，编写书籍，出版音像制品，进行活化保存。应该从保护与传承的长远利益考虑，

统一整合现有资源。文化部门、宗教事务部门、当地政府应认真研究，形成共识。一要保证资金投入。建议青岛市有关部门联合，设立专项资金，重点扶持，重点保护，重点挖掘。二要采取具体措施保证活化传承。组织音乐专家搜集、整理、恢复相关乐谱，形成便于保存的书面或音频形式；招聘专门人才，组织专业的、常年的乐团，定期或不定期组织演出，满足道教本身的法事等需要，结合特色旅游演出，参加国内外的宗教活动演出或者对外文化交流，成为宣传青岛、提升青岛城市形象的重要品牌。

2. 深入挖掘宗教文化的教理、教义中的积极因素，与社会相适应，为社会服务

在生态保护方面，借鉴“道法自然”等教义，倡导保护自然，奉行简朴、健康的生活方式；在和谐社会建设方面，主张和睦友善，在慈善、公益等活动中发挥积极作用；在对外交流方面，要结合政府和相关部门的工作需要，发挥宗教信众广泛的优势，做好对外接待、交流工作。

(三)多方筹资，保证投入

明确宗教文化遗产保护与开发是公益性事业的属性。一是要积极争取国家文物保护经费和地方财政资金的投入，设立专项的宗教文化遗产保护资金，由宗教管理部门主导使用，真正做到专款专用；二是要多方筹集民间资金，鼓励各种社会资金参与，使宗教文化遗产保护获得更广泛、更有力的支持；三是重视发挥宗教团体的作用，把宗教文化遗产交给宗教界管理使用。根据我国《文物保护法》的规定，国有不可移动文物由使用人负责修缮、保养，有效盘活宗教文化遗产。政府部门应该超脱出来，真正在文化遗产的保护上适时地提出要求、措施，在技术上提供服务和指导，担负起监督、评估责任，逐渐走出一条行之有效的宗教文化遗产保护、管理、经营与城市发展相适应的良性循环的新路子。

(四)创新思路，加强宣传

互联网的发展为宗教文化遗产保护提供了新的手段和强有力的技术支撑。对宗教文化遗产的保护应坚持传统方式与互联网思维相结合，重视大数据的作用。

利用多种方式与手段对宗教文化遗产进行保护。通过整合各方

资源，组成专家委员会，进行常态化的理论研究和科学论证，尽快形成系统化、高质量的研究成果和保护方案。深入开展教义、教理的阐释和研究，挖掘宗教文化资源与当代社会相适应的部分，为宗教适应社会发展作出贡献。发挥宗教界的主观能动性，尊重其意愿和要求，帮助其解决机制不畅、人才缺乏等实际问题，最大限度保护正常宗教活动。

运用互联网思维对宗教文化遗产进行保护，充分运用现代信息技术手段，包括计算机系统、声像设备等，对宗教文化遗产进行科学记录和分类，建立文字、图片、音频和视频资料等综合数据库，促进研究和保护工作的多视角、立体化开展。借鉴北京龙泉寺的成功经验，运用现代媒体手段，通过办网站、博客、微博、书籍、光碟等传播佛教文化，特别是运用动漫的形式生动阐释佛教教义和传统文化，并辅之以传统节日、专题法会、周末义工、寺院生活体验活动等，增强保护佛教文化遗产保护的自觉性。

要加大宣传力度，提高对宗教文化遗产保护的意识，营造良好的社会氛围。充分运用新媒体快速、便捷、覆盖面广的优势，广泛宣传宗教文化遗产保护的意义，需要保护的场所、种类、范围，普及历史文物保护的知识，真正在全社会形成保护的共识和自觉行动。

课题组组长

林希玲　青岛大学

课题组组员

王娜娜　青岛社会主义学院

张家惠　青岛大学

盖美娜　青岛大学

夏　卿　青岛大学

郑喜月　青岛大学

范林波　青岛大学

青岛政府创新管理研究

青岛大学课题组

一、青岛政府创新管理实践

政府创新管理是由特定的政府主管部门,围绕政府工作整体目标,根据政府管理创新中存在的问题和影响政府创新的相关变量,在政府创新活动的不同阶段,通过构建激励、能力培养、成果应用和考核等机制,激发相关政府部门的创新动力,规范创新活动,实现创新活动持续、健康、良性发展和有效推广的一种管理模式。

青岛作为国家沿海重要的中心城市,政府创新一直是青岛市各级政府和政府部门追求的目标,有效地促进了青岛的经济社会发展,得到了国家主管部门和学术界的广泛认可与大力推广。从青岛的实践来看,政府创新管理是对政府创新活动的规划、组织、协调、实施、评估、反馈等进行系统管理,以达到营造创新氛围,激发创新动力,引领创新方向,保障创新实施,提高创新绩效的目的。2013 年始,青岛市政府对上年度全市政府系统创新工作案例进行评选。2016 年度评出区(市)人民政府改革创新优秀工作案例 10 件、功能区管理机构和重点项目协调推进机构改革创新优秀工作案例 3 件、市政府部门改革创新优秀工作案例 17 件。为确保评选公平、公正、透明,邀请了包括市人大代表、市政协委员、专家学者等在内的专家组。评选出的案例具有明显的创新性、领先性、实效性、代表性,破解了矛盾和难题,在体制机制、方法模式等方面有了重大突破。

部分案例产生了较好的社会或经济效益,在全国或行业内夺标创标,值得借鉴推广:多样化“民考官”机制和为民服务代理制获得了“中国地方政府治理创新奖”;青岛市长期医疗护理保险制度,作为山东省唯一入选项目，从全国119个项目中脱颖而出，荣获2015年度中国政府创新最高奖“最佳实践奖”，列10个获奖项目第一位；西海岸新区荣获2015年全国创新社会治理最佳案例奖，社区协调理事会制度和董家口港区建设模式分别被民政部、交通运输部列为重点推广模式。

青岛市市北区编办在推行行政综合执法体制改革中，将“文化与市场等部门综合，食药与工商联合”，为综合执法的改革和调整留出空间。在执法人员管理上，坚持“建立健全执法队伍管理制度，明确执法人员录用标准，坚持‘凡进必考’，实行实名制管理；加强执法人员的综合业务培训，严格实行持证上岗和资格管理制度，提高执法人员的综合素质”。建立职能部门与综合行政执法机构协调配合机制，建立区综合行政执法机构与街道协调配合机制，做好行政执法与司法的衔接，建立综合行政执法信息共享机制，建立责任回溯追究制度，完善执法监督考核机制，完善执法经费保障制度七大工作机制，整合资源，提高政府创新的效率和质量。

青岛市地铁工程建设指挥部提交的《探索轨道交通投融资改革 实现地铁融资工作新突破》被评为2016年功能区管理机构和重点项目协调推进机构创新工作案例。地铁投入大，回收周期长。地铁指挥部在地铁4号线推行PPP模式的过程中，在投融资结构上先由非施工类投资人（占股65%，优先级）、施工类投资人（占股18.3%，中间级）和青岛地铁集团（16.7%，劣后级）设立PPP基金，再由PPP基金（占股60%，优先级）、施工类投资人（占股20%，中间级）、青岛地铁集团（占股20%，劣后级）三方设立项目公司。该融资结构有效地关照了各方利益关切，在融资成本上实现了全国最低，被财政部列为PPP全国示范项目。

二、青岛政府创新管理存在的问题

（一）考核不够具体

政府创新应深入到政府工作的方方面面，青岛在政府创新中虽做了大量的工作，但对政府创新考核不够具体。从《2016年度青岛市综合考核办法》来看，在区（市）总计1000分的综合指标体系中，与政府创新直接相关的内容在“创新发展”类别第12项“特色创新指标”分值

15分。与政府创新管理相关的内容在“党的建设”类别第53项“全面深化改革”分值10分。“考核指标”是直接的工作导向,考核机制与官员的晋升和评价直接相关。考核不具体影响了部门对创新管理的重视程度。

(二)缺乏集中统一的规范管理

个体的政府创新均以解决特定的政府日常管理问题出现,在整体上往往表现出自发性、零散性和无序性的特征。个体创新目标的实现未必有利于整体的政府管理目标,需要建立一套科学的指导计划、管理制度和衡量标准对政府管理创新进行指导、管理和测量。个体政府管理创新成功是由强有力的政治支持、良好的资源整合能力、顺畅的沟通机制、有步骤的实施策略、完备的反馈调控机制等内在的和外在的诸多因素决定,需要规范有序的政府创新管理机制进行协调。因为缺乏集中统一的规范管理,在既有的创新中存在“为了创新而创新,形式重于内容”的情况,也存在政府创新项目之间相互冲突,个别部门的行政效能提高而相关部门的行政效能受到影响的情况。

(三)缺少权威的独立部门进行管理

现有的创新管理体系中,更多的是市政府办公厅兼职主导。在管理过程中,更多地体现为简单的布置任务、年底考核评比,没有权威的独立部门进行管理。如组织结构的优化、专业知识的培训等,需要多个部门进行协调。政府创新往往意味着部门利益与风险的重新分配,没有权威部门的推进,很难进行下去,许多政府创新往往由于缺乏权威的管理部门居中协调而半路夭折。

(四)政府创新的普及化和制度化不够

由于在创新评选过程中过于重视“首创”,忽视“采用后创新”和“直接采用”。基层的行政管理存在“锦标赛”模式,同级政府和部门存在激烈竞争。部分部门出于竞争考虑宁可“首创”,也不愿学习其他地区和部门的政府创新经验。原创性的创新是必要的,而从提高政府效能这一根本目标来说,学习和总结其他地方的创新经验,结合本地区的实际情况进行“再创新”,往往更容易产生“事半功倍”的效果。任何创新都需要不断积累,在吸取别人经验教训的基础上,通过“创造性模仿”实现政府创新的持续性。任何政府创新活动都是以解决本地区或本部门的治理问题而产生，这也造成政府创新活动都带有经验性或特殊性的特征。只有对现有的政府创新典型案例进行制度化提炼和普遍性总结，才能被其他部门或地区借鉴。对政府创新典型案例制度化是做好政府创新的推广普及工作的重要前提。

（五）缺少政治风险和舆论压力的管控机制

政府创新的阻力之一在于政治风险和舆论压力。职务晋升是政府官员重要的价值偏好。任何政府创新都是有风险的，如果潜在的政治风险和舆论压力可能影响到职务晋升，那么性价比再高的创新也很难激发创新动机。确立明确的风险管控机制，会增加政府官员对于政府创新的热情。

（六）业务培训不足

加强公务员业务培训，不仅是政府创新的需要，也是适应工作的需要。青岛在该方面做了大量工作但也有所欠缺，“技能培训较少”“单位有时自己组织半天或一天，但效果感觉不如系统性脱产学习一段时间”，大数据领域在商业领域广为普及，但在政府管理领域却是“雷声大雨点小”，原因之一在于知识储备不足。没有知识的快速更新，很难适应政府管理的需要，更遑论政府创新管理。

三、杭州市政府创新管理经验探索

2006 年，杭州市委设立考评办，作为杭州市综合考评委员会的常设办事机构，级别为正局级，专门负责政府创新管理的制度建构和政府创新管理的实施。2013 年，杭州市委考评办探索对创新创优项目实行“竞赛制＋淘汰制”的办法，即根据绩效评估结果，分别按年度创新创优申报项目总数各 15％、不超过 10 项，评出创新奖、创新提名奖和创新鼓励奖项目，在综合考评中分别给予 0.8、0.5、0.3 分的加分激励，而不是对每一个申报项目都给予加分，以杜绝申报数量过滥。考核办法更加注重协同导向，对联合申报项目选自《中共中央关于全面深化改革若干重大问题的决定》或《杭州市政府创新选题目录》的，牵头单位、配合单位均按实际评估结果全额赋分，激励各单位围绕中心工作和难点问题开展联合创新，形成“1+1>2”的创新效应。经过10余年的发展，杭州政府创新管理的制度框架已经比较完善，制度的运行也比较成熟，值得借鉴。

四、完善青岛市政府创新管理的政策建议

政府创新管理的根本目的是通过对政府创新的有效管理，提高政府效能，保证政府创新能够更好地服务经济社会的发展。经济社会的发展是动态的，政府创新只有进行时，对政府创新进行有效管理永远在路上。政府创新过程是多元的、动态的，涉及的因素复杂，创新结果存在溢出效应。这就需要建立科学有效的管理机制，对政府创新进行科学有效的管理，发挥政府创新正效应。可将政府创新管理分为发起、实施、应用和考核4个环节，针对不同类别的政府管理创新活动，通过不同的管理方式针对性地规范。

(一)在发起环节要建立科学合理的激励机制和风险评估机制

一是确立明确政府创新的目标和政府效能的评价标准。紧紧围绕“五位一体”总体布局、“四个全面”战略布局和“创新、协调、绿色、开放、共享”发展理念。打破思想的藩篱，不断创新治理方式，调整治理模式，将创新深入到政府工作的方方面面。二是将政府创新纳入考核体系，并设定合理的权重。考核结果与创新主体政治晋升、年终奖励等相关利益关联。三是在创新发起阶段对创新风险进行有效评估，对创新可能造成的利弊得失进行分析，在确保风险可控的前提下进行创新。

(二)在实施环节要提升创新主体能级、优化创新机制环境

从管理学角度来看，政府创新管理可以分为管理主体和管理机制两个方面。政府创新的实施与创新主体的组织结构、知识储备和专业素养密切相关。丰富的知识储备和良好的专业素养是进行政府创新的人力保障。有弹性的组织架构管理机制是进行政府创新的组织基础。改善的制度环境是进行政府创新的有力支持和重要保障。

提高创新主体的知识储备和专业素养。在政府治理中，创新主体只有具备丰富的知识储备和知识更新能力，才能有效应对层出不穷的

社会问题。因此，需要加强对创新主体的系统培训，通过制度化、科学化的培训机制提高创新主体的知识储备和专业素养。

建立开放的政府组织结构。灵活开放的组织结构有利于实现信息的交流和思想的碰撞。现有的政府组织结构是既定的，实践中要在不违反法律法规和相关制度的前提下，以结果为导向，优化组织结构。

加强组织资源整合和供给。政府创新需要资源，包括政治资源、信息资源和财政资源等。不同类别的政府创新往往需要的资源种类和比重不相同，但最为重要的往往是上级领导的政治支持，只有上级领导的强有力的支持才能够抵制部门利益的干扰。要加强对政府创新工作的政治支持和资源供给，真正做到让创新主体“敢于创新、放心创新、高效创新”。

改善政府创新的制度环境，提高对政府创新失败的包容性。在机制设计上，要考虑到创新的成功率和创新效果的时滞效应，顾及创新成本和创新失败的代价，创新允许失败，失败要有经验总结。

（三）在应用环节要增强政治定力

政府创新在实践中要面对政治风险和舆论压力，只要创新是以人民为中心、符合创新目标，改革出现了偏差可实时纠正和完善。政府创新管理机关要有政治定力。要建立制度化的管理机制，坚持与舍弃均应以充分公开讨论为前提，在充分讨论的基础上，舍弃、完善、坚持、推广形成良性的政府创新机制。

一是建立独立专业的政府创新管理机构。青岛市的政府创新管理由市政府办公厅统一进行，地方政府和市直部门也由政府和部门办公室承担。综合部门承担政府管理具有便于协调的优势，但也存在精力分散的问题。建议设立专业化的政府创新考评和监督机构，赋予其相对独立的创新管理权限，对政府创新发起、实施、考核、推广的全过程进行考核和监督。

二是加强以“群众路线”为指导的政府创新。政府在创新过程中要践行“群众路线”，主动、持续地深入群众，调转决策模式的参与方向，将相关议题向群众解释清楚，对群众的关切及时回应，并根据群众的意见和建议修正完善相关政策方案。

三是加强创新管理的制度化。要对所有政府创新项目的废止、完善、坚持和推广给出明确的理由和根据。要对政府创新实践的成败进行总结,分析影响成败的相关因素,提炼规律。对政府创新管理的制度化过程,需要丰富的实践经验和专业的知识进行支持,如有必要,可建立或依托专业的智库团队来进行。

(四)在考核环节要确立考核的标准及与整体目标的匹配度

考核机制是管理活动的核心机制,政府创新管理的质量高低与此密切相关。政府创新考核机制的设计应体现三种功能:通过考核及考核结果的应用,激发政府创新动力,增强政府创新氛围;通过提高社会公众和专家评价的比重,引导政府创新走向以“社会需求为本位”,提高政府创新的专业性和质量;通过调整考核指标,改变政府部门“临时性”创新、“应付性”创新的现象,提高政府创新的制度化水平,促进政府创新的持续应用和有效推广。具体操作过程中要注意以下三点:

一是确立考核主体的权威性。考核主体一般由创新管理机构承担,公正、专业。政府创新管理机关可根据自身的专业水平,自己承担或委托第三方专业咨询机构承担。

二是确立科学的考核标准和指标。政府创新的成败牵扯因素非常复杂,主观因素与客观因素、偶然因素与必然因素、短期目标与长期目标等相互作用。标准过低,会形成不计成本的盲目创新;标准过高,会造成不敢创新。这需要确立专业性的客观考核标准,不同的创新类别其制约因素大相径庭,对政府创新项目分门别类确立考核标准十分必要。在考核指标上可借鉴杭州的考核办法。详细分析成败的原因,确定责权利的分担,以便进行奖惩。

三是与政府整体目标的匹配度。政府创新都是在为政府的整体目标服务的,特定的政府创新项目不能超越政府工作的整体目标,而是实现政府整体目标的补充。因此,特定政府创新项目的评价必须放到对政府整体工作的贡献中考察。

课题组组长
徐明一　青岛大学
课题组成员
孙百才　青岛大学
高　红　青岛大学
李　杰　青岛大学

“互联网+”视角下的青岛市政府公共服务能力评价研究

青岛理工大学课题组

政府公共服务能力是现代社会发展的重要内容，是党和政府高度重视的战略问题，关系民生福祉、社会稳定和经济发展。“互联网+”不仅是一种工具，更是一种理念和发展模式。2015 年，国务院先后下发《关于积极推进“互联网+”行动的指导意见》和《关于简化优化公共服务流程方便基层群众办事创业的通知》，强调要“加快推进‘互联网+公共服务’”，正式提出了利用“互联网+”提升公共服务水平的要求。“互联网+”视角下的政府公共服务能力供给，是一种崭新的服务理念，是对政府传统治理范式的重塑，使得政府公共服务高效化。“十二五”时期，青岛坚持共享发展，努力提升政府公共服务能力，改善民生。通过推行“互联网+政务服务”，实现部门间数据共享，使人民群众有更平等的机会和更大的创造空间。“互联网+”视角的新发展模式下，评价青岛市政府公共服务能力需要更加科学的手段和方式。

一、青岛市政府公共服务能力指标体系构建

简政放权、放管结合、优化服务，是供给侧改革的重要内容，是政府职能的重大转变。公众的公共服务需求具有多样性、无限性及复杂性，而政府供给能力是有限的。面对众多的需求，政府难以完全满足，必须根据产品和服务的性质、需求的紧迫和重要程度以及政府能力来确定政府公共服务的优先顺序。利用“互联网+”创新政府公共服务本质上就是推动政府业务流程改革，优化审批流程，实现数据和信息的跨部门共享，真正实现“让数据多跑路，群众少跑路”，增加人民群众的信息福利。

本文在研究大量国内外文献的基础上，结合青岛市建设宜居、幸福城市的目标，根据政府公共服务指标体系的构建原则和设计思路，将公共信息服务纳入政府公共服务能力评价中，考虑公众的参与度和理解认可度，从基础服务、公共事业、居住环境、公共安全、公共信息 5 个层面(共 14 项二级评价指标)，构建了反映青岛市政府公共服务能力评价指标体系(表 1)。

表 1　青岛市政府公共服务能力评价指标体系

目标层	主准则层	分准则层	指标说明
青岛市政府公共服务能力评价体系	基础服务	医疗卫生	公众对当地政府公共医疗卫生工作、人口计生工作的满意程度，以及对重大疫情防治的满意情况
		基础教育	公众对当地中小学教学水平和教育质量的认可程度
		社会保障	民众对保障性住房、社保以及对就业、养老服务的满意度
	公共事业	公共交通	民众对公共汽车、轨道交通覆盖和营运情况的满意度
		文化娱乐	各种形式的集体文化娱乐活动状况
		体育活动	政府举办大型体育竞赛及全民健身活动状况
	居住环境	空气质量	公众对大气质量以及对政府大气治理的满意状况
		水资源状况	公众对饮用水质量，河流、湖泊净化的满意状况
		城市绿化	公众对植被覆盖情况的满意程度
	公共安全	治安状况	公众对所在地公共治安的满意状况
		交通、消防安全	公众对交通、消防安全的满意情况，以及对行人、路人交通素养，民众消防意识的满意度
	公共信息	办事流程	政府办事网络化、集约化的状况
		政务公开	公众对政务公开透明、数据开放的满意状况
		信息安全	公民隐私、重要信息的保护状况

二、基于广义 Shapley 值 Choquet 积分的青岛市政府公共服务能力评价

(一)政府公共服务能力评价模型

政府公共服务能力评价是多属性决策问题。本文用模糊测度方法来处理该问题,利用 Shapley 函数建立数学模型求得属性集上的最优模糊测度,并综合运用具有可行性和科学性的采集方法与数理分析工具——基于多属性决策的广义 Shapley 值 Choquet 积分模式构建评价模型,对青岛市政府公共服务能力进行评价。

基于属性间具有交互作用的政府公共服务能力评价程序,可分为三个步骤。

1. 语言变量和三角模糊数

由公众对各个指标分别给出语意评价,根据期望评价折扣系数求得总的期望评价值,并由专家给出指标的权重范围。从决策角度看,调查民众对政府公共服务能力的评价时,通常给出的结果是譬如满意、一般、很差这样的模糊语言值,而不是精确数值。本文应用模糊数学理论和语言变量的概念表示预先定义好的语言评价集合:7 个元素(语言短语)即非常差/非常不满意、很不满意/很差、不满意/差、一般/中等、满意/好、很满意/很好、非常满意/非常好,建立语言评价值与三角模糊数之间的量化标准,将语言评价值转换成三角模糊数(表 2)。

表 2　七级模糊语言与三角模糊数对应关系

语意评价等级	权重语意评价等级	规范化后的三角模糊数
非常差/非常不满意	绝对不重要	(0,0,0.167)
很差/很不满意	不重要	(0,0.167,0.333)
差/不满意	较不重要	(0.167,0.333,0.5)
一般/中等	一般	(0.333,0.5,0.667)
好/满意	较重要	(0.5,0.667,0.833)
很好/很满意	重要	(0.667,0.833,1)
非常好/非常满意	绝对重要	(0.833,1,1)

2. 模糊测度和属性权重确定

利用模型求出次准则层的模糊测度，计算属性的广义 Shapley 值。利用广义一Shapley Choquet 积分公式对次准则层的数据进行计算得到准则层的属性评价的三角模糊数。

4. 广义一Shapley 值 Choquet 积分的测算

为了从全局上考虑元素组合的重要性以及相关性，本文定义了广义 λ —Shapley Choquet 积分，给出集合 N 上 λ —模糊测度 g_λ 的广义 Shapley 值。利用模型求出准则层属性的广义 Shapley 值。用广义 λ —Shapley Choquet 积分公式可得到评价的综合属性值，其中 $F=\frac{b^L+b^M+b^U}{3}$。

(二)青岛市内三区调研分析结果

课题组于 2016 年对青岛市南、市北、李沧三区进行了网站运行与用户访问行为数据采集。设计网上调查问卷(网址：http://www.wenjuan.com/s/r2iUvq，结果网址：http://www.wenjuan.com/mysurvey/)，获取 602 份有效问卷，经过分析计算处理，得到的指标权重区间值(表 3)。

表 3　属性重要性区间值

决策层	准则层	权重	次准则层	权重
政府公共服务能力评价	基础服务评价	[0.25,0.3]	医疗卫生	[0.4,0.6]
			基础教育	[0.3,0.4]
			社会保障	[0.2,0.3]
	公共事业评价	[0.15,0.4]	公共交通	[0.3,0.5]
			公共娱乐	[0.3,0.4]
			体育活动	[0.3,0.4]
	居住环境评价	[0.2,0.3]	空气状况	[0.3,0.5]
			水资源状况	[0.3,0.6]
			城市绿化	[0.4,0.7]
	公共安全评价	[0.15,0.3]	治安状况	[0.7,0.8]
			交通、消防安全	[0.3,0.6]
	公共信息评价	[0.25,0.4]	办事流程	[0.4,0.7]
			政务公开	[0.3,0.6]
			信息安全	[0.2,0.4]

利用广义 λ—Shapley Choquet 积分公式可得方案的综合属性值，用广义 λ—Shapley Choquet 积分进行计算得市南区的综合评价值 $F_A=0.881$，市北区和李沧区的综合评价值分别为 $F_B=0.825$，$F_C=0.793$（表 4）。结合当前地方政府治理能力状况，设定政府公共服务能力评价标准：优秀（85～100），良好（70～80），一般（60～70），较差（60以下）。将综合评价值换算成百分制，得到市南区的政府公共服务能力得分为 88.1 分，优秀；市北区和李沧区的得分分别为 82.5 分、79.3 分，良好。

表 4　2016 年青岛三区公共服务能力综合评估结果

区域＼指标	基础服务	公共事业	居住环境	公共安全	公共信息	综合值	排序
市南区	0.874	0.862	0.923	0.898	0.843	0.881	1
市北区	0.851	0.803	0.841	0.832	0.774	0.825	2
李沧区	0.827	0.815	0.802	0.772	0.752	0.793	3

总体上看，青岛市内三区在公共服务层面都具备较强的治理能力。市南区政府公共服务能力远好于市北区和李沧区，除了市南区在财政收入上处于优势外，还得益于市南区发达的旅游产业的拉动效应。从调查得到的数据分析来看，市南区在公共交通、公共娱乐、城市绿化方面的优势明显，主要归因于其作为旅游公共服务的一部分，政府致力于改善旅游环境而加大了对市政基础设施的投资力度。

三、青岛市公共服务供给方面存在的问题

（一）简政放权效果不明显

国家出台了大量简政放权的政策，减少了大量的行政审批事项，但经过网站运行与用户访问行为数据采集调查发现，民众的体会并不明显，调研结果中三区的办事流程指标的得分为 0.826、0.774 和 0.781。一是由于一些行政审批事项是针对企业的，与普通民众有一定的距离。二是大量的行政审批事项依然存在，如 2016 年青岛市政府宣布取消 10 项市级行政审批事项，增加了 8 项行政审批事项。网上

办理的比例还有待提高，部分群众对网上办事的安全性存在质疑。

(二)基础教育服务不完整

《关于积极推进“互联网+”行动的指导意见》明确要求各级政府公共服务体系与互联网深度融合，对接线上线下教育资源，探索基础教育公共服务提供新方式。网站运行与用户访问行为数据采集调查发现，市南区(0.874)教育服务只有审批类事项，可以查询、预约和网上审批；市北区(0.851)只有服务类事项，只提供办事指南，不能预约和咨询；李沧区(0.827)只有服务类事项，提供表格下载和办事指南。相对于青岛市政务网基础教育提供在线查询、民政局幼儿园入园指南还提供网上办理等内容，上述三个区级基础教育网上服务明显不足。与深圳相比，青岛在基础教育公共服务方面投入远远不够。

(三)便民服务内容不完整

积极推广基于移动互联网入口的城市服务，开展网上社保办理、个人社保权益查询等互联网应用，让市民足不出户享受便捷高效的服务。推动实体政务大厅向网上办事大厅延伸，凡具备网上办理条件的事项要实行网上受理、网上办理、网上反馈，实现办理进度和办理结果网上实时查询；暂不具备网上办理条件的事项，要通过多种方式提供全程在线咨询服务，及时解答申请人疑问。网站运行与用户访问行为数据采集调查发现，如社会保障市南区的社保上办理只能查询、不能网上办理、不能预约；部分业务提供咨询和预约、网上审批；市北区社保只有名单目录、没有网上预约和办理；李沧区只提供办事指南和表格下载，没有网上预约和网上办理。

(四)信息公共服务名称不统一

网站运行与用户访问行为数据采集调查发现，从2008年《政府信息公开条例》实施以来，三个区的政务网信息公开领域做得比较好，但是名称不标准、不统一。市南区(0.843)政务网功能比较简洁明了，有4个模块，名称“政务公开”，包括重点领域；市北区(0.774)政务网主页设计6个模块，名称“政务公开”，李沧区(0.752)的政务网主页设计了7个的功能模块，名称“公开”，子网站功能模块没有内容；青岛市政务网青岛市模块名称“信息公开”；三个区级政务网的共同特点是公共服务都仅以公文的形式为内容，不生动，相当于阅读公文。

（五）在线公共医疗卫生的公共服务不够详细

网站运行与用户访问行为数据采集调查发现：市南区政务网医疗卫生内容相对于另外两个区要完整一些，如行政许可类、办事指南、表格下载等服务；市北区政务网医疗卫生为服务类事项，只提供办事指南，部分业务提供名单；李沧区政务网医疗卫生为服务类事项，只有通知公告和办事指南。

四、青岛市提升公共服务能力的对策建议

（一）要善于走网络群众路线

各级党政机关和领导干部要学会走网络群众路线，了解群众所思所愿，收集好想法好建议，积极回应网民关切、解疑释惑。全面整理行政审批事项，分类梳理，压缩管理层级，尽可能实现各层级政府之间的管理事项逐步有条件地推行网上审批、网上办理。各级政府、部门要创新“互联网＋”模式。政府信息资源的共享，应首先在公共服务的供给侧推动网上在线服务。政府基础服务、公共事业要以群众的诉求为出发点和落脚点，通过互联网“问政于民、问需于民、问计于民”，建立公众微信号推送服务，把群众路线贯彻到网络中。

（二）强化在线审批管理

网站运行与用户访问行为数据采集调查发现，网上公开的只有审批类事项名称、文件，在线办事流程、等待时限、在线咨询等信息不透明。政府政务网应充分利用互联网公开网上办事流程、网上或公众微信推送、在线回复等“互联网＋”的手段，真正实现“数据信息多跑路，群众少跑路”。借鉴宁夏回族自治区银川市在线办事大厅的实施经验，群众根据网上审批指南，在网上申报、网上预约和网上咨询，提交各类申报审批事项，最后到政务大厅一站式办理，原来的 26 枚公章被封存在政务大厅，只留最后审核一枚公章。到 2018 年，构建统一的互联网政务数据服务平台，实现公共服务和社会信息服务的全人群覆盖、全天候受理和“一站式”办理。切实提高政府公共服务能力。

(三)规范化信息公开名称

信息公开应该采取统一的名称,除公文形式外采取生动图片、动画形式宣讲。信息公开是第一步,是为了满足群众的知情权,是为了向公众提供更好的公共服务。公开网上办事流程是第二步,让群众一目了然,提高行政效率。

(四)先行先试自贸试验区的线上线下制度安排

自贸区先行先试的重要内容就是行政的精简化,公众办事流程均上网,改革的方向是重点落实互联网思维,整合政府信息资源。青岛市作为自贸区的待选城市,应坚持以开放促改革、促发展、促创新,解放思想,推动行政体制改革和政策创新。利用“互联网+”探索网上公共服务“清单制度”的管理模式;推进实行相对集中行政许可权制度,着力完善诚信体系建设,建立符合国际规则的信息公开机制等。

(五)优化社保、公共医疗服务的供给

推进青岛市公共服务均等化建设,是全体市民共享改革发展成果的重要举措,也是改善民生、统筹发展、建设宜居、幸福青岛的重要任务。政府公共服务内容是其中的重要一环,需要加强基础服务中的医疗卫生、社会保障的在线办理,开展网上社保办理、个人社保权益查询等服务,让市民足不出户享受便捷高效的服务;发展基于互联网的医疗卫生服务,构建公共医疗卫生共享信息服务平台,创新政府公共服务模式。

课题组组长

程　灏　青岛理工大学

课题组成员

胡志明　青岛理工大学

赵金先　青岛理工大学

于　蕾　青岛理工大学

姜东民　青岛理工大学

张振森　青岛理工大学

孟凡永　中南大学

青岛市农业转移人口市民化研究

中国石油大学(华东)课题组

“农业人口”为我国户籍划分中的农业人口;“转移”体现了该群体所在地域的变化,即由农村转移到城镇,既有就地转移,又有异地转移;“转移人口”既包含从农村迁移至城镇就业居住的农业人口,也包含在农村和城镇之间来回流动的农业人口。农业转移人口主要可分为两类:一类是户籍仍在农村,但已经从农村迁移到城镇工作生活或在农村与城镇之间流动的农业人口,一类是户籍已在城镇且已在城镇工作生活的一小部分城镇居民。

“市民化”是一个社会学术语,既指地域空间的转移、职业类型的转变,也强调在转移、转变过程中,生活方式、心理状态、思想观念等方面接受现代城市文明,由农民向市民转化,融入城市文化、享受城市生活的过程。本文所指的市民化主要有四个方面:一是职业由农产业工人转变为非农产业工人;二是社会身份上由农民转变成市民;三是农业转移人口有足够支撑本人及家庭的相对稳定的收入,对城市有归属感和认同感;四是农业转移人口自身素质的提高,即意识形态、生活方式、行为方式、生产生活的城市化。

一、青岛市农业转移人口市民化现状

近年来,青岛坚持全域城镇化发展战略,注重市民化统筹规划、协调发展。在发展规划上,编制了城市空间战略发展规划、市域城镇体系规划、重点中心镇布局规划,实现了市域规划全覆盖。注重各城区之间的联动关系,重点建设小城镇,推动新型农村社区的发展,逐步走出一条“以人为本、四化同步、生态文明、文化传承”的新型城镇化和市民化道路。初步形成了以中心城市为核心、县级市驻地为重点、小城镇和新型农村社区为基础的梯次明显、布局合理、功能完善、结构完整的新型城镇体系,人口市民化逐步推进。

大力推进市民化。一是大力推进“城中村”“城边村”原有居民市民化。2016 年,青岛市改造棚户区居民 60522 户,同比增加 67%,改造任务量在全国副省级城市中排名第一。二是加快推进本地农业(渔业)人口就地就近城镇化。根据《青岛市新型城镇化规划》,将区(市)城区周边、10 个次中心、35 个特色镇规划区范围内的村(社区)规划为城镇社区,纳入城镇管理体系。

(一)社保体系逐步发展

青岛市在社保体系中狠抓完善制度、扩面征缴、优化管理、规范服务 4 个环节,有力促进了养老、医疗、失业、工伤、生育 5 项保险协调发展,较好地保障了职工的社会保障权益。到“十二五”末,城镇职工养老、医疗、失业、工伤、生育参保人数增长 64.9%,其他社会保险待遇也实现大幅提升。

(二)户籍制度得以改善

户籍制度不仅有身份象征的效果,而且具有为农业转移人口提供安全保障的作用。青岛按照“合理控制城区、适当放宽新区、全面放开县域”的准入要求,积极推进户籍制度改革。推进市区户口自由迁移,创新居住证持有者落户办法,实施积分落户政策。青岛是山东省首个实行“积分落户”制的城市,将给外地人落户提供一个公平竞争的平台,有利于完善城市基本公共服务,提升城市外来人员归属感。

(三)公共服务框架体系逐步建立

青岛市大力推进产业结构、就业方式、人居环境、社会保障等由乡到城的转变,在规划、建设、服务各环节注重优先解决进城人口的现实利益问题,为农民安居城市创造有利条件,使广大农业转移人口能更好地共享改革发展成果,让城市成为农民工的幸福家园,再加上青岛市得天独厚的地理位置和适宜的生活环境,使得新一代农业转移人口的城镇化意愿越来越强烈。

(四)建立农业转移人口市民化成本分担机制

由青岛市发展改革委、市城乡建设委会同国家开发银行青岛分行、青岛大学经济研究院共同进行了农业转移人口市民化成本分析，明确了政府、企业与个人的分担比例，推进建立农业转移人口成本分担机制。

(五)农村产权制度改革逐步推进

青岛市出台了《关于进一步深化农村集体经济组织产权制度改革的意见》，将共同共有的集体资产产权制度改为成员按份共有的产权制度，逐步建立起“归属清晰、权责明确、利益共享、保护严格、流转规范、监管有力”的农村集体经济组织运营机制、分配机制。

二、青岛市农业转移人口市民化SWOT分析

(一)优势分析

1. 经济优势

“十二五”期间，青岛市生产总值年均增长9.7%，一般公共预算收入突破1000亿元。蓝高新产业加快发展，老城区企业“腾笼换鸟”转型升级，一批重大项目加快实施，十大工业、服务业、农业重点工程建设成效显现，产业转型升级迈上新台阶，服务业比重达到52.8%。“一谷两区”加快崛起，海洋经济比重超过20%。这些都为青岛市全面城镇化提供了雄厚的经济基础。

2. 产业优势

青岛市产业基础比较完善，较为雄厚的产业基础为市民化提供了有利的物质基础。新型工业与现代化农业正在快速发展，新型城镇化的推进有比较强的产业支撑。传统第二产业的优化升级持续进行，海洋、造船、港口等特色经济逐步成为青岛城镇化和市民化发展的重要推动力量。

3. 民生优势

青岛市社会民生的持续改善为市民化提供了民生优势。2016年，青岛市城镇、农村居民人均可支配收入分别达到43598元和7969元，城镇登记失业率控制在4%以内。基本公共教育服务和教育综合改革取得新突破，城、乡低保标准分别提高54.8%和116.6%，六区最低月工资标准1710元、小时最低工资标准17.1元，四市月最低工资1550

元、小时最低工资 15.5 元。六区实现公交全覆盖，供水、供暖、供气等保障水平进一步提高。

（二）劣势分析

1. 人的城镇化水平低于空间城镇化水平

城镇化进程中要充分保证进城农民享有平等的权利，在权利、利益和机会等方面给予其平等的市民待遇。青岛市人的城镇化明显滞后于空间的城镇化，很多工作深度不够，迫切需要强化。

2. 城乡公共服务不均衡

公共服务的完善程度是农业转移人口社会权利市民化程度的重要标志。近年来，青岛市公共服务水平明显提高，但城乡区域基础设施建设和公共服务水平差距较大。青岛市基础设施建设集中在中心城区、次中心城市和重点建设镇，其他小城镇和广大农村地区交通、垃圾处理等基础设施建设明显不足，医疗卫生和文化服务等设施水平比较低。在收入、科教文化、体育、医疗卫生和社会保障等方面，城乡差距进一步拉大。2015 年，青岛市审计局就教育资金的使用效益和教育配置情况进行调查，发现被抽查的 7 个区（市）学生人均教育经费附加专项资金分布不均衡。

3. 第三产业不足且布局不合理

第三产业是农业转移人口市民化过程中劳动力吸纳能力最强的产业。青岛市第三产业发展不足，吸纳新市民的能力尚未被挖掘，相对于北京、上海、广州（分别为 77.9％、64.8％、65.02％）等城市以及国外发达国家，第三产业发展仍然不足。布局不合理，不能有效缓解农业转移人口市民化的就业负担。

4. 成本障碍

青岛市农业转移人口市民化成本包括公共成本、企业成本和个人成本。初步测算，人均成本约为 17.2 万元，其中公共成本 5.7 万元、企业成本 1.2 万元、个人成本 10.3 万元。2020 年前全市转移 197.3 万人，年均投入 79 亿元，占全市公共财政收入的 12％，约为国家5.5％平均水平的两倍。这就导致了转移成本压力过大。

（三）机会分析

1. 政策机遇

近年来,党中央、国务院出台了一系列政策措施,为农业转移人口市民化提供了政策东风,推动农民工转移就业规模持续扩大,职业技能不断提高,工资收入大幅增加,参加社会保险人数较快增长。有序推进农民工市民化,坚持城乡一体、改革创新,坚持分类推进、逐步实施。

2. 发展机遇

国家新型城镇化试点建设和国家级西海岸新区建设为青岛市民化带来发展机遇,为青岛市的城镇化发展指明了方向,带来了项目投资和高新人才,更为青岛市的城镇化以及市民化发展带来了就业和人才需求机遇。

3. 意愿机遇

当前,青岛市农业转移人口大部分出生于20世纪八九十年代,思想观念和价值取向发生了较大改变,比较容易融入城市社会,希望在青岛生活下去。"城中村"和"城边村"居民产生了融入城市生活的意愿,在推进农业转移人口市民化的进程中有着强烈的配合愿望。

(四)挑战分析

市民化是城市城镇化水平发展的重要标志。城镇化的根本是人的城镇化。目前,青岛市的城镇化水平在山东省居于首位,被国家设为新型城镇化的一个试点单位。农业转移人口是可以流动的。附近城市甚至是北京、上海、广州对青岛市务工人员特别是高级蓝领工人的虹吸效应,会对青岛市产生影响。

三、青岛市农业转移人口市民化存在的问题

本文的数据来源于统计年鉴和对市北、市南、黄岛、胶州等地的三类农业转移人口的实际调研,采用文献总结的二手资料和问卷调查与访谈的形式获得的一手资料,共发放问卷300份,有效答卷率为94.3%。

(一)二元制户籍制度仍然阻碍市民化发展

近年来,青岛市虽然在户籍制度改革中取得了一些成效,但根据现行户籍制度,农民工仍不能充分享受城市各项福利保障措施。根据

调查统计，非青岛市户籍带来了就业难(16%)、居住难(18%)、看病难(14%)、无社会保障(19%)、子女上学难(26%)、无法融入城市生活(7%)等问题。

(二)劳动保障不完善

青岛市农业转移人员大多集中在批发零售、住宿餐饮、制造业、社会服务业和建筑业。工作岗位劳动强度大，工作环境差，风险高，工资低，劳动合同签订率低。在调查中发现67%的农业转移人口没签合同，17%的农业转移人口签订了1～2年的合同，仅有16%的农业转移人口签订了3年以上的合同。参保率低，38%的农业转移人口没有参加任何保险，退保率高。

(三)缺乏住房保障

近年来，青岛市城镇的商品房价格居高不下，依靠进城打工的收入无法实现其购买自有住房的“住有所居”梦。尽管青岛市政府实施保障性安居工程，如廉租住房、公共租赁住房、经济适用住房和棚户区改造、农村危房改造工程等，不能普遍惠及农业转移人口。单位提供宿舍数量有限，调查数据显示，300多名接受调查的农业转移人口中，单位或雇主提供免费住房的仅占3%，27%的农业转移人口租住私有住房，购买商品房的占26%，部分以投亲靠友方式解决住房问题。

(四)随迁子女上学政策有待完善

青岛市农业转移劳动力随迁子女义务阶段教育已基本实现现代化，但仍有少数地区存在政策上的不到位、引导上的误区和实施上的重重困难。青岛市的公立学校资源比较紧张，从实际调查来看，流动人口随迁子女有49%选择在家乡就读或者选择私立学校就读，7%在公立学校就读但是需要交借读费。

四、青岛市农业转移人口市民化的制度规划

(一)树立农民市民化的正确理念

坚持尊重民意、让利于民、注重内化、分类推进4条原则，树立农

民市民化的正确理念。市民化的主体是农民，必须充分尊重农民的意愿。要在城市功能设施、社会保障、公共服务等方面加大投入，让农民看到进城的现实利益。坚决杜绝拆迁征地过程中与民争利、侵害农民利益的行为。要重视农民市民化的价值观念、生活方式的转变。不能一哄而上、追求速度，要因势而导、有序推进。

(二)制定青岛市农业转移人口市民化发展规划，分类推进

根据人群、地域、时序统筹规划人口规模、城市布局、产业布局、发展方式等全局性问题，做出明确的制度安排和政策选择。从人群、地域和时序3个维度，统筹推进青岛市外来务工人员、"城中村""城边村"原有居民和农村就地转移就业人员，在青岛市和周边城镇落户定居，推进基本公共服务均等化，实现完全市民化(表1)。

表1 "三个市民化"特点对比表

类别	外来务工人员	"城中村""城边村"原有居民	农(渔)村地区就地转移就业人员
转移单元	举家	整村建制	举家
落户意愿	落户意愿相对较高	改造意愿较高	落户意愿相对不高
取得户籍方式	落户	不存在落户问题	落户或城镇地域扩大
主要诉求	城乡权益双保障	居住环境改善和公共服务配套	基础设施和公共服务提升
时空距离	异地市民化	就地市民化	就近市民化
落户地	以县城以上城市为主	就地转化	农村新型社区
就业	非农产业	非农产业	城乡兼业
集体收益	一般较少	一般较高	没有或较少
耕地	有耕地，但基本不从事农业生产	没有或很少耕地，基本不从事农业生产	耕地相对较多，农忙时仍从事农业生产
融入感	在城市有隔离感	隔离感不强	基本不存在隔离
学历	以初中为主	以初中为主	以初中为主
就业技能	相对较高	不高	不高

1. 因人而异，不同类型的人群制定不同的推进措施

根据农业转移就业人口不同群体的现状特征以及市民化的主要

诉求，明确不同人群市民化的重点任务和路径模式，制定完善有针对性的对策措施，配套完善城镇各类基础设施和公共服务，引导不同群体在城镇落户。

(1)推动稳定就业的高级蓝领工人优先落户。在青岛市中心城区务工的高级蓝领工人，在城镇有合法稳定住所(含租赁)，按照积分政策逐步实现落户，享受城镇就业、住房、社会保障、教育、医疗、养老、文化等基本公共服务，其农村权益保持长期不变，消除进城落户的后顾之忧。

(2)推动新生代农民工实现市民化。在城镇持居住证的新生代农民工，重点提升其城镇就业创业能力，为其提供稳定的就业机会和稳定住所，增强在城镇生活居住的支付能力，保障随迁子女在城镇接受公立学前教育和义务教育权利。

(3)“城中村”“城边村”原有居民(渔民)市民化。着力提升“城中村”“城边村”原有居民就业创业、社会保障、医疗养老等基本公共服务，配套完善供气、供热等市政设施，全面改善其居住环境，保障居民集体资产收益和征地拆迁补偿收益，合理推进“村改居”，纳入城市社区管理服务，整建制实现完全市民化。

(4)农村地区就地转移人口市民化。通过培育小城市和重点示范镇、创建特色小镇、推动一般镇和农村新型社区建设，配套城镇市政设施，提升基本公共服务，促进城镇基础设施和基本建设向周边延伸，逐步完善就地市民化的载体，引导城乡兼业人口和返乡农民工在社区落户，就地享受与城镇居民同等的基本公共服务，实现就地市民化。

2. 因地而异，不同区域因地制宜优化人口空间布局

遵循农业转移人口迁移落户意愿，因地制宜优化人口空间布局。

(1)以“三城联动”为核心，构筑人口市民化主体空间。发挥浮山湾中心区行政、金融、商业旅游服务的力量，着力建设唐岛湾成为商务商贸、金融、行政、港航服务和旅游文化中心，进一步开发红岛国际会议、文化交流、科技研发、旅游服务中心，引导高素质人才聚集，引导省内外高素质、高技能人才优先向核心城市的高新区、创新区、国家级新区和新培育的节点城市集聚。促进区域内农业转移人口向李沧、崂山、城阳、青岛湾老城区和西海岸新区 5 个城市副中心转移，强化中心城市与周边城镇的联动发展，促进人口合理布局。

(2)降低门槛,发挥次中心区域吸纳人口潜力。逐步降低青岛市落户限制,重点吸引高素质人才、大中专毕业生、优秀农民工等各类人才向次中心区域集中,加快完善教育、医疗、养老等公共服务设施,确保共享优质的城镇基本公共服务。加快危旧房和"城中村"改造,完善基础设施和公共服务设施,改善老城区人居环境。

(3)做大做强县城,增强人口集聚能力。顺应青岛市农业转移人口在胶州等县城落户定居的愿意趋势,强化县域工业产业支撑和极化带动效应,构建全域统筹、轴带展开的节点小城镇协调发展格局。强化集聚型新型农村社区建设,吸引农民就近转移。吸引本地农业转移人口落户县城,有序扩大县城规模。优化提升县城公共服务和设施环境。加快县城道路、供水、排水、供热、燃气等基础设施建设,形成适应人口和产业集聚需求、完善高效的设施体系。

(4)积极推进就地市民化,引导城乡兼业人员向小城镇和农村新型社区集聚。加快培育小城市和重点示范镇,促进教育、医疗、文化体育等优质资源向小城市和重点示范镇延伸,提升基础设施水平和质量,着力改善人居环境,吸引就地转移人口集聚,享受与县城基本同等的公共服务,打造就地市民化的标杆和亮点。推进一般镇和农村新型社区建设,扩大就地市民化的共享空间。

3.因时而异,不同阶段统筹谋划市民化实施路线图

合理确定人口市民化梯度标准。研究制定人口市民化指标体系,按照保基本、可升级的原则,根据城镇经济发展水平、资源环境承载能力等因素,统筹确定近期、远期农业转移人口和"城中村""城边村"原有居民市民化的主要任务(表 2)。

表 2　人口市民化梯度标准

类别	项目	初级阶段标准	高级阶段标准
身份转换	户籍	城镇户口或居住证	城镇户口
	与土地关系	保留农村土地承包权和宅基地使用权,以流转为主	完全退出农村土地权益
	集体经济组织关系	仍然保留集体经济组织成员资格	完全退出集体经济组织
	身份认同	农民	城市居民

（续表）

类别	项目	初级阶段标准	高级阶段标准
劳动就业	就业性质	非正规就业为主	正规就业为主
	从事行业	集中于劳动密集等低技能行业	集中于资本或技术密集型产业，从事有一定技能的行业
	稳定程度	就业不稳定	就业较稳定
	收入水平	收入水平明显低入城镇居民，工资按时支付得到保障	收入水平与城镇居民基本持平，工资协商、增长和支付保障机制健全
	劳动条件	从事脏、累、苦的工作为主，工作时间长，劳动强度大，工作环境差，劳动条件得到基本维护，劳动合同签订率低	从事较为体面的工作，工作时间在法律规定范围内，劳动强度适宜，工作安全环境有保障，各项劳动权益得到较好维护，劳动合同签订率高
	劳动技能	工作技能相对较低，基本具备初级职业技能，基本没有职业资格证书和专项职业能力证书	就业职能较高，多数有中级以上职业技能，多数拥有职业资格证书和专项职业能力证书
公共服务	社会保障	以参加城乡居民保险为主	以参加城镇职工保险为主
	住房保障	以单位提供宿舍或租赁条件较差的住房为主	城镇住房保障或自购房为主
	子女教育	纳入城镇义务教育制度保障范围	子女在城镇接受义务教育
社会融入	文化娱乐	上网和看电视为主，文化休闲时间少	接受城市文化艺术，休闲旅游时间充裕
	社会交往	交往对象仅限于同事和老乡	交往对象扩大到整个城市居民
	社区参与	不关心社区管理和政治参与，有一定的社会隔离感	积极参与议政，积极参与社区管理，融入整个城市社会
	价值观念	法律意识淡薄	现代化的价值观念逐步形成，法律维权意识强烈

要持续优化提升城镇教育、医疗、社保、住房、就业、养老等基本公共服务标准和质量，拓展公共服务类别和层次，消除城乡之间、区域之

间、城市内部的市民化差异，引导进城落户人员在生活方式、价值观念等方面完全融入城市，建立起支撑人口市民化健康发展的长效机制。

五、推进青岛市农业转移人口市民化的对策建议

（一）破除二元制度壁垒，保障农民切身利益，扫除市民化障碍

在制度上，要改革城乡分割的管理体制，打破城镇与农村、市内与市外就业身份限制，实行统一全员劳动合同制度，赋予农业转移人口与青岛市城镇居民平等就业权利。在户籍管理上，进一步放宽农业转移人口落户条件，促进在城镇稳定就业并具有合法固定住所的农民工逐步转变为城镇居民。建立与统一城乡户口登记制度相适应的教育、卫生、就业、社保、住房制度。在用工上，维护农业转移人口合法权益不受侵害。

一是要保障农业转移人口的公平用工制度环境。加强农民工安全生产和职业健康保护，打造安全、规范作业现场，实施全员缔结劳动合同和完善社会保障制度。

二是保障农业转移人口在农村的各项权益。维护农民财产权益。加快推进农村产权确权、登记和颁证工作，明确产权性质与利益所属。农业转移人口迁入城镇落户的，允许在承包期内继续保留土地承包经营权。推进农村产权和土地制度改革。引导农户依法流转农村土地承包经营权、林权和海域使用权，完善产权交易配套政策，建设农村产权交易平台。探索农村集体建设用地流转途径，建立农村宅基地有偿退出机制和土地利用激励机制，探索推进城乡建设用地增减挂钩节余指标等交易。明确农村集体收益分享机制。健全农村集体经济组织资金资产资源管理制度，探索农村产权股份制改革。明晰农户在农村集体经济组织中的产权权能，转户农村居民可根据所拥有的股份取得股权收益。

（二）完善社会保障体系，创新住房保障模式，增加转移人口安全感

在推进农民市民化的过程中，除继续在全覆盖、均等化上下功夫、查漏补缺外，进一步加大财政投入力度，提高社会保障水平。要适时提高新型农村和城镇居民基础养老保险金标准，稳步提高城镇居民基

本医疗保险、新型农村合作医疗的人均筹资标准和政府补助标准，提高人均卫生公共服务经费支出标准和教育经费支出标准。

按照“政府主导、社会广泛参与”的原则，采取政府投资建设、社会投资建设、开发项目配建、产业园区集中配建、利用集体建设用地建设等方式，建设一批功能齐全、设施配套的保障性住房和优惠房，满足转户农村居民的住房需求。在总体规划上把低收入的农民工群体纳入统一的保障性住房体系中。实施灵活多样的货币补助政策，鼓励转户农村居民购买经济适用房、优惠房、商品房。运用土地、财税、金融等多种政策工具，发挥市场机制作用，形成保障性住房资金来源的多元化。比照廉租房政策，在农民工集中的开发区和工业园区、“城中村”改造、城乡接合部等建设相对集中的农民工公寓，以及其他适合农民工特点的保障住房。

（三）实现公共服务均等，加强人文法制建设，促进城乡一体化发展

通过财政资金的增量与存量调节，把更多财政资金投向基本公共服务领域；要以缩小城乡差距为重点，逐步加大对小城镇和农村基本公共服务的投入力度，重点解决小城镇和农村义务教育、医疗卫生、基础设施方面的问题；逐步建立城乡一体化的最低生活保障制度、医疗救助制度、社会救济制度、就业服务制度等，使公民的基本权利得到切实保障。

在人文法制环境建设方面，角色再造是农民市民化的关键环节。这一环节需要依靠社区文化来完成。要通过社区文化活动培养新居民对社区的认同感、归属感，提高新居民的文明素质和精神境界，促进新、老居民和睦相处、同心同德。一要加强社区文化阵地建设。采取新建、扩建、改建等办法，加快推进社区公共文化设施建设，形成结构合理、功能健全、实用高效的社区文化设施网络。二是要抓好社区文化队伍建设。三是要丰富社区文化活动内容，增强社区居民的凝聚力和归属感。

（四）强化就业服务，实现产业结构互补互接，提高区域承载能力

一要多渠道增加就业岗位。积极推进工业化进程，大力发展劳动密集型产业，创造大量的就业岗位。二要进一步完善创业扶持政策。积极鼓励农民工以创业带动就业，通过在政策扶持、配套服务、产业引

导、人才供给、土地优惠等方面给予农民工创业的系统支持，营造农民工创业的良好环境。三要加强就业服务。建立健全面向全体劳动者的职业培训制度，完善覆盖城乡的公共就业服务体系。

要利用本地特色资源，合理拓展产业发展空间，做强县城产业，以产业园区为平台，引导产业向园区集聚、园区向县城集中，有效承接大城市产业转移。一是按照集约紧凑、产城融合、集聚人口的原则，有序推进西海岸新区、红岛经济区和蓝色硅谷建设，统筹生产区、生活区、生态区、预留发展区功能分区，加强基础设施和服务设施配套建设，提高集聚产业、吸纳人口综合承载力。争取 2020 年“一谷两区”集聚全市转移人口 50%以上。二是推进副城区和开发区融合发展。高水平规划建设胶州、平度、莱西三市城区，完善综合服务功能，向中等城市发展；加快董家口港城、空港新城规划建设，逐步发展成两大副城区。三是支持重点工业功能区、产业集聚区和特色城镇融合发展。实施功能区带动特色镇开发模式，统筹十大工业功能区和特色城镇空间布局、产业发展、基础设施和公共服务配套，加快县域公共资源向小城镇延伸，构建全域统筹、轴带展开的节点小城镇协调发展格局。

(五)完善成本分担机制，力促多方参与共担

城镇化的成本不能也不应该完全由政府或农业转移人口个人或企业一方独自承担，要基于中央政府、地方政府、个人、企业在人口城镇化进程中的收益来决定各自所承担的比例，建立中央政府和流出、流入地政府合理的成本补偿机制。要设立农业转移人口市民化基金，用于支持义务教育、就业技能培训、社会保障和住房等方面补助，市民化过程不足部分的资金可以通过市场发行债券的方式筹措，企业也要承担相应的社会责任，积极完善务工人员各项保险制度，切实提高农业转移人员工资收入，解决务工人员后顾之忧。农业转移人口个人也应积极转变观念，提高自身素质，提升个人能力，真正实现市民化的身份、知识、能力、心理转变。

青岛市农业转移人口市民化不是孤立的，必须依赖于社会大系统各个配套体系的支撑，各相关职能部门应明确责任分工，强化多方督导考核，加强宣传引导，实现青岛市农业转移人口市民化战略的稳步推进。

课题组组长

赵　霞　中国石油大学(华东)

课题组成员

鲁彦平　中国石油大学(华东)

于常有　中国石油大学(华东)

马世娟　中国石油大学(华东)

高尚昆　中国石油大学(华东)

刘　宇　中国石油大学(华东)

社会治理视角下青岛市社区心理服务体系构建研究

青岛滨海学院课题组

社区是社会治理的基本单位和重要场域，也是心理服务体系构建的社会基点。社区心理服务是指运用心理科学的理论、原则、方法和程序保持和促进社区民众心理健康的服务，培育积极的社会心态和生活幸福感。社区心理服务体系是以心理服务内容为核心构建的包括理念、目标、顶层设计、政策、体制、机制、主体、客体、工具、载体、评估等要素有机联系的系统整体。

随着改革开放的深入，我国的城市建设取得了显著成绩，人们的物质文化生活水平明显提高，但其心理健康水平并未同步跟进，潘孝富对全国 16 个省市 74 个社区的调查结果显示，四成左右的城市居民处于心理亚健康状态，57％的居民认为遇到心理困惑时需要或非常需要社区心理服务；刘影等对我国 6 个沿海大城市 1300 名社区居民的调查显示 60％的居民选择经常需要心理健康服务。

一、青岛市社区心理服务发展存在的主要问题

青岛市社区心理服务建设尚处于起步探索阶段。课题组对青岛市社区心理服务建设进行了调查研究，随机抽取青岛市市北、李沧、黄岛三区的 65 个社区，共 556 人参与调查，其中男性 215 人，占调查总人数的 38.6％，女性 341 人，占调查总人数的 61.4％。结果发现青岛市社区心理服务发展相对滞后，不能满足人们的心理需求，社区心理服务发展主要存在以下问题。

（一）社区心理服务机构匮乏，不能满足居民心理服务需求

65 个社区中设立心理服务机构的有 10 个社区（含大学设置的学

生心理服务中心），占调查社区总数的15.3%。最优质的心理服务机构往往集中在大学的心理服务中心。系统的社区心理服务实践匮乏，社区心理服务机构及人员设置参差不齐，缺乏资金和政策支持，持续性发展保障不足。认为社区心理服务不能满足居民心理服务需求的为496人，占调查总人数的89.2%。

（二）社区心理服务研究区域狭窄、宣传教育方式单一、服务实践不深入、服务形式落后等问题突出

已有社区心理服务内容、形式相对单一，偶尔使用橱窗宣传，网络新媒体技术应用不广泛，心理知识普及不到位。大多数社区居民有寻求心理服务的意愿，希望社区能够设立心理服务机构并提供工作职业指导，情感处理，亲子关系及邻里、婆媳关系处理等方面的心理服务。现有的宣传主题没有很好地与居民心理需求对接。部分社区居民对社区心理服务认识模糊，虽在社区建设的讨论中偶尔也会提及心理方面的问题，但是关于社区心理服务工作的意义、作用、内容及如何操作等问题还很模糊，亟待进行社会范围内的心理健康知识普及。

（三）社区心理服务专职人员严重不足

因缺乏社区心理服务人员专门的编制设置和配套资金支持，社区心理服务人员多停留在义工和志愿者层面，专职心理工作人员少且学历多以大专学历为主，有心理学学位、心理咨询师资格证书的仅占两成。八成人员仅在短期培训后从事心理服务工作，心理健康知识水平相对较低，心理健康服务技能掌握不够。

（四）市民潜在的心理服务需求与转化成现实的服务购买间有差距

中国传统文化注重内观内省、含蓄内敛，人们对"倾诉表达"等外显求助行为及心理服务等持有偏见，希望能够获得上门免费服务，避免一些敏感问题被泄露等。部分社区居民提出"一些心理服务机构不正规，服务不完善，不知如何鉴别"，希望社区心理服务机构进一步规范化，能够针对不同年龄或特殊人群提供全方位、持续性心理服务。

（五）社区心理服务缺乏系统性研究和科学性规划

社区心理服务研究成果总量不多，且多为研究综述或个别社区调

研。居民希望社区心理服务能够多开展中小学生社区心理健康教育，指导有效的家庭教育，做好亲子教育沟通，创造机会增进社区居民之间的交流，开展丰富多样的心理健康知识宣传服务活动，增进人们对心理健康知识的了解，提高人们的心理自我保健技能，注重社区精神疾病个体的及时介入和干预等。

二、青岛市社区心理服务体系构建的对策和建议

(一)青岛市社区心理服务体系的制度设计

1. 构建理念

青岛市社区心理服务体系构建应遵循生态系统的基本理念，注重个体生态系统间的良性协同作用，从改善个体生态环境的视角改进心理健康，培育积极心态。社区心理服务体系构建需遵循社会治理理念。社会治理理念强调多元主体协调互动的共建共享，青岛市社区心理服务体系构建要充分发挥党委、政府、社区、社会组织、居民等多元主体功能，形成由党委、政府领导与社会组织协同及公众广泛参与的运行机制，构建社区心理服务完整体系并发挥其最大效益，为全面建成小康社会和构建社会主义和谐社会作出贡献。

2. 组织体系建设

要统筹安排，建立市、区(市)、街道、社区的专门心理服务机构，制定青岛市社会心理服务发展规划，出台发展青岛市社会心理服务组织的扶持政策，形成“形式多样、类型有别、层次不一”的社区社会组织体系，如成立青岛市社区心理协会，独立于政府、主管部门、社区心理服务中心，将其作为第三方引入社区心理服务，为社区居民提供丰富多样的心理服务，促进社区和谐发展；把与心理服务相关的行政部门、各级精神卫生中心、社会公益组织、心理学术团体、医院(精神科)、法律机构、医疗保险机构及家庭等组织力量均纳入社会心理服务组织体系，形成纵横交错、多点协同、分级联动的组织体系。

3. 队伍体系建设

要将社区心理服务工作者纳入人才发展规划，加大人力资本投入，出台心理服务人员进社区的倾斜性政策；制定青岛市社区心理队伍建设专门政策，明确心理服务工作人员准入资质和专业要求，建立

健全社区心理服务队伍培养、使用、督导、提升机制，注重社区心理服务队伍整体素质和专业化水平提高；建立数量充足、结构合理、专业过硬、素质优良的专兼职社区心理工作队伍，形成社区心理服务中心专职队伍、第三方社会心理组织工作人员及社会心理服务志愿者间的相互啮合、协同联动状态，实现队伍建设专业性、专职性、志愿性有机结合；注重心理服务工作人员业务的过程性考核和年度考核，强化激励措施，激发队伍活力。

4. 法治体系建设

2013 年《中华人民共和国精神卫生法》颁布实施，为进一步推动各地出台地方性心理服务法规提供了法律保障。青岛市要进一步加快社区心理服务领域的法律规章建设，完善社区心理服务法律细则和内容，推动社区心理服务构建条例研究起草，依法厘清社区心理服务体系构建各主体的角色定位和职责范围，健全社区居民心理问题和精神疾病的预防干预及转介机制，制定普及心理健康知识、传播心理健康观念、提高社区居民心理健康水平和精神文化生活质量的社区心理服务建设条例，编制青岛市社区心理服务体系构建规划，以满足社区居民各方面多层次的心理服务需求为导向，健全政府购买社会心理服务政策及第三方介入机制规范，逐步形成完备的社区心理服务法治体系。

5. 监督考核体系建设

青岛市各级政府要制定社区心理服务考核指标体系，包括社区心理服务的组织、宣传、教育、咨询、干预、物质保障及信息化建设等各方面的细化考核指标。注重引入第三方监督机制，加强第三方社会力量的社区心理服务监管考核功能，健全行业规范和评价标准，如政府出台相关政策法规，赋予社区心理协会心理服务监督考核权利，以协助政府完成对社区心理服务的监督考核，保证监督考核的公正。形成青岛市社区心理服务监督考核“三个统一”机制，即社区心理服务年终考核与过程性考核统一、材料申报考核与实地考察考核统一、社区居民心理服务效果与居民满意度统一，实现多种监督考核方式的有机结合。

(二)青岛市社区心理服务体系机制建设

1. 宣传体系建设

形成以平台、资料及活动为工具载体的心理知识普及宣传常态机制。一是发挥社区管理的优势,以社区橱窗、公告栏及社区网站、微博、微信等平台,设立青岛市社区心理服务与咨询宣传专栏,以图文并茂的形式向社区居民介绍心理学科普知识和自我心理保健方法,提高社区居民对心理问题和精神疾病的辨识,科学看待心理问题的普遍性,了解不同的心理咨询理念,自觉维护身心健康。二是编制发放社区居民心理健康指导手册,内容涵盖心理问题的类别、心理调适的方法、心理咨询的流派及“心灵鸡汤”等,使其成为社区居民心理保健的枕边书。三是突出城市发展特色,定期组织青岛市社区心理服务主题活动,如 5 月份的“我爱我”心理健康月、11 月份的“关爱他人”心理健康节等,通过心理知识竞赛、心理健康讲座、心理影视欣赏、心理趣味运动会、心理情景剧等活动载体加大社区心理知识普及力度。

2.教育体系建设

全面加强心理健康教育体系精细化建设,设立青岛市社区心理健康课程,实地和远程在线授课方式结合,保证社区居民主动学习的广泛参与性和课程设置的公益性。课程体系分为发展性、社会性和保健性等教育类型,其中发展性教育课程涉及婴幼儿心理护理、青少年心理成长、中青年职业发展、老年心理等,社会性教育课程涉及亲子依恋、婚姻家庭关系、社区邻里关系与道德良心等,保健性教育课程涉及自我认知、情绪管理、挫折应对、生命教育、心理问题诊断等。社区居民根据自身需要选择课程体系,定期开展课程学习交流会、读书交流会等。针对社区单亲家庭、失独家庭、同妻家庭、留守儿童家庭、刑释犯罪青少年群体等开展针对性教育,给予更多的社会支持,促进其更好成长与发展。

3.咨询体系建设

在青岛市社区设立标准化的心理服务中心、心理咨询机构等,鼓励社区居民主动约访,开展预防为主的日常心理咨询服务,做好社区居民心理疏导。健全社区居民心理监测预警机制,对社区居民心理健康状况进行月周期动态隐患排查,对排查出的易感人群和亚健康人群开展前移性干预咨询。社区心理咨询形式包括个体、团体、当面、电话、网络等咨询,心理咨询主题包括自我认知、压力管理、挫折应对、职业生涯规划、情绪及情感、亲子关系、婚姻家庭关系等。通过心理咨询有效疏导社区居民情绪,疏通社区居民心理困扰,形成良好社区心态,营造和谐的社区心理氛围和温馨环境。

4. 干预体系建设

健全青岛市社区心理突发事件应急干预机制，建立社区居民心理健康电子档案，定期对社区居民进行心理健康测评，形成社区心理突发事件应急救援—信息汇报—事故调查等系统化的拉网式心理干预体系；形成青岛市社区居民心理危机风险评估机制，以一栋楼为单位成立社区心理动态调查小组，组长以月为单位开展社区居民心理服务需求及个体干预汇总，报予社区心理服务中心综合进行社区居民心理风险评估，对严重心理障碍及精神疾病居民及时干预并定期约访其家属，构建支持性心理治疗系统，必要时转介医院精神科以形成社区心理服务与医院的转介对接机制。

5. 调研体系建设

加强青岛市社区心理服务专业调研，提高工作科学化水平，以专业理念引导居民参与，以专业调研指导实践，以专业技能回应居民诉求，基于调研构建青岛市社区心理服务指导体系。以问卷调查、典型访谈等方法开展社会性认知（自尊、自我和谐）、社会性情感（依恋、气质）、社会性行为（攻击、利他）及社会环境（家庭、学校、同伴、电视、电脑、手机）调研，构建社区居民心理特征模型，包括社区居民主观幸福感模型、自我和谐影响因素模型、心理韧性作用模型、个体健康成长社会支持系统模型等。面对当前道德失范现象，加强社区居民道德认知、道德情感、道德行为等干预性社区调研，注重社区居民对社会主义核心价值观的认知践行调研等，促进社区心理服务科学发展。

6. 督导体系建设

形成社区心理服务长效督导机制，制定青岛市社区心理服务督导培训“十三五”规划，推进社区心理服务督导精细化运作。将社区心理服务督导培训常态化，督导专家、心理服务专兼职人员、精神科医生、法律顾问等共同参与督导项目，共议心理服务解决方案，提供心理服务，解答成长困惑。形成心理服务督导年度系列培训项目，督导内容精细化、模块化，如一般心理问题督导系列、心理障碍案例督导系列、神经症案例督导系列等，通过督导使心理服务及咨询人员进一步明确职业伦理和道德守则，提高心理服务技能及专业化发展水平。

7. 信息体系建设

基层社会治理必须跟上信息化步伐，为社区居民提供心理诉求平台，探索建立线上、线下“1+1”协同工作模式，形成社区心理服务信息发布和舆论导向机制。一是大力推进青岛市社区心理服务综合信息平台建设,建立包括心理咨询预约、心理讲座培训安排、心理活动公告等多元内容的社区心理服务信息平台,建立包括社区网络虚拟论坛、社区心理服务网络公众号、社区心理服务网站、微博、电子信箱等一揽子新媒体支点,形成青岛市社区心理服务信息共享系统,搭建社区网络精神家园。二是设立青岛市社区心灵书屋、亲子之家、职业方舟、父母课堂、家庭工作室等高标准的社区心理服务实体机构,开通社区心理服务免费热线电话,形成"互联网+"时代的社区心理服务信息化建设合力。

8. 保障体系建设

社会治理视角下政府公共服务职能下沉到社区,需要将更多的服务资源放到社区,使社区有资金、有场地、有人员、有物资保障。一是在社区设立专门心理服务机构(社区心理服务中心),配备专职人员,设置心理咨询室、情绪宣泄室、音乐放松室、家庭咨询室等专门心理咨询功能室,配备心理图书、资料及相关设备,除政府给予固定资金保障外,引入政府与社会资本合作模式。二是设立社区心理协会等社会组织,形成由社区心理服务中心开发设计心理服务方案、社区心理协会等社会组织竞相承接、社区心理服务专兼职人员执行实施的"三社"联动机制,充分发挥社区心理服务中心的基础平台作用、社区心理协会等社会组织的服务载体作用、社区专兼职心理服务人员的骨干带头作用,构建社区心理服务多元供给模式,丰富社区心理文化内涵。

(三)协同构建青岛市社区心理服务共同体

多元主体和谐共治是社会治理的核心特征。社会治理视角下青岛市社区心理服务体系构建以培育社会积极心态、促进社会和谐发展为目标,实现政府服务功能与社区自治功能、居民参与功能的协同创新,将政府有形之手、社区无形之手、居民勤劳之手有机统一,最终形成党委领导政府主导、社区社会组织协同、居民广泛参与的现代社区心理服务格局。

1. 鼓励社区居民广泛参与,形成富有归属感的社区共同体

参与是社区共同体形成的基础,归属感是其根本意义。要通过增强青岛市社区心理服务水平、构建青岛市社区心理文化以达到提升青岛市社区居民心理服务参与水平和社区认同归属感的目的。形成社

区居民持续沟通交流机制，创设居民心理服务广泛参与环境，如社区心理服务中心搭建居民心理服务兴趣小组等平台，增进居民情感互动，营造健康、文明、和谐的社区心理环境，使社区成为人际情感交流、邻里互助、病危相扶、富有归属感的社会共同体。

2. 以家庭为基点，形成青岛市社区心理服务生态系统

将家庭、学校、社区、社会等生态系统有机结合，形成学风、校风、家风、社会新风有机融合，实现青岛市社区心理服务微系统（家庭）、中系统（学校）、外系统（社区）、宏系统（文化意识）一体化。社区心理服务中心定期举办家庭、亲子、婚姻、邻里教育讲座，居民在参与中习得亲子、婚姻、家庭、邻里关系处理的先进理念和方法，形成互信、互助、诚信、友善、和谐的家庭风气和社区文化氛围。

3. 居民以参与、监督、评估、反馈等方式融入社区心理服务

居民作为社区心理服务的重要参与者、监督者及评估反馈者，必须在深度参与中更好融入社区心理服务。构建青岛社区与居民的沟通反馈机制，形成社区居民心理服务需求畅通表达的有效渠道。社区心理服务中心设立居民心理服务需求及满意度信箱，定期组织匿名心理漂流活动，开展契合民意的心理服务，全面提高社区居民的广泛参与度和心理服务普遍认可度。

课题组组长

张　宇　青岛滨海学院

课题组成员

王月琴　青岛滨海学院

陈云霞　青岛滨海学院

王　青　青岛滨海学院

管培雯　青岛滨海学院

陈金蕾　青岛滨海学院

李秀艳　青岛滨海学院

青岛市地下管线发展研究

青岛市政府法制办课题组

青岛市第十二次党代会绘就了青岛不断提高发展质量和效益、加快建设宜居幸福创新型国际城市的未来发展宏伟蓝图。要不断提升城市品质和能级,就要贯彻党的十九大报告指出的新发展理念,深化供给侧结构性改革,加强水利、铁路、公路、水运、航空、管道、电网、信息、物流等基础设施网络建设。

城市地下管线是保障城市正常运行的重要基础设施。青岛市地下管线运行整体状况良好,能较好地保障城市运行和市民生产生活,但随着地下管线建设的增加,一些新的问题逐步显现:市区主要道路交叉口地下管线错综复杂;老城区内地下管线繁多,在用和废弃管线并存;城市道路下浅层地下空间资源有限,以及社会反响比较强烈的道路反复开挖的"马路拉链"问题。为切实加强青岛市地下管线建设管理,保障城市安全运行,提高城市综合承载能力和现代化城市建设质量,加强城市地下管线的管理和制度建设十分必要的。

一、青岛市地下管线状况概览

(一)青岛市地下管线建设和运行状况

据不完全统计,青岛市内三区(市北区、市南区、李沧区)市政道路下埋设的各类地下管线总长度累计达到9000余千米,涵盖饮用水、中水、海水、暗渠、雨污合流、雨水、污水、天然气、供电、路灯、电车、通信、电力载波、有线电视、蒸汽、热水、石油、排渣、综合管沟等八大类19种管线,承担着城市的水源输送、能源供应、信息传输、排水防涝等多种功能,在城市运行中的地位和作用凸显。

青岛重视地下管线管理工作，规划、建设、城市管理等多部门齐抓共管，加强普查和档案管理。1985 年，青岛进行了首次地下管线普查工作，2012 年再次启动市区地下管线普查与信息化建设项目的前期工作，并于 2013 年 12 月正式开工建设。2015，顺利通过了以中国工程院王家耀院士为组长的专家组验收，普查完成了市区（市南区、市北区、李沧区）约 192 平方千米普查范围内给水、排水、燃气、热力、电信、电力、工业、综合管（廊）沟八大类 19 种，共计 9254.45 千米地下管线的普查工作，基本摸清了市区市政道路、河道内及两侧公共用地范围内的地下管线埋藏情况；同步建立了地下管线数据库和地下管线信息管理系统、地下管线信息浏览查询系统、地下管线三维展示系统。项目建成后，通过系统具备的分析与统计、更新与备份、查询与检索、地下管线三维展示、地上构筑物及管线附属设施与地下管线的三维一体化可视表达等功能，可实现对地下管线信息的数字化、动态化、可视化管理，为尽快实现青岛市地下管线的科学化和现代化管理打下了坚实的基础。

2016 年，青岛顺利通过财政部、住建部组织的竞争性评审，成为当年全国唯一入选管廊和海绵“双料”试点。同年，完成地下综合管廊实施意见、建设运营管理办法、考核评价、专项规划、技术导则等相关文件的编制、报批工作，并根据各区（市）的工作意见，拟订 2016～2018 年试点项目的实施方案。

（二）青岛城市地下管线制度建设情况

青岛十分重视城市地下管线管理的制度建设。1985 年青岛市城乡建设委出台《关于加强青岛市管线工程综合管理的通知》，首次提出实行核发“管线工程施工执照”的办法。1988 年出台了政府规章《青岛市城市建设档案管理办法》，对城市规划建设中的各类档案包括地下管线档案的编制、报送、保管、利用等作出规定。为确保普查过程中及结束后地下管线普查数据库的准确性和现势性，2013 年青岛市城乡建设委会同规划局、市政公用局、城管执法局联合印发《关于加强地下管线竣工测量和档案归集管理利用工作的通知》，要求新（改、扩）建地下管线工程落实竣工测量制度和竣工档案归集制度，实现地下管线信息的动态更新。

从内容上看，文件主要分为三个层面：一是规划建设的基本规定，包括《青岛市城乡规划条例》《青岛市建筑工程管理办法》以及《青岛市城市建设档案管理办法》等；二是专门的管线建设规定，包括《青岛市城市道路管线工程规划管理办法》《关于加强城市道路地下管线规划建设管理的通知》等；三是规范行业发展的专项法规，如《青岛市供热条例》《青岛市排水条例》《青岛市供水条例》《青岛市燃气条例》等。从效力上看，文件主要分为四个层次：一是地方性法规，包括《青岛市城乡规划条例》等；二是政府规章，包括《青岛市城市建设档案管理办法》《青岛市建筑工程管理办法》等；三是市政府文件，包括《关于加强城市道路地下管线规划建设管理的通知》等；四是部门文件，如规划局、城乡建设委、城市管理局等相关部门先后出台了《关于加强青岛市管线工程综合管理的通知》《关于在青岛市区进行建设工程竣工测量的通知》《关于转发建设部部长令加强地下管线工程档案管理的通知》《关于加强市政公用地下管线规范化建设管理的意见》《关于加强地下管线竣工测量和档案归集管理利用工作的通知》等，对地下管线的规划、建设、竣工测量、档案归集等进行了细化规定。

二、青岛市地下管线建设与管理存在的问题

（一）地下管线管理部门缺乏有效的协调

从青岛市地下管线现行体制看，存在权属单位多元化和管理主体复杂化的特点。虽多部门齐抓共管，但地下管线管理涉及的规划、建设、城管、公安、通信、电力等部门，由于缺乏有效的协调，造成管理缺位。

从权属单位来看，青岛市地下管线分别隶属于青岛市海润自来水集团有限公司、青岛海湾中水有限公司、青岛水务集团排水分公司、青岛泰能天然气有限公司、青岛能源燃气有限公司、山东电力集团公司青岛供电公司、青岛市路灯管理处、中国电信集团公司青岛分公司、中国联通网络通信有限公司青岛分公司、中国移动通信集团公司青岛分公司、山东广电网络有限公司青岛分公司、青岛鲁青热力有限公司、华电青岛热力有限公司、青岛能源泰能热电有限公司、青岛东亿热电厂、青岛石油化工有限责任公司等 29 个管线权属单位，其中热力管道分属 12 个权属单位，涉及单位众多，且层级不同，既有央企也有地方企业。

从管理主体来看，青岛市的地下管线管理基本上是按照基本建设

程序中的职责来划分,发改、规划、建委、城管等多个部门共同管理:一是规划管理方面,市规划局负责各类地下管线的规划管理工作,具体负责组织编制各类地下管线专项规划及地下管线综合规划,办理地下管线工程规划许可审批手续,对各地下管线工程进行规划验线、规划核实及其他规划管理工作。二是建设管理方面,供水、排水、燃气、热力等四类市政管线工程向市城乡建设委申请办理工程施工许可、安全质量监管及竣工验收备案等手续,通信及电力等央企管线工程建设活动由各行业垂直管理部门自行管理,其中地下管线工程建设活动涉及的掘路审批管理已由市城乡建设委移交市城市管理局负责。三是运行管理方面,青岛市地下管线权属单位承担地下管线投入使用后运行管理的主体责任,各行业主管部门承担管线运行环节的政府监管职责,如青岛市水务集团主要负责供水、排水类管线的运行管理,能源集团主要负责燃气、热力类管线的运行管理,供电公司负责电力管线的运行管理,中国移动、联通、电信公司负责通信类管线的运行管理等等。市城市管理局、市通信管理局、市经信委分别负责所属行业管线的行业监管。四是档案管理方面,市城建档案管理机构负责市政道路及庭院小区范围内各类地下管线工程档案的归集、整理、保存、借阅等档案管理工作,并负责青岛市地下管线信息管理系统的动态更新及运行维护工作。

(二)源头管理不足

部分管线专项规划不到位,建设计划不统筹。在青岛市地下管线外业普查探测及地下管线信息系统运行分析,发现部分地上构筑物违章占压地下管线,管线因受压过重等因素,极易造成管线沉降变形,导致管线破裂;部分地下管线间水平间距、垂直间距不满足国家规范,若燃气管线与电力管线埋设过近,一旦燃气泄漏,遇到电火花会产生燃爆,极有可能引发安全事故。要解决这些安全隐患,应当从源头抓起。道路反复开挖问题严重,造成社会资源浪费,影响城市交通,社会反响较大。

(三)档案信息存在归集率不高、动态更新难等问题

工程档案信息归集率虽然有要求,但由于文件效力不足,造成归集率较低,难以建立起地下管线信息动态更新长效机制,直接影响到青岛市地下管线普查数据库的准确性和真实性,不利于城市建设顺利

进行。档案信息归集除了普查外，更重要的是日常建设工程规划的及时归集。档案信息主要存在归集率不高、动态更新难等问题，由于缺乏必要的制约措施，造成档案信息无法及时归集和更新，进而造成地下管线信息的不准确、不完整，普查的成果很容易过时。

（四）制度建设不健全

从国家、省及青岛市的制度建设看，国家层面的规定针对性不强，尤其对于地方管理事项规定较少。从青岛市制度建设情况及现有的规定内容上看，或侧重于建设工程的基本程序监管，或侧重供水、供热等单项事项监管，对于地下管线的专项规范侧重于具体事项的监管，尚无对地下管线全生命周期监管的规定；从形式上看，基本上都是市政府或者部门制发的规范性文件，效力较低，难以对各责任单位的职责进行明确，难以形成有效衔接。

三、国内外地下管线管理及制度建设情况

（一）国外地下管线管理及制度建设情况

美国、德国、英国等在地下管线管理方面有着较为完备的法制体系。美国 1968 年颁布了第一部与管道安全有关的法律《天然气管道安全法》。此后，陆续于 2002 年颁布《管道安全改进法案》、2006 年颁布《管道检验、保护、强制执行和安全法案》、2011 年颁布《管道运输安全改进法》，建立了多层次、严密细致的油气管道法律法规体系，规范了联邦政府、州政府和管道运营商在管道安全管理中的权利与义务关系。德国不仅有体系完整的各类法典，还有大量的单行法规和司法制度，其中涉及地下管线综合管理的有《德国建设法典》《能源经济法》，单行法规主要有《能源管网扩张法规》和管网扩张加速法规等。英国有《城乡规划法案》《管道法》和《共同沟建设特别措施法》，其一般的建设项目需要经过开发和建设申请两个过程，其中《管道法》将管线管理提高到了立法及国家管理的层级。这些法规性文件主要确立和强化了以下制度。

1. 明确规划编制

美国城市总体规划中，公用设施规划是强制要求内容，如电信规

划一般归入地方总体规划中的社区设施当中，一些城市还可以根据自身情况选择编制电信等专项规划。德国规定，所有工程的规划方案，必须包括有线电视、水、电力、煤气和电话等地下管道的已有分布情况和拟建情况，并做好与周边管道的衔接，对于较大的地下管线工程须经议会采取听证会形式审议。

2. 强化建设管理

英国《管道法》规定，所有新建管道都必须在施工起始日期之前至少16周向国务大臣提出申请，由国务大臣根据《城乡规划法》(1947)进行审核。如果有必要的话，国务大臣可以在参议院或者众议院召开公开听证会，对申请进行裁决。未按规定提出新建管道申请或者申请中的施工路线图不符合要求，或者实际施工路线与申请路线不符都将被依法处以罚款。

3. 完善档案管理

美国20世纪90年代就提出了数字化管道的概念，通过管道信息管理系统，为管道管理部门和生产管理人员提供各类与管道相关的图形和属性信息。

4. 多元化监督管理

美国强调政府、非政府组织、行业协会及普通民众之间的协作，建设项目在取得所有规定的许可和审批认证后，规范执行部门将颁发建设许可证，施工过程中规范执行的部门要进行数次工地审查和验收。对施工和建设中的违规现象，执行部门依赖群众的举报，派勘察员进行实地调查，发出停工和勒令改正的通知。此外，美国成立了相应的一呼通中心，设立了“811”专线(美国联邦政府授权的N-11编号系列的号码之一)，作为全国统一的“挖掘前呼叫”号码，通过立法强制实现全美50个州和哥伦比亚特区的62个“一呼通中心”的互联互通。根据法规规定，任何参与拆迁、挖掘和建筑施工的个人或机构必须在工程实施之前，通过一呼通中心获取施工地段的地下管线信息，依照所获得的信息进行施工。管道管理机构在收到请求之后，必须及时提供合理准确的管道位置信息。任何一方在不遵循这些规定的情况下导致管道受损，危及人身和财产安全时，都将受到民事处罚。

(二)国内其他城市地下管线管理及制度建设情况

为加强地下管线管理，国内其他城市也在不断探讨并出台地下管理方面的地方性法规、政府规章，或者在相关的法规或规章中明确地下管线的管理。各地在法规和规章中针对地下管线规划、建设、管理等方面的制度措施，以及相关的法律责任及处罚追究机制等，对青岛的立法工作具有极大的学习借鉴意义。

1. 统一管理

《杭州市城市地下管线建设管理条例》规定“市建设行政主管部门负责本市范围内城市地下管线的建设管理工作。规划、测绘、市政设施、公安、人民防空等有关行政主管部门应当按照各自的职责，协助做好城市地下管线建设和管理工作”，明确市建委作为这项工作的管理主体，形成建委为主牵头，其他部门协助配合的体制，避免工作中出现“群龙无首”的现象。《哈尔滨市地下管线管理暂行办法》为解决多头管理、职能交叉、权责不清的问题，确立了统一规划、统筹管理、节约资源、信息共享、保障安全的原则，明确市城乡建设行政主管部门负责该办法的组织实施。

2. 全过程监管

为加强地下管线全过程监管，《杭州市城市地下管线建设管理条例》规定，建设行政主管部门根据城市总体规划和城市地下管线综合规划，编制城市道路建设专项计划和地下管线建设计划，并互相衔接。管线建设单位根据城市道路建设计划制定本单位次年的地下管线建设计划，报建设行政主管部门备案。建设行政主管部门根据城市地下管线建设服从城市道路建设计划的原则，兼顾地下管线系统运行需求，统筹安排城市道路建设和城市地下管线建设。由此实现地下管线与道路建设的同步进行，减少城市道路的无序开挖。《哈尔滨市地下管线管理暂行办法》规定了严格的城市综合地下管线工程建设年度计划编制、执行流程：地下管线行业主管部门和地下管线建设单位根据城市基础设施专项规划及行业发展需求，制定地下管线建设年度计划，并于每年 12 月 20 日前报送市城乡建设行政主管部门；市城乡建设行政主管部门征求市城乡规划、公安交通、水务、城市管理、交通运输、住房保障和房产管理等行政主管部门的意见，兼顾区域发展需要、行业发展需求、道路建设计划、道路交通疏导等因素，综合平衡，科学制定城市综合地下管线工程建设年度计划。建设单位应当严格按照城市综合地下管线工程建设年度计划组织安排施工项目。未列入城市综合地下管线工程建设年度计划的地下管线工程，有关行政主管部门不予办理相关审批手续。通过严格执行地下管线建设年度计划，真正做到"一次开挖，多网并进"，有效解决了反复开挖道路的问题。

3. 档案管理

2005年实施的《长沙市城市地下管线工程档案管理条例》是全国城市中第一部规范城市地下管线工程档案归集管理的地方性法规，该条例重点对地下管线工程档案的移交、收集、保管、利用等方面进行了规范。《杭州市城市地下管线建设管理条例》按照基本建设程序对地下管线工程档案归集进行了明确规定：工程开工前，管线建设单位应当将办理许可手续的资料向城建设档案管理机构备案，由其将工程竣工后需移交的工程档案内容和要求告知管线建设单位；工程竣工后，建设单位应按要求移交工程档案，并由建设行政主管部门在办理工程竣工验收备案手续时，查验工程档案认可文件。施工中发现未建档管线时，建设单位应告知建设行政主管和未建档管线权属单位，由权属单位按规定测量建档；因紧急抢修导致地下管线位置发生变化的，建设单位应当及时将档案报送城建档案管理机构。对于建设单位未按规定移交工程档案的，设定了处罚措施。条例通过事前、事中、事后各个环节多项措施的规定，确保地下管线工程档案的有效归集。

（三）国家层面地下管线管理及制度建设情况

对于地下管线管理，国家虽然没有单行的法律法规规章，但是有相关的制度予以规范，从层级上看，包括法律类、行政法规类和部门规章类；从内容上看，涉及工程建设方面进行一般性要求以及各类专项工程要求的法律法规规章。其中法律类包括《中华人民共和国城乡规划法》《建筑法》等涉及工程规划、建设、测绘、安全生产、资产管理、统计等方面对全部工程予以规范，还有《电力法》《石油天然气管道保护法》等涉及电力、石油天然气及军事等方面管线的法律；行政法规类包括《城市道路管理条例》《市政工程设施管理条例》《建设工程质量管理条例》等涉及市政施工、建设质量、安全生产、环境保护、信息公开等工程建设法规，还有《电力监管条例》《石油天然气管道保护条例》《电信条例》《城市供水条例》等各类管线单项要求的法规；部门规章类做了进一步细化，在工程一般要求上，有《城市地下管线工程档案管理办法》《房屋建筑和市政基础设施工程质量监督管理规定》《房屋建筑和市政基础设施工程施工图设计文件审查管理办法》《建设工程勘察质量管理办法》《建设工程质量检测管理办法》，在专项管线管理上，有《通信网络安全防护管理办法》《城市道路照明设施管理规定》等。为加强地下管线管理，近年来，国家层面相继发布多个文件，如《国务院办公厅关于加强城市地下管线建设管理的指导意见》《国务院办公厅关于推进城市地下综合管廊建设的指导意见》等。

虽然国家层面出台了诸多规定，但是仍存在以下问题：一是各方面规定参差不齐。从管线分类来看，关于电力，有《电力法》《电力监管条例》《电力安全事故应急处置和调查处理条例》《电力设施保护条例》以及多项部门规章，相关规定较多；关于石油天然气，有《中华人民共和国石油天然气管道保护法》《石油天然气管道保护条例》等；但是在给水、排水、燃气、热力方面，国家层面规定则较少，且都是系统性的规定，没有针对性的规定，需要地方予以规范。从管线形态来看，对于综合管(廊)沟，尚无规章以上层次予以明确规范。二是针对性不强。国家层面立法可以解决全国性普遍存在的问题，但是由于给水、排水、燃气、热力等市政基础设施主要是各地进行统筹建设，国家层面的规定多是对该系统的全过程进行规定，没有针对性地对管线进行规定，如《城市供水条例》规范了供水水源、工程建设、供水经营、设施维护等多项内容，但是对于管线的建设和维护，规定的不够明确、具体，需要地方予以明确或者规范。三是缺乏统一的城市地下管线管理法律法规，现行法规只从不同角度规定了城市地下管线的规划、用地、建设、运营、安全管理以及防灾等方面，尚未出台一部规范地下管线全生命周期管理的法规。

四、提升青岛市城市地下管线管理水平的对策建议

建设地下综合管廊已经成为国家、省、市的共识，这是缓解道路反复开挖、反复封路、地下管线混杂、安全隐患较多的重要途径，也是建设资源节约型、环境友好型城市的重要任务之一。结合青岛市城市地下管线管理存在的问题，提出以下对策建议。

(一)条块结合，厘清职责，齐抓共管

要解决地下管线管理问题，首先要解决管理体制。在地下管线的管理中，实行统一管理是必要的，但是统一管理不等于简单地确定一

个部门管理，一是不具有现实可操作性，即使确定一个主管部门，涉及通信、电力等的权属单位并非地方所管，还是需要以协调方式解决；二是现有法律法规对地下管线的建设和维护已有明确规定，简单地确定一个部门主管，难以解决上位法与实际执行的矛盾。对地下管线的管理宜按照条块结合的原则，在厘清职责的基础上，实行各部门齐抓共管、有效衔接和协调，做到实质上的统一管理。

1. 厘清各部门职责

非一个部门管理的情况下实行统一管理，必须先厘清各部门的职责。首先是规划先行，按照城乡规划法律法规要求，所有项目都由规划部门统一办理规划许可手续；其次是建设环节，由工程主管部门按照相关法律法规办理施工手续，且本着谁发证谁监管的原则，由发证机关履行相关的监管职责，在此基础上，进一步明晰新旧权属单位在新建项目时的权责划分；第三是移交环节，除双方另有约定外，移交前责任由建设单位承担，移交后责任同时转移；第四是运行环节，合理区分权属单位与行业主管部门职责，权属单位是第一责任人，没有权属单位的负责维护管理的单位要承担第一责任人的职责，行业主管部门要切实负起指导、监督职责。

2. 建立政府领导、综合协调下多个部门分工协作机制

借鉴杭州经验，政府加强对地下管线管理工作的领导，建立综合协调机制，协调解决地下管线规划、建设和管理工作中的重大事项；协调解决行业主管部门与权属单位在建设和运行中的重大事项。

3. 加强各部门、管理部门与权属单位的日常沟通协调

建立沟通机制或者联席会议制度，主管部门之间实现信息互通、执法协作，在核发施工许可证、日常监管、竣工验收等环节时，及时对地下管线的建设、安全保护、测量、档案报送等予以监督；主管部门与权属单位之间信息互通，权属单位的建设、运行行为及时告知主管部门，建立管线运行的信息共享机制，主管部门协助其及时解决在建设和运行中出现的问题。

（二）实行全过程监管，覆盖地下管线生命全周期

建议在青岛市的地方立法中，在横向统一管理的基础上，在规划、建设、验收与移交、运行、退出等地下管线生命全周期，确定全过程的监管措施，明确各环节抓手，本着建设计划统一、挖掘道路审批统一、

档案管理统一的“三统一”管理原则，强化源头管理，完善建设过程监管，及时做好验收和移交，从纵向上保障管线的有序建设与有效监管。

1. 加强源头管理，实现建设计划统一、挖掘道路审批统一、档案管理统一的“三统一”管理。

一是统一建设计划。除强调规划部门在编制规划予以统筹考虑外，更直接的效果是确定一个主管部门制定统一的年度建设计划。年度计划的制定不是由该主管部门自行决定，而是由各管理维护单位向其提报年度建设需求，该主管部门在统筹协调的基础上，征求相关主管部门意见后，编制建设维护计划，以统一的建设维护计划统筹地下管线建设。维护计划的权威性，未列入计划的不得建设。

二是统一占掘路审批。地下管线建设一般伴随着道路开挖，因此，应当将二者有效衔接：编制地下管线年度建设维护计划涉及占用、挖掘道路的，应当征得城市管理主管部门的同意；未列入年度建设维护计划的，不得开工建设，不予办理道路占用、挖掘审批手续。对新建、改建、扩建道路可能涉及管线建设的，要求将依附于道路的地下管线同步建设；确实不能同步建设的，道路建设单位应当按照规划要求预留地下管线位置。

2. 完善建设过程监管

《中华人民共和国建筑法》《建设工程质量管理条例》等对建设行为已经有明确的规定，对于管线建设来说，需要重点解决以下问题：

一是报建手续。作为建设项目，地下管线工程施工前，应当按照规定办理建设工程施工许可手续；考虑到地下管线的特殊性，与主体工程同步建设的地下管线工程，应当与主体工程一并办理施工许可手续。

二是规范建设各方主体的权利与义务。建设单位应当向施工单位提供准确的施工地段既有地下管线状况信息，并组织相关单位编制施工地段既有地下管线的保护方案；施工单位按照批准的施工时间、经审查合格的施工图设计文件以及有关技术规范和操作规程进行施工，施工中发现施工图设计文件与既有地下管线实际情况不符的，应当停止施工并向建设单位报告。

三是明确新旧管线管理主体的义务，避免乱挖造成安全事故。这是应当重点予以规范的事项。新管线的建设单位应当充分了解建设区域的地下管线现状资料，在查档案的基础上，将有关资料送原管线管理维护单位确认;原管线管理维护单位应当履行回复义务,如认为资料与实际情况不符的,应当组织必要的现场详查;施工过程中损坏有关设施的,施工单位应当立即停止施工,采取应急保护措施,及时通知有关单位抢修,以减少损失。

四是明晰责任划分。本着责权利相当的原则,因新建管线单位责任造成的损失,应当由新建单位承担;因原有管线单位不履行回复义务或者提供资料不实带来的损坏,应由责任方承担责任。

五是竣工测量。由于地下管线位置的特殊性必须进行覆土前测量,并设置必要的标识。

3.明确验收与移交

部分城市地下管线存在着建设后不移交、移交无人接收等问题,如没有明确的运行主体,维护责任则难以有效落实。建设单位应当在竣工验收合格后,及时向地下管线责任单位办理移交手续;责任单位应履行接收义务,对验收合格且资料齐全的,地下管线责任单位不得拒绝接收。对于种种原因无法移交的,除了双方另有约定的,原则上应当由建设单位负责维护管理,明确维护管理责任。

4.明确管理维护单位的责任

地下管线的安全运行关系到人民群众的生命财产安全,管理维护单位应当承担主体责任,切实履行其管理维护责任,建立地下管线安全监测、预警机制,对输送有毒有害、易燃易爆等物质以及其他可能产生危险情形的地下管线进行重点监测监控。各级政府及行业主管部门应当依法履行职责。在制度上,各主体应当制订安全应急处置预案,定期开展应急演练,发生事故应当及时履行应急、报告等职责。

5.规范废弃管线的处理,完善退出机制

废弃管线如得不到及时的处置,不仅会因管道内残留物质污染环境,而且由于内部无填充物质或气体压强不足等因素,会导致管线破裂,引发管线上方道路塌陷等安全事故;由于现阶段没有成熟的技术及可靠的填充材料,对于一些特殊的废弃管线只能做到封堵检查井,而不能完全封堵管道;由于道路建设工期要求及开挖影响交通等原因,对一些废弃管线的处理只能做到备案,不能进行拆除。为了安全考虑,地下管线不得擅自废弃;对确需废弃的,管理维护单位应当征求行业主管部门意见,并报城乡规划主管部门备案。对存在安全隐患的废弃地下管线,地下管线管理维护单位应当及时消除安全隐患,并报行业主管部门备案；其他废弃地下管线，应当结合相关工程建设予以拆除。

(三)加强档案信息归集和动态更新，充分利用大数据和“标准化＋”，构建完善的地下管线档案系统

地下管线工程档案信息是地下管线规划、建设、运营养护、维修改造等工作的重要依据。无论是各阶段的职能管理，还是全过程的综合管理，都离不开档案信息的支撑。

1. 档案归集与动态更新

建设部《城市地下管线工程档案管理办法》对档案归集作了相关规定，但由于其法律效力低于地方性法规，建议明确档案报送的具体环节，一方面城建档案管理机构应当履行告知义务，在地下管线工程建设单位办理相关手续时，将工程竣工后需移交的工程档案内容和要求告知建设单位；另一方面建设单位应当履行档案报送责任，竣工验收前要提请城建档案管理机构对地下管线工程档案进行预验收；验收后要按要求及时将竣工图、地下管线竣工测量成果以及其他应当归档的工程档案移交城建档案管理机构。为了保证信息动态更新，应当从信息报送和录入两个环节入手，保障信息更新及时：管线属性信息发生变化的，管理维护单位应当及时向城建档案管理机构报送变化信息；城建档案管理机构应当及时将地下管线普查、补测补绘成果、工程档案资料以及地下管线变化信息等资料录入地下管线信息综合管理系统，保证动态更新。

2. 现代技术手段利用

随着科技发展，可加快物联网技术在地下管线中的应用，提升地下管线的信息化、智能化水平。施工过程中应当按照有关标准、规范设置有关标识。施工完成后可采用先进技术手段检测管道安装质量，利用科技手段实现地下管线的立体“可视”化管理。对于已铺设的地下管线，可选择燃气、输油等危害较大的地下管线，在地下管线准确普查信息支撑下，运用智能芯片，通过探测将收集到的地下管线信息利用定位电子标识装置记录地下空间信息，利用计算机对地下管网进行跟踪和检查；对正在铺设的管网，利用地下埋设物标识装置及标识系统对管线网进行“可视化”和“信息化”管理。

3. 系统建立规范化，进而实现标准化，实现信息共享

系统的建立、接入是动态更新的前提。综合管理信息系统与专业管线信息系统的建立应当实现规范化,以便于互联互通。在此基础上,可以探索实现标准化管理,不仅实现青岛市有关系统的接入统一,而且进一步探索标准化管理,以便于将来与全国其他城市系统实现互联互通。要建立规范化的系统,仅依靠地方性法规难以面面俱到且及时更新,应当加大配套措施的制定。杭州自2009年《杭州市城市地下管线建设管理条例》实施后,于2010年制定《杭州市地下管线信息系统建设规范》对全市地下管线信息系统的技术规范和数据规范进行了规定,2012年制定《地下管线信息数据入库规程》对地下管线数据入库进行了规定,2013年制定《杭州市地下管线综合管理信息系统保密管理暂行规定》对系统和数据保密进行了规定,2014年制定《杭州市城市地下管线信息管理系统查询利用规定(暂行)》对地下管线信息管理系统查询利用工作进行了规范。青岛市可以借鉴杭州经验,通过一系列制度规定,将地下管线信息管理系统的建立、接入、使用予以明确,便于执行。

(四)落实国家部署,不断创新,发展综合管廊

为切实做好城市地下综合管廊建设工作,2015年国务院办公厅下发《关于推进城市地下综合管廊建设的指导意见》,对城市地下管廊的规划、建设、运行、入廊要求、费用、政策支持等作了详细规定。青岛作为试点城市,要进一步推动管廊建设,但仅依据国家的一般性要求,难以满足青岛市的实际。建议在青岛市地下管线立法中,进一步明确建设要求、管理主体、入廊要求、养护责任、相关费用等内容,权责明晰,以保障国家政策落地,切实推动青岛市综合管廊建设。

课题组组长

于明霞　青岛市政府法制办

课题组成员

张晓也　青岛市城乡建设委

张建华　青岛市城建档案馆

黄龙飞　青岛市政府法制办

封　尧　青岛市城建档案馆

青岛市公共图书馆事业发展研究

青岛市社会科学院课题组

公共图书馆是一座城市的文化地标。近年来,青岛市公共图书馆事业有了长足进步,同时也面临前所未有的挑战。新形势下,全社会对文化建设和文化软实力重要性的认识不断深化,"全民阅读"连续写进政府工作报告,人民群众阅读积极性不断升温,这对公共图书馆事业提出了新要求。青岛市公共图书馆发展压力与机遇倍增,要坚持以世界眼光与时俱进,以国际标准改革创新,以体制改革促格局优化,以理念创新促功能提升,以融合发展促全民阅读,加快构建有青岛特色的大公共图书馆服务体系,建设书香青岛,把公共图书馆服务社会、引领时代的声音唱响,使之成为一座城市服务创新的平台和共享知识信息的枢纽。

一、公共图书馆发展新趋势

一是在组织形态上,由单一馆向总分馆的大图书馆模式发展。发达国家和地区的图书馆大多采用总分馆模式,如纽约公共图书馆是世界上屈指可数的最大和最重要的图书馆之一,包括 85 个分馆、1 个表演艺术研究中心、1 个黑人艺术研究中心等,是一种由政府主导比较彻底的总分馆模式。网络信息技术高度发达,总分馆模式犹如插上腾飞的翅膀,越来越受到国内图书馆界的关注,被国内许多大城市学习引进。上海、深圳、广州、苏州等地,或以松散联盟的形式,或以集中管理的形式,发展各具特色的大图书馆格局。

二是在功能上,由单一的文献查阅服务向多元融合"图书馆+"功能发展。国际上,图书馆较为普遍地导入了博物馆、音乐厅、美术馆、科技馆、档案馆、文化馆的服务空间,并融合了这些场馆的服务功能。

国内上海图书馆积极开拓“图书馆＋”的服务新形态，发挥“城市教室”的服务功能和社会效益。

三是在技术上，应用先进的网络信息技术，积极开发“互联网＋”图书馆各项业务。互联网信息时代，数字化和网络化使知识流动性更强，获取面更广，阅读趋于多元。2016 年全国第十三次国民阅读调查报告显示，2015 年我国成年国民图书阅读率为 58.4%，同比上升 0.4 个百分点；数字化阅读方式的接触率为 64.0%，同比上升了 5.9 个百分点。数字阅读首次明显超过纸质阅读。

四是在管理体制上，由行政管理、直接管理向行业管理、间接管理转变，引入理事会制度，推进文化治理。党的十八届三中全会提出要“明确不同文化事业单位功能定位，建立法人治理结构，完善绩效考核机制。推动公共图书馆、博物馆、文化馆、科技馆等组建理事会，吸纳有关方面代表、专业人士、各界群众参与管理”。这是推动我国公共文化服务体系体制机制创新的重要举措，也是公共图书馆不断深化改革，解决自身发展问题的路径选择。

五是在服务方式上，由被动服务向主动服务转变。转变理念，以读者为中心，从“以书为本”向“以人为本”转换，从静态等待读者到动态主动服务读者。重组功能，让图书馆“动”起来，从文献收藏扩展至文献、信息咨询服务，开展经常性的学术交流、专题讲座、展览欣赏、教育咨询、休闲娱乐等活动。

这些变化与社会主义市场经济体制下公共文化服务体系建设是一脉相承的，与文化治理方向是一致的，进一步强化了图书馆作为全社会文化信息知识资源的枢纽功能。

二、青岛市公共图书馆事业发展基本情况

在建设文化青岛、打造文化强市的政策引领下，青岛市公共文化服务体系不断完善，公共图书馆事业在政策支持、基层设施、资金投入、创新模式、延伸服务等方面有了较大提升。

（一）基础设施不断完善，硬件建设有了质的提升

近年来，青岛市以创建国家公共文化服务示范区为契机，以“千万平方米”社会事业公共设施文化项目建设为抓手，图书馆基础设施建

设不断完善，基本构建了覆盖城乡的四级[市级、区(市)级、镇街级、社区级]公共图书设施网络。青岛市建有区市级公共图书馆 13 个，总建筑面积为 8.307 万平方米，全部达到一级图书馆标准。其中，市图书馆馆舍建筑面积近 2.6 万平方米，藏书 233 万册。基层图书馆建设不断加强。自 2008 年起，市政府将各社区、乡镇图书室建设纳入规划，列入政府为群众要办的实事之一，采取市、区(市)政府多级投入、区别对待的政策，基本实现了“一社一室”“一村一屋”的目标。

(二)服务机制不断创新，服务供给有了长足提升

青岛市基本建成了公共图书馆总分馆制和通借通还机制。市图书馆引进 Interlib 图书馆集群管理系统，完成了与各区(市)图书馆搭建技术平台和资源整合工作，实现了在统一平台共享馆藏、借阅信息以及开展通借通还的目标。围绕数字图书馆推广工程建设，市图书馆加强软硬件建设，开通移动阅读平台和 24 小时自助图书馆，提升了服务能力和手段，满足市民全天候借阅需求。截至 2016 年 6 月底，市图书馆移动阅读平台(手机图书馆)手机客户端下载量 2419 人次，访问量 65905 人次；24 小时自助图书馆流通 97087 人次，借阅 17680 人次、39616 册次；无线网络注册读者 49364 人，平均即时在线人数达到 80 人左右。

部分区(市)将条件成熟社区图书馆纳入总分馆制管理，采取统一采购、统一配送的模式，为各分馆定期配送文献资源。城阳区以独立的街道、社区、企业文化中心为平台，在全区选取 42 处街道、社区、企业图书馆作为分馆，根据经济基础、人口密度和读者需求等因素确定图书品种和数量。开发区图书馆与各高校图书馆建立图书馆联盟，开展流动图书服务，方便了市民借阅和还书。

(三)服务内容不断拓展，品牌影响力不断释放

适应时代发展需要，市图书馆积极举办丰富多彩的阅读推广活动，成功打造了“青岛文化大讲堂”“驿动书香”“小小莫扎特故事音乐会”“小贝壳快乐营”“青图外语沙龙”等一系列特色服务品牌，努力开拓图书馆的文化休闲功能，让更多的市民走进图书馆，在广大市民读者中赢得了良好的口碑。

“青岛文化大讲堂”自 2002 年开办以来，坚持贴近百姓，普及文化

知识，为读者释疑解惑。“驿动书香”服务品牌以图书流动车为载体，面向党政机关、企事业单位、军民社区、社会福利院、劳教所及新市民等群体，开展以定时定点送书为主要内容的流动送书服务活动，已发展流动分馆和服务点 52 个，年流动服务 200 次以上，年服务读者 5 万人次，借阅图书 6.7 万余册。

各类定向服务、细化服务也丰富了图书馆服务的内容和影响，例如，为充分发挥图书馆少年儿童教育基地的作用，举办了书法班、写作班、美术班、舞蹈班和各种乐器培训班等适合少年儿童的各种讲座及培训活动；为社会弱势群体服务，在农民工集中的建筑工地和大型工矿企业建立图书流动室；与市残联、市盲校、市儿童福利院、市残疾人康复职业培训中心、市劳教所等单位签订图书流动协议，定期送书上门；为方便老年人的阅读需要，市图书馆专门开辟了老年报纸阅览室，还定期举办老年电脑培训班、文学沙龙、健康讲座，每期都有众多的老年朋友参加，受到社会群众的广泛好评。

三、青岛市公共图书馆事业发展存在问题分析

多年来，青岛市公共图书馆事业有了长足发展，发挥了应有作用，但与公共图书馆发展最新形势、民众的迫切需求以及先进城市相比，仍有一定差距。市图书馆硬件建设和服务能力存在“瓶颈”，转型发展应对不足。受体制制约，集中式的总分馆模式没有建立起来，公共图书馆体系内资源不断被分割，农家书屋和社区图书室造血机制缺乏持续性。在公共文化大发展、各类文化平台互相竞争的“战国”时代，青岛市公共图书馆有被边缘化之虞。

（一）发展状况与城市地位不符，政府投入有待加强

公共图书馆是公共文化服务体系建设中的关键一环，政府重视是其发展繁荣的首要保障。在基础设施建设方面，市图书馆馆舍面积为 2.6 万平方米，未达到《公共图书馆建设标准》中 3.8 万～5.3 万平方米的要求，在全国 15 个副省级城市中列第 10 位，与青岛城市地位不相匹配。从发挥文化引领作用而言，图书馆的优势地位并不明显，在同类城市中的竞争力不突出，应该有较大的提升。作为比较，经济地位排名靠后的厦门、济南等城市图书馆馆舍面积就超过了青岛市。深

圳市重视图书馆建设，提出“图书馆之城”的目标，大力发展公共图书馆服务体系，发挥图书馆精神引领作用。到 2016 年底，深圳已建成 640 座公共图书馆，240 多台 24 小时自助图书馆服务点遍布全市街道、社区以及大型工业区，已实现每 1.5 万人拥有一个社区图书馆的目标。全国文明城市东莞市政府重视图书馆建设，文化投入连年增长，投入 1.73 亿元建设了总面积 44654 平方米的市图书馆，实现全城“一馆办证、多馆借书、通借通还”，图书借阅量居广东各地级市之首。巨额投入有丰厚回报，除了阅览量、借阅量位居广东地级市之首外，当当网数据显示东莞 2016 年购书量位列全国城市榜单前十。

（二）管理体系尚不完备，体制障碍有待破除

总分馆制以有效利用资源、提高服务效益为目的，通过一体化和专业化管理，实现体系内各级图书馆之间的资源共享和服务的互动，充分体现了管理机制和运行机制的合理性与适用性。构建总分馆体系的最终目的是满足公众就近、便捷、有效地获取信息知识、文化资源和其他服务，让公众享有“普遍均等”的图书馆服务。

青岛市各区（市）图书馆间虽已建立起总分馆制，但较为松散，缺乏制度刚性约束，没有绕过“财政分灶体制”，给可持续发展带来体制阻碍，与先进城市相比仍有较大发展提升空间。由于体制原因，市图书馆机制创新受到限制，潜在功能得不到有效挖掘，全市图书馆事业全域统筹的作用得不到发挥。区（市）图书馆各自为政，力量薄弱，资源浪费。街道社区图书室和农家书屋被长期置于公共图书馆范畴之外，分散于各种文化项目中，缺乏有效的供血机制，呈现分头建设、多头管理、效益低下、专业薄弱、难以持续的局面。这些问题与部分城市推行先进的总分馆模式形成鲜明对比，对“全民阅读”缺乏有效推动力。

（三）布局区域不均，资源推送平台欠缺，普遍均等服务能力不足

青岛市已进入全域统筹、三城联动发展新时代，但公共图书馆布局统筹不均，普遍均等服务能力不足。据统计，2016 年末居住青岛市半年以上的常住人口为 920 万人。以小型馆为例，按《公共图书馆建设用地指标》等文件规定，公共图书馆的设置原则为每 2.5 千米之内约 5 万人口以下，应设立一座小型馆，青岛市在小型馆方面应该有 180

处。2014年青岛市乡镇图书馆达119处,社区图书室和农家书屋达1683处,但利用率不高。实际上,因体制障碍,青岛市目前真正发挥公共图书馆作用的仅13处,而且这13处图书馆互相支撑支持力度不大,不利于扩展图书馆的影响力,不利于吸引读者入馆学习交流,更不利于公共图书馆的转型发展。

国际图联规定,在城市内主要居民区,通常离图书馆1.5千米左右就要设立分馆,3～4千米就须设立一个较大的图书馆,每5万人应拥有一所公共图书馆。美国地方政府都根据其人口数设立图书馆。旧金山有人口70万,公共社区图书馆30多座。纽约市仅一个皇后区就有62个通借通还的社区图书馆。在欧洲,公共图书馆有20万座左右,无论是在繁华的闹市,还是僻静的街角,都会看到图书馆。英国平均每1万人就拥有一座图书馆,是世界上人均占有公共图书馆份额最多的国家,约60%的居民经常去所在社区的图书馆。新加坡规定每10万常住人口区域建立1个社区分馆,服务半径为1～2千米。深圳市基于RFID技术研发的“城市街区24小时自助图书馆”系统突破传统图书馆服务的时间及空间限制,将深圳图书馆的资源与服务向城市各个角落、街区有效延伸,成为深圳公共文化服务特区内外“均等化”“一体化”服务的排头兵。从2008年起,深圳图书馆巨大的外借(还)量中95%以上由自助借还设备完成。“文化+科技”的管理服务体系,促进了业务拓展和系统高效运行,实现了图书馆业务管理的高度自动化与智能化,也成为图书馆公共服务有别于其他领域公共文化服务的显著特征。

(四)互联网信息技术应对不力,服务方式创新力不足

面对文化建设的大潮和信息技术突飞猛进,市图书馆在技术管理、馆藏资源和服务方式等方面的应变不及同类先进城市。从馆藏资源来看,市图书馆电子文献总量为3.6万册,仅为深圳336.1万册的1.07%。可以看出,青岛市图书馆图书结构存在失衡倾向,电子文献藏量较少,数字化资源不足以吸引受众,网络化服务难以系统化,在应对互联网信息时代对图书馆提出的转型发展方面表现不够及时,数字图书馆发展力量薄弱。2011年,杭州图书馆以全民社会教育中心为目标,通过技术创新,其数字图书馆以“三网融合”方式,根据不同的目标人群,分别侧重不同的项目,提供富有特色的服务。网站平台以各层

次市民为目标人群,涵盖多学科的数据库资源服务。手机平台利用其及时互动性和强制携带性的特点,以上班族和年轻人为目标服务群体,提供近3000种大众期刊的在线阅读和图书馆活动信息动态播报的特色服务。电视平台主要以中老年读者和周末休息在家的人为目标人群,页面设计简单、易操作,提供69个主题系列的视频资源以及大量的数字杂志阅读服务。“管理+技术”的组合使杭州图书馆乘风破浪,从单一图书借阅向多元化文化服务转变,功能日益宽广和精深,已打造成为学习中心、文化娱乐中心、品质生活体验中心和创意中心,真正发挥作为第三空间的作用。

(五)功能有待整合,服务尚待拓展,格局有待搭建

图书馆在当下文化建设热潮中不应是被动的配角,而应发挥社会联系广泛的先天优势,整合融汇枢纽功能,创新拓展服务内容,形成不可或缺的文化、信息、知识交流平台,真正发挥提升市民素质、推进时代发展、引领城市品质的作用。市图书馆在拓展服务方面做了大量工作,陆续打造了有一定影响的活动品牌,但在联系读者、打造平台、横向联合、创新服务等方面仍有较大提升空间。

读者是图书馆的中心。截至2016年底,市图书馆办证读者为19.32万人,共接待读者213万人次,流通书刊337万册次。作为对比,深圳图书馆办证读者为112.4万人,进馆人次为410.2万人次,流通书刊431.6万册次。比较发现,图书馆传统借阅功能与同类城市相比优势同样不突出,培育“全民阅读”任重道远。通过讲座、展览和培训传播价值,吸引读者,是图书馆阅读推广和拓展服务的重要方式。从以上方面来看,青岛市图书馆在阅读推广活动方面主动性有待加强,以读者为中心的机制有待完善,作为文化知识信息交流枢纽的功能有待加强。

横向联合是公共图书馆延伸服务、推广阅读、扩张平台的重要途径。市图书馆在部门联合方面做了许多工作,但其天然资源优势未能充分利用,在为各阶层读者精准服务、增强对读者的黏性方面,仍需加大主动力度,开拓创新。国家图书馆联合北京地铁公司共同发起“M地铁·图书馆”阅读推广项目,试图用两年时间深化“地铁图书馆”这一概念,将地铁打造为公共阅读空间,让读者在行走中获取知识,增加公共设施的人文气息和文化内涵,建设学习型城市。

四、推动青岛市公共图书馆事业发展的对策建议

近年来，随着全社会对文化建设和文化软实力重要性的认识不断深化，“全民阅读”连续写进政府工作报告，人民群众阅读积极性不断升温，公共图书馆事业迎来发展的春天。在转型升级和新常态下，青岛市图书馆事业创新发展正处于时不待我的大好形势下，需要改革创新、奋发有为的精神，创新体制机制，拓展功能服务，把公共图书馆发展的大格局搭建起来，把公共图书馆服务社会、引领时代的声音唱响。

（一）坚持世界眼光，拓展发展视野，转变发展理念，推动融合发展

新常态下，大众创业，万众创新。公共图书馆承载更多使命和功能，理应具有区域文献保障中心、阅读推广中心、社会教育中心、文化交流中心、信息服务中心以及区域图书馆指导中心等多项职能，成为一座城市服务创新的平台和共享知识信息的枢纽。为此，一是政府需要在认识上重视，在理念上转变，对图书馆在城市中的功能重新规划，在城市中的地位重新审视，以发展的眼光看待图书馆的变化，强化对图书馆发展重要性的认识，加大支持力度，真正把图书馆事业发展作为文化建设的重头戏。二是图书馆要心存高远，视野开阔，主动融入文化建设，勇于承担文化发展中心功能，发挥中心作用，做到有为有位。树立主动服务精神，从管理图书馆资源与设施为主向管理全社会文化资源，实现共建共享为主转变。延伸图书馆功能，从阅览为主体转向以学习和交流为主体，从服务于藏书借阅到服务于人的本领提升，将图书馆打造成学习、研讨的场所，成为读者分享经验、交流思想的场所。

（二）完善总分馆体系建设，树立全市大图书馆新格局

格局决定发展的高度。坚持政府主导，行业指导，全域统筹，形成合力，发展集中管理的总分馆体系，建设覆盖市、区（市）、街道（镇）、社区（村）四级统筹城乡的大图书馆服务模式，树立公共图书馆服务体系发展的新格局。早在 2011 年，国家制定的《第一批国家公共文化服务体系示范区创建标准》之《东部标准》，即要求“市、县图书馆建立统一采购、统一编目、统一配送的总分馆制，实现通借通还”。国家颁布的

《公共图书馆服务规范》《公共图书馆建设标准》《公共图书馆建设用地指标》等文件都明确要求建设集中式总分馆服务体系。

一是成立大图书馆服务体系建设小组，由相关市领导任组长，市发改委、市财政局、市文广新局等部门以及各区（市）图书馆馆长参加，解决大图书馆建设中人、财、物集中统一管理的问题。二是下大力气改革传统体制，市图书馆负责对全市公共图书馆制定统一发展规划、运行机制、管理制度、考核评估等行业新规，集中管理，统筹经费使用，全面盘活各级图书馆资源，特别是基层文化建设中的重复问题。统一全市图书馆形象设计，提升社会认知的辨识度，明确各分馆的责任、权利和义务，按人口情况合理布局分馆。三是完善总分馆体系的规章制度保障。强有力的法律保障是公共图书馆行业良好运行的基础，尽快制定"青岛公共图书馆条例"，规范总分馆体系建设主体和管理层级，明确规定总分馆之间的具体关系、资金来源、资源共享、服务方式、服务规范、效能考核等，使各自为政的公共图书馆管理体制成为一体化体制，推进公共图书馆事业长期可持续发展。四是完善公共图书馆理事会制度，回归公共图书馆公共服务的本色。优化理事会理事结构，明确理事会权力，厘清理事职责，引入外部治理，为公共图书馆体制改革破除人事阻力，搭建扩大公共图书馆影响力的社会平台，增加社会支持，扩大社会影响。五是强化人员的系统培训和学习，激活人这一最主要的能动因素，人才"引进来"与馆员"走出去"相结合，技能培训与专题培训相结合，构建多层次的培训学习体系。在总分馆体系下，借鉴苏州图书馆"孵化"式馆员培训制度，分馆的新员工先受聘于总馆，由总馆"孵化"而来，在专业技能成熟后再由总馆派往分馆，以确保分馆人员的专业技能和业务水平。市图书馆作为总馆，制定全员轮训计划，分批次分部门赴国家图书馆、上海图书馆、广州图书馆等大馆学习提高。

（三）完善布局，积极发展小型馆，搭建起便捷的公共服务网络

公共图书馆均衡布局是构建公共文化服务体系的前提。把完善布局作为公共图书馆事业发展的突破口和支撑点，重心下移，努力探索和开拓为社区群众服务的最佳渠道，突破阵地服务的限制，拓展公共图书馆的服务半径，延伸服务范围，将资源与服务更加方便地送到读者手中，把公共图书馆的发展优势更鲜明地摆在读者面前。

青岛市图书馆建设方面存在先天不足，建筑面积、阅览席数、馆藏量等多项指标达不到《公共图书馆建设标准》的要求。应尽快立项研究，或异地新建，或原地重建，在总分馆模式下打造成为区域图书馆中心。当前，市图书馆应着重研究如何发挥总分馆模式下区域公共图书馆指导中心的作用，先期进行设施改造和功能重组，在总分馆模式建设过程中充分发挥行业指导作用。针对市图书馆实际情况，选址设立专门的贮存图书馆，通过物流配置，集中储存借阅率低但仍有一定保存价值的书籍资源，既可保证信息资源体系的完备性，又可节省大量的空间以入藏新近出版的书刊资料，缓解馆藏空间不足的问题。

严格按照国家相关标准，综合考虑地域与人口因素，积极配置不同规模的公共图书馆，加强小型公共图书馆建设，完善公共图书馆体系末梢系统，确保服务均等化便捷化。调查发现，有 75.1%的读者希望有更多的与大型图书馆共享服务、到达方便的分馆和小型图书馆。《公共图书馆建设用地指标》提出，公共图书馆的建设都应逐步转化为大、中、小型馆构成的总分馆制的公共图书馆体系，并积极鼓励发展小型馆，这样更有利于公共图书馆服务网络的形成与发展，有效提高公共图书馆的服务质量，充分发挥其社会效益。要重视社区图书馆、24 小时自助图书馆和流动图书馆建设，符合各自服务半径的要求。完善社区(村)图书馆功能，与社区其他文化机构合作，整合所有的社区文化资源，在同一主题下发挥各自的优势，开展丰富多彩的活动。

少儿图书馆作用的发挥必须创新转型，在满足基本借阅功能之外，重点立足全市少儿图书馆业务指导、培训和推广工作。特别是理顺体制，形成以全市中小学图书室为基本服务点的少儿图书馆体系，真正做到服务少儿成长成才和发展提高上来。同时，少儿图书馆应借迁馆升级之际，立足少儿特点，开发吸引少儿入馆积极性的特色场馆。如融合科技馆的部分功能，开发少儿智力，培养少儿学习阅读兴趣。又如可借鉴香港中央图书馆的玩具图书馆发展模式。香港中央图书馆的玩具图书馆非常典型，馆藏约 1400 件玩具，专为 0～8 岁儿童而设。

设立特色书库和特色图书馆，助力文化青岛建设。公共图书馆是地方知识的门户，拥有丰富的地方性特色知识资源，具备一定区域特色优势。建议设立青岛作家文库，传播青岛文化，增加文化自豪感。

设立蓝色图书馆，回应国家战略和青岛特色资源优势，为普及传播海洋文化、发展蓝色经济提供智力支持。深圳图书馆在满足市民一般性阅读的同时，重点收藏了商贸、电子、金融及高新技术产业等符合深圳市社会经济发展和重点产业政策导向的文献。事实证明，2007～2014年间工业技术类和经济类借阅量分别占总借阅量的13.75%和12.07%，正好与深圳重点发展高新技术产业、金融产业的城市发展方向相吻合。

加强横向联合，积极与社会机构合作，探索与社会资源合作共建的图书馆服务模式，争取更多资源投入，促进图书馆服务范围的扩大和服务质量提升。成立青岛市图书馆联盟，与驻青高校图书馆、研究院所图书馆等建立协作关系。深圳图书馆先后与企业合作共建了创维、新百丽、桃源居三家分馆，与武警、驻深部队、看守所、监狱、学校等地方机构联合共建了55个馆外流通点，有效实现了图书馆文献资源的辐射和服务的延伸，扩大了图书馆服务范围和服务半径，拓展了服务方式方法。

（四）加强阅读推广工作，把公共图书馆培育为全民阅读的主阵地和主力军

面对信息化的浪潮，公共图书馆要主动出击，制定各种阅读计划，从纵的方面关注不同群体，从横的方面联合不同平台，纵横结合，发挥主阵地和主力军作用。

从纵的方面，要有针对性地开展阅读推广，分众精准推广，深度介入家庭教育、学校教育和社会教育全过程。根据不同年龄、职业、阅读习惯等，有针对性地举办特定人群的读书活动，分层次开展阅读推广活动。一是面向幼儿的亲子阅读推广活动。二是组织青少年开展经典阅读、精品解读等阅读活动。三是为老年人阅读创造良好的条件，开展电脑培训讲座等活动。四是依托“农家书屋”工程，推动农民阅读。美国图书馆协会在2000年推出“从出生就阅读”计划，鼓励父母教育出热爱阅读的儿童。美国国会图书馆于同年提出“建设美国成为阅读国”四年计划，针对个人、家庭、机构、公司、学校、图书馆等提出阅读建议。新加坡政府提出“天生读书种，读书天伦乐”计划，孩子出生就有资格办借书证。香港教育署1983年制订出连续15年的“课室图书馆计划”，凡是有12个以上班级的学校，一定要具备图书馆资讯文

凭的教师专门管理图书室。

从横的方面，以合作机制为纽带，以公共图书馆为主导，整合公共图书馆、文化教育机构、媒体平台、大企业等社会力量，组建阅读推广联盟，制定整体规划，形成有力的阅读推广网络。借鉴国家图书馆与地铁合作项目，在青岛地铁中引入该模式。拓展服务领域和服务平台，发挥公共图书馆主力军作用。推广由青岛市南团区委与青岛市小作家协会共同推出的“大家读”——书香社会建设项目，并引入更多类似项目。

开展丰富多彩的读书活动，以品牌节会推动全民阅读。一是以品牌为推动力，把青岛市图书馆打造成为各类读书活动及项目的品牌平台，下设众多子品牌，形成品牌群。做强青岛全民读书月品牌，丰富品牌内容，与幼儿园、学校、机关及企业等合作，延伸服务内容，提供活动场地，吸引社会阅读。二是以社区、家庭为基本阵地，开展读书会、讲座培训、捐书活动等丰富多彩的活动，吸引民众参与。三是以新技术、新创意为手段，拓展阅读推广领域。积极开展网上阅读、手机阅读、电子阅读器等新型阅读方式，实现数字媒体和纸质媒体的对接与共荣，不断拓展阅读领域。借鉴内蒙古图书馆“彩云服务”模式，以读者需求为购书取向，鼓励读者到合作书店选书购书读书。

（五）探索“图书馆＋”，拓展功能，延伸服务，打造城市文化客厅和文化便利店

城市图书馆是一座城市的公共空间。青岛市图书馆只有及时拓展延伸功能服务，从以阅览室为主体转变到以学习空间为主体，才能在各类文化平台的竞争中脱颖而出，真正成为城市的文化地标，成为市民最值得去的地方。要研究做好区域图书馆中心平台的作用，拓展功能，延伸服务，发挥枢纽作用。

一是要拓展功能，打造学习空间。青岛市图书馆要进一步完善设施，改造内部空间，形成开放式结构。以尼山书院为突破口，拓展功能，在经典诵读、国学普及、礼乐教化、道德实践、情趣培养等方面形成规模和特色。借鉴上海图书馆“创·新空间”模式，打造青岛市公共图书馆创客空间，引领图书馆转型升级，改变传统图书馆形象。完善社区图书馆功能，把社区图书馆建成社区学习交流和娱乐休闲中心，成为市民终身学习的知识殿堂。与辖区学校洽谈合作，成为中小学生放

学后的课外教育场所。

二是要延伸服务，开展社会化协作，凝聚知识和交流的力量，打造城市第三空间。积极参与社会公益活动，建设社会公益平台，广泛吸纳志愿者参与图书馆日常工作。借鉴深圳图书馆成立捐赠换书中心的做法，以书为媒介，凝聚图书馆、媒体与社会力量，共同搭建全民阅读资源公共服务平台。借鉴上海图书馆“上图讲座”办法，与不同部门行业合作，做全社会知识信息发布和传播平台，图书馆真正成为知识信息的枢纽。

课题组组长

郑　国　青岛市社会科学院

课题组成员

马小蕊　青岛市工人文化宫

王　健　青州市城市环境卫生管理局

崔　霞　青岛市文广新局

翟新宁　青岛市图书馆

崂山道教文化遗产研究

中共青岛崂山区委党校课题组

党的十八大以来，以习近平同志为核心的党中央高度重视中华优秀传统文化的传承发展，始终从中华民族最深沉的精神追求深度看待优秀传统文化，从国家战略资源的高度继承优秀传统文化，从推动中华民族现代化进程的角度创新发展优秀传统文化，使之成为实现“两个一百年”奋斗目标和中华民族伟大复兴中国梦的根本性力量。崂山道教文化是青岛本土传统文化中非常重要的组成部分，蕴含了青岛人民的思维观念、处世态度、人生哲学，崂山道教文化中的民俗信仰、文学作品、道教养生、道教音乐、道教武术等都是很有特色的优秀文化资源，为传统文化的发展注入了新鲜元素。在历史中和当下对人们的生产、生活方式产生着影响，对于塑造青岛城市文化形象也具有重要作用。

一、崂山道教文化遗产概况

崂山道教孕育与萌芽于秦汉魏晋时期，发端于唐宋时期，于金元进入兴盛，明清时期曲折发展。新中国成立后，党和政府大力推行宗教信仰自由政策，于改革开放后重新走上正轨。齐文化中的方仙道对中国早期道教发展产生重要影响。崂山是中国早期方仙道发展的重要地区，也是全真道教的“天下第二丛林”。崂山作为中国道教名山，是自然和人文的有机结合体，神话传说、古朴文雅的道教人文景观和玄妙奇特的道教文化艺术是崂山道教文化资源的特色。经多年积淀，崂山形成了融自然景观、道教文化、宫观福地和道教音乐、养生等为主要载体的崂山道教文化，是道教的洞天福地。道教文化已经成为崂山文化的重要组成部分，对青岛城市文化品牌的形成起着举足轻重的作用。

据史料记载，秦汉后，崂山便成为道教文化名山和佛教文化圣地，山中宫、观、寺、庵星罗棋布，鼎盛时有“九宫八观七十二庵”之说，现查有 60 余处，太清宫、上清宫、太平宫、沧海观、太和观等 12 处宫观等崂山道教建筑群在 2007 年被公布为山东省级文物保护单位，崂山民间故事、崂山道教音乐在 2008 年入选第二批国家级非物质文化遗产名录。

崂山道教文化生态保护实验区是省级文化生态保护区之一。保护范围是以崂山风景区为核心区域，范围涵盖行政区所辖的中韩街道、沙子口街道、王哥庄街道和北宅街道。保护对象是划定范围内的文化遗产(非物质文化遗产和物质文化遗产)以及与文化遗产相关的自然环境和文化生态环境。为保护崂山的道教文化，崂山区设立了专项资金，保护崂山道教音乐等 56 项非遗项目、10 名非遗传承人、12 处非遗传承基地、44 处文化保护单位，将崂山打造成为国内道教文化的“展示之地”和“体验之地”，成为“海上仙山、道教圣地、度假天堂”的文化旅游品牌。

崂山道教在发展的过程中，不断与当地民俗融合，形成了独具特色的崂山道教文化。从文化遗产研究的角度，可以归类为崂山道教文学、崂山道教音乐、崂山道教民俗、崂山道教石刻、崂山道教养生、崂山道教武术等 6 个分类。

1. 崂山道教文学

道教文学是道教文化的重要组成部分。明清以来，随着经济社会的进步与崂山道教的发展，崂山道教文学的创作达到了极盛，反映道教生活、描写道教风物的作品构成了崂山道教文学的主体。在崂山道教文化发展史上，元朝道教领袖邱处机在崂山留下了 44 首诗词，以点景、抒情、深化意境手法，反映了崂山的风光特点。与崂山道教有关的游记、崂山志和宫观志、崂山碑志散文以及道教诗词、道教小说、道教戏剧、道观楹联等都是崂山道教文学的重要组成部分。崂山的道教文学是道教与文学的交叉，也是与崂山本土风物相结合的产物，既是诠释和阐发道教思想的重要载体，也是描述崂山风物的重要成果。

2. 崂山道教音乐

崂山道教音乐，是吟经时专用的一种经歌，有曲有词，分为功课经(每天诵吟的经文)、应风经(“祭祀”时的经文)和琴曲道歌(练气功的歌曲)。崂山道教教派繁多，经韵复杂，既有独特的《崂山经韵》，也有全国通用的《十方经韵》。据太清宫历代道士传述，著名诗人李白和唐朝宫廷乐师李筠一起游崂山，共创一支曲子，名曰《清平调》，并传给崂山太清宫的道士，成为太清宫沿用至今的早课经韵曲牌。后崂山道教音乐与宫廷音律融合，既有山林的清雅之风，又具宫廷的华贵之质。清初到民国期间，崂山是北方最有名气的道乐之地。经乐曲调清新幽雅、抒情性强，有浓厚的地方音乐色彩和宫廷音乐氛围。党的十一届三中全会后，太清宫修复开放，崂山道士合居一观，由金山派道士匡常修和孙真淳主持。太清宫的经韵曲牌沿用金山派韵曲，成为崂山教派经韵中唯一幸存的道家音乐。2014 年，中央民族乐团将古典《崂山道韵》进行重新编排演出。

3. 崂山道教石刻

自元、明两代以来，崂山道教石刻甚多，宫观碑碣林立。20 世纪 70 年代末，崂山残存石刻尚有 100 余处。经 1980～1982 年大规模、有组织地恢复和增镌，至 1987 年底，共存 237 处。崂山道教石刻充分显示了崂山道教文化的丰富多彩与厚重凝实。

4. 崂山道教民俗

道教与民俗有着密不可分的联系。青岛地区的节庆民俗大都受到道教的影响，例如，过年时放鞭炮、贴春联等就是由道教的法术演化而来；青岛地区的渔民为祈求海神保佑出海平安、祈祷有个好收成，祭海习俗中就有明显的道教文化印迹。

5. 崂山道教养生

崂山道教重视修道养德，认为人的寿命长短不在于命，而在于自我修炼。这种思想渗透到中医学思想中，如中医养生保健的“恬淡虚无”“以静为主”的观点。长久以来，崂山道教养生术形成了吐纳气功、道家内养术、道家益寿长寿法、崂山道膳、崂山道饮等系统化的养生体系，客观上推动了医药学、养生学的发展。

6. 崂山道教武术

崂山道教武术是中国道教武术的一个重要门派，与崂山道教音乐成为崂山道教的“两大精髓”。据《太清宫志》记载，张三丰为崂山道教祖师之一，是崂山拳术武当派之祖，开创了习武修道之行。崂山自古就有不少武艺高强的道人，如宋初能驱虎的刘若拙、清代擅长拳术剑法的监院王良辉等。现代崂山道士也有许多武术精湛者，如匡常修道长。崂山道教武术包括“崂山玄功拳”“崂山玄真拳”“崂山龙华拳”“崂山龙华剑”等拳术套路及刀、枪、棍等器械套路，全套为七十二趟，还有对打、截打、转打、连打等功法。崂山道教武术结合道教医学、内丹学、养生学的成果，将武术技击和健身术融为一体，具有延年益寿，祛病御疾的养生健身价值。

二、崂山道教文化发展的不足

一是对崂山道教丰富的历史文化资源的认识不足，对崂山道教文化遗产资源可开发利用的历史价值认识不够充分，对外宣传的力度不够。二是对青岛地区现有的道教文化及旅游资源的管理和规划有待完善。青岛地区现存的道教旅游资源主要集中在崂山风景区以及市南区的天后宫等，旅游资源之间缺少整合，没有形成完整的旅游资源体系，没有为青岛旅游业的发展起到应有的作用。三是在国家级非遗名录中所占比重较小。青岛 13 项国家级非物质文化遗产中，与崂山道教文化有关的只有崂山道教音乐一项。

三、推动崂山道教文化发展的对策建议

崂山道教文化与青岛市独特的自然环境和沿海优越地理位置相得益彰，是青岛市的文化宝藏之一，其丰富独特的文化资源值得保护、传承。要做大做强青岛市的文化品牌，首先要对本地区的历史文化资源有一种全方位的、全球化的理解和视野；其次要有高瞻远瞩的文化创意，对历史文化资源进行创造性的选择和升华，创造出独具特色的文化名片；最后要完善文化链条，取得长远的社会效益。

(一)建立崂山道教文化资源库

对崂山道教文化的研究，不少学者取得了丰硕的成果。要进一步加强崂山道教文化的研究，尤其是加强崂山道教文化的资源数据库建设。可运用现代的数字化技术，建立崂山道教文化的非物质文化遗产数据库，将崂山道教文化图片、录像等资料全面、本真、原生态地保存下来。

(二)把崂山道教文化遗产纳入青岛区域文化发展中加以规划

在文化事业的重要组成部分——文化旅游发展方面，崂山旅游开

发主管部门在崂山的道教文化旅游资源开发方面做了很大的努力，但没有形成具有鲜明特色的道教文化旅游项目。建议将崂山道教文化资源的开发、利用纳入青岛市文化事业和文化产业的发展规划，积极挖掘崂山道教文化内涵，促进道教文化与旅游、经贸共同发展。

(三)树立品牌意识，深入挖掘崂山道教文化历史内涵

近年来，经过修建恢复，太清宫、上清宫、太平宫、华楼宫等已成为崂山道教活动的重要场所。崂山道教文化旅游主要还是通过导游人员的口头讲解观赏古建筑，缺乏游客参与体验。建议依托现有道观，建立崂山道教文化博物馆，主打民俗文化这一优势品牌，形成崂山区域特色旅游文化景点"群"。

崂山在整体上已形成旅游度假雏形，具备观光度假型旅游所需条件，基本可实现由旅游资源优势向旅游产业优势的转化。将崂山道教文化活动融入崂山旅游文化板块，利用传统的道教节日、仪式和道教文化中的神仙传说，举办"中国崂山道教文化节"，通过"道教文化国际研讨会"、道教音乐会演、道家茶艺表演、道家膳食展示、道家武术表演、道教文物和书画藏品展、道教文化宣传品展示和组织境内外旅游者进行道教寻源活动等形式，整合崂山道教文化资源，打造中国崂山"全真道教天下第二丛林"的品牌。崂山地区道教文化的传说、故事很多，如崂山道教音乐的传播、明朝崂山佛道之争、蒲松龄《崂山道士》《香玉》故事以及崂山茶道、诸多游山人物和传说等，都是挖掘崂山道教文化历史内涵的好素材，可通过拍摄电影、电视剧，制作动漫片以及文学作品等形式来实现，扩大崂山道教文化的对外宣传力度。

相关部门应该重视崂山道教文化资源，积极做好崂山道教文化在非物质文化遗产保护名录的申报。群众、地方政府、学者、国家自下而上的整体重视，才会为道教文化的保护利用提供可能。

(四)依托崂山湾国际生态健康城大力弘扬崂山道教养生文化

崂山道教养生文化，继承了中国传统道医的优秀传统，并因其特殊的自然环境和资源为道家医学增添了新的内容，将崂山道教养生体系系统化，把道教气功改进成便于学习的健身操传授给更多人，用现代营养学和医学常识来考量崂山道膳、崂山道饮，将其中的精华加以推广。建议在崂山湾国际生态健康城项目中增加崂山道教养生板块，

助力"健康中国"建设。

(五)挖掘崂山道教音乐的现实意义

崂山道教音乐集古典音乐、宫廷音乐于一体,现已经整理出100多首,中国国际广播电台播出部分乐曲,深受海内外人士欢迎,是对外文化交流的重要组成部分,值得传承与弘扬。崂山道乐风格以全真正韵为主体,与山东一带的地方语言和民间音乐紧密联系,以具有地方特色的"崂山韵"闻名于世。道教音乐重视艺术的形式美,更注重艺术内容的善。建议根据曲调历史发展,结合民间音乐和崂山东夷文化及宫廷音乐的特点进行再创作,让游客在欣赏道乐的同时了解道教文化。

课题组组长

郭振栋　中共青岛崂山区委党校

课题组成员

张轶西　青岛大学

修相科　半岛都市报社信网

杨珞堂　中共胶州市委党校

兰　海　青岛市广播电视台

钱　伟　青岛大学

全媒体时代青岛城市形象对外传播的策略

中共青岛市委党校课题组

城市的良好形象已成为城市发展的助推力。城市形象的对外传播不仅能提升城市的知名度,而且能带来可观的经济效益和社会效益。国际化是当代城市发展的一大趋势。据调查,中国有655个城市计划“走向世界”,有近200个城市提出建设国际大都市的目标,同为副省级城市的杭州、南京、成都、宁波等城市都走上了“国际化”道路。根据《青岛市落实开放发展理念推进国际城市战略实施纲要》,未来的青岛将努力建设城市功能完善、社会文明有序、生态环境优美、法治体系健全、生活安全舒适、人文特色彰显的现代化国际城市。青岛市第十二次党代会报告提出,青岛将努力提升城市品质和能级,争取进入国家中心城市行列,加快建设宜居幸福创新型国际城市。在这种背景下,青岛城市形象的对外传播问题就成为青岛国际化建设中必须深入思考的问题。

广义的青岛城市形象内涵丰富,包括青岛在经济、政治、文化、科技、教育等各个领域取得的成就及其塑造的形象。本文采用狭义的城市形象概念,指城市给予人们的综合印象与整体文化感受,是历史与文化的凝聚构成的符号性说明,是城市各种要素整合后的一种文化特质。研究侧重于城市的软形象因素分析,包括城市文化影响力、价值理念、文明程度、文化精神、市民素质和企业形象及市场竞争力等。本文在探讨青岛城市形象对外传播问题时,仅限于由内向外的信息流动且不以实际国界作为划分界限,即包括生活在中国的国际人士,以其为受众的传播仍具备跨文化、跨国家传播的特征。

一、青岛城市定位及其形象

在历史传承和城市演进过程中,青岛形成了现有的城市形象。自从20世纪20年代康有为把青岛城市风貌概括为“红瓦绿树、碧海蓝天”，青岛就以“红瓦绿树、碧海蓝天”的形象声名远扬，成为著名的海滨旅游度假疗养胜地。在城市定位上，根据国家的“一带一路”倡议和国务院批复的《青岛市城市总体规划(2011～2020年)》，青岛城市定位已提升为“一带一路”节点支点城市和“国家沿海重要的中心城市”，明确了“滨海度假旅游城市、国际性港口城市、国家历史文化名城”的城市发展方向。在城市理念上，青岛正在实施“三带一轴、三湾三城、组团式”发展战略，构筑“中心湾区、西部湾区、东部湾区”海湾型城市新格局。在经济和社会方面，青岛正在积极打造国家级区域性财富管理中心城市，开展对外金融合作，加快建设区域性国际贸易中心城市。国际会展中心、青岛金融街、青岛中央商务区、蓝色硅谷等正成为青岛经济形象的新符号。在文化方面，音乐之岛、影视之城、帆船之都是青岛的文化品牌，青岛传统美食、民间故事、民俗节庆和道教文化等都是青岛的文化遗产，“微尘”“红飘带”是青岛精神的典型代表，青岛国际啤酒节、青岛国际电影节、青岛国际海洋节、金沙滩文化旅游节等也将成为青岛文化形象新的注解。

二、全媒体时代青岛城市形象对外传播的状况及问题

随着网络信息技术的进步，社会进入传统媒体和新兴媒体相互融合的全媒体时代，给青岛城市形象的对外传播带来了挑战，也带来了机遇。青岛在城市形象的对外传播方面做了大量工作，取得了很多成绩，但青岛对外宣传的力度及对城市形象的理论研究与同级城市、一些标杆城市相比仍有差距，从青岛所处的新的历史发展阶段来看，青岛的城市形象对外传播还存在很大的改进空间。借助拉斯韦尔的5W传播模式，从传播者、传播内容、传播媒体、受众及传播效果5个维度进行分析。

(一)传播者的状况与问题

1. 宏观层面

青岛城市形象的传播者可分为宏观、中观和微观三个层面，其中宏观层面包括青岛市政府及其相关职能部门对青岛的宣传，中观层面包括各类影视出版机构对青岛的宣传，微观层面包括居民、游客对青

岛形象的传播等。宏观层面，政府是青岛城市形象传播的主导者，主要由政府通过宣传部门、官方媒体或借助大型活动来定位和宣传青岛的城市形象。以近些年为例，2012年主题为"宜居幸福城市"，盖有中国青岛印章的青岛城市形象宣传片在纽约时代广场滚动播出，呈现了充满朝气活力的现代化城市形象。借助友好城市和友好合作城市的平台，2015年青岛举办了系列"魅力青岛"宣传推介活动，以现场推介、图片展览、外宣片播映、电视专题片展播等形式，向海外民众介绍青岛城市特色，展示青岛在"一带一路"建设中的优势。青岛还借助重大节事活动如青岛国际啤酒节、2014年青岛世界园艺博览会、2015年世界休闲体育大会、2016年二十国集团民间社会会议等展开营销，提升了城市声誉。据统计，"十二五"期间，青岛累计引进外国专家1.5万人次，其中长期驻青工作的达8200余人次，有5人入选国家"千人计划"外专项目。仅2016年青岛引进两院院士和相当层次的世界级水平科学家就有36人。从一个侧面反映了青岛受关注度和知名度的提升。

调查结果表明，境外的受众主要通过媒介宣传了解青岛，使用的媒体是诸如CNN和BBC等高度国际化的媒体及本国媒体，很少使用中国及青岛媒体。CNN和BBC等媒体对青岛的报道并不多。对于正在青岛学习和工作的留学生、外教和外籍学者等群体而言，他们希望通过青岛官方网站获得更多关于青岛的各类生活咨询。国外很多知名城市的政府网站都提供多语种的、有关城市生活的各类资讯，相比之下，青岛政府网站如青岛政务网等存在着信息资源不丰富、实用性不够等问题。

2. 中观和微观层面

以政府为主导的宏观层面传播固然重要，但是中观和微观层面传播者的影响也不容小觑。影视出版机构、居民和游客等作为青岛城市形象传播者发挥的作用不足。优秀的影视作品可以潜移默化地提升一个城市的城市形象。近年来，以青岛为背景的影视作品不断增多，但大部分影视剧的传播效应还没来得及强化就烟消云散了，真正能走出国门、影响世界的作品很少。国外以青岛为背景拍摄的影视作品更少。在微观层面，随着全媒体时代的到来，整个社会呈现出一种"人人皆媒体""人人皆传播主体"的状态。在这种情况下，手握麦克风的普通民众能随时随地通过社交媒体或者移动客户端对所在城市及其政府行为发表自己的见解和评论，也就是说群体的参与、关注、转发和评论很大程度上影响了城市形象，这就使城市形象的传播格局更加复杂。青岛相关部门还缺乏引导或者组织民众参与青岛城市形象传播的意识，对新媒体传播重视不足。对国际受众偏好使用的 Facebook 和 Twitter 等新媒体社交网站重视不够。

（二）传播内容的状况与问题

从总体上来看，青岛的品牌企业形象在海外有较高认同度。根据自 2012 年起每年发布的《中国国家形象全球调查报告》，海尔、青啤连续四年都是海外民众熟悉度最高的中国品牌。《中国国家形象全球调查报告 2015》显示，在“海外受访者最熟悉的三十大中国品牌榜”上，海尔、青啤分别居第 5、13 位。

近年来，青岛通过城市形象宣传片加大了对青岛品牌企业的宣传，也将镜头对准了青岛美食、青岛港口、青岛教育以及普通市民的生活，既表现了青岛的欧韵特色，又表现了青岛现代文明的时尚，凸显青岛独特的城市文化和迷人的城市魅力，展现了青岛富有活力而宜居的形象。但是青岛城市形象对外传播内容中缺乏构思新颖的城市标识等外在视觉系统。根据问卷调查结果，70%的境内受访者说不出三个以上的青岛标志性建筑。82.7%的境内受访者认为青岛在城市品牌塑造，城市形象的包装、策划、推广方面与纽约、巴黎、东京等全球城市相比相去甚远，基本上听不到青岛的声音。

就青岛城市形象对外传播的内容信息而言，境外受众最为关心的是青岛的旅游参观和文化娱乐信息，境内受众最为关心的是语言交流，最需要的信息服务是日常生活信息。调查结果表明，65.5%的境内受访者认为在青岛用英语交流时不是很顺畅，很难与对方交流。48.2%的境内受访者认为青岛的文明程度还行，27.5%的境内受众者认为青岛的文明程度一般。68.9%的境内受访者认为青岛的环境质量一般。这表明境内受众最关心的是在青岛工作和生活中所遇到的衣食住行问题。调查结果还表明，境内很多留学生认为青岛城市形象对外传播存在着资讯单一、内容吸引力不足、外语内容太少、文化宣传太少和生活实用信息太少等问题。

（三）传播媒介的状况及问题

1. 新媒介的状况及问题

传统意义上的城市形象对外传播，遵循传播主体—信息—媒介—受众—传播效果的单项传播模式。在全媒体时代，传播的基本模式是交互式网状传播，打破了传播时间和地域的限制。传统意义上的城市形象对外传播是“一对多”“点到面”的线性传播，而自媒体实现了“一对一”“一对多”“多对一”“多对多”的网状传播。调查结果表明，在青岛生活的外国人经常通过手机、网络等新媒体获取信息，90%～95%是主动使用新媒体，5%～10%偶尔使用新媒体获取信息，其中72.4%的受众使用微信、微博等获得信息。越来越多的受众通过新媒体和互联网而非电视来获取信息。受众可以通过新媒体表达对城市的印象感受和意见评价，也可以利用微博、微信、MSN和QQ等进行城市形象的传播和交流。这都使得城市形象对外传播更加自由化。青岛优质的新媒体资源相对较少。以微信为例，青岛官方微信账号数量众多，但缺乏有效的传播账号，也缺乏专门针对国际人士的官方微信账号。在微信公众号中搜索“青岛”，出现了很多各类商家账号，青岛市政府及其相关部门的官方账号难以第一时间被关注。在手机APP的应用上，青岛也缺乏像上海的Smart Shanghai和I Shanghai之类的APP，不能及时以外国人习惯的媒体方式推送青岛的各类资讯信息。

2. 传统官方媒体的状况及问题

传统的官方媒体努力宣传青岛的宜居幸福形象，也取得了积极效果。但相比国际大都市，青岛缺乏具有国际影响力的大众传播媒体，在国际舞台上很少能发出自己的声音，缺乏国际话语权。青岛传统的大众传播更偏向于国家政策、政府工作和招商引资等的宣传，无法吸引普通受众，造成一种传而不播的状态。

（四）受众和传播效果的状况及问题

1. 目标受众区分不太明确

对境内的国际受众而言，既是信息接收者也是信息传播者。受众对传播的反向影响力增强，传播者的信息传递经过网络传播给受众，受众再通过网络产生反馈，再把信息发散传播给其他受众，形成一个循环传播的网状结构，影响到青岛城市形象的对外传播。根据问卷调查结果，来自美欧、日韩等发达国家的留学生对青岛的民风民俗和历史文化等更感兴趣，来自非洲和东南亚国家的留学生对青岛的现代化设施和购物贸易等更感兴趣。不同年龄段的受访者对青岛的城市形象认知和信息需求也不同。50 岁以上的年龄段的受访者对青岛的历史文化和特色美食更感兴趣，35～50 岁的中年人对青岛的社会治安、文明程度和商务信息更感兴趣，20 岁以下的年轻人对青岛的购物场所更感兴趣。青岛有一些比较好的做法，如 2016 年开展的国际友人“感知青岛”城市体验活动，通过在青岛数十万国际友人的个人微信、微博及其他社交平台和亲友社交圈来扩大青岛的国际影响力。对境外的国际受众而言，传播者和受众之间的交流相对较少，受众更多的是被动地接收信息。青岛的对外传播没有区分目标受众，而是以一成不变的形象“走遍天下”，在一定程度上影响了传播效果。

2. 信息传达不够到位

信息传达不到位指的是信息传播者传播的信息没有到达或者被受众所接受。尽管近年来青岛的海外知名度不断提升，但是与一线城市和标杆城市相比，青岛的海外知名度仍然偏低，以 EBSCO 数据库检索系统的数据为例，在 EBSCO 数据库分别以 Hangzhou、Nanjing、Chengdu、Dalian 和 Qingdao 为关键词，搜索 2009 年 9 月 1 日到 2016 年 9 月 31 日中含有杭州、南京、成都、大连和青岛的新闻或文章，涉及城市的报道数分别为 132、142、249、175 和 110 篇。根据“城市形象与软实力——宁波市形象战略研究”研究团队的调查，同级同类报道提及杭州、大连和青岛三个城市的概率分别为 271、157 和 95 篇，报道篇数少也说明海外对青岛了解不如其他城市多。尽管青岛与部分国内外媒体建立了某些合作，但是这些合作更多关注于简单的活动报道，缺乏合作的广度和深度。调查结果也表明，80％的境外受众知道青啤、海尔，但是不知道青岛，17％的境外受众是通过青啤、海尔和海信等品牌知道青岛的，只有 3％的境外受众不仅知道青岛的青啤、海尔和海信等品牌，还知道青岛是个滨海度假旅游城市。

三、全媒体时代改进青岛城市形象对外传播的对策建议

改进青岛城市形象的对外传播效果，需要从战略层面加以重视和策划，找准路径架构的着力点。从主体向度看，要树立可持续传播理念，发挥政府的主导和引导作用；从受众向度看，要细分受众，针对不同地区不同的受众采取不同的策略，形成差异化和个性化传播；从媒介向度看，应构建立体传播体系，提高对外传播效果。

（一）加大投入，完善城市识别系统，为城市良好形象的对外传播奠定基础

1. 树立可持续传播的理念

城市形象的塑造与传播是一个长期的综合系统工程。一方面，青岛正在争取进入国家中心城市行列，是一个不断成长的具有生命力的城市。随着青岛城市的发展，城市形象各个子系统的相互协调和促进以及人们生活方式的变化，青岛城市形象的内涵将会不断更新和完善。在不同的发展阶段会有不同的传播侧重点。另一方面，全媒体时代传播主体和媒介的增多也要求青岛树立可持续传播的理念，形成“可持续”的城市形象传播力。

2. 加大投入，发挥政府的主导和引导作用

随着全媒体时代的到来，传播主体越来越多，不同主体在传播时会有不同的侧重点，从而使得青岛形象在国际上呈现出“多个声音”的局面。政府必须主导和引导青岛城市形象的传播。要从政策、人事和财政等方面加大投入力度，坚持以政府为主导，强化部门联动，建立长期有效的城市形象对外传播机制，在影视产品的制作出口、青岛优秀作品的对外译介等方面给予重点扶持。

3. 完善城市识别系统

城市识别系统包括城市的理念识别系统、行为识别系统、视觉识别系统、听觉识别系统和环境识别系统等。从城市形象的理念识别系统构建来看，应结合时代需求，从城市发展要求出发来进一步提炼城市精神。从城市形象的行为识别系统构建来看，可通过《政务活动手册》《市民文明手册》和《窗口行业服务规范》等书籍的推广，通过对不同市民群体分门别类的培训，通过将宜居幸福的城市理念贯彻到民众的日常行为中，增强全体市民对青岛城市形象的认同。从城市形象的视觉识别系统构建来看，应逐步推进城市公务识别和公共产品识别等工程。构建城市形象的听觉识别系统，打造“舌尖上的青岛”工程，整理推广青岛美食，以推进味觉文化建设。调查结果表明，51.7%的受众不喜欢青岛的原因是交通拥堵、环境污染。从城市形象的环境识别系统构建来看，应该美化城市绿化系统，改善交通环境。

（二）深入了解受众，形成差异化和个性化传播

1. 借鉴首尔经验，细分受众，形成差异化传播

韩国首尔在向海外传播城市形象时，针对不同的国家采取了不同的传播策略。对于传统文化底蕴深厚、同属汉文化圈的中国，强调的是首尔时尚、优雅的形象；对于时尚风格较为相近、同属汉文化圈的日本，强调的是首尔温馨的形象；对于局势动荡、同属汉文化圈的东南亚地区，强调的是首尔先进的科技形象。

借鉴首尔的经验，青岛在对外传播过程中应细分受众。根据《中国旅游统计年鉴》和《山东统计年鉴》，韩国、日本、美国、英国、德国、俄罗斯、澳大利亚、新加坡、法国、马来西亚和菲律宾等是青岛近年来的主要客源国，据此分析，青岛应加强对日韩市场、欧美市场、东南亚市场等重点客源市场的传播，建议组织专门的调研力量，深入研究分析不同地区受众的关注点和兴奋点，制订出不同的传播方案，打造出各具特色的文化产品和文化形象。对欧美发达国家尽量不要全景式地展示车水马龙、高楼大厦林立的形象，也不要仅仅展示抽象的符号，而是要传播温馨甜蜜的普通人生活；对于日韩国家重点推介青岛的豪爽、大气和包容形象；对"一带一路"沿线发展中国家重点宣传青岛的经贸发展和商务信息等。

2. 注重体验，推广个性化传播

抓住国家海洋强国战略实施的机遇，结合海洋文化遗产的保护、利用及历史文化街区的改造，以文化创意产业的发展引领海洋文化休闲旅游业的升级。例如，在快旅慢游上下功夫，开发出更有文化创意的旅游活动；在海上旅游下功夫，重点打造邮轮游艇、海岛旅游和海上运动等系列旅游项目，逐渐树立青岛作为深入体验型旅游城市的形象。

明确对青岛城市形象有较大影响力的目标群体，建立和完善目标受众的数据库，为以后的对外传播活动提供重要支持。把来青岛参会、有商务需求和观光休闲的中上层国际人士作为重点传播对象，根据年龄和职业建立数据库，并利用新媒体一对一、多对多的优势进行传播。针对有商务需求的国际人士，着重提供青岛经济发展、基础设施、交通环境、商业法规及相关政策等方面的信息；针对有意向来青岛工作的国际人士，着重提供青岛就业政策、就业培训以及医疗卫生等方面的信息；针对有观光休闲需求的国际人士，着重推介青岛的名胜古迹、特色美食和娱乐度假村等信息；针对来青求学的国际人士，着重介绍青岛的知名学者、科研机构、高等院校等相关信息。依托新媒体的优势大力发展个性化生活方式的定制，如个人特色旅游线路定制、个人特色美食定制和各类礼物定制等。

3. 建立城市形象对外传播效果评估体系

建立对外传播效果评估体系，包括常规评估和针对某些危机事件或者大型中外文化交流活动进行的不定期评估。常规评估可将外国主流媒体和受众分别作为量化分析样本，按照报道主题、报道数量、报道倾向性等变量设置指标，或者在对象国以城市知名企业、名胜古迹和名牌产品等设置指标，得出量化数值。只有对城市形象对外传播的效果进行科学评估，才能避免无效传播。

（三）建立高效的城市形象危机应对体系

英国危机公关专家里杰斯特·米歇尔在《危机管理》一书提出危机处理的“3T”原则，即以我为主提供信息、尽快提供信息、尽可能提供全部信息。一旦出现危机，政府应立即启动危机预警机制，掌握主动权，真实全面地发布信息，抢占舆论高地，引导公众舆论。成立形象危机管理小组，培训一批专业人员，处理各种突发性事件；通过舆情分析的监控留意可能影响城市形象的隐患，防患于未然；一旦出现了危机，及时做好危机的化解工作，以免危机蔓延。

城市形象的核心是人的形象，要传播好城市形象，有必要采取一系列教育培训措施，增强青岛市民众的文明形象。继续加大思想道德教育，培养其良好的行为习惯。提高每个市民的自律意识和文明意识。优化青岛的国际化语言环境，提高医院、机场和车站等涉外公共服务窗口外语服务水平，从总体上提升城市的现代文明水平。

课题组组长

潘娜娜　中共青岛市委党校

课题组成员

敬志伟　中共青岛市委党校

刘　玫　中共青岛市委党校

任成金　山东科技大学

张　洋　山东科技大学

乔向春　中共青岛市委党校

姜丽华　中共青岛市委党校

青岛滨海旅游导向标识系统研究

青岛理工大学课题组

近年来，青岛现代旅游业蓬勃发展，游客数量逐年递增，据青岛旅游局统计2016年国内外游客总数已达8081.1万人次，实现旅游消费总额1438.7亿元。但在景区建设方面，多以硬件建设为主，忽视对旅游导向标识系统的建设，隐性服务不足，影响游客旅游质量。欧美发达国家的导向设计及理论研究始于20世纪60年代。目前，纽约、伦敦等国际发达旅游城市该体系已比较成熟，形成了良好的旅游城市形象。国内导向设计研究起步较晚，缺乏一套完整的导向标识系统。青岛要打造宜居宜业宜游的智慧城市，急需拥有属于自己的导向标识系统，方便游客通过标识牌，串起旅游线，形成对整个城市的可意象空间，即形成与自身定位配套的旅游城市形象。

一、青岛滨海旅游导向标识系统现状调研与分析

(一)游客对青岛滨海旅游导向标识系统的总体评价

课题组选取市内主要滨海旅游景点八大关、栈桥、五四广场、海水浴场和中山公园5处，发放问卷400份，回收有效答卷356份，并通过SPSS系统分析结果。调研发现，在找不到路或景点的情况下，仅有32%的游客会依靠公共导向系统完成行程，51%的受访游客会优先考虑询问行人。旅游人群对导向标识牌颜色、形状、文字颜色、标示明确度的满意度(表1)说明旅游导向标识牌尚有改善提升的空间。

调研发现，公共交通在旅游出行比例中占37%，在对青岛市滨海重要旅游景点附近公交站牌的位置、名称以及主要公交线路的调研中，61%的受访者对景点周边的公交标识牌持认可态度，18%的受访者认为景点周边的站点标识存在问题。步行在旅游出行比例中占28%。

表 1　游客对旅游导向标识牌满意度(%)分析表

	非常满意	满意	普通	不满意
颜色	23	27	50	0
形状	26	26	48	0
文字颜色	21	17	60	2
标识明确度	26	19	53	2

步行标识系统的设计较其他出行系统，不仅要体现标识作用，更要展示青岛旅游特色及其文化内涵。大多数受访者对步行标识系统持满意态度，但也有近半数的受访者认为步行系统不够完善，存在一些标识上的不足。自驾日渐成为青岛滨海旅游的重要方式，在旅游出行比例中占 17%。通过对自驾受访者的调研以及对青岛滨海主要景区的车行指引系统走访勘查，44%的受访者对车行指引系统持满意态度，28%的受访者认为青岛的车行指引系统不够完善。18%的受访者选择乘出租车出行。

(二)实地调研青岛滨海旅游导向标识系统情况

依据美国“城市设计之父”凯文・林奇的“城市意象元素”，按照区域、边界、路径、节点、标志物的要素分类方法，对青岛滨海旅游导向标识系统进行调研。

1. 区域导向标识分析

区域导向标识调研中，受访游客对八大关景区导向标识信息的准确度和全面性较为满意。八大关风景区为开放式景区，共占地 70 余公顷，以风格各异的建筑群为主体。道路以 8 个关口名称命名，道路交织，多而复杂，内部的导向标识系统起着重要的作用。25 个导向标识牌，平均间距 230 米。标识牌的位置大都布置在纵横路的交叉口处，且主要位于靠近步行道的花坛内。标识形式主要为地图形式，并明确标注了游客此时的位置。各标识牌样式统一，以景点名称、位置和方向标识为主，中英互译，成点线状分布，覆盖景区，形成了完整的标识导引体系(图 1)，但缺

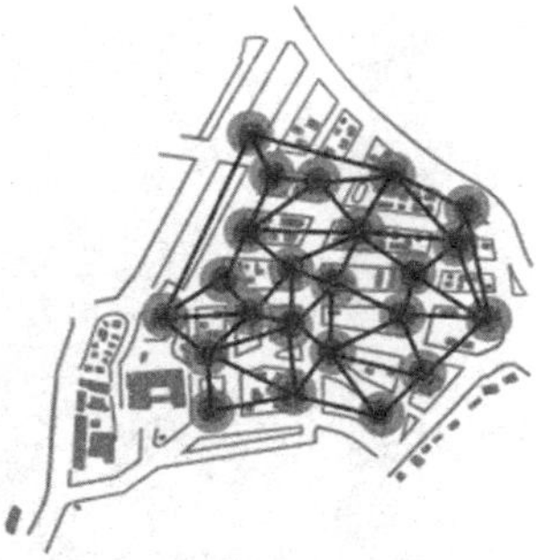

图 1　八大关风景区标识牌分布示意图

乏景点内容和距景点距离的介绍,没有涉及旅游线路的推荐。受访游客认为栈桥和海水浴场的导向标识信息的准确度和全面性差强人意。

2. 边界导向标识分析

滨海旅游地区的边界选取火车站为例。火车站作为城市出入口,旅游旺季每天数万人从此处进入青岛。火车站的导向标识系统对外地游客起着重要作用,对打造青岛城市形象、更好地弘扬青岛特色文化有着重要的意义。青岛火车站的出入口有东、西两处(图 2),标识牌也主要分布于出入口处和火车站广场拐点处,出入站人群主要从东、西两个方向进出。

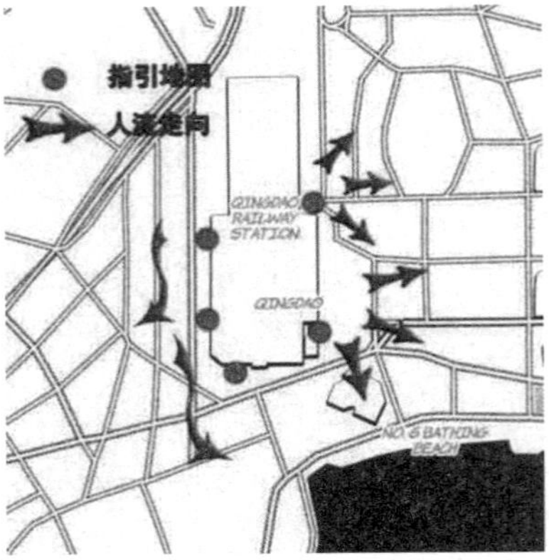

图 2　火车站导向标识与人流分析

3. 路径导向标识分析

青岛旅游区以步行为主,滨海路径导向标识以青岛滨海旅游步行道为例。该旅游步行道西起团岛,经西陵峡路、太平路、鲁迅公园、南海路、汇泉路、山海关路、黄海路、太平角一路、东海路,至石老人止,全长 28.5 千米,是青岛最具特色的旅游道路。沿线的标识牌主要有路标标识和地图标识(图 3)两种,在第二海水浴场沿线的密度最大,最小间距只有 100 米,其他沿线路段大致均匀分布。

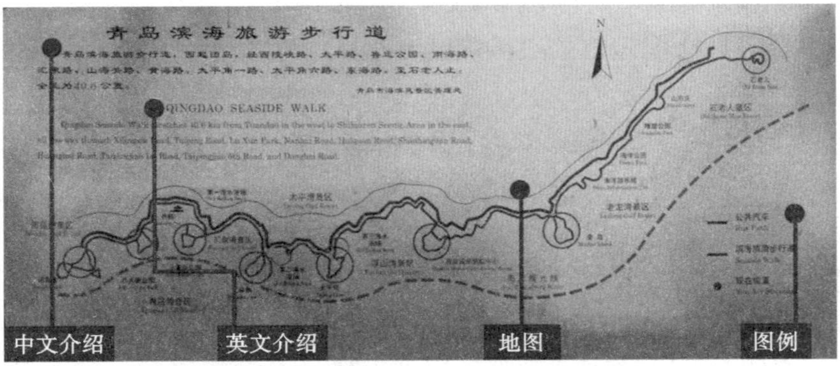

图 3　青岛滨海旅游步行道地图标识牌示意图

4. 节点导向标识分析

重要的旅游地区节点常常作为游客旅行线路转折点,节点导向标识以汇泉广场为例。汇泉广场以休闲健身为主要功能，被誉为青岛的“城市会客厅”。南邻第一海水浴场，东邻八大关风景区，北邻中山公园，是滨海步行区重要的周转站。导向标识牌主要有路标指示牌与地图指示牌两种，沿广场小路分布，形式较多、密度极大，最短间隔距离仅25米，总共18个。该区域标识牌密度大，仅南入口一条小路就有5处标识牌，造成了一定的浪费。

5. 标志物导向标识分析

青岛滨海旅游区有很多特色建筑及景观小品，调研选取天主教堂、青岛电视塔、“五月的风”、公主楼、栈桥体现青岛城市形象的5处标志物作为标志物导向标识的调研对象。由于标志物本身的特点不同、位置不同，标识牌的使用时间和使用率有一定差别：天主教堂和青岛电视塔建筑高度较高，易于从远处识别，因此标识牌的使用率较低，且多集中于上午9点左右和下午3点左右的高峰时段；“五月的风”地处五四广场，人流量大，标识牌利用率相对较高；栈桥夜景独具特色，标识牌的使用高峰段相对较长，持续到晚8点左右。

二、青岛滨海旅游导向标识系统存在的问题

青岛滨海旅游导向标识系统作为青岛滨海旅游环境要素的重要组成部分，应在青岛滨海区域内利用各种公共设施作为识别和导向信息的传播媒介，用一系列连续的、规范的、清晰明确的符号、文字、图形和色彩的平面设计表现手法组合，引导游客在旅游区域游玩并到达旅游目的地。经调研和实地走访，现有的导向标识牌存在设计的不规范、无特色，设置的不合理，交通指示系统未充分发挥旅游导向功能，各景区（点）导向标识系统之间缺少衔接等问题。

（一）导向标识牌的设计和设置不规范

调研中，43%的游客是青年人（18～25岁），48%是中年人（26～54岁），少数为18岁以下的少年和55岁以上的中老年人。受访的老年游客认为导向标识牌的间距不均、位置不明显，指示不够明确、字体大小不合理、信息不够丰富；中年游客认为景点周边指引不明、各景点之间缺少关联性，指示牌的位置不明显、描述不清晰、烦琐冗杂；受访的青年游客认为步行指示牌不齐全、不连续、指示不明确。

(二)导向标识牌的交通指示功能存在欠缺

1. 公交导向标识系统

公交线路上同一个地名对应多个不同站点,且往返公交线路不一致,站点不对称,站点间距不一致。线路往返不一致时,缺乏明确的信息指引,对公交出游的游客造成不便。部分公交标识牌高度设置不合理,某些公交标识牌只有一面,字体太小,一些身高不高的少年、老年人和女性不方便浏览站牌上的有关信息,在阅读上造成困难。部分公交站宣传栏广告信息繁多,降低了公交指示牌的清晰度,浪费了公共资源。公交车车身、车厢内广告信息繁多,浪费了大量传播旅游导向信息的载体,不利于形成理想的旅游导向环境。公交车厢内路线指示牌仅限于车厢前部,且文字较小,乘客较多时车厢后部的乘客无法方便地获取信息。到站广播信息在车厢后部听不清。

2. 自驾导向标识系统

交通标识牌信息较杂,带有广告信息,且某些标识牌上字体小,颜色、大小、图形不统一,不方便司机辨认。标识牌指引不连续,且缺少停车指引,尤其是开往风景区的路上,导向标识牌间距较长,容易迷路。新建道路或改建道路的交通指引标志设置不完善,相互干扰。部分景点的导向指示牌只有大路才有。

3. 步行导向标识系统

标识牌摆放位置不合理,标识牌之间衔接性较差。游客步行从一个景点前往另一个景点时往往找不到导向标识牌。指示牌分布不均衡,在沿海一线分布较多,城区方向导向标识分布较少。游客常因不便获取信息多走冤枉路,浪费行程时间。标识牌信息量不足,且更新不及时。部分导向标示牌年代久远,周边建筑改变了,指示信息却没有更新。

(三)导向标识牌的区域导向功能存在欠缺

景区间缺少导向标识衔接。火车站广场等重要交通站点的导向标识系统缺少与城市导向标识系统的衔接。火车站等部分景点公交站台面积狭小,造成大量游客集聚。景区内和交通站点标示牌的设置未充分考虑游客需求及客流特征,如火车站广场、中山路和香港中路等地广告牌繁多,导向标识牌数量不足。青岛滨海旅游步行道与城市其他道路重合部分标识不明确，标识牌年久失修。旅游标志物附近导向标识牌数量不足，使用率不高。

（四）导向标识系统缺乏地方特色

旅游导向标识系统除功能作用外，也是展示青岛文化和城市形象的组成部分。调查发现，大多青年和少年游客认为青岛的旅游导向指示牌缺少特色和趣味性，没有充分展现青岛的旅游特色和城市文化。部分景区内的标识设计也未体现景区特色。

三、优化青岛滨海旅游导向标识系统的对策建议

优化滨海旅游导向标识系统的根本目标，应是建立以人为本的导向标识系统。导向的生成源于游客的寻路行为，也展示着城市形象、传播着城市文化。

（一）规范导向标识牌的设置

青岛滨海旅游导向标识系统包括交通导向（道路导向、火车站导向、机场导向、地铁导向、公交车站导向）、商业导向（大型商场导向、个别店铺标识及内部导向系统设计）、文化导向（文化、休闲、旅游等区域及其之间的导向系统设计）、行业导向（企业内部及各部门之间的导向设计）等组成部分，这些导向系统同时也是城市公共信息导向系统的组成部分。城市导向设计能将繁杂的城市空间层次化、条理化、简单化，对于城市的交通、人流的分布、区域的划分、人们的生活以及城市形象都起到十分重要的作用。遵循导向标识系统设计规范性、连续性、简易性、醒目性、优先性、容错性、公平性、灵活性、延伸性的 9 项原则对旅游线路标识牌进行规范，应参考《GB 5768—1999 道路交通标志和标线》《GB/T 8416—2003 视觉信号表面色》《JT/T 279—2004 公路交通标志板》等国家标准设置。青岛市委宣传部、市城乡建设委、市规划局、市城市管理局、市交通运输委、市旅游局、公交集团、地铁集团等相关部门应规范导向标识牌的设置，最大限度发挥其功效。应抓紧并严格地制定导向标识的统一维护管理规定，由专业部门定期对管辖范围内的导向标识进行检查和维护，及时更新公共空间导向信息内容。青岛市交通运输委应均匀合理布置滨海区域的道路交通指示牌。

（二）优化导向标示牌的设计

导向标识系统的建设与城市形象的塑造息息相关，从单个标识牌的设计，到各种标识系统的建设，再到理想导向空间的营造，都应能够积极地推动旅游城市形象的塑造，并使标识能够代表城市的文化多样性。要从标识颜色、图形、文字、版面形状和布局方面探讨标识版面设计方法，合理选择标识的设置形式（柱体式、悬挑式与吊挂式、壁式、墙体式等）和设置位置，充分展现青岛本地文化与旅游特色。

（三）发挥交通指示系统的旅游导向功能

1. 发挥公交指示系统的旅游导向功能

（1）完善现有公交站牌设计与设置。站牌的文字应用、大小以及所放的位置应当遵循人体工程学的原理。青岛公交集团与青岛地铁集团在对滨海区域站点站牌的设计过程中应突出青岛滨海旅游特色，同时要考虑功能与审美并存的理念，加强设计美感，使最能代表城市风貌之一的公交站牌视觉设计中充满审美要素。

（2）减少滨海区域公交系统中广告信息的数量。变广告信息为滨海旅游宣传与导向信息，可把公交路线图转移到公交站宣传牌上，使游客由围绕公交指示牌变为围绕公交站宣传栏查看导向信息，提高效率。

（3）在重要公交站节点添设智能公交电子站牌。电子站牌既可以让乘客获得及时方便全面的乘坐服务，又能使公交公司优化自身调度系统，将日常工作建立在智能化管理平台上。

（4）将滨海区域公交候车站建设成为区域信息节点。景区公交候车站所承载的功能不仅是候车这一功能，应是该区域内的信息节点，应结合游客候车实际需求对乘车线路、区域地图、垃圾桶、洗手间、售卖点等信息导向标识做合理规划。

2. 发挥道路交通指示系统的旅游导向功能

旅游景区（点）标识牌的设置必须保证信息的连续性。旅游景区（点）方向标志第一次出现后，每个交叉口应连续设置旅游景区（点）方向标志：为避免标志设置过多，旅游景区（点）距离方向标志第一次出现后，在需转向或分叉处设置旅游景区（点）方向标志。对于旅游景区（点）的引导应由远至近依次引导。要及时更新信息，定期维护管理。

3.发挥步行指示系统的旅游导向功能

完善导向标识牌的信息编制。大节点导向标识由区域分区导览地图、周边主要公共设施、区域及其周边景点介绍和所在位置的标注所组成。中节点的地区入口导向标识由景区全景导览地图、景区主要公共设施、景区内部景点介绍和现在所在位置的标注所组成。中节点公交站附带导向标识由以公交站为中心的1.4千米×1.4千米的周边信息地图、周边主要公共设施名称和公交站名所组成。小节点导向标识由周边主要公共设施、道路名称导向和现在所在位置的标注所组成。

4.合理规划建设地铁导向标识系统

随着地铁系统的建成使用,地铁成为很多游客旅行时选择的主要交通工具,地铁导向标识系统也成为滨海旅游导向标识系统的重要组成部分。地铁导向标识系统应注重地铁出入口导向性、通道导向性、站厅导向性、站台导向性的建设;为使乘客能够在最短时间内最快速度进行高效的移动,需要在视觉识别、图形识别、文字识别、色彩识别、听觉识别、触觉识别等标识设计方面充分考量;减少广告信息的植入,运用壁画艺术形式、装饰设计、文化元素提炼等表现手法创造富有青岛特色的地铁站环境;在站外设计方面,要注意与周边商业环境和历史环境的融合。

(四)优化不同城市空间内的导向标识系统

青岛市铁路部门等客运交通部门在客运站广场的设计上应处理好城市综合接驳问题;青岛市城乡建设委、市规划局应对滨海重点旅游空间进行系统规划设计,建设高效的导向标识系统。

1.优化旅游区域内导向标识系统

青岛市旅游局要将各景区导向标识衔接起来,在景区间设置导向标识,方便游客继续游览。合理布局景区内导向标识,从美学和实用的角度出发,标识摆放要美观醒目、位置要合理、数量要充足。在保证各类标识无缺漏的前提下,不能使景点被过多的标识占据而阻挡了景观的显现,失去美感,破坏游览氛围。景区内标识牌应体现景区特色,传播景区所在地的人文历史、风俗文化等,让游客在游览的同时了解景区所在地的各种文化,使得景区的特色文化通过这种方式得到进一步的传播。

2. 优化旅游边界处导向标识系统

铁路等综合客运枢纽导向标识系统的建设需要分析客流结构、旅客行为特性（视觉特性、速度特性、认知特性、寻路特性）以及旅客出行要求（安全性、舒适性、高效性、公平性）方面的旅客特征，分析旅客进站流线、出站流线、换乘流线和其他流线，分析单个市内交通方式功能区和公共换乘区内旅客流线组织。基于旅客流线分析，提出旅客在不同旅客流线的不同功能区（节点处）的信息需求内容。旅客特征分析是研究导向标识版面设计的基础，导向标识系统需求分析是研究标识系统组织方法和设置方法的理论依据。综合客运枢纽导向标识系统应遵循逐级导向组织方法，导向标识系统设计和建设应按照“统一标准、系统设计、明确主体”的原则实施。

3. 优化旅游路径中导向标识系统

青岛滨海旅游步行道导向标识是对景区导向标识的补充，也是步行导向标识系统的重要组成部分，应丰富导向标识牌信息，推进导向标识智能化建设；加强标识牌日常维护管理。

4. 优化旅游节点内导向标识系统

重要的旅游地区节点既是游客旅行线路的转折点，也是城市交通的重要枢纽和公共服务设施的集聚地，能够为游客提供短暂的综合性服务。要完善节点内交通导向标识系统的衔接，避免互相干扰，结合节点内客流信息及周围用地规划情况，确定各种导向标识的设置形式和规模，缩短换乘时间，提高换乘效率。要提高节点空间的可识别性，在设计上应该与其他区域形成鲜明对比，地面铺装材料应区别于周边道路，使其具有显著的标识作用。

5. 优化旅游标志物导向标识系统

标志物可以帮助人们在城市中定向、定位。青岛滨海区域城市标志物很多，可将标志物符号化处理作为设计元素应用到标志物周围或标志物所在区域内标识牌的设计中，提高标识牌中的城市文化内涵，增强城市空间的可识别性。

（五）建立旅游导向智能化服务平台

相关部门应运用新技术新手段，构建未来青岛市城市公共信息导向系统。青岛滨海旅游景区可综合运用实景导航、实景地图导览、电子导游等智能化技术，建立实景化电子地图，提供实景环境浏览，用户可在系统中任意进行二维地图的漫游、放大、缩小等浏览，可通过二维地图进入实景场景。实景导航为用户提供公交、驾车实景导航，以真实的街景及连续的全景引导用户到达目的地，帮助自驾游用户规划旅游线路。结合新型智慧城市发展的大趋势，基于手机地图及导航系统开发青岛滨海旅游导向服务 APP，与各大旅游网站合作开发青岛旅游服务专属 APP，给“智慧青岛”“爱青岛”等本地智能手机客户端提供服务端口。

课题组组长

薛　凯　青岛理工大学

课题组成员

姜乃彬　青岛理工大学

徐　敏　青岛理工大学

解旭东　青岛理工大学

张一平　青岛理工大学

李科然　青岛理工大学

张　航　青岛理工大学

杨　莹　青岛理工大学

大气污染防治背景下青岛市完善清洁能源开发与低碳排放法规研究

青岛农业大学课题组

一、青岛市清洁能源开发与低碳排放法规及实施概况

(一)青岛市清洁能源开发法规及实施概况

2012 年起,青岛市出台了一系列与清洁能源开发利用相关的法规政策,引导并加快推进了青岛市各部门、各企业以及全社会在煤炭清洁高效利用、清洁能源供热专项、新能源汽车产业、清洁能源发电项目等方面的快速发展。截至 2016 年,青岛市出台的与清洁能源开发利用直接相关的法律规定共 8 件。

表 1　青岛市清洁能源相关法规概览

年份	主要法规
2016	《青岛市民用散煤清洁化治理工作方案》
2015	《青岛市人民政府办公厅关于印发青岛市加快清洁能源供热发展若干政策的通知》《青岛市新能源汽车产业发展规划(2014～2020 年)》
2014	《关于组织实施青岛市清洁能源供热专项规划(2014～2020 年)的通知》《关于加快清洁能源供热发展的若干政策实施细则》
2012	《青岛市清洁生产专项资金使用管理办法》《青岛市关于印发〈青岛市清洁生产试点工作实施方案〉的通知》《青岛市经济委员会办公室关于印发〈青岛市清洁生产试点工作实施方案〉的通知》

青岛市在清洁能源开发中稳步落实了相关法规政策中的方案、规划，论证了试点工作方案的可行性，取得了令人瞩目的成绩。

1. 清洁能源供热专项

2014 年，青岛市确定了第一批 37 个实施清洁能源供热的项目，形成清洁能源供热能力达 1830 万平方米。建设供热管网 220 千米、换热站 60 座、新增供热面积 900 万平方米；新建燃气管网 108 千米、改造燃气灰口铸铁管 160 千米、建成天然气汽车加气站 10 座。中蓝海新港城、八大关既有建筑区域、城阳龙湖地产等项目实现供热。2015 年，青岛能源集团投资 1.3 亿元，开工建设 9 个清洁能源供热项目，新增供热能力 86.4 万平方米，大幅提高清洁能源在集中供热中的利用比例。截至 2016 年底，青岛市新增供热面积 1700 万平方米，供热面积达到 1.6 亿平方米，集中供热普及率达到 71%；市区集中供热面积达到 1.2 亿平方米，市区集中供热普及率达到 82%，其中市内三区集中供热面积达到 7200 万平方米，集中供热普及率达到 91%；新建清洁能源供热项目 200 万平方米，清洁能源供热面积突破 3500 万平方米。

2. 新能源汽车产业

青岛市在新能源公交车线路开辟、车辆购置、充电基础设施建设及运营等方面稳步推进。2011 年，青岛市正式启动公共领域新能源汽车推广。2013 年，青岛市入选首批国家新能源汽车推广应用城市（城市群）。

2015 年，青岛市政府加快培育和发展新能源汽车产业，规划发展对象包括新能源汽车（纯电动汽车、插电式混合动力及增程式汽车、燃料电池汽车等），以及液化天然气（LNG）汽车等清洁能源汽车。加紧建设了上汽青岛清洁能源客车、比亚迪纯电动汽车、北汽新能源汽车等一批整车项目。中国重汽集团青岛重工有限公司、青岛海誉车辆机械有限公司等企业积极开发新能源专用车，一汽解放 LNG 汽车产品占据较大市场份额。青岛乾运高科新材料有限公司、青岛华冠恒远锂电科技有限公司、青岛威能电动车辆电控有限公司等一批动力电池及材料生产企业建成投产。青岛奥扬新能源装备股份有限公司、青岛普天汽车配件有限公司等 LNG 汽车零部件企业形成规模生产。青岛特锐德电气股份有限公司充电装备投资规模不断扩大，技术水平为国际领先。

2016 年，青岛新增新能源汽车超过 5000 辆，新建充电设施突破 1

万个。北汽新能源汽车莱西生产基地，获得全国第一张纯电动乘用车生产牌照，第10000辆车成功下线，成为国内规模最大的电动汽车生产基地。全市加快新能源汽车推广应用，崂山区在全国率先启动了公务出行微循环，在商业综合体、金融楼宇、高校、景点等区域建设56个公共快充站，在重点园区、居民小区建设45个公务充电站，在企业停车场区域建设39个企业驻地站。

3.清洁能源发电项目

截至2015年底，青岛市拥有风电场9座，装机总容量42.945万千瓦，年发电量约7.5亿千瓦时；生物质发电厂6座，装机总容量10.2万千瓦，年发电量约3.8亿千瓦时；已并网光伏项目75个，装机总容量9.32万千瓦，年发电量约1.4亿千瓦时。2016年，青岛市已投入运行37个清洁能源发电项目，装机容量105万千瓦，占全市发电装机容量的1/4，发电量比2011年翻了四番，年均增长65%。

4.居民日常清洁能源利用

2014年，青岛市新建燃气管网108千米，改造燃气灰口铸铁管160千米，市内三区发展天然气用户5.7万户。市内三区及崂山区具备条件的区域全部实现管道天然气供应全覆盖，天然气居民用户达到93.7万户。2016年，市区新建中低压燃气管道100千米，新增管道燃气用户6万户。青岛市通过在未集中供热、供气的区域，推广使用兰炭、洁净型煤等优质清洁煤炭替代民用高污染散煤，鼓励有条件的区域使用电、液化气、天然气、沼气、太阳能等清洁能源，大幅减少民用散煤使用量，降低大气污染物排放，力争用2年左右时间实现全市民用清洁煤炭全覆盖。

(二)青岛市低碳排放法规及实施概况

2001年1月1日至2016年10月1日期间，青岛市人民代表大会及常务委员会颁布的发展低碳经济的法规、规章113件，与低碳经济相关的主要有25件；青岛市现行地方性规章有205件，其中与低碳经济相关的主要有32件，如《青岛市人民政府办公厅关于组织实施青岛市低碳发展规划(2014～2020年)的通知》《青岛市2014～2015年节能减排低碳发展行动方案》和《关于组织实施青岛低碳城市试点碳排放权交易市场建设实施方案的通知》。

表 2　青岛市低碳排放法规概览

年份	主要法规
2016	《青岛市排污许可证管理办法》《青岛市餐饮服务业环境污染防治监督管理办法》
2015	《青岛市建筑废弃物管理办法》《青岛市加油站环保整治行动方案》《青岛市重污染天气应急预案操作手册》
2014	《青岛市胶州湾保护条例》《2014 年大气污染治理工作措施和实施计划》
2013	《青岛市 2013 年主要污染物总量减排项目计划》《青岛市"十二五"期间污染物减排和环境改善考核奖励办法》《青岛市大气重污染应急预案》
2012	《青岛市建筑废弃物资源化利用条例》《青岛市"十二五"期间污染物减排和环境改善考核奖励办法》
2011	《青岛市科技创新促进条例》
2010	《青岛市海洋环境保护规定》
2009	《青岛市民用建筑节能条例》
2008	《青岛市机动车排气污染防治条例》
2005	《青岛市新型墙体材料发展应用与民用建筑节能条例》
2004	《青岛市海洋渔业管理条例》
2002	《青岛市生活饮用水源环境保护条例》
2001	《青岛市大气污染防治条例》

近年来，青岛市在工业、农业及居民生活方面大力落实上述与低碳经济、低碳排放相关的法规、政策，超额完成了预定的目标。能源消费结构不断优化，污染物排放得到了有效控制，逐步向低碳排放格局靠拢。

1. 工业企业能源消费量及节能情况

2013 年启动的各项节能减排措施产生了明显效果，77 家低碳行动企业能耗占规模上工业的 76.66%，全年共节约能源 57.24 万吨标准煤，比 2012 年多节约 31.65 万吨。2015 年，全市规模以上工业综合能源消费量比 2014 年增加 4.4 万吨标准煤，增长 0.3%，工业能源消费量呈波动上升，各项节能降耗措施力度加大，能源消耗强度下降，与 2014 年相比，工业万元产值能耗 0.09 吨标准煤，下降了 7%。2016 年全市单位 GDP 能耗为 1.34 吨标准煤/万美元，已比肩美国(1.41)、欧盟(1.28)和日本(1.09)等发达国家和地区，能源消费呈现了低速增长趋势。

2.污染物排放情况

“十二五”期间，青岛市主要污染物化学需氧量(COD)、氨氮(NH_3—N)、二氧化硫(SO_2)和氮氧化物(NO_x)累计削减率分别为13.9%、15.7%、11.9%和21.2%，超额完成了山东省政府下达的减排任务。近年来，青岛市区环境空气质量优良天数呈明显上升趋势，污染物排放呈显著下降趋势。2014年，全市环境质量总体状况保持稳定，部分指标有所改善。2015年，市区环境空气质量改善程度较大，优良率同比升高了8.5个百分点，冬季二氧化硫浓度连续两年达标并呈持续改善趋势。2016年，PM2.5浓度为45微克/立方米，较2013年的66微克/立方米下降明显。2016年空气质量优良天数达299天，重度污染天数由23天减至7天，空气质量优良率由2013年的72.9%提高至2016年的81.7%，为五年来的最好水平。

3.污染物减排项目及措施情况

“十二五”期间，围绕燃煤锅炉烟气脱硫脱硝工程、机动车污染治理等重点工作，全市累计实施大气污染物减排340项。

2013年，青岛市在全省率先建成全市域覆盖的空气质量监测预警网络，实现了空气质量信息多媒体平台实时发布；从能源、工业、建设、交通、绿化等多个领域全面推进污染综合防治，实施七方面20项治污举措，减少大气污染物排放约2.5万吨。组织实施了53个废气减排项目，积极应对极端气象条件下的空气污染，组织对大气污染物重点排放企业采取限产限排措施，保障了年度减排目标任务的完成。

2014年，青岛市以脱硫设施升级改造、烟气脱硝、机动车污染防治、污水处理和畜禽污染治理等为重点，组织实施减排项目361个，其中大气污染物减排项目122个。

2015年，通过实施华电青岛发电有限公司脱硫增容改造工程等92个大气污染物减排项目，共削减二氧化硫1151吨、氮氧化物5098吨。划定全市大气污染物排放核心控制区、重点控制区；实施环境空气质量改善生态补偿制度，共拨付生态补偿奖励资金2550万元。严格新建燃煤锅炉审批，深化燃煤锅炉污染治理，完成脱硫改造项目23个、除尘改造项目25个、低氮燃烧和脱硝项目89个；淘汰燃煤锅炉50台，总吨位486吨；大唐黄岛发电有限责任公司等企业开展了燃煤锅炉超低排放改造试点。开展砂石加工等建材行业扬尘污染整治，关停违法企业42家，治理规范99家；开展建筑施工和垃圾运输专项整治，检查建筑工地2023个次，立案处罚216起，检查建筑垃圾运输车辆1万车次，立案处罚276起；加大城市绿化和保洁力度，完成裸土绿化140.68公顷，市区主干道机扫率达到100%，次干道机扫率达到91%以上；加强工业扬尘治理，完成治理项目22个。加快推进黄标车淘汰和"黄改绿"工作，全市改造黄标车3615辆，累计淘汰黄标车16.5万辆；检查油气污染防治设施2204家次，限期整改50家；定期检测机动车71.2万辆，合格率为92.6%；路查、抽检机动车12万辆，查处无环保标志和冒黑烟车等违法车辆1235辆；启用机动车排气遥感检测系统，实施电子化监管；继续开展黑烟车有奖举报，查实黑烟车234辆，兑现奖金2.34万元。完成工业挥发性有机物废气治理项目28个，开展石化企业泄漏检测与修复（LDAR）工作；完成餐饮油烟治理项目174个、汽修喷漆废气治理项目43个。加强重污染天气预警，针对2015年入冬以后出现的重污染天气，及时发布预警，启动应急响应，采取重点工业企业限产限排、停止土石方作业和运输、强化监管执法等措施，减轻重污染天气的影响。

2016年，启动利用发电厂余热资源替代燃煤供热锅炉工作，完成亨通达、金湖热力9台锅炉替代，节省煤炭9万吨。对金洲热力、热电股份等6处26台燃煤锅炉实施超洁排放改造，改造后达到天然气燃气轮机排放标准。完成福利院供热站、徐家东山供热站等5个热源点环网联网建设，有效提高热网运行效率，每年节省煤炭2.1万吨。市区因供热燃煤减少导致的PM2.5浓度同比下降10.4%。自2016年1月1日起，全面销售国Ⅴ车用燃油。开展非道路移动源排放调查，建立管理台账，研究控制措施。建设项目新增有机污染物排放量实行倍量替代，完成60个工业有机废气治理项目；完成100个餐饮油烟治理项目；完成20个汽修企业废气治理项目。

二、青岛市清洁能源开发与低碳排放法规存在的问题

（一）法规控制层面有限，缺乏统筹性

青岛市支持低碳排放与清洁能源开发，是从环保、节能减排，低碳发展、清洁生产以及国民经济发展五年规划等层面制定相关政策和规

章制度，缺乏统筹规划考虑制定相关地方性法规。从已出台的政策法规文件来看，鼓励清洁能源开发与控制低碳排放调整措施限于价格、融资、财政、税收方面，手段不够全面，对于“碳排放交易”等内容尚处于初步启动和探索阶段。

（二）法规覆盖面较窄，缺乏体系性

青岛建立低碳城市试点区和青岛市低碳交通运输体系建设试点，已制定出能够对低碳经济发展予以政策引导和法律保障的相关法规。青岛已有的低碳经济发展政策法规，缺乏准确的目标定位和明晰的总体方案，尚未形成综合法治体系。清洁能源方面的法规仅限于清洁生产、供热能源、汽车更新以及民用散煤清洁利用方面，具有明显的局限性。

（三）法规控制手段可操作性低，缺乏强制性

从青岛市经济区现状和已有实践经验来看，清洁能源开发利用与低碳法规仍以政策驱动为主，与形成体系化法律调控的目标有较大差距。2013～2015 年综合能源消费量分别为 1635.18、1489.58 和 1483.70 万吨标准煤，全市工业能耗的结构，仍以煤炭为主，工业发展高碳特征突出，节能减排低碳发展仍未成为普遍趋势。清洁能源中天然气消费占全市工业能源消费量比重，与发达国家天然气在能源消费中普遍高于 20%的比例仍存在较大差距。

法规控制具有明显的政策导向性特点，尚未建立具体的问责机制，强制性义务规定较少，缺乏强制力。清洁能源开发与低碳政策的推行很难依靠企业等直接利益相关者的自觉性。短期内难以大力提高清洁能源利用率，改变青岛市以煤炭为主的能源消费结构。

三、青岛市清洁能源开发与低碳排放法规完善建议

相关的法规制度可分为事先污染防范法规制度、事后污染责任与追责法规制度以及全过程污染控制法规制度，辐射大气污染防治的源头治理、末端治理和全过程控制三个层次。立法体系内需涵盖预防性措施与控制性措施，进行有效的组合。

(一)构建事先污染防范法规制度

1. 建立完善大气环境权益优先保护制度

政府应当优先维护生态权益或环境权益，合理规划工业布局：大气环境质量优先于大气环境容量开发利用，保障公民的健康权；坚持大气质量维持与优化，提出维持并改善大气质量的要求。制定地方主要大气环境质量目标：以煤炭消费总量控制为中心，以细颗粒物污染防治为重点，提高清洁能源占能源消耗比重，设立高污染燃料禁燃区等。

建议由青岛发展改革部门会同环境保护主管部门制定燃煤消耗总量控制计划；经济和信息化主管部门负责指导督促重点高耗煤行业淘汰落后产能和节能改造任务的分解落实。煤炭主管部门加强煤炭生产加工源头质量管控，会同各区(市)人民政府，青岛经济技术开发区、青岛市高新技术开发区等区管委会制定推广洁净型煤、置换清洁炉具、配套建设高效煤粉基础设施等工作计划，逐步实现高效燃煤锅炉替代改造；环境保护主管部门会同经济和信息化、煤炭等主管部门制订锅炉整治计划，按照规定要求淘汰、拆除燃煤小锅炉、分散燃煤锅炉和不能达标排放的其他燃煤锅炉，对燃煤锅炉进行超低排放改造；经济和信息化主管部门制定实施工业节能规划或者行动方案，完善管理机制、措施；根据大气污染防治的需要划定区域，限制、禁止高污染的机动车、非道路移动机械通行和使用，并向社会公告；行业主管部门制定相关行业扬尘污染治理标准和导则并向社会公布，监督管理相关行业的单位和个人落实扬尘污染防治责任及措施；根据大气污染防治的需要和当地特点，划定禁止或者限制燃放烟花爆竹的区域和时段，禁止露天烧烤、骑墙(窗)烧烤或者为露天烧烤、骑墙(窗)烧烤提供场地等。

2. 建立完善大气环境保护综合预防制度

(1)建立完善技术性预防制度。技术性预防制度包括生态规划制度、环境影响评价与环境风险评估制度、环境标准制度、环境信息公开制度等。在具体制度设计上可涵盖大气污染物总量预算指标管理、新建项目与污染减排、淘汰落后产能相衔接的审批管理，污染物总量指标在项目审批中强制约束管理等有效的管理机制。由环境保护主管部门指导、监督企业事业单位环境信息公开工作，逐步建设企业事业单位环境信息公开平台和企业事业单位环境行为信用评价制度并定期公开发布辖区内重点排污单位名录。

(2)建立完善金融性激励制度。金融性激励制度包括适当引入美国、加拿大、欧盟等国家或地区的生态碳汇立法、碳税立法和碳交易立法等有益的经济元素法律控制机制,纳入金融、税收、碳交易等新型环境保护手段。

生态碳汇可应用于森林生态系统中,通过运营森林碳汇项目产生碳减排量并获得核发碳信用,再由具有温室气体减排意愿的主体购买用于冲抵自身碳排放量的碳排放权,实现生态补偿资金来源的市场化与补偿范围的扩大化。应在法律中进一步明确碳汇的法律性质,碳汇交易为实现减排目标的合法方式和辅助方式,规定碳汇交易实施的实体与程序条件以及建立碳汇交易的保险规则。鉴于碳汇减排成效不稳定、风险复制等劣势,需坚持碳汇交易是补充性减排方式的取向,控制适用碳汇减排的比例范围。

碳税立法具体包括:依排放源不同设计碳税税目,从重点燃料开始征收碳税,逐步拓宽覆盖所有化石燃料;依定量温室气体确定化石燃料适用税率,统一碳税征收标准,采用"税率递增原则",分周期逐年上涨税率,根据减排情况等调整下一周期税率标准;依化石燃料类别、用途、特点等确定免税化石燃料范围。

建立针对温室气体排放,利用市场手段实现节能减排的其他碳金融法律制度,如大气污染物排放总量控制和许可证制度、征收排污费制度、污染物排放超标违法制度、碳交易制度以及碳排放权质押融资等。建立碳金融交易所,实行会员制交易,包括自营会员与综合类会员。交易标的为相关排放权的配额,包括初始碳排放权和因碳信用而获得的次生碳排放权,并鼓励在此基础上进行产品创新;交易方式为公开竞价,引入传统证券交易的管理模式。

(二)构建事后污染责任与追责法规制度

1.建立完善大气环境治理政府主导与公众参与制度

完善政府环境主导责任机制,实行大气环境保护目标责任制,对政府环境责任进行清晰认定,建立责任追究机制、考核评议制、刚性约束机制,对政府形成有效的责任监督。明确对地方政府领导干部、主管责任人和直接责任人在生态环境保护方面的违法、失职行为的问责要求。

由各区(市)人民政府、青岛经济技术开发区、青岛市高新技术开发区等区管委会对本辖区的大气环境质量负责,由环境保护主管部门对大气污染防治实施统一监督管理,其他有关部门如公安、交通、铁道、渔业等在各自职责范围内对大气污染防治实施监督管理。主要负责人是大气污染防治工作第一责任人,对大气污染防治工作负主要领导责任;分管负责人对大气污染防治工作负直接领导责任。

市、区(市)环境保护主管部门对大气污染防治实施统一监督管理,受政府委托对本级其他负有大气污染防治监督管理职责的部门和下级人民政府履行职责情况进行监督考核、协调指导;发展改革、经济和信息化、公安、财政、住房城乡建设、城乡规划、城市管理、交通运输(公路、港航)、国土资源、煤炭、水利、农业、工商行政管理、质量技术监督、林业、国有资产监管等部门按照各自职责,做好大气污染防治的监督管理工作;检察机关依法履行法律监督职责,完善生态环境司法保护机制,依法查处大气环境保护执法领域职务犯罪行为;行政监察机关应当依法履行监督职责,依法查处大气环境保护执法领域不依法履行职责的行为。

公众参与大气污染防治,除现有的检举、控告并获得奖励的权利外,还应当增加提高公众大气环保意识的环境教育条款,拓宽公民获悉大气环境污染防治信息渠道并建立大气环境公益诉讼制度以与新环境保护法形成衔接。应当切实建立起公众参与大气污染防治的决策参与制度、过程参与制度和末端参与制度。

2. 建立完善大气环境治理责任分担与共担制度

在大气环境污染治理中实行治理责任分担,符合大气环境治理的基本特征。对区(市)政府和职能部门、重点企业,实行目标责任管理,将大气环境状况和节能减排目标的完成情况纳入地方政府年度考核中,设计具体的量化指标体系、责任内容、实施方案,对不合格者严格实行问责制。

对于可以确定环境损害者的,由同一损害的污染者分担法律责任,如机动车尾气排放损害由机动车使用者予以分担的做法;对于无法确定环境损害者,但从环境保护措施中受益者的人,可由其支付相应的生态补偿金,分担治理成本;对于无法确定具体环境损害者,但属于共同污染行为的,由多个污染者共同承担法律责任。

（三）构建全过程污染控制法规制度

1. 建立完善区域性大气污染联防联治制度

联防联治是实现我国大气环境污染治理的必然要求。2016年，我国《大气污染防治法》中建立了基本的"联防联治"法律机制框架。在制度完善上，需强调同行政辖区内各级政府部门间的"纵向联防联治"和不同行政辖区内同级政府部门间"横向联防联治"的立法指向，明确共担责任及利益协调原则；应细化大气污染联防联治制度设计，制定"区域的划定标准"并以此为基础，对涉及防治主体及其间的权力配置和监督予以规范。

由青岛市环境保护主管部门统筹协调本市行政区域内的大气污染防治工作，会同其他负有环境保护监督管理职责的部门，建立并落实大气污染环境执法联席会议、信息共享、案件移送等制度，制定环境污染联防联控工作办法。建立区域性环境影响评价会商制度，建立区域性总量控制、区域性责任分担与利益协调制度，区域性大气污染信息共享制度与排污交易制度等。

2. 建立完善交叉型大气污染监管控制制度

为发挥节能环保、清洁能源发展与生态建设的协同效应，可采纳体现能源与环境一体化政策的交叉型法律控制措施，在法律中引入交叉型法律控制措施，以实现能源基本法领域内能源与环境的综合协调目标。由此，各类发展低碳经济的控制措施，如低碳技术和环境技术，能源与环境管理和监督机制，能源税、环境税、碳税、碳交易等财税金融控制手段，能源统计、审计、能效评估等经济控制手段以及排放配额分配制度、排放调控监管制度、风险应急管控等均可纳入一体化法律体系之中。

以低碳经济模式为基础，可利用经济动因方式，绕过对排放源的直接管制，诱导排放主体依市场需求采取相应的污染治理措施，主动利用碳税制度与碳排放权制度。构建清洁能源生产和能源效率计划等具体制度，融入气候变化、温室气体减排、鼓励创新和发展绿色能源等综合性法律之中，为生产和利用清洁能源的技术创新，提供良好的市场环境和适宜的能源结构。

实施重点行业环境准入制度、区域总量控制政策、产业布局和结构调整政策、多种污染物协同控制政策、企业环境信息公开制度、上市企业公司环保核查、生态转移支付以及空气质量改善明显地区的激励机制等政策手段。

采纳重点行业淘汰落后产能计划、新建排放污染有机物项目现役源倍量削减替代计划等，加快调整环胶州湾等重点区域工业布局，加快李沧区等区域工业退城进园工作，明确各类经济技术开发区（工业园区）园区主导生态产业的定位。

根据重污染天气预警等级及时启动应急预案，可以采取责令有关企业停产或者限产、限制部分机动车行驶、禁止燃放烟花爆竹、停止工地土石方作业和建筑物拆除施工等应急措施。

3.建立完善综合化大气污染控制制度

（1）建立完善污染物总量分类控制制度。改变大气污染物总量控制针对单一污染物的弊端，将城市交通活动中（特别是机动车）产生的污染物类型，如碳氧化物、颗粒物和氮氧化物等机动车尾气排放产生的重要污染物涵盖其内。以大气环境容量、社会接纳度和产业定位为基础，根据点源污染和面源污染的特点，针对污染物种类、来源和排放量进行细化设计。根据不同车型的排放特征、燃料特征和不同地区的污染特征，有针对性地分类型、分阶段、分区域开展机动车污染防治工作。如在污染物类型划分上，对颗粒物污染严重区域，重点管控货车与柴油车；在防治阶段划分上，重点放在对国Ⅴ车用油品分区域的供应及推广、淘汰黄标车和老旧车辆上；在区域划分上，以老城区、重工业区为重点防控中心，随治理成效、气候因素等及时、灵活地调整控制重点和范围；在防控系统构建上，将机动车与燃料作为一个系统，制定容易实施的燃料标准和污染物排放标准，从能源效率控制、生产过程管理、在用车辆管理等多方面实施机动车污染控制的全过程管理。如污染源的种类可包括能耗源、工业源、扬尘源、机动车发动机源、城乡生活源、其他污染源六大类，每一大类可再细化。

（2）建立完善污染物跟踪评估反馈制度。在具体减排措施的实施过程中，应当充分考虑不同情势下不同措施的作用结果及其连锁反应，及时对各项减排措施的实施效果进行跟踪评估，通过建立反馈—改进机制对实施中出现的问题及时进行反馈、总结并采取新的应对措施，实现多元控制措施的动态调整。

可建立多部门协调联动污染防控工作机制与目标责任机制，由经济和信息化主管部门、煤炭主管部门、环境保护主管部门、青岛经济技术开发区、青岛市高新技术开发区等区管委会以及各行业主管部门分工合作，对产业结构升级、能源消耗控制、工业生产减排等措施，机动车限行、建筑扬尘管制、生产技术和设备的强制淘汰与责任承担等方案进行跟踪调查、监管，定期做出评估报告，并提出相应的治理、改进指导。

课题组组长

蔡　斌　青岛农业大学

课题组成员

刘丽红　青岛农业大学

肖兰兰　青岛农业大学

纪咏梅　青岛农业大学

胶州湾渔业生态系统管理模式研究

中国海洋大学课题组

胶州湾是位于胶东半岛南岸、山东省青岛市境内的半封闭海湾，近似喇叭形。胶州湾及邻近海域是基础生产力较高的海域，水产资源比较丰富，尤其是胶州湾一带泥沙底质岸段，是发展贝类、藻类养殖的优良海区，浮游植物、底栖动物、经济无脊椎动物、潮间带藻类等资源丰富。海、淡水养殖面积 5.54 万公顷。胶州湾海域营养条件良好、基础饵料丰富，是多种经济鱼类、虾蟹类和头足类重要的产卵、索饵和育幼场所，具有渔业资源和生物多样性保护价值。环胶州湾 200 多千米长的岸线蕴含着丰富的资源要素，是青岛市未来发展的重要核心区域和经济增长极。但由于沿岸社会经济发展和气候变化等因素的影响，胶州湾面临着越来越大的环境及生态压力。山东省海洋与渔业部门的统计数据显示：胶州湾的纳潮量和面积不断减少，严重影响了此处的生态状况。胶州湾在 20 世纪 80 年代比较常见的野生褐牙鲆现已很难捕到。30 年来胶州湾的鱼类等脊椎动物均减少了一半左右，无脊椎动物也有明显减少。

渔业生态系统方法自 2003 年提出，把对生态系统的考虑添加到渔业管理中，以生态系统健康和人类福利的依存关系为基础，关注多物种管理，均衡生态、人文和制度三个目标，实现渔业的可持续发展。它是渔业管理演变至今的一个新阶段，不与传统的渔业管理相悖，是当今最受关注的渔业管理方式之一。

一、胶州湾渔业生产及管理概况

为了保护和恢复胶州湾内渔业资源，依据《青岛市海洋渔业管理条例》，2004 年 3 月起胶州湾海域禁止拖网、定置网和使用渔船推进器采捕贝类资源。根据《中华人民共和国海域使用管理法》《青岛市胶州湾保护条例》划定的胶州湾生态红线，2015 年开始对胶州湾海域的养殖网箱和养殖筏架等渔业养殖设施进行清理整治。胶州湾的渔业生产以近岸滩涂养殖和底播养殖为主，养殖品种以虾、蟹、贝类和海参为主。

胶州湾全境由青岛市管辖，沿岸政区按逆时针方向依次为市南区、市北区、李沧区、城阳区、胶州市、黄岛区。胶州湾渔业实行分级管理，主要由青岛市海洋与渔业局负责，各区(市)海洋与渔业部门负责胶州湾所辖海区内的渔业生产管理工作，其中主要涉及城阳区海洋渔业局、黄岛区海洋与渔业局和胶州市海洋渔业局。渔业管理措施主要包括捕捞许可证制度、海域使用权管理制度、伏季休渔制度、渔业资源增殖费征收制度、渔船报废制度、渔业油价补贴制度等。

二、胶州湾渔业生产及管理存在的问题

(一)胶州湾生态系统存在的问题

胶州湾生态系统处于发育的早期阶段，有更多的剩余生产量未被利用，是相对不成熟的生态系统。原因之一是胶州湾污染严重以及捕捞能力过剩，物种种类数和数量下降严重，造成其食物网结构简单。

(二)胶州湾渔业管理存在的问题

第一，胶州湾渔业主要采取投入控制为主的粗放式管理方式，基本上是开放准入状态。捕捞许可证制度虽使渔业从自由准入转为有管制的自由准入，通过控制海洋捕捞的少数要素包括渔船数量、渔具类型和作业方式，伏季休渔制度限制捕捞的季节，都是从投入的角度进行渔业生产的总量限制，对海洋捕捞目标资源保护效果非常有限。

第二，渔业管理执法难度大，效果有限。非法捕鱼情况广泛存在，在伏季休渔期间渔民面对水产品市场价格高、需求大的诱惑，不惜冒险非法捕捞，对于非法捕鱼的执法压力较大，执法成本高，弱化了伏季休渔制度的成效。湾内海洋资源退化，渔民的捕捞成本随着捕捞范围的扩大以及人工、油料价格的不断上升，社会经济收益逐年下降，渔民生计维系困难。渔业生产单纯追求数量的增加，缺乏对渔船生产过程

中的全面监督，渔业管理执法难度大。

第三，渔业管理制度存在冲突，如渔船报废制度和渔业油价补贴制度在设计上存在冲突，渔船报废标准低、审批程序复杂、补助标准偏低，渔民在渔船报废后找不到更合适的工作，多数渔民选择推迟渔船报废时间申请领取每年的燃油补贴，导致制度实施效果不理想。

三、国外先进渔业管理模式借鉴

（一）案例简介

1. 日本近海渔业渔民共同管理模式

日本近海渔业管理由渔民组成的渔业管理组织执行，其基础是被法律保护的渔业合作协会和以海域使用权为主的渔业权管理。两者共同建立了日本渔业的准入制，准入制的明确界限和有效排他性确保了成员拥有更好的福利，以及在生物和经济可持续发展方面的更好的个人长期收益。

2. 智利底栖渔业自我管理模式

智利的底栖渔业是从“公地悲剧”发展为以社区为基础，自我组织治理，以期实现可持续发展的渔业管理模式。智利政府对底栖渔业采用海域使用权管理方式，建立渔民协会，把相应的渔业权赋予渔业协会，由协会完成渔业权在渔民中的分配。这种分权化的管理，有利于调动协会的自主性，增加其对渔业权所辖海域资源保护的责任感，主动维护海洋资源的可持续发展；有利于激励渔民间的合作，减少捕捞过程中不利竞争，相互监督降低执法成本，增加渔获物的市场竞争力，扩大市场销路。

3. 菲律宾近海小型渔业合作管理模式

菲律宾的渔业管理以法律为基础，颁布了《渔业法》和《农业与渔业现代化法案》；采取分权制管理，充分考虑到各地海岸以及资源的多样性和差异性，明确划分地方治理海域范围及授予地方政府相应渔业管辖权；在国家、市、镇各层次组建渔业和水资源管理委员会（主要为地方政府服务）和国家农业与渔业委员会（主要为国家机构服务）两个咨询机构，增加部门间协调、为管理计划和政策制定提供咨询和建议、促进利益相关者参与。

（二）对胶州湾渔业管理设计的启示

第一，以法律作为管理实施的基础；第二，采取以海域使用权为主的渔业权分配制度；第三，采取渔业权下放的管理方式，渔业权主要由渔民组织完成分配，实现自我管理；第四，建立渔业准入制度，通过渔业合作协会许可或合法注册参加渔业活动；第五，利用渔业管理组织的集体营销参与市场营销；第六，鼓励资源使用者和其他利益相关者参与决策；第七，关注渔民的利益，增加渔业在生态和经济方面的可持续性，生态健康和渔民利益的增加是渔业可持续发展的关键。

四、胶州湾渔业生态系统管理模式设计

（一）胶州湾渔业生态系统管理模式构建

1. 胶州湾渔业生态系统管理模式的构成

胶州湾渔业生态系统管理模式由管理基础、自我管理、共同管理和综合管理四部分构成（图 1）。构建以数据信息库、管理资金、科研能力和法律作为管理基础；以街道（社区）管理为中心，建立渔业准入制度和参与管理制度，选择生态管理措施和经济管理措施，实现自我管理；市级渔业主管部门划分各社区的渔业区范围，分配各社区的渔业权及有效时间，基于对生态资源持续开发和保护的原则，授予渔业权的时间段应以中长期为主（如 20～50 年），对社区的渔业管理工作给予指导和帮助，促进社区间的沟通和合作，协调社区间的问题和矛盾，建立各社区代表参与地区渔业管理决策的程序，实现共同管理；加强当地部门间横向合作、共同管理以及区域间的合作机制建设，在山东省海洋与渔业厅和青岛市海洋与渔业局的统一领导下，在不同层次加强胶州湾沿线区（市）之间的合作，构建一整套完善胶州湾渔业生态系统方法的管理模式。

渔业社区管理是管理模式的核心，胶州湾沿岸主要从事渔业捕捞和养殖的社区包括城阳区的红岛街道、河套街道，黄岛区的薛家岛街道以及胶州市的营海镇。渔业社区的划分可以沿海区（市）为基础，以城阳区、黄岛区和胶州市为主划分成三个主要的渔业社区。具体包括：第一，以社区为单位设计渔业准入制度。第二，构建渔民参与渔业

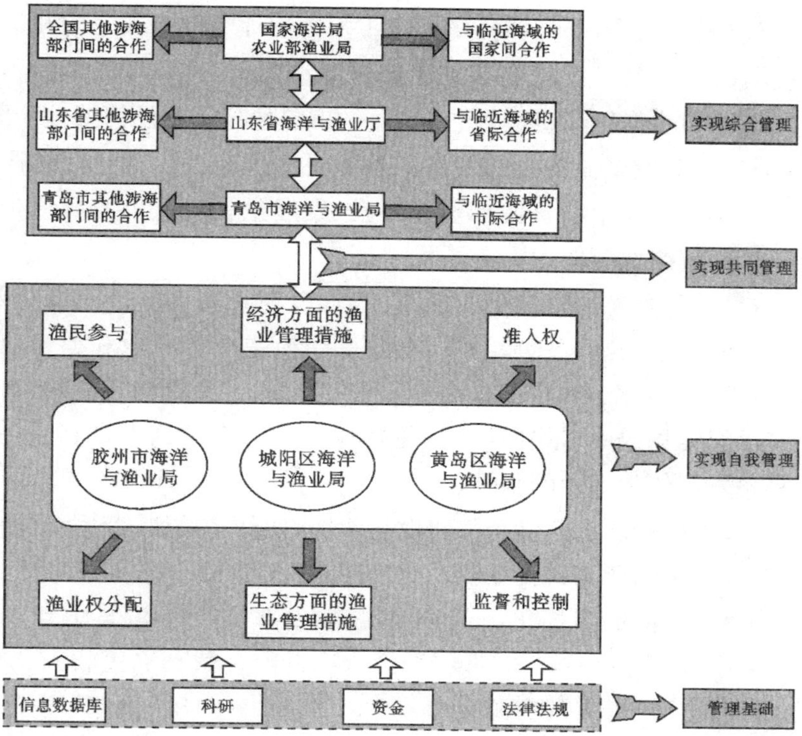

图 1　胶州湾渔业生态系统管理模式设计

管理决策的制度和程序，注意决策过程的公正性和透明度，充分调动渔民参与管理的主动性和积极性，实现自我管理。第三，由渔业社区完成渔业权在社区内部成员间的分配，如捕捞配额，并监督配额的完成情况，以社区为主有效提高渔业权制度的实施效果，降低监督成本。第四，以社区为单位开展监督、监测和控制，辅助以社区成员间相互监督。以社区为主体开展监督工作是利益主体维护其自身利益的过程，改变了原来的以专业渔业执法人员为主的执法监督，能发挥群众参与监督的积极性和主动性，有助于提高执法监督的效果，降低执法成本。上级渔业主管部门应当注意对社区的监督，避免出现相互勾结包庇，大范围或社区整体违规行为的出现。

2. 渔业社区依据海域特点开展渔业管理

城阳区河套街道、红岛街道和胶州市位于胶州湾的西部和北部，以近岸滩涂养殖为主，养殖品种以虾蟹和贝类为主，受养殖海域面积所限，应主要以提高养殖品种质量，科学养殖，注重养殖过程对环境的影响，重点发展钓鱼节、蛤蜊节、渔家乐等形式的休闲渔业，增加现有渔民转产转业机会,降低捕捞压力。胶州湾湿地大都分布于胶州湾西北部沿岸,在不破坏湿地的基础上修建湿地公园,建有红岛绿洲湿地公园、胶州市少海国家级湿地公园、女姑口湿地公园和洋河湿地公园。胶州湾生态湿地保护直接的经济效益主要体现在发展替代后续产业方面,通过湿地动植物资源产业化开发、发展生态农业以及湿地生态旅游业等,解决部分保护资金问题。

黄岛区薛家岛街道位于胶州湾湾口处,与青岛老城区隔海相望,区位优势明显,是国家级旅游度假区。此外,水产养殖业和捕捞业也是薛家岛的主要产业,修建石岭子人工鱼礁,人工鱼礁构建成的"海洋牧场"已经初见成效,依托深水网箱搭建起了海上游钓平台和岸钓基地,具备发展休闲渔业的基础。

各社区内发展水产品品牌建设与营销,如红岛蛤蜊、薛家岛鲍鱼、薛家岛海参等水产名优品牌加大产品包装和宣传力度,关注社区内、社区间渔业产品的多样化和差异化,减轻内部价格竞争压力,进一步提升各区(市)渔业品牌知名度,增加水产品附加值和渔民收入,减少粗放型渔业生产带来的资源浪费。

(二)胶州湾渔业生态系统管理模式的基础条件

1. 信息数据库

收集胶州湾渔业的相关数据信息,完成相关数据库的建设工作。数据包括渔业政策,与渔业相关的经济数据,成本收益,在就业和生计方面的可替代选择,生态系统的资源用户及矛盾冲突等;胶州湾渔业相关信息包括作业范围,利益相关者,作业的方式,渔业资源的丰度、分布。建议每年或每两年进行一次拖网和定置网的湾内资源普查,如目标种群关键栖息地、产卵季育幼期等,渔获物数量种类,副渔获物以及丢弃数量。建成并不断更新数据库的信息,有偿共享以补贴和维持数据库的运作。

2. 资金来源

海域使用金、渔业资源增殖费的部分可作为近海小型渔业管理的资金。采取海域环境污染的付费制度,合理确定海域使用金、渔业资源增值费以及环境污染罚金的缴纳标准,在保护资源的同时让渔民感受到渔业管理带来的切实收益。

3. 科研基础

青岛市拥有的海洋研究院所数量在全国名列前茅，中科院海洋所、中国海洋大学、国家海洋局第一研究所、中国水产科学研究院黄海水产研究所等一批高校及科研机构，具备相关科研基础和人才储备，可召集相关领域科研人员完成胶州湾生态、资源和环境等方面的研究。

4. 法律基础

青岛市、山东省各级渔业管理部门应制定相应的海洋和渔业管理规定和条例，规定和条例间应避免冲突，相互兼容。通过法律规范渔业部门与其他涉海部门之间的界限，以及构建地方性政策法规支持胶州湾国家海洋公园的管理，并进一步组建海洋公园管理办公室及涉海部门的联席会议制度，以保证胶州湾海域的管理成效。

（三）胶州湾渔业生态系统管理措施选择

1. 生态角度的管理措施选择

依据模型分析的资源状况选择生态管理措施，包括①捕捞技术控制：限制最小网目，减少副渔获物的捕捞，减少渔具渔网在海域的丢弃；②捕捞时间控制：禁渔期；③捕捞空间限制：栖息地的保护和修复，海域使用权分配等。

2. 经济角度的管理措施选择

经济管理措施的选择包括利用捕捞许可制度，严格控制捕捞渔船的数量，控制渔船的数量以及功率和容量，采取适当的财政手段，收购渔船，并引导渔业资源衰退严重的低收入渔民转产、转业。海上作业时间管理，每天的出海作业时间，每周作业天数，月度、季度作业天数，配合每次出海的捕捞配额。实施生态标签制度，渔获物在销售的过程中采取品牌加生态标签策略营销，提升销售价格增加渔民收益。继续实施征收渔业资源增殖费制度，加大资源恢复和渔业管理力度。

3. 制度角度的管理措施选择

在胶州湾渔业管理层面，构建以渔业社区为中心的渔业管理模式。划分三个社区各自的渔业捕捞作业区域，以渔业社区为主分配个别渔业配额，相互监督渔业作业时间、配额使用、渔获物丢弃等情况，提高管理措施的落实效率；特别是针对底栖资源的海域使用分配；销售过程采取社区品牌营销方式，整合资源避免社区内部恶性竞争。社区内建立利益相关者参与决策的制度，成立由渔民、生态学家、环保者、政府部门构成的联合管理委员会,参与政策的制定甚至管理程序设计,对具体渔区进行全面监督。整合青岛市渔业管理行政机构,对渔业社区授予渔业管理权和责任的分担,结合青岛市渔业管理机构以及区(市)的现状,形成市级渔业管理机构和区(市)社区共同管理特殊优势。加强跨部门管理,从制度上增加市级渔业管理部门与其他涉海部门之间的沟通和协调,解决不同产业发展过程中的冲突。加强不同行政管辖海区间的联系,从生态系统整体性出发,建立海区间的沟通和协调制度。

五、实施胶州湾渔业生态系统管理的规划建议

建议结合前面案例中渔业管理中的经验和环湾渔业生产管理的现状,以胶州湾渔业可持续发展为目标,分阶段实现胶州湾渔业生态系统管理。

(一)准备阶段(5～10 年)

从胶州湾渔业管理的现阶段出发,开展渔业生态管理能力建设。主要实现管理模式设计中的基础条件建设,以及以渔业社区构建为重点的准备工作。

一是在管理机制方面,划分渔业社区,扶持渔业社区(各类渔业合作组织)的建设;制定综合管理计划;建立机构间的沟通机制,以生态自然边界为区域划分依据,处理其内部的渔业和环境问题;建立更广泛利益相关者的沟通平台;协调法律和政策条款之间的矛盾;建立有效的争议处理程序;确保分权、参与和透明。

二是构建胶州湾渔业信息数据库并定期更新;确保渔业管理的资金来源;鼓励开展与胶州湾相关的科研项目,举行胶州湾生态、资源和环境的科研论坛;构建胶州湾渔业管理的相关法律法规,使渔业执法有据可依,提高执法效果。

三是进一步推行渔船和马力的双控政策和捕捞渔船许可证制度,控制捕捞许可证发放的数量,进一步减少小型渔船的数量。增加报废渔船的补贴力度,简化申报程序,积极引导渔民转产、转业,筹集资金回购渔船,增加渔民转产转业的机会和途径,并对转产渔民进行资金补偿。

四是增强渔业执法效果，减少非法、未报告、不受管制捕捞活动。尝试建立渔船的监控机制，收集个别渔船的渔获信息，为了解渔业资源数量提供信息。

五是依托胶州湾国家级海洋公园的设立，组建海洋公园专职管理机构——胶州湾海洋公园管理办公室。由于胶州湾全境为青岛市管辖海域，建议海洋公园管理办公室作为青岛市海洋与渔业局内部机构，行使胶州湾海洋公园及其流域的主管工作。由海洋公园管理办公室牵头，其他涉海的政府部门组建联席会议制度，定期会面并协商解决胶州湾海洋公园管理中遇到的问题。环湾区域的主要渔业社区：城阳区所辖的红岛街道和河套街道，胶州市所辖的九龙街道，以及黄岛区所辖的薛家岛街道和红石崖街道接受海洋公园管理办公室的直接领导并完成其下达的各项具体管理任务（图 2）。以海洋公园管理办公室为主，联合相关部门开展汇入胶州湾河流的全流域管理，以保证胶州湾水质的改善和保持。

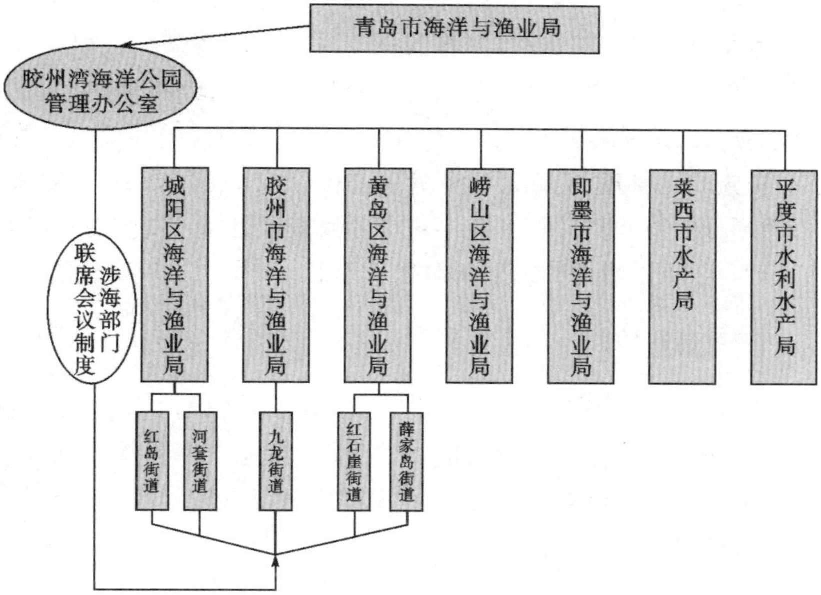

图 2　青岛胶州湾渔业管理体系设计图

六是人力资源方面，要培训管理人员、渔船监督员、执法人员、科研人员、渔民，使其相互间的影响最优化。科研方面，要加大科研力度，增加数据收集；加深对生态功能的了解；使用恰当的模型评估工具，量化评价资源状态、政策和管理的效果；要积极推进对渔业资源尤其是目标物种生态的科学研究，确定目标物种的存量及其在生态系中的位置的存量影响因素，以实现总可捕捞量控制制度。数据建设方面，要建立、完善并及时更新功能完备的胶州湾渔业资源、生产、销售等内容的信息数据库系统，确定总可捕捞量，逐步实现总捕捞量限额制度，规范渔业数据统计，增加统计数据分类加大对渔业的关注。

（二）实施阶段（5～10 年）

在渔业社区和模式基础条件基本建成后，逐步开展渔业总可捕捞配额制以及个别配额制度，推进渔业生态系统管理方法；全面开展渔业权管理，建立渔业从业门槛，以各渔业社区为主开展渔业权的分配以及从业资格认证，充分调动地方对海域管理的主动性和积极性；明确各渔业社区的海域使用权，以渔业社区为主进行捕捞配额，以及海洋捕捞的准入机制；下放渔业管理权到渔业社区，注意避免产生渔业社区影响政府渔业政策实施的情况，通过机制设计增加对分权式管理的监督和控制，实施自我管理；提高胶州湾海洋公园保护区的管理效率，完善海洋公园管理机构，颁布胶州湾海洋公园管理的法律和政策条款。完成胶州湾渔业生态系统管理中生态角度、经济角度、制度角度管理方法的应用，构建从上至下纵向和部门间横向的高效渔业管理机制，实施共同管理；定期对渔业管理进行分析和调整，每年开展短期渔业管理分析与调整，每 3～5 年对资源数据库更新，构建胶州湾渔业生态模型，依据定量评价结果调整管理政策。

（三）完善阶段（5～10 年）

胶州湾渔业生态系统管理基本建成后，完善胶州湾渔业管理机构的纵向和横向的合作，进一步加大地区间的渔业管理合作，从海洋生态系的完整性出发根据各地原有的管理机制特点加大区（市）级甚至跨省级合作，形成长效的合作机制。

课题组组长

苏　萌　中国海洋大学